KS I ISO 14001:2009/ISO 14001:2004

환경경영시스템
이론과 실무

이규태 · 주대성 · 홍재호 공저

도서출판 상 학 당

欲爲大者 當爲人役

크고자 하거든 남을 섬기라

머리말

폭발적인 인구의 증가와 도시화, 그리고 산업화에 따라 '하나뿐인 지구'는 천연자원이 고갈되고 자정능력이 상실되어 심각한 위기에 직면되고 있으며, 지구환경문제의 해결이 국제사회의 최대 현안과제로 대두되고 있습니다. 1700년대 5억이던 인구는 1975년 40억을 넘었고 1999년 60억을 돌파했으며, 2025년경에는 약 80억에 이를 것으로 추정되고 있습니다. 자연이 5억 년 동안이라는 오랜 세월에 걸쳐 만들어낸 화석연료를 불과 200여 년 만에 탕진하면서 산업화는 과거 20년간 약 3배로 성장하고 있습니다.

지구온난화와 기후변화, 오존층의 파괴, 생물다양성의 감소와 같은 주요 지구환경문제를 해결하기 위해 지구환경 위기를 경고하고, 리우환경과 의제 21, 국제환경협약을 채택하여 무역과 환경을 연계하는 등 국제적으로 공동 노력하고 있지만 지구환경문제와 관련한 선진국과 후진국과의 갈등은 심화되고 있습니다. 이에 따라 환경보전과 경제개발을 동시에 조화시키면서 지속가능한 경제성장을 달성하기 위한 국제적 논의는 활발히 전개되고 있습니다.

이러한 때 우리나라에서도 '저탄소 녹색성장'을 표방하며 국정의 주요과제로 채택하고 있으며, 성장의 균형을 맞추려는 시도는 바람직하다 할 것입니다.

ISO 14000 국제환경경영시스템 패밀리(Family)는 이러한 지구환경문제를 해결하기 위한 하나의 수단(Tools)으로서 현재 국내외 각 조직에서 활발히 채택하고 있는 제도이며, 환경경영시스템의 구축, 실행을 통하여 조직은 원부재료, 에너지, 폐기물과 자원을 체계적으로 절감할 수 있음은 물론 잠재적인 환경사고를 예방하는 데 많은 기여를 하고 있습니다.

이러한 발전과정에서 기업에서 환경분야에 종사하는 조직원이나 미래를 책임질 학생들에게 환경의 중요성을 인식시키고 환경경영시스템의 이론 및 실제를 접하게 함으로써 시스템적 사고방식과 프로세스별 성과의 중요성을 인식시키는 것은 현재의 세대에게는 하나의 사명이라고 생각하게 되었습니다. 그래서 지난 2006년에 발간된 내용을 그 동안의 강의 경험을 바탕으로 보다 체계적으로 배열하였고 변화된 내용을 고려하여 보완하였습니다.

이 책의 전개는 제1장 환경일반, 제2장 환경경영시스템(요구사항), 제3장 환경경영시스템(패밀리규격 소개), 제4장 환경경영시스템 구축과 인증 심사, 제5장 사업장 환경오염방지실무 등으로 구성하였습니다. 대학에서 한 학기 동안 강의하기에 적절한 분량으로 배열하였으며, 실제 조직에서 응용 가능하도록 인증심사 모듈을 삽입하였습니다.

물론 더 많은 이론과 실제 사례를 포함하려 했으나 여러 가지 사정으로 이를 실천할 수 없었음을 헤아려주시기 바랍니다.

끝으로 출판 사정이 어려운 현실에서도 기꺼이 출판에 응해주신 도서출판 상학당의 남승우 사장님과 임직원 여러분, 귀중한 자료를 제공해주신 지인들께도 감사의 말씀을 드립니다. 얕은 지식과 경험으로 인하여 곳곳에 미흡한 부분이 많을 것이나 이는 기회가 있는 대로 수정 보완할 것입니다. 이 책을 읽으시는 모든 분들의 건강과 앞날에 무궁한 발전이 있기를 기대합니다.

2010년 8월
저자 씀

차 례

제 1 장 환경일반 ······ 7

제1절 지구환경과 기후변화 ······ 9

제2절 국제환경협약과 환경규제 ······ 20

제3절 국내외 환경사고 ······ 44

제4절 환경관련 국제기구 ······ 65

제5절 환경경영시스템의 발전과정 ······ 76

제6절 기업과 환경경영 ······ 81

연습문제 ······ 93

제 2 장 ISO 14001 : 2004 환경경영시스템 ······ 97

제1절 규격의 개요 ······ 99

제2절 ISO 14001 : 2004 환경경영시스템- 요구사항 및 사용지침 ··· 103

제3절 심사 체크리스트(사례) ······ 254

연습문제 ······ 259

제 3 장 ISO 14000 환경경영시스템 Family ······ 261

제1절 환경라벨링(EL) ······ 264

제2절 전과정평가(LCA) ······ 269

제3절 환경을 고려한 설계(DfE) ······ 280

제4절 환경성과평가(EPE) ······ 290

연습문제 ······ 301

제 4 장 환경경영시스템 구축과 심사 ········· 303
제1절 환경경영시스템 구축 ········· 305
제2절 환경경영시스템 표준문서 사례 ········· 333
제3절 인증기관심사 대비 및 대응 ········· 363

제 5 장 사업장 환경오염 방지시설 실무 ········· 367
제1절 수질 및 수생태계 부문 ········· 369
제2절 대기오염 부문 ········· 387
제3절 폐기물관리 부문 ········· 395

■ 부 록 1 인증기관 환경시스템 심사 모듈 사례 ········· 417
■ 부 록 2 환경경영시스템 인증심사원 자격인증 기준 ········· 444
■ 부 록 3 환경관련 용어 ········· 473
■ 찾아보기 ········· 499

제 1 장

환경일반

제1절 지구환경과 기후변화
제2절 국제환경협약과 환경규제
제3절 국내외 환경사고
제4절 환경관련 국제기구
제5절 환경경영시스템의 발전과정
제6절 기업과 환경경영

제1절 지구환경과 기후변화

지난 세기는 과학기술의 발전에 힘입어 경제개발과 삶의 편의성만을 추구해온 결과 대량생산, 대량소비, 대량폐기의 외형적 성장주의 경제구조 정착으로 자원 고갈, 기후변화 등 지구환경 위기가 심화되었다.

21세기는 '환경'에 대한 고려 없이는 쾌적한 삶과 지속가능한 경제발전이 불가능한 시대로서 '환경적 지속가능성*(Environmental Sustainability)'이 새로운 패러다임**(Paradigm)으로 등장하게 되었다.

이상기후의 원인이 되는 지구 온난화에 대한 과학적 근거를 두고 논란은 있으나, 북극 및 남극지대 기온상승, 빙하감소, 홍수, 가뭄 및 해수면 상승 등 이상기후 현상에 의한 자연재해가 현실로 나타나고 있으며, 이는 환경적, 사회적 및 경제적인 면에 막대한 영향을 미치고 있음을 부인할 수 없다.

*** 지속가능성(持續可能性, sustainability)**

인간 사회의 환경, 경제, 사회적 양상의 연속성에 관련된 체계적 개념이다. 지속가능성은 문명과 인간 활동, 즉 사회를 구성하는 수단으로 의도된 것으로, 이것의 옹호자들은 그들의 필요를 절충하고 현재 한도에서 최대한의 가능성을 짜내면서도, 생물다양성과 생태계를 보존하고 그러한 이념을 지속적으로 유지하기 위한 계획과 활동을 수행한다. 지속가능성의 개념은 지역의 이웃으로부터 지구 전체에까지 모든 곳에 영향을 미친다.

지속가능성이란 쉽게 말해 현재는 물론 불확실한 미래에도 사람과 환경에 모두 최선을 주는 것이다. 1987년의 브룬트란트 보고서(Brundtland Report)에 따르면 지속가능성이란 "미래 세대의 가능성을 제약하는 바 없이, 현 세대의 필요와 미래 세대의 필요가 조우하는 것"이다.

원래 용어인 '지속가능한 발전'은 미국의 의제 21(Agenda 21) 계획에서 채택된 용어다. 어떤 이들은 '지속가능한 발전'이라는 표현이 '끊임없는 발전'의 의미를 연상시키는 포괄적인 용어라고 비판하며, 이 용어의 사용을 실제적인 개발 활동의 영역만으로 제한해야 한다고 주장한다. '지속가능성'은 그러나 오늘날의 모든 인간 활동에 대한 포괄적인 용어로 사용되고 있다. 경제학에서 지속가능한 성장이란 장기간 지속되는 실제 이익과 생산의 증가를 말한다.

** 패러다임(Paradigm)
어떤 한 시대의 사람들의 견해나 사고를 지배하고 있는 이론적인 틀이나 개념의 집합체로서 미국의 과학사학자, 철학자인 토머스 쿤(Thomas Khun)의 저서『과학혁명의 구조』(1962)에서 처음 제시된 개념임. '사례, 예제, 실례' 등을 뜻하는 그리스어에서 유래됨.

1. 환경적 영향

중국은 2008년 초 한 달여간 계속된 폭설로 107명이 사망하고 1,111억 위안의 재산 손실을 입었다. 피해 농경지 면적만 중국 전체 농경지 1조 2,186억 900만m^2의 9.7%에 이른다. 삼림의 9.9%도 폭설 피해를 입었다. 2005년 7월, 인도 뭄바이에서는 24시간 동안 비가 940mm나 내렸다. 인도에서 하루 내린 비의 양으로는 가장 많은 수준이었다. 이 비로 서부 인도에서만 1,000명이 넘게 사망했다.

최근 들어 강력한 태풍, 폭염, 홍수로 인한 피해가 자주 발생하고 있다. 기상학자들은 이런 이상기후의 원인으로 지구온난화를 꼽는다. 지구온난화는 온실효과(Greenhouses Effect) 때문에 대기의 온도가 점점 높아지는 현상이다. 온실효과는 지구의 대기가 마치 온실의 유리나 비닐 역할을 해 태양으로부터 온 빛 에너지가 우주로 빠져나가는 것을 막는 것이다.

온실효과는 과거에도 있었다. 그러나 산업화 이후 대기에 이산화탄소(CO_2)와 같은 온실가스의 양이 늘어나면서 온실효과가 심해지고 있다. 이산화탄소 같은 온실가스는 지구 대기에 도달하는 태양빛은 통과시킨다. 반대로 지구 표면에서 반사되는 긴 파장의 빛은 흡수했다가 지구표면으로 다시 방출한다. 이 과정에서 지구의 평균기온은 상승하게 된다.

(표 1-1) 6가지 온실가스 세부 내용
(IPCC, 1996 Guidelines for National Greenhouse Inventories)

온실가스 종류	지구온난화 지수(CO_2=1)	주요 배출원	주요 특성	점유율 (%)
CO_2	1	연료사용, 산업공정	에너지 절약, 연료 대체, 상업적 후처리 불가	88.8
CH_4	21	폐기물, 농업, 축산	발생원 광범위, 포집 어려움	4.2
N_2O	310	산업공정, 비료 사용	발생원 광범위, 포집 어려움	2.6
HFC_S	140~11,700	반도체 생산, 발포제, 가전 및 자동차용 냉매	화학적으로 안정적, 분해가 어려움	1.0
PFC_S	6,500~9,200	반도체, 전자제품 등의 세척	발생원이 명확, 빠른 증가세	0.5
SF_6	23,900	전기제품 생산	현재 처리기술 미확립	3.0

- Note : 점유율은 국내 2006년 총배출량 기준임(지식경제부)

▶ CO_2 carbon dioxide 이산화탄소, CH_4 methane 메탄가스, N_2O nitrous oxide 아산화질소, HFC_S hydro fluorocarbons 수소불화탄소, PFC_S perflorocarbons 과불화탄소, SF_6 sulfur hexafluoride 육불화황.

기상학자들은 온실가스 농도는 19세기 후반 산업혁명이 시작된 이후 급증했다고 주장한다. 증기기관과 자동차의 에너지원인 석탄, 석유가 타면서 이산화탄소를 내뿜기 때문이라는 것이다. 2007년 2월 유엔 기후변화 정부간 위원회(IPCC)는 산업혁명 이전에 280ppm(1ppm=100만분의 1)이던 대기중 이산화탄소 농도는 2005년에는 379ppm으로 늘었다고 발표했다. IPCC는 지구온난화 영향으로 지난 100년 동안 지구 평균기온이 0.74℃ 상승했다고 보고했다(우리나라 2005년 389ppm 수준).

무엇보다 최근 1960년 ~ 2005년 기간 중 0.6℃가 상승하여 가속화되고 있으며, 우리나라의 경우 기온 상승률은 지구 평균의 약 2배(1.5℃)라는 데 더 큰 문제의 심각성이 있다 할 것이다.

기온이 상승하면 지구 면적의 70% 이상을 차지하고 있는 해수면이 상승하는 것으로 분석됐다. 저지대의 범람, 연안 침식, 폭풍 해일과 홍수 위험이 커진다. 표층수와 지하수에는 소금기가 스며들 수 있다. 기후변화 때문에 일부 생물종이 사라지고, 엘니뇨*나 라니냐** 현상도 심해질 수 있다. 폭염으로 모기 같은 곤충이 늘어나 인간의 건강을 위협하게 된다.

지구온난화는 다음과 같은 환경적 영향을 초래하고 있다.

* **엘니뇨 현상(El Nino)**

남아메리카 페루 및 에콰도르의 서부 열대 해상에서 수온이 평년보다 높아지는 현상을 말한다. '엘니뇨'라는 단어는 에스파냐어로 남자아이 또는 아기 예수를 의미하는데, 이는 크리스마스를 전후하여 나타나기 때문에 붙여졌다.

남미 연안은 평상시 페루 연안에서 부는 남동 무역풍에 의해 표층해류가 호주 연안으로 이동하므로 심층으로부터 찬 해수가 용승하는 세계적인 용승 지역으로 연중 수온이 낮아 좋은 어장이 형성되어 있다. 그런데 알 수 없는 원인에 의해 무역풍이 약해지게 될 때가 있는데, 이로 인해 용승이 줄어들며 페루 연안에서 엘니뇨가 발생하게 된다.

** **라니냐 현상(La Nina)**

동태평양에서 엘니뇨와는 반대로 평년보다 0.5도 낮은 저수온 현상이 5개월 이상 일어나는 이상해류 현상이다. 세계 각 지역에 장마, 가뭄, 추위 등 각기 다른 영향을 끼친다. 그러나 발생과정, 활동주기 등에 대해 뚜렷하게 밝혀진 것은 없다. 라니냐는 에스파냐어로 '여자아이'라는 뜻이다. 엘니뇨의 반대현상이 동일한 지역에서 일어나는 것으로 동태평양의 해수면 온도가 5개월 이상 평년보다 0.5도 이상 낮아지는 경우를 말한다. 이 현상이 발생하면 원래 찬 동태평양의 바닷물은 더욱 차가워져 서진하게 된다.

(1) 빙하 감소

지난 20세기 동안 북극지대 대기온도는 약 5℃ 증가(이것은 지구표면의 평균온도 상승폭보다 5배나 빠른 속도)로 인하여 빙하 감소, 극지방 호수의 피빙 기간 감소 등 직접적 영향을 초래하고 있다. 예로서 북극지역에 있는 거의 모든 산지 빙하는 지난 20세기 동안 감소하고 있는데 스위스의 산지 빙하는 1/3까지 줄어들었다. 북반구 극지방에서는 1960년대 이후로 눈두께가 10%나 감소하고 있는 한편, 20세기 동안 호수와 강의 연중 피빙 기간이 약 2주나 짧아지고 있다(UNFCCC, 2005).

* **UNFCCC**

정식명칭은 '기후변화에 관한 유엔 기본협약(United Nations Framework Convention on Climate Change)'이다. 1979년 G. 우델과 G. 맥도날드 등의 과학자들이 지구온난화를 경고한 뒤 논의를 계속했다.

(2) 홍 수

지구온난화의 또다른 영향으로 1966년 및 1997년 라인강 홍수, 1995년 중국 홍수, 1998년 및 2000년 동유럽 홍수, 2000년 모잠비크 및 유럽 홍수, 그리고 2004년 방글라데시 우기홍수(전국토의 60% 침수) 등 전지구적으로 집중호우와 폭풍우에 의한 홍수가 빈발하고 있다(UNFCCC, 2005).

(3) 가뭄 및 사막화

홍수와 더불어 가뭄현상도 지구온난화의 중대한 영향 중의 하나인데 특히 아프리카에서 아주 심각하게 발생하고 있다. 니제르, 챠드호 및 세네갈 지역에서는 전체 이용가능한 물의 양이 40~60%나 감소하고 있고, 남북서부 아프리카에서는 연평균 강수량이 감소함으로써 사막화현상이 가속화되고 있다(UNFCCC, 2005).

(4) 해수면 상승

지난 20세기 동안에 해수면은 평균 10~20cm 높아졌으며, 앞으로도 지속적인 해수면 상승이 예상된다. 만약 이같이 해수면이 크게 상승할 경우 방글라데시와 같이 인구가 해변에 밀집되어 있는 국가에서는 바닷물 범람에 의한 심각한 피해가 우려되고, 몰디브와 같은 작은 섬나라는 완전히 사라지게 될 것이다. 따라서 해수면 상승은 수십억 인구가 사용하는 물을 오염시킬 뿐만 아니라 대규모 인구의 이주를 유발시킬 것이다(UNFCCC, 2005).

남태평양 적도 부근의 투발루(Tuvalu)는 면적은 26.63㎢, 인구는 1만200명(2003년)인 섬나라로서 해발고도 4.5m를 넘는 곳이 없는 나라이며, 지구온난화의 영향으로 해수면이 상승하여 전국토가 바다 속으로 잠길 우려가 있어 현재 뉴질랜드에서 이민 쿼터를 받아 2002년부터 순차적으로 이주가 이루어지고 있다.

(5) 생태계 변화

지구온난화로 인하여 나무의 조기 개화, 새들의 조기 산란, 곤충 식물 및 동물 서식지 변화, 연안 지역의 백화현상 증가, 생물 다양성 감소 등 자연 생태계도 서서히 변화되고 있다.

● 우리나라에의 영향

범지구적으로 나타나고 있는 지구온난화 영향에서 우리나라도 예외는 아니다. 1904년 이후 2000년까지 100년간 기상관측 자료를 분석해보면 평균기온이 1.5℃ 상승했다. 이는 지구 평균의 2배이다. 연간 일 최저기온 18℃ 이상인 날이 최근 100년 새 20일이 늘었다. 일 최고기온 18℃ 이하인 날은 15일 줄었다. 또한 제주지역 해수면은 지난 40년간 22cm 상승하였고, 이는 세계 평균의 3배 높은 수치다. 여름철 야간의 열대야 현상도 100년 전에 비해 5일이 많아졌다. 이렇게 우리나라의 기후변화 진행속도는 세계 평균을 상회하고 있다.

겨울은 짧아지고 여름은 길어졌다. 기상청은 하루 평균 기온 5℃ 이하인 때를 겨울, 20℃ 이상인 때를 여름으로 규정한다. 겨울은 1920년대에 비해 1990년대에 약 한 달 정도 짧아졌다. 대신 여름과 봄이 길어졌다. 국립기상연구소 기후연구팀은 "2090년께 강릉과 부산, 목포는 겨울이 완전히 없어지고 가을에서 곧바로 봄으로 넘어갈 것"이라고 전망했다. 서울은 겨울이 연간 55일 정도(1990년대는 99일)밖에 안 될 것이란 전망이다. 여름은 155일로 늘어난다는 게 기후연구팀의 예측이다. 여름은 5개월이 넘는 155일이나 된다.

이와 같은 급속한 기온상승으로 집중호우 및 태풍이 빈번하게 발생하여 막대한 인명 및 재산상의 피해가 초래되고 있다. 최근 10년('94~'05)간 폭염으로 인해 2,127명이 사명하였고, 기온상승으로 말라리아 환자가 '94년 5명에서 '07년 2,227명으로 증가한 것으로 나타났다.

비내리는 날은 줄었지만 비의 양은 늘었다. 한 번 내릴 때 퍼붓는다는 얘기다. 남부 지방은 20년 전에 비해 연 강수량은 7% 늘었다. 그러나 비오는 날은 14%가 줄었다. 특히 여름철 집중호우가 잦아졌다. 최근 50년간 14개 관측지점에서 강수일수는 감소하고, 일 강수량이 80mm 이상인 호우 일수는, 연평균 호우발생 빈도는 1954년부터 1963년 사이의 평균은 연간 약 1.6일인데 비해, 1994년부터 2003년은 2.3일로 늘었다.

예를 들어 1998년 지리산에서 시작된 집중호우로 324명의 인명피해와 1조 2천500억 원의 재산피해, 1999년 경기북부 지역에 집중호우로 64명의 인명피해와 2만 5천여 명의 이재민 발생, 2002년 8월 태풍 루사로 강릉지역에 하루 870mm의 비가 내려 일 최대강수량 기록을 경신하면서 인명피해 246명, 농경지 3만여ha 침수 등 5조 원이 넘는 재산피해를 남겼으며, 2003년도에도 태풍 매미로 전국에서 130명의 인명피해와 4조 7천800억 원의 재산피해가 있었다.

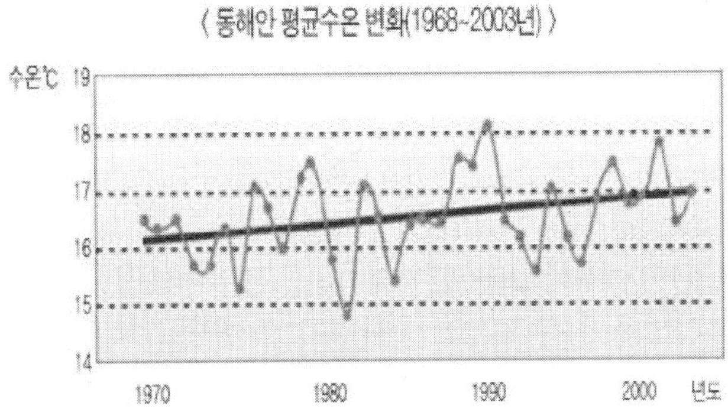

[그림 1-1] 동해안 평균 수온변화(국립수산진흥원)

이산화탄소 농도도 높아졌다. 최근 10년간 대기중 이산화탄소 농도 변화를 분석한 결과 1991년에 357.8ppm을 기록한 이후 2000년도에 373.6ppm로 높아졌다.

생태계에도 변화를 주어 나비의 종이 남방계로 바뀌고 있으며(산림과학원 권태성 박사), 개미 종에도 변화가 일어나 중부 지역의 경우 2003년 26종이 발견된 개미 종이 2004년 15종으로 줄었고, 서울의 벚꽃 개화시기도 빨라졌으며, 북위 38도선 이북에 자리잡은 경기도 포천에서도 이미 사과가 재배되고 있다. 또한 감귤과 한라봉은 전남 해안지방까지 올라왔고, 전남 보성의 녹차는 강원도 고성에서 시험 재배되고 있다.

2. 사회적 영향

기후변화로 인한 질병과 이상기후 현상은 우리 사회로 하여금 적응(Adaptation)과 완화(Mitigation)를 동시에 요구하고 있다. 기후변화의 영향은 생태계의 변화에 따른 국민생활 행태 변화 및 인간 건강에도 영향을 미치고 있다.

기온상승과 관련하여 대체로 ’90년대 이후 한반도 여름철 고온발생 빈도가 증가 추세이고, 1991~2000년간 서울의 7~8월 평균 최고기온과 평균 사망자수 추이가 대체로 비례한 것으로 나타나고 있다.

기후변화로 인한 간접적인 건강영향으로는, 기온상승과 비례하여 대기 내 광화학적 반응을 촉진하여 오존농도가 증가하는 등 대기오염을 심화시켜 건강에 영향을 미치는 것으로 나타났으며, 말라리아, 세균성이질 등 매개체를 통한 질병이 증가 추세에 있는 것으로 파악되고 있다.

특히 법정전염병 중, 쯔쯔가무시증, 말라리아, 세균성이질, 렙토스피라증, 비브리오폐혈증 등 기후변화와 관련이 깊은 질병들은 '90년대 이후 꾸준한 증가추세를 보이고 있다

1990년부터 2000년까지 10년간 7~8월 사망자수와 7~8월 평균 최고기온과의 상관관계가 매우 높은 것으로 나타났다(r=0.896).

(표 1-2)를 보면 1991년부터 2000년까지 10년간 국내에서 발생한 195건의 기상재해로 1,541명이 사망하였고, 연평균 154명이 사망하였다(폭풍이 72건으로 가장 빈번히 발생하는 기상재해로 나타났으며, 발생 재해별 사망자수의 경우 태풍으로 인한 사망자수가 발생건당 21.4명으로 가장 많음).

(표 1-2) 1991～2000년간 기상재해 발생건수와 사망자수

재해종류	발생건수	사망(실종포함)	재해별 사망자수 (실종 포함)
태 풍	21	450	21.4
호 우	64	804	12.6
폭 풍	73	217	3.0
설 해	21	54	2.6
기 타	17	16	--
합 계	105	1,541	7.9

* IPCC

정식명칭은 '기후변화에 관한 정부간 패널(Intergovernmental Panel on Climate Change)'이며, 기후변화와 관련된 전지구적 위험을 평가하고 국제적 대책을 마련하기 위해 세계기상기구(WMO)와 유엔환경계획(UNEP)이 공동으로 1988년 11월 설립한 유엔 산하 국제 협의체이다. 기후변화 문제의 해결을 위한 노력이 인정되어 2007년 노벨 평화상을 수상하였다.

기후변화가 매개체의 질병전이에 미치는 영향(출처 : IPCC 3차 보고서, 2000)을 보면 (표 1-3)과 같다.

(표 1-3) 기후변화가 매개체의 질병전이에 미치는 영향

기후요인	모 기	병원균	척추동물(쥐)
기온증가	- 생존력 감소 - 일부병원체의 생존력 변화 - 개체수의 증가	- 부화율 증가 - 전이계절 증가 - 분포 증가	- 따뜻해진 겨울은 생존에 유리
강수량 감소	- 더러운 물이 고여 있어 알을 낳을 수 있는 장소 증가 - 지속된 가뭄으로 달팽이수 감소	- 영향 없음	- 먹이수 감소로 개체수 감소 - 사람 주변으로 이동하여 접촉기회 증가
강수량 증가	- 개체수의 양, 질 증가 - 습도의 증가는 생존력 증가 - 홍수는 서식지 제거 가능	- 직접적 영향에 대한 증거 없음(일부 자료에 의하면 말라리아 병원균이 습도와 관계 있음)	- 먹이의 증가로 개체수 증가 가능성이 있음
홍수	- Vector의 서식지와 전이에 변화를 초래 - 서식지를 쓸어내림	- 영향 없음	- 동물의 배설물에 오염될 수 있음
해수면 상승	- 홍수는 소금물에서 알을 낳는 모기가 많아지는 것에 영향을 줌	- 영향 없음	- 영향 없음

* 출처 : IPCC 3차 보고서, 2000

3. 경제적 영향

(1) 산업계에 미치는 영향

2005년 2월 16일 교토의정서가 공식 발효되어 온실가스 감축의무를 지고 있는 선진국을 중심으로 배출권 거래제도 및 청정개발체제 등 교토의정서 이행 메커니즘을 이용한 온실가스 감축노력과 함께 새로이 창출되고 있는 온실가스 감축 관련 환경산업 및 기술개발을 선점하려는 노력이 가속화되고 있다(온실가스 감축 대상국가 및 비율 등은 제2절을 참고).

EU는 지역 내에 반입되는 차량에 대하여 1km 주행시 평균 140g 이상의 CO_2

를 배출하는 경우 수입을 제한하는 자발적 협약을 발효할 예정이며, 이 기준을 120g/km로 더욱 강화한다는 계획도 가지고 있다([그림 1-2] 참조). 이는 우리나라 주요 수출품목 중 하나인 자동차의 수출증대에 장애요인으로 작용할 수 있다. 또한 기타 수입품목의 경우에도 포장재의 처리에 까다로운 기준을 적용하고 있으므로 이에 대한 대처가 필요한 상황이다.

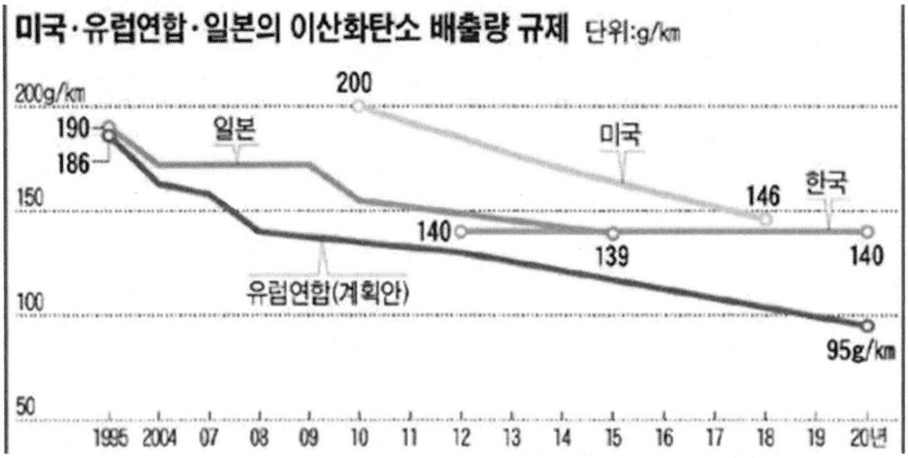

[그림 1-2] 미국, 유럽연합, 일본의 자동차 이산화탄소 배출량 규제(안)

이 같은 온실가스 감축과 관련된 제도의 도입은 교토의정서에 비준하지 않은 미국에서도 마찬가지여서 캘리포니아 주의 경우 2009년부터 차량의 CO_2 배출기준을 엄격히 적용할 예정으로 있어 국내 관련업계의 대책마련이 시급한 상황이다.

위에서 살펴본 것처럼 우리나라가 제1차 공약기간 동안 온실가스 감축의무가 없더라도 이미 감축의무 국가인 선진국을 대상으로 하는 대외무역 시장에는 온실가스 배출규제가 무역규제로 작용하는 많은 사례를 발견할 수 있다. 이러한 현실에서 우리나라가 교토체제 이후 기간에 감축 의무국가에 포함되는 경우 국내에서도 온실가스 감축정책 및 노력이 현실적으로 불가피할 것이다.

특히 우리나라의 산업구조가 수출 지향적인 구조, 중화학공업 위주로 되어 있다는 점은 향후 지속적인 산업발전에 커다란 장애요인이 될 것으로 예측된다.

(2) 국민에게 미치는 영향

우리나라의 감축의무 참여가 비단 산업계에만 영향을 미치는 것은 아니며, 우리 국민 모두에게 영향을 미칠 수 있다.

2005년 현재 국가 온실가스 배출량이 1990년 온실가스 배출량 대비 2배에 이르고 있는 우리의 현실을 고려할 때 교토체제 이후에서의 감축의무 참여는 국민경제에 큰 부담을 줄 수 있다.

향후 온실가스 감축의무 방식에는 여러 가지 가능성이 있으므로 속단하기는 어려우나 2013년부터 온실가스 배출량을 1995년 대비(교토체제 이후의 기준연도를 1995년으로 가정할 경우) 5% 줄인다고 가정하는 경우 실질 GNP 성장률이 0.78% 감소하는 것으로 나타나 국민경제의 어려움이 예상되며, 국가경제를 고려하여 산업계의 감축부담을 국민들이 부담하는 경우 국민들이 실제 느끼는 경제적 압박은 더욱 클 수도 있다.

특히나 에너지 절약정신이 소득수준이 높은 선진국에 비해 비교적 낮은 특성을 고려할 때 더한층 생활 속에서 에너지 절약정신을 강화해야 할 것이며, 그린 산업 기술개발에 박차를 가해야 할 것이다.

(표 1-4) 연도별 온실가스 배출량 추이

구 분	2000	2001	2002	2003	2004	2005	2006
총배출량	531.0	550.4	571.1	582.6	590.4	594.4	599.5
증가율, %	6.4	3.7	3.7	2.0	1.4	0.7	0.9
에너지 부문	438.5	452.9	473.0	481.3	489.0	498.5	505.4
산업공정	58.3	63.6	64.5	68.2	68.5	64.8	63.7
농업	17.0	16.3	16.2	16.0	16.4	16.4	15.1
폐기물	17.2	17.6	17.4	17.1	16.5	14.9	15.4
토지이용/임업	-37.2	-34.6	-33.4	-33.7	-31.5	-32.0	-31.2
순배출량	493.8	515.8	537.7	548.8	559.0	562.4	568.4

* 단위 : 백만 tCO_2(tons of carbon dioxide) / 지식경제부 "온실가스 인벤토리 및 작성체계연구"

[예 제]

전력을 매월 10만kwh를 사용하는 회사의 연간 온실가스(CO_2 기준) 배출량은?
단, 전력 1kwh는 0.4448kg CO_2e와 동일하다고 가정한다.

- 풀이 : 이 회사의 연간 전력 사용량은 10만kwh/월 × 12월/년 = 120만 kwh/년
연간 CO_2 발생량 = 120만 kwh × 0.4448kg CO_2e/년
= 533,760kg CO_2e/년
= 533.8ton CO_2e/년

제2절 국제환경협약과 환경규제

1. 환경협약(Environmental Agreement)

환경문제는 이제 세계적인 문제로 발전하여 많은 국제적인 환경협약이 체결되고 환경보호를 위한 무역규제도 강화되는 현실이기 때문에 환경부에서는 국제협력관실을 두어 기후변화협약, 생물다양성협약 등 각종 국제환경협약에 대처하고, 국제연합환경계획(UNEP, United Nations Environment Programme)*, 경제협력개발기구(OECD, Organization for Economic Cooperation and Development) 등 환경관련 국제기구 및 주요 국가와의 환경협력을 추진하고 있으며, 중국, 일본 등 인접국가와의 대기오염, 해양오염 등 당면 문제해결을 위한 협력을 추진하고 있다.

> * UNEP
> 국제연합환경계획(www.unep.org) 및 국제연합환경계획 한국사이트(www. unep.or.kr)에서 보다 많은 정보를 접할 수 있다.

우리나라는 기후변화협약, 생물다양성협약 등 55개 환경협약에 가입하고 있으며(2009년 1월 현재), 자세한 정보는 국제협력관실(지구환경과)에서 관리하고 있다. 최근 이슈가 되고 있는 대표적인 협약은 (표 1-5)와 같다.

(표 1-5) 국제환경 협약 가입 현황- 요약(2009년 1월 현재)

부문	명 칭	협약		우리나라	
		채택일	발효일	가입일	발효일
대기, 기후 (8)	United Nations Framework Convention on Climate Change 기후변화에 관한 국제연합 본협약 (기후변화협약)	'92.5.9	'94.3.21	'93.12.14	'94.3.21
	Kyoto Protocol to the United Nations Framework Convention on Climate Change 기후변화에 관한 국제연합 기본협약에 대한 교토의정서	'97.12.11	'05.2.16	'02.11.8	'05.2.16

부문	명 칭	협약		우리나라	
		채택일	발효일	가입일	발효일
	Vienna Convention for the Protection of the Ozone Layer 오존층 보호를 위한 비엔나협약	'85.3.22	'88.9.22	'92.2.27	'92.5.27
	Montreal Protocol on Substances that Deplete the Ozone Layer(Montreal Protocol) 오존층파괴물질에 관한 몬트리올의정서(몬트리올의정서)	'87.9.16	'89.1.1	'92.2.27	'92.5.27
해양, 어업 (22)	Convention on the Prevention of Marine Pollution by Dumping of Wastes and Other Matter (London Convention) 폐기물 및 그 밖의 물질의 투기에 의한 해양오염방지에 관한 협약(런던협약)	'72.12.29	'75.8.30	'93.12.21	'94.1.20
유해물질, 폐기물 (3)	Basel Convention on the Control of Transboundary Movements of Hazardous Wastes and their Disposal (Basel Convention) 유해폐기물의 국가간 이동 및 그 처리의 통제에 관한 바젤협약(바셀협약)	'89.3.22	'92.5.5	'94.2.28	'94.5.29
자연, 생물보호 (9)	Convention on International Trade in Endangered Species of Wild Fauna and Flora(CITES) 멸종위기에 처한 야생동, 식물종의 국제거래에 관한 협약	'73.3.3	'75.7.1	'93.7.9	'93.10.7
	Convention on Biological Diversity 생물다양성협약	'92.6.5	'93.12.29	'94.10.3	'95.1.1
	Convention on Wetlands of International Importance Especially as Waterfowl Habitat (RAMSAR) 물새 서식지로서 국제적으로 주요한 습지에 관한 람사르협약	'71.2.2	'75.12.21	'97.3.28	'97.7.28

부문	명 칭	협약		우리나라	
		채택일	발효일	가입일	발효일
	Cartagena Protocol on Biosafety to the Convention on Biological Diversity (Biosafety Protocol) 생물다양성협약 바이오안전성에 관한 카르타헤나의정서(바이오안전성의정서)	'00.1.29	'03.9.11	'07.10.3	'08.1.1
핵안전(7)	Convention on Nuclear safety 핵안전에 관한 협약	'94.9.20	'96.10.24	'95.9.19	'96.10.24
기타(6)	The Antarctic Treaty 남극조약	'59.12.1	'61.6.23	'86.11.28	'86.11.28
	Protocol to the Antarctic Treaty on Environmental Protection 환경보호에 관한 남극조약 의정서	'91.10.3	'98.1.14	'06.1.2	'98.1.14

(1) 기후변화협약과 고토의정서

지구온난화에 따른 기후변화에 적극 대처하기 위하여 국제사회는 1988년 UN 총회 결의에 따라 세계기상기구(WMO)와 유엔환경계획(UNEP)에 '기후변화에 관한 정부간 패널(IPCC)'을 설치하였고, 1992년 6월 유엔환경개발회의(UNCED)에서 기후변화협약(UNFCCC)을 채택하였다.

기후변화협약의 기본원칙으로는 지구온난화 방지를 위하여 모든 당사국이 참여하되, 단 온실가스 배출의 역사적 책임이 있는 선진국은 차별화된 책임을 지며, 의무사항으로는 모든 당사국은 지구온난화 방지를 위한 정책/조치 및 국가온실가스 배출통계가 수록된 국가보고서를 UN에 제출하는 것이다.

기후변화 요인으로는 자연적인 원인과 인위적인 요인으로 나눌 수 있다.

기후변화는 외적으로 야기된 변화뿐만 아니라 기후시스템 요소의 변화와 요소 간의 상호작용에 의해서 발생한다. 외적 요소에 의한 기후변화의 대표적인 예로는 화산분화에 의한 성층권의 에어로졸 증가, 태양 활동의 변화, 태양과 지구의 천문학적인 상대위치 변화 등이 있다. 외적 요인 없이도 기후시스템은 자연적으로 변할 수 있다. 이는 기후시스템의 5가지 주요 구성요소, 대기권, 수권, 빙권, 지권, 생물권 각 요소들이 각기 상호작용하여 끊임없이 변화하기 때문이다

기후변화는 결과적으로 온실효과, 지구온난화, 엘니뇨와 라니냐, 해수면 상승, 사막화 등을 촉진한다.

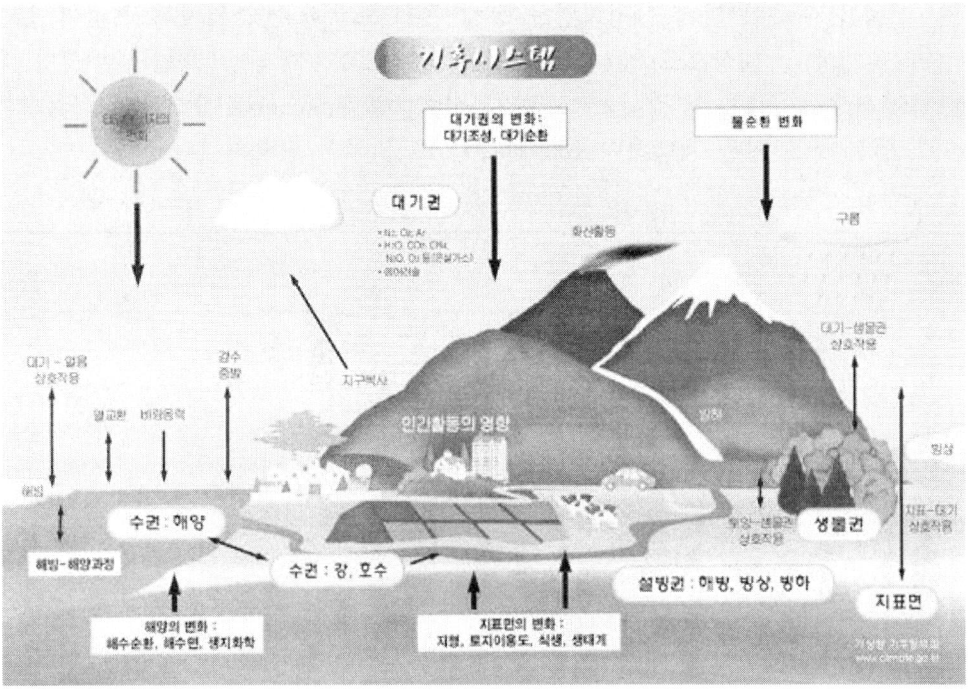

* 출처 : 기상청 기후변화정보센터, 2005)

[그림 1-3] 기후시스템

인간 활동이 대규모적으로 기후에 영향을 미치기 시작한 것은 산업혁명 초기인 18세기 중엽부터로 1970년부터 2004년 사이에 지구 온실가스 배출량은 70%나 증가하였다(IPCC, 2007). 인간 활동, 특히 공장이나 가정에서의 화석연료 연소와 생물체의 연소 등은 대기 구성성분에 영향을 주는 온실가스와 에어로솔을 생산하여 온실가스를 증가시키고 대기 중 에어로솔에 의해 태양 복사에너지 반사와 구름의 광학적 성질변화(산란효과에 의한 지구 냉각화)를 일으키고 있다. 또한 CFCs 및 기타 불소 화합물, 브롬 합성물 등의 방출은 복사강제력에 영향을 주고 성층권의 오존층도 감소시킨다.

또한 도시화와 무리한 토지개발이나 산림채취 등으로 인한 토지 이용의 변화는 지구 표면의 물리적, 생물학적 특성에 영향을 준다.

기후변화협약 당사국총회 주요 진행은 1992년 리우환경회의 1995년 제1차 당사국회의 총회(COP, Conference of the Parties) 이래 제13차 당사국 총회(발리 로드맵 제시, 즉 2012- Post 협상 Framework) 채택으로 선진국과 개발도상국을 광범위하게 참여시키는 계기를 마련하고 있다.

기후변화협약에 의한 온실가스 감축은 구속력이 없음에 따라 온실가스의 실질적인 감축을 위하여 과거 산업혁명을 통해 온실가스 배출의 역사적 책임이 있는 선진국(38개국)을 대상으로 제1차 공약기간(2008~2012) 동안 1990년도 배출량 대비 평균 5.2% 감축을 규정하는 교토의정서(Kyoto protocol)를 제3차 당사국총회(1997, 일본 교토)에서 채택하여 2005년 2월 16일 공식 발효시켰다.

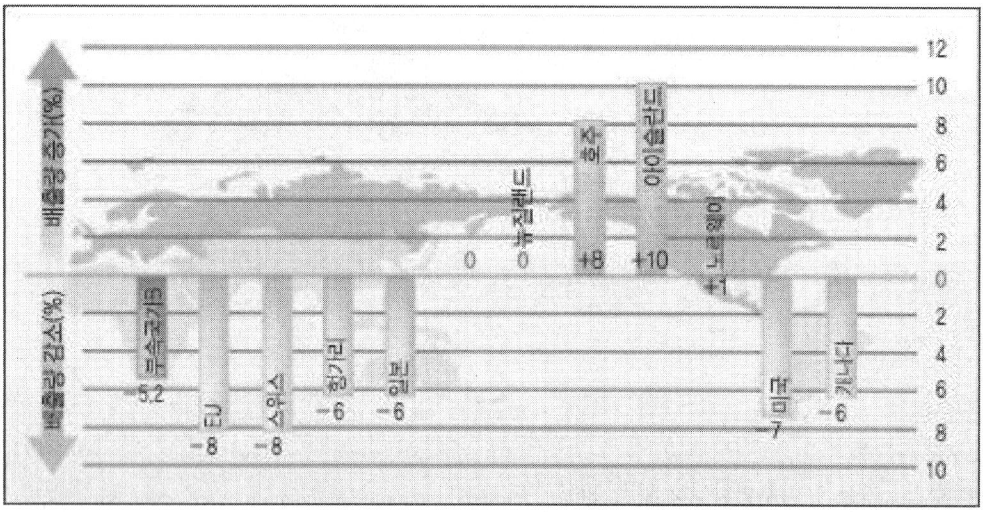

* 우리나라에서는 1993년 12월에 세계 47번째로 가입(2008.7. 현재 192개국 가입)하였으며, 2002년도에 비준하였다(2008.5. 기준 총 184개국 서명, 76개국 비준)

[그림 1-4] 교토의정서에 명시된 주요 국가의 제1차 공약기간 감축목표 (1990년 배출량 대비)

교토의정서에서는 온실가스 감축의무 국가들의 비용효과적인 의무부담 이행을 위하여 신축성 있는 교토 메커니즘을 제시하였으며, 그 내용은 다음과 같다.

1) **청정개발체제**(CDM, Clean Development Mechanism)

교토의정서 제12조에 규정된 것으로 선진국 A국이 개도국 B국에 투자하여 발생된 온실가스 감축분을 A국의 감축실적으로 인정하는 제도를 말한다(교토의정서 12조 2항).

CDM의 목적은 개도국의 지속가능한 개발을 지원하고 기후변화협약의 궁극적인 목표달성에 기여하며, 동시에 교토의정서 3조에 따른 선진국의 온실가스 배출 감축의무 달성을 돕는 데 있다.

CDM 관련기구로는 국가승인기구(DNA, Designated National Authority : 승인 발

급), CDM 집행위원회(CDM Executive Board : UNFCCC하의 CDM 총괄업무, CDM 룰 제정, DOE 지정 COP/MOP에 건의 등 수행, DOE(Designated Operational Entity : UNFCCC CDM 집행위원회에서 지정하는 국제공인 CDM 검인증기관으로 CDM 사업계획의 타당성 확인, 사업에 의한 감축실적 검증을 수행) 등이 있다.

CDM 사업은 에너지 산업(Energy Industries), 에너지 공급(Energy Distribution), 제조업(Manufacturing Industries), 화학산업(Chemical Industries), 건설(Construction), 수송(Transport) 등 15개 분야의 사업으로 구분한다.

CDM 사업추진체계는 다음과 같이 요약할 수 있다.

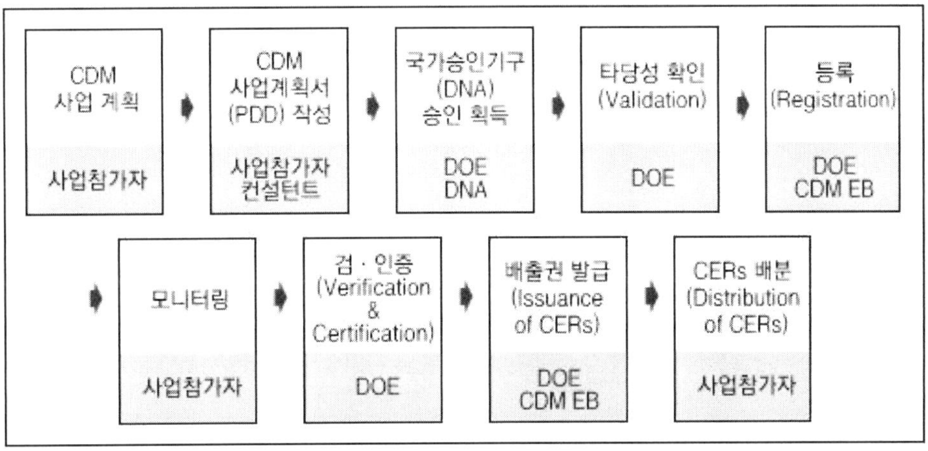

[그림 1-5) CDM 사업추진체계

2) 배출권 거래제도(ET, Emission Trading)

온실가스 감축의무가 있는 국가들에 배출쿼터(할당된 감축의무량)를 부여한 후 할당된 온실가스 감축의무를 이행하지 못하는 경우 동 국가간 배출쿼터의 거래를 허용하는 제도(Carbon Market : '탄소시장'으로 알려짐)를 말한다.

배출권 거래의 유형은 AAU(Assigned Amount Unit), ERU(Emission Reduction Unit), CER(Certified Emission Reduction), RMU(Removal Unit) 등이 있으며, 많은 국가에서 독자적인 온실가스 배출권 거래제를 운영 계획하고 있으며, 일부 민간 기업은 자율적인 사내 배출권 거래제도를 시행(잠재적 배출권에 대한 선물 및 옵션거래를 활발히 진행)하고 있다.

배출권 거래제도는 Cap and Trade System, Baseline and Credit System 등이 있다.

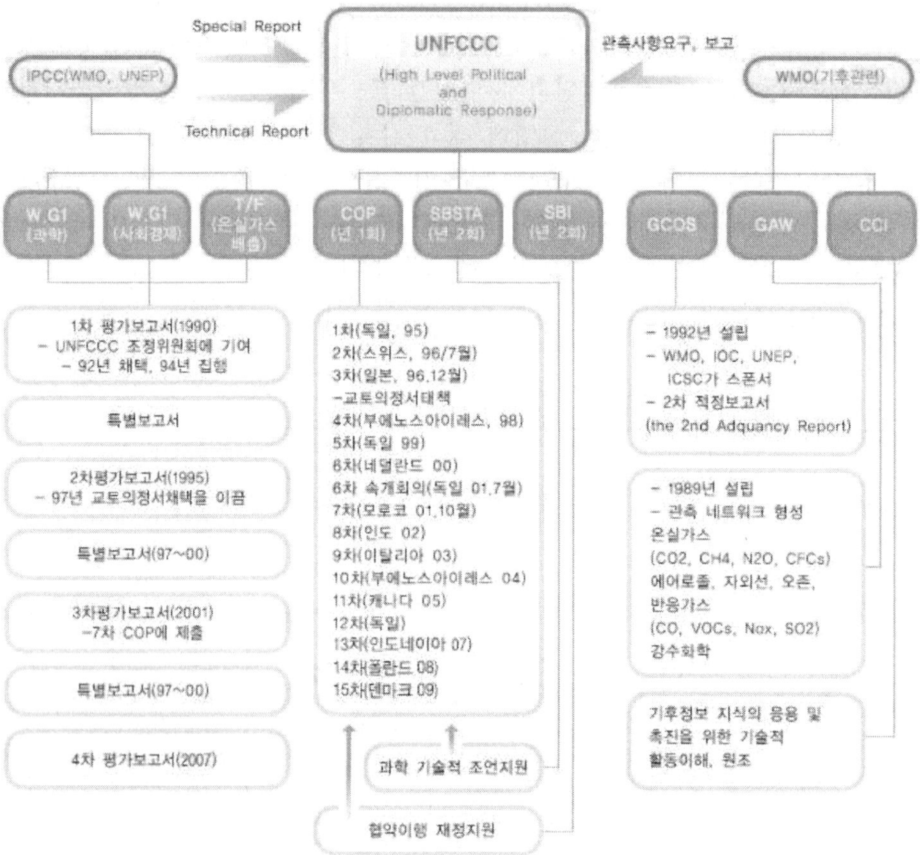

[그림 1-6] 기후환경변화와 관련된 국제기구

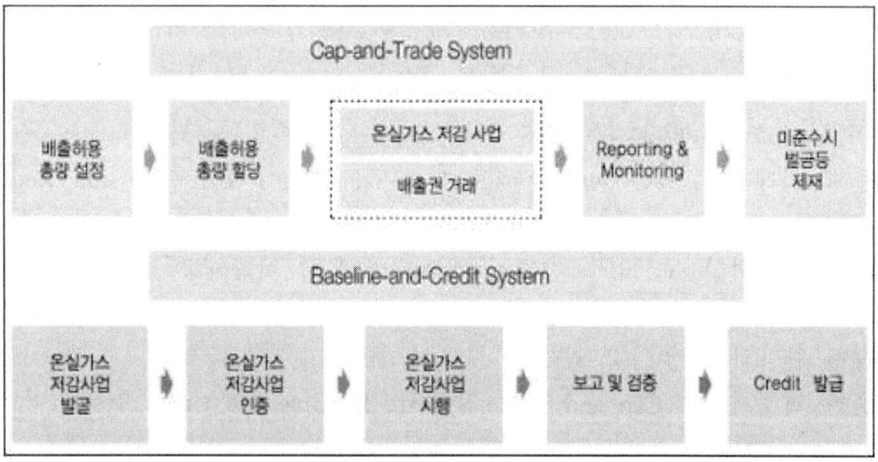

[그림 1-7] 배출권 거래제도의 절차

3) 공동이행제도(JI, Joint Implementation)

감축의무를 지닌 선진국 A국이 선진국 B국에 투자하고 그 투자로 인한 온실가스 감축분을 A국의 감축실적으로 인정하는 제도를 말한다.

공동이행제도로 얻어진 감축량의 일부를 투자국의 감축량을 채우는 데 쓸 수 있으며, 감축량의 중복계산을 피하기 위해 투자국의 감축량으로 반영된 양은 투자유치국의 감축량에서 제외한다.

기후변화협약에 관한 추가자료는 www.gihoo.or.kr, www.ipcc.ch, www.unfccc.int 등에서 참조 가능하다.

(2) 비엔나협약과 몬트리올의정서

1) 공식 명칭

- 오존층 보호를 위한 비엔나협약(The Vienna Convention for the Protection of the Ozone Layer)
- 오존층 파괴물질에 관한 몬트리올의정서(Montreal Protocol on Substances that Deplete the Ozone Layer)

2) 오존층 파괴와 과학적 논쟁

대기는 지표면으로부터 약 1,000km의 높이까지를 말하는데, 기온 분포에 따라 대류권(Troposphere), 성층권(Stratosphere), 중간권(Mesosphere), 그리고 열권(Thermosphere)으로 분류하며, 지표면에서 15km~30km 높이의 성층권에는 다른 고도에 비해 오존 밀도가 상대적으로 높은 곳이 있는데 오존층이라고 한다. 그러나 그 양이 그리 많은 것은 아니다. 그 오존을 모두 모아 지구표면(1기압, 15℃)에 가져온다면 그 두께는 0.3cm에 불과하기 때문이다.

그런데 이 오존층은 우리 생활과 매우 밀접하게 관련된다. 오존층이 햇빛으로부터 오는 자외선을 흡수하여 산소로 만들기 때문에 자외선이 지구로 그대로 들어오는 것을 막아준다. 만약 오존층이 없어 자외선이 그대로 지구로 들어온다면 모든 사람이 자외선을 과도하게 쪼이게 되고, 그 결과 피부가 붓거나 심지어는 피부암을 유발하게 될 것이며, 눈에는 백내장이 발생되게 되고, 면역체계에 영향을 주어 생각하지도 못했던 질병이 생길 수도 있다.

이렇게 우리 삶에 직접적으로 영향을 주는 오존층이 1980년부터 지속적으로 4%씩 감소하고 있으며, 이러한 현상은 극지방에서 더욱 심각하다고 한다. 오존의 감소는 1985년에 남극에서 발견된 오존 구멍을 통해 발견되었고, 극지방에서의 오존층의 급격한 감소는 오존층이 뻥 뚫린 것(오존 구멍, Ozone Hole)과 같은 결과를 초래하게 하여 우려를 더해주고 있다.

오존층을 파괴하는 주된 물질은 1928년에 개발된 염화플루오르화탄소들(CFCs, Chlorofluorocarbons)이다. CFCs는 냉장고의 냉매로 널리 쓰이는 물질인데 이 물질이 오존층을 파괴하는 것은 CFCs가 자외선이 쬐게 되면 그 자외선을 흡수하여 분해되면서 염소 라디칼(Radical)을 만들고 이것이 오존을 파괴시켜 산소로 만들기 때문이다.

오존층을 파괴하는 물질로는 일명 플론가스라 불리는 염화불화탄소(CFC) 외에도 할론(Halon), 사염화탄소(CCl_4), 1.1.1-TCE (1.1.1-Trichloroethane, 일명 메틸클로로포름), HCFC, HBFC, Methyl Bromide(CH_3Br) 등의 물질이 있다. CFC의 개발당시 과학자들은 '꿈의 화학물질'이라고 했다. 무해·무취·불연성으로 부식이 잘 안 되어 식품의 냉동가공 및 수송·냉매·안락의자 및 단열재의 발포제, 각종 정밀기기부품, 광학부품, 전자제품의 세정제, 드라이클리닝 용제, 스프레이 제품의 불연성 분사추진제 등 CFC는 인류의 문명과 산업이 발전하면서 현대사회에 필수적인 역할을 해온 물질이다. 할론은 프레온가스에 브롬이 추가된 물질로서 소화제(消火劑)로 사용된다. 독성이 적어 사람이 있는 밀폐된 공간에서도 사용할 수 있으며 비전도성이어서 전기적인 화재에도 안전하게 이용된다. 또한 소화 후 잔사를 남기지 않아 박물관, 미술관, 컴퓨터실 등 귀중한 자료를 보관하는 곳에서 많이 사용된다. 사염화탄소(CCl_4)는 달콤한 냄새가 있는 무색투명한 액체로 불연성이다.

3) 협약의 발효 경과

UNEP(국제연합환경계획)에서는 1977년부터 이 문제를 다루어오고 있으며, UNEP의 후원하에 각국의 정부들은 1985.3.22 오존층 보호를 위해 비엔나 협약을 채택하였다. 이 협약은 오존층 파괴 예방을 위한 법적, 행정적 조치의 실시, 오존층 보호를 위한 조사연구, 관찰 및 정보교환 등 추상적 의무만 당사국에 부과하여 그 후 협약 강화를 위한 의정서 채택의 근거를 마련하였다.

그 후 1988.9.22. 발효되었으며, 우리나라는 1992.2.27. 서명 및 1992.5.27. 발효되었다.

몬트리올의정서는 1987.9.17. 승인, 1992.9.10. 발효되어 지금까지 5번 수정되었다. 통제 조항들은 4번의 조정을 통해 강화되었다(즉, 1987년 몬트리올의정서에서는 CFC 5종과 할론 3종 등 8종이었으나, 1990 런던, 1992 코펜하겐, 1995 비엔나, 1997 몬트리올→1999 베이징에서는 96종으로 확대). 몬트리올의정서는 인간이 만든 오존 감소물질의 방출을 줄이고, 궁극적으로는 없애는 것을 목적으로 한다. 우리나라는 1992.2.27. 서명 및 1992.5.27. 발효되었다.

당초 몬트리올의정서는 CFCs 생산 및 소비량을 1989년부터 1986년 수준으로 동결한 후 단계적으로 감축하여 2000년 이후부터는 생산 및 사용을 금지하는 것으로 되어 있었으나, 오존층 파괴가 가속화되고 새로운 오존 파괴물질이 추가로 발견됨에 따라 1990년 영국 런던에서 의정서를 1차 개정한 이후, 1992년 11월 덴마크 코펜하겐에서 개최된 제4차 가입국회의에서 규제일정을 대폭 단축하고, 규제물질을 새로이 추가하는 제2차 개정서를 채택하였다.

제2차 개정서는 CFCs 생산 및 소비의 전면중지 시기를 현행 2000년에서 1996년으로 4년 단축하고, 규제물질을 추가하여 총 95종을 규제하는 것을 주요 골자로 하고 있다. 개발도상국은 이와 같은 규정에도 불구하고 별도의 완화된 규제를 받게 되는데 의정서 내 부속서 A물질(CFC-11등 8종)의 경우 국민 1인당 연간 소비량 0.3kg 이내에서 선진국 규제일정으로부터 10년간 사용할 수 있도록 허용하고 있다. 1995년 12월 제7차 당사국총회에서는 HCFC와 메틸브로마이드의 규제일정 감축이 논의되었다. 1992년 11월 코펜하겐의정서에서 2030년까지 전폐하기로 정했던 HCFC의 규제일정을 앞당겨 선진국은 2020년까지 전폐하기로 하였으며, 아울러 기존에는 없었던 개도국의 규제일정을 정하여 2016년부터 2015년 수준으로 소비를 동결하여 2040년까지 전폐하기로 결정하였다. 또한 메틸브로마이드의 경우 선진국은 2001년까지 25% 감축, 2005년까지 50% 감축, 2010년까지 일부 농업용을 제외하고는 사용을 전폐하기로 하였으며, 개도국의 경우에는 2002년부터 1995~1998년 사용량의 평균치로 동결하기로 결정하였다.

한국은 1994년에 개도국 특례조항 적용국가로 분류되어 CFCs 감축의무를 10년간 유예를 받고 있는 상태이다. 따라서 CFCs의 경우 2005년까지 사용이 가능하다. 「오존층보호를 위한 특정물질의 제조규제등에 관한 법률」을 제정(1991.1.14.), 시행(1992.1.1)하여 규제물질의 제조, 수입, 판매 등을 억제하고 대체물질의 개발을 위한 기금을 조성하고 있다. 현재 기상청에서 한국 상공의 오존전량 및 오존 연직분포를, 국립환경연구원에서는 지상대기중 CFC 농도를 측정하고 있다.

오존층 보호 및 몬트리올의정서 등의 추가자료는 www.unep.or.kr, ozone.unep.org 등에서 참조 가능하다.

(3) 생물다양성협약과 카르타헤나의정서

1) 공식 명칭

- 생물다양성협약(Convention on Biological Diversity)
- 생물다양성협약 바이오안전성에 관한 카르타헤나의정서(바이오안전성의정서)
  Cartagena Protocol on Biosafety to the Convention on Biological Diversity

(Biosafety Protocol)

2) 생물다양성

생물다양성이란 지구상에 있는 생물의 총체적 다양성을 의미한다. 즉, 육상, 해상 및 그 밖의 수중 생태계와 이들 생태계가 부분을 이루는 복합생태계 등 모든 분야의 생물체간의 변이성을 다룬다.

일반적으로 종 내의 다양성(유전적 다양성), 종간 다양성, 생태계의 다양성의 세 가지 측면을 의미한다.

지구상에서 확인된 생물은 약 175만 종이나, 서식지 파괴 및 과잉 포획으로 생물다양성의 급속한 파괴, 열대우림 생물이 매년 0.5%(약 5만여 종) 멸종되어 2010년에는 약 33%가 멸종될 것으로 예상되어 인류와 지구의 존립기반이 위협되고, 이로 인해 해충과 질병에 취약한 환경을 만들고, 생물의 환경보호 역할을 감소시키며, 생물종의 유전다양성을 해치게 된다.

3) 협약의 발효 경과

생물다양성협약은 1987년 UNEP(국제연합환경계획) 집행이사회에서 생물다양성 보전을 위한 협약 제정을 결정하고 5년간의 준비 끝에 보전, 생물자원의 지속가능한 이용, 생물자원을 이용하여 얻어지는 이익을 공정하고 공평하게 분해할 것을 목적으로 1992.6.5. 리우회의에서 158개국 대표가 서명함으로써 채택하였으며 1993.12.29. 발효하였고, 우리나라에서는 154번째 회원국으로 1994.10.3. 비준, 1995.1.1. 발효되었다.

이에 당사국들은 생물자원이 재생될 수 없을 정도의 소비를 막고 지속가능한 개발을 위해 생명공학기술에 의해 만들어진 유전자변형생물체(LMO : Living Modified Organism)의 국가간 이동을 안전하게 관리하기 위한 조치로 여러 차례의 당사국 회의를 거쳐 카르타헤나의정서를 2000.1.29. 채택하였으며 2003.9.11. 발효하였고, 우리나라에서는 2007.10.3. 비준, 2008.1.1. 발효되었다.

생물다양성협약은 전문과 42개 조항, 2개 부속서로 구성되어 있는데, 각 국가별 지침을 별도로 마련해 실천해 나가도록 생물자원의 주체적 이용을 제한하고 있다. 주요 내용은 환경영향평가의 도입을 유도하고, 각종 개발사업이 발생시키는 생물에 대한 악영향을 최소화하며, 유전자원의 이용은 상호 합의된 조건과 사전 통보된 협의에 따르며, 그에 따른 기술접근과 기술이전을 공정한 조건으로 각 당사국에 제공하는 것이다.

기술선진국이 큰 목소리를 내는 기후협약과는 달리 이 협약에서는 생물자원이 풍부한 개발도상국이 공세적 입장을 취하고 있다. 즉, 브라질 · 인도 · 말레이시아 등 그 동안 생물자원을 제공해온 개발도상국들은 생물종을 사용한 유전공학기술의 결실에 대한 공동소유권을 주장하고 있다.

카르타헤나의정서에 의하면 인간 건강에 대해 위해(Risk)를 끼치고, 생물다양성의 보전 및 지속가능한 이용에 부정적 영향을 미칠 가능성이 있는 모든 유전자 변형생물체의 국가간 이동, 경유, 취급 및 이용에 대하여 적용하며, 사전통보의 절차, 위해성 평가, 표시, 책임 및 배상 등을 규정하고 있다.

우리나라는 콩, 옥수수 등 상당한 양의 유전자 변형식품을 수입하고 있는데 의학, 화학, 환경분야에서 LMO를 연구하고 있으며, 「자연환경보전법」의 개정, 생태계보전지역 지정, 「유전자변형생물체의 국가간 이동에 관한 법률」 등의 제정으로 대응하고 있다.

생물다양성 및 카르타헤나의정서 등의 추가자료는 www.cbd.int에서 참조 가능하다.

(4) 바젤협약

1) 공식 명칭

- 유해폐기물의 국가간 이동 및 그 처리의 통제에 관한 바젤협약(바젤협약)
  Basel Convention on the Control of Transboundary Movements of Hazardous Wastes and Their Disposal(Basel Convention)

2) 협약의 발효 경과

1976년 이탈리아 소베소에서 발생한 다이옥신 유출사고 때 증발한 폐기물 41배럴이 1983년 그린피스(Green Peace)에 의해 프랑스의 한 마을에서 발견되면서 국제적인 문제가 대두되었다. 그 후 여러 사건이 발생하여, 1987년 6월 '유해폐기물의 환경적으로 건전한 관리를 위한 카이로 지침과 원칙'이 채택되었다. 1989.3.2. 카이로 지침을 바탕으로 스위스 바젤에서 세계 116개국 대표가 참석한 가운데 바젤협약이 채택(전문, 본문 29조 및 부칙 6조로 구성)되었으며, 1992.5.5. 협약이 발효되었다.

이 협약은 협약 가입국에 대해 유해폐기물에 대한 국제적 이동의 통제와 규제를 목적으로 한다. 주요 내용을 보면, 협약당사국에 유해폐기물 수출입 금지권한 부여, 유해폐기물 수출국은 수입국 및 경유국의 사전 승인을 얻어 수출, 불법 교역 폐기물은 수출국가가 자국으로 회수조치하거나 통보받은 날로부터 30일 이내에 적정처리하고 불법 교역자는 국내법에 따라 조치, 유해폐기물의 처리기술 개발을 위한 협약 당사국간의 협력 강화 등의 내용이다. 협약에서 가장 논란이 일어난 것이 유해폐기물의 정의에 관한 것이었다.

협약에서의 적용범위는 다음과 같이 구분한다.

- 유해폐기물 : 45개 카테고리(부속서 I, II) 및 유해성질(부속서 III) 폐기 경로에 따라 18가지, 폐기 성분에 따라 27가지 폐기물로 구분한다.
- 폐기물 : 국내법 규정에 의해 처리되거나, 처리가 의도되거나, 처리가 요구되는 물질 또는 물건.
- 기타 폐기물 : 생활폐기물 및 생활폐기물 소각 후 남은 잔재

협약에서 제외되는 폐기물은 방사성 폐기물, 선박의 통상적 운용에서 나오는 폐기물 등이다.

협약의 주요내용으로는 당사국의 일반적 의무, 예외적인 국가간 이동 허가, 유해폐기물의 이동 규제, 주문관청 및 연락관, 폐기물 목록 등이다.

한국은 1994.2.28 가입, 1994.5.29 발효되었으며, 관련 국내법인 「폐기물의 국가간 이동 및 그 처리에 관한 법률」을 1992.1.28 제정하여 유해폐기물의 지정 및 분류체계 일원화 등의 제도적 개선을 추진하고 있다.

바젤협약 관련 등의 추가자료는 www.basel.int에서 참조 가능하다.

(5) 런던협약

1) 공식 명칭

- 폐기물 그 밖의 물질의 투기에 의한 해양 오염방지에 관한 협약(런던협약) Convention on the Prevention of Marine Pollution by Dumping of Wastes and Other Matter (London Convention)

2) 협약의 발효 경과

스톡홀름회의의 준비위원회에서 해양환경을 보호하기 위한 노력의 일환으로 정부간 해양오염 작업그룹(Inter-Governmental Working Group on Marine Pollution : IWGMP)을 설립하고, 이 작업그룹에서 폐기물의 해양투기를 규제할 국제협약의 필요성을 강조함에 따라 정부간 해양덤핑모임(Inter-Governmental Meeting on Ocean Dumping)을 주축으로 협약안이 추진되어, 1972.12.29에 폐기물 기타 물질의 투기에 의한 해양오염 방지협약이 체결, 1975.8.30 발효되었다.

이 협약은 종래에 런던덤핑협약으로 불려왔으나 1992년 11월에 개최된 제15차

협의당사국 회의에서 런던협약으로 명칭을 변경하였다. 이는 협약의 규제범위를 해양투기에 국한시키지 않고 소각 기타 해양오염의 원인을 총체적으로 규제하려는 데 그 의미가 있다.

우리나라에서는 1993.12.21. 비준하여 1994.1.20. 발효되었다.

이 협약은 선박, 항공기 또는 해양시설로부터 폐기물 등의 해양투기 및 폐기물의 해상소각의 규제를 목적으로 하고 있다. 협약의 구성은 본문 및 3종류의 부속조항, 그리고 부록으로 되어 있다.

부속조항에는 다음과 같이 규제하고 있다.

① 유기할로겐화합물, 수은화합물, 높은 오염 수준의 방사성 폐기물 등 규정된 규제물질의 해양투기 및 해양소각은 원칙적으로 금지한다. 단 유기할로겐화합물 및 기름에 대하여는 특별 허가에 의해 해상소각이 가능하다.

② 비소화합물, 시안화합물, 불소화합물 등에 대한 해양투기 및 해상소각은 사전의 특별허가를 받아야 한다. 기타의 규제물질은 사전에 일반허가를 받으면 해양투기 및 해상소각을 할 수 있다.

③ 해양투기 가능기준 설정에서 고려하여야 할 폐기물의 특성, 투기 장소의 특성 등을 정하고 있다.

이 협약은 1978년(소각, 분쟁해결), 1980년(소각물질 리스트), 1989년(부속서 III에 따르는 허가발급 절차), 1993년(저준위 핵폐기물 투하 금지)의 4차례에 걸친 개정을 통해 협약에 의한 규제를 점차 강화해왔고, 1996년에는 프로토콜(Protocol)을 제정하여 협약 내용을 전면적으로 개정하는 전환점을 마련하게 되었다.

런넌협약은 국내수역(Internal Waters) 밖에 있는 모든 해양지역에 각종 폐기물을 투기하는 것을 방지함으로써 해양오염을 막기 위한 목적에서 채택되었으며, 미국, 프랑스, 독일, 영국, 러시아, 우리나라 등 77개국이 가입한 국제협약이다. 이 협약은 해양투기 문제를 전지구적 차원에서 규율하는 최초의 다자협약이라는 데에 의의가 있으며, 많은 국가들로부터 광범위한 지지를 받아 왔다.

이 협약은 협약당사국에게 폐기물의 해양투기 방지의무를 부과하여, 각 국가로 하여금 인류 건강과 생물자원 및 해양생물자원에 피해를 주고 쾌적함을 해치며 합법적인 바다의 이용을 방해하는 폐기물의 방출, 특히 선박, 항공기, 선착장, 바다 위의 인공구조물 등으로부터 폐기물을 해양에 투기하지 못하도록 필요한 조치를 취하도록 요구하고 있다. 그러나 이 협약은 폐기물의 해양투기를 절대적으로 금지하는 것은 아니며, 최소한의 국제기준을 설정하고 각 국가들이 이를 이행하도록 하되 더 엄격한 국내기준을 채택할 수 있도록 함으로써 보다 많은 국가들이 해양투기를 억제하도록 권장하고 있다.

이 협약은 폐기물의 범주를 셋으로 구분하여, 가장 유해한 물질에 대해서만 투기를 금지하고, 나머지 물질들에 대해서는 각 당사국의 특별허가 또는 일반허가에 따라 투기를 할 수 있도록 규정하고 있다. 이 협약의 부속서 I에 열거된 폐기물은 유독성이 가장 강한 물질로서 해양투기가 절대적으로 금지된다(Black List). 고준위핵폐기물과 국제원자력기구가 인류 건강과 생태계에 미치는 영향 등의 이유로 해양투기를 제한하는 기타 고준위핵물질은 여기에 해당되어 해양투기를 절대 할 수 없도록 되어 있다. 부속서 II에는 사전 특별허가를 요하는 폐기물이 열거되어 있다(Grey List). 중준위 및 저준위핵폐기물은 이 범주에 속하여 특별허가의 대상이 되며, 각 당사국은 이들 물질의 해양투기 허가시에 국제원자력기구의 권고를 충분히 고려하도록 되어 있다. 부속서 I, II에 포함되지 않는 물질은 세 번째 범주로 분류되며, 사전에 일반허가를 받아 해양투기가 허용된다(White List, Annex III).

이 협약은 일정한 경우에는 예외를 인정하여 유해물질의 해양투기를 허용하고 있다.

첫째, 기상이변에 따른 불가항력의 경우 또는 인명, 선박, 항공기, 선착장 기타 인공구조물에 대한 위험을 초래하는 경우에, 해양투기가 위난회피의 유일한 수단이고 그로 인해 결과되는 위험이 다른 상황하에서 발생하는 위험보다 적게 되는 한 폐기물질의 종류에 상관없이 해양투기가 가능하다(제V조 1항).

둘째, 인류건강에 막대한 피해를 주고 다른 해결책이 없는 비상사태의 경우, 부속서 I에 속하는 유독물질이라도 해당국가로부터 특별허가를 발급받아 해양투기를 할 수 있다(제V조 2항).

셋째, 부속서 I에 해당하는 물질이 물리적, 화학적, 또는 생물학적 과정에 의해 급속하게 해양유기체 및 인류 건강에 무해한 물질로 되는 경우에는 해양투기를 금지하지 않는다(Annex I, 8항).

넷째, 부속서 I. 1-5에 해당하는 물질이 극소량의 오염물질(Trace Contaminants)인 경우에도 해양투기를 할 수 있다(Annex I, 9항).

다섯째, 국제법상 주권면제(Sovereign Immunity)의 특권이 인정되는 선박이나 항공기의 경우(예 : 군함, 해군보조함, 국가가 소유하거나 운영하는 기타 선박 내지 항공기로서 정부의 비상업적 업무에 이용되는 경우)에는 유독물질의 해양투기에 관한 이 협약의 규제를 받지 않게 된다. 다만 각 당사국은 주권면제의 특권을 누리는 선박이나 항공기가 런던협약의 목적과 일치하는 방식으로 행동하도록 보장하여야 한다(제 VII조 4항).

런던협약은 각종 폐기물의 해양투기를 대폭 감소시키는 데 기여했다는 점에서 상당히 성공적인 협약으로 평가되고 있다. 이 협약은 유럽과 북미의 선진국가로부터 아시아, 아프리카, 라틴아메리카, 태평양지역의 개도국에 이르기까지 다양한 범주의 국가들이 참여함으로써 협약의 적용영역을 넓혀 왔다. 뿐만 아니라 협의 당사국 회의의 효율적인 운용을 통해 회원국간의 견해를 조율하고 논쟁점을 해결해 나가기 위한 공동의 광장을 마련함과 동시에 각종 결의안 및 지침을 채택하여 당사국의 협약이행을 촉구하여 왔다. 또한 그린피스(Greenpeace)와 같은 비정부간 기구(NGOs)가 앞장서서 러시아의 핵폐기물 동해투기 등 회원국의 위반사례를 폭로함으로써 협약이행을 간접적으로 강제하는 것도 협약의 성공에 일조하였다.

우리나라는 「해양오염방지법」을 제정하여 대비 혹은 대응하고 있으며, 사전예방원칙, 오염자부담원칙, 산업폐기물에 대한 규제, 폐기물 평가체계의 도입, 해양투기와 육상 오염원, 근해 오염원의 점진적 규제를 하고 있다.

2. 환경규제(Environmental Regulation)

유럽연합(EU)에서 시작된 국제환경규제는 미국, 일본, 중국 등 전세계적으로 확산되고 있다. 환경규제의 대상도 완제품 위주에서 부품, 소재, 제품설계, 생산 및 사용 후 폐기까지의 전과정으로 확대되는 추세에 있다. 주요 국제환경규제 대상 품목인 전기, 전자, 자동차, 화학제품 등이 우리나라가 EU국가를 대상으로 하는 전체 수출액 중 약 60%를 차지(2006년 기준)하고 있어, 이들 제품군에 대한 국제환경규제 대응이 미흡할 경우 수출의존도가 높은 우리나라 경제발전에 커다란 장애요인이 될 것으로 전망된다.

참고로 EU 법체계는 다음과 같다. 아래로 내려갈수록 구속력은 약해진다.

(1) Regulation(규칙) : 모든 가맹국에 직접 적용되고, 국내법과 동일한 구속력을 갖는다.

(2) Directive(지령) : 새로운 국내법의 제정, 현행의 국내법의 개정, 폐지의 절차 후에 구속력이 발휘된다.

(3) Official Journal(관보) : 게재 후 3년 이내에 대응

(4) Decision(결정) : 대상 범위를 특정(가맹국, 기업, 개인 등)하여, 구체적인 행위의 실시 또는 폐지 등을 직접적으로 구속한다.

(5) Recommendation(권고) : 가맹국, 기업, 개인 등에 일정한 행위의 실시를 기

대하는 것을 유럽 위원회가 표명하는 것으로 구속력은 없다.

(6) Opinion(의견) : 특정한 테마에 관하여 유럽위원회의 의사를 표명하는 것으로 구속력은 없다

▶ 환경규제에 대한 추가적인 최신정보는 TEN(Trade & Environment Information Network) 무역환경정보네트워크(www.ten-info.com) 및 종합정보시스템(www.N-CER.com) 등에서 참조 가능하다.

1) REACH(EU 신화학물질관리제도)

Regulation No 1907/2006 Concerning the Registration, Evaluation, Authorization and Restriction of Chemicals(REACH)

EU 역내에서 거래되고 있는 화학물질에 대한 위험성 평가의 책임소재를 각 회원국 정부기관에서 해당 화학물질의 생산자로 변경하여 생산자가 일정규모(연간 1톤 이상) 이상 생산·사용하는 물질을 등록하고 관련정보를 제공하도록 의무화하고 화학물질 관리를 유해성(Hazard) 관리에서 위해성(Risk) 관리로 전화하는 새로운 EU의 통합 화학물질 관리정책을 의미하며, 대상업종은 화학 등 산업계 전반이고, 발효시점은 2007.6.1.이다(주무기관 : EU 집행위원회).

- 기존 및 신규 화학물질과 화학물질을 포함하는 제품을 포괄하여 모든 화학물질 관리를 위한 EU 차원의 단일 통합시스템 수립(67/548/EEC 등 기존의 화학물질관리와 관련한 지침들을 통합·보완)
- EU 차원의 화학물질정책을 관리할 '화학물질관리청(European Chemicals Agency)'을 설립하여, 화학물질의 판매승인, 위험성 확인시 해당물질의 사용 및 시장유통을 제한할 수 있는 기능 부여
- 연간 1톤 이상 사용되고 있는 모든 화학물질에 대해 제조·수입업자의 정보제공, 시험 및 등록 의무화하고 미등록된 물질은 시장유통 제한(No Data, No Market 정책)
- 제조·수입업체의 관리의무를 강화하여 물질정보 제공 및 위험성 평가 등에 따른 제반 비용을 제조·수입업체가 부담하도록 하고, 특정 위험물질 사용시 사용용도에 대해 사전에 승인을 받도록 함.
- 화학물질 제조·수입자뿐 아니라, 관련 장난감, 의류 등 제품의 제조·수입자에게 특정 화학물질의 포함여부 및 노출 특성에 관한 정보제공 의무 부여

• 2006.12.18. 규칙(Regulation) 형태로 제정

[주요 내용]

1) 우리나라에서 EU로 연간 1톤 이상 수출하는 모든 화학물질(혼합물 및 완제품 내 화학물질 포함)은 반드시 유럽화학물질청(ECHA)에 등록하여, 화학물질별 등록번호를 발급받아야 함.
2) 본 등록에 앞서 2008년 6월 1일부터 12월 1일까지 사전등록 절차를 마쳐야 함. 연간 1톤 미만이어도 정보교류 등을 위해 사전등록하는 것이 바람직함.
3) 완제품에서 고위험성 물질이 비의도적으로 배출되는 경우 그 함량이 완제품 대비 0.1중량% 이상이고 연간 1톤 이상이면 신고절차를 거쳐야 함.
4) 연간 100톤 이상 물질과 특정물질(CMR, PBT, vPvB 등)은 평가 및 허가 절차를 거쳐야 함.

- CMR : Carcinogenic, Mutagenic, toxic to Reproduction
- PBT : Persistent, Bioaccumulative, Toxity of reproduction
- vPvB : very Persistent and very Bioaccumulative

REACH 관련 세부적인 요구사항 및 대응방안은 REACH 전문 사이트인 환경부 REACH 대응추진 기획단의 'REACH 대응센터(http : //www.reach.me.go.kr)' 'www.reach.or.kr' 자료를 참고할 수 있다.

2) RoHS(EU 전기전자제품 유해물질제한지침)
Directive 2002/95/EC on the Restriction of the Use of Hazardous Substances in EEE(Electrical and Electronic Equipment)

동 지침은 전기전자제품 폐기물의 처분과 재활용 과정에서 재활용성을 저해하거나 환경오염문제를 야기할 수 있는 유해물질의 전기전자제품 내 사용을 제한하고, 이러한 물질들을 덜 유해한 물질로 대체하도록 의무화하는 지침이다. 2006.7.1.부터 EU 시장에서 판매되는 전기전자제품에 대해 납, 수은, 카드뮴 등 6대 유해물질에 대해 규정된 최대허용농도를 초과할 경우 시장유통 및 판매를 제한하는 규제이다.

대상업종은 전기전자분야이며, 발효시점은 : 2003.2.13이다(주무기관 : EU 집행위원회)

- 대상품목 : WEEE의 적용품목 중 8개 품목군(대형가정기기, 소형가정기기, 정보통신장비, 소비자가전, 조명기기, 전기전자공구, 완구·레저·스포츠용품, 자동판매기)과 백열등 및 가정용 조명등. 단, 2006.7.1. 이전에 시장에 판매된 제품은 제외
- 규제대상 유해물질 : 납, 수은, 카드뮴, 6가크롬, PBB, PBDE
- 균질재료(Homogeneous Materials) 내 유해물질 최대 허용농도[결정 2005/618/EC]

물 질	납, 수은, 6가크롬, PBBs, PBDEs	카드뮴
최대허용농도	0.1%	0.01%

- 예외규정 : 형광램프의 소량 수은, 음극선관 및 전자부품용 유리에 함유된 납, 합금에 미량 사용된 납, 솔더링용 납 등은 예외 적용하고, 배터리는 배터리 지침에 따르도록 함.
- 기술적 사항을 고려해 지침 부속서에서는 특정 유해물질의 사용이 허용되는 적용예외 사항들을 규정
- 2006.10.14. 공표된 3개의 부속서 개정결정(Decision 2006/690/EC, 2006/691/EC 및 2006/692/EC)에 따라 7개의 적용 예외사항이 추가되어 현재 총 29개의 지침 적용 예외사항 규정
- 추가검토 : 특수직관형 형광램프 수은, 정보네트워크 스위치, 신호기, 전송기 등의 솔더링용 납 등에 대한 규제 필요성은 추후 검토예정
- 회원국의 국내 이행법 제정 시한 : 2004.8.13.

RoHS 관련 추가적인 정보는 http : //www.rohs.gov.uk), 한국화학시험연구원(www.ktr.or.kr) 등에서 참고할 수 있다.

3) WEEE(EU 폐전기전자제품처리지침)

Directive 2002/96/EC on Waste Electrical and Electronic Equipment

유통업체 및 제조업체(생산자)에게 폐가전제품의 무료 수거의무를 부여하고 품목별로 재생, 재활용 비율을 설정하여 2007.1.부터 이를 준수하는 기업의 제품만 EU 역내에서의 판매를 허용하도록 규정. 이에 따라 EU 회원국은 2004.8.13.까지 자국법에 반영하여 이행조치를 취하여야 하나, 수거·재활용 기반구축 등의 현실

적 애로사항으로 인해 현재 대부분의 국가에서 이행일정이 다소 지연되고 있음.

근거법률은 Directive 2002/96/EC on Waste Electrical and Electronic Equipment[OJ L 37, 2003], 대상업종은 전기전자이며, 발효시점은 2003.2.13임(주무기관 : EU 집행위원회).

[제정 배경]

폐전기전자제품 발생량 증가 및 부적절한 처리로 인하여 토질 및 수질오염이 증가

- WEEE 발생량이 거주자 1인당 약 14kg/년
- 전체 약 500만 톤이 발생
- WEEE의 증가율은 일반 도시 폐기물의 약 3배 이상임

[주요 내용]

- 소비자에 의해 사용된 후 소각 · 매립되지 않은 전기 · 전사장비들을 생산자로 하여금 일정한 비율로 회수 · 재활용하도록 의무화한 지침
- 주요 전기 · 전자제품별로 회수(Recovery), 재사용(Reuse) 및 재활용(Recycle) 비율을 정하고 있으며, 이 비율을 준수하는 기업의 전기 · 전자제품만이 EU 내에서 판매 가능
- 2005.8.까지 회원국은 가정용 및 비가정용 폐가전제품을 소비자들과 유통업체들이 무료로 반납할 수 있는 시스템 설립해야 함
- 이와 함께 품목별 재생(Recovery) 및 재활용(Recycle) 의무화율을 제시하고, 2007.1.부터 EU 역내에 제품을 생산 · 판매하는 유통업체 및 제조업체들이 동 의무화율을 준수하도록 조치
- 수거시스템 구축에 소요되는 비용부담에 대해서 2005.8.13. 이후 출시되는 제품은 생산자가 부담하도록 하였으나, 그 이전에 출시된 제품은 비용부담 발생 당시 시장참여 생산자들의 공동부담 시스템에 의해 처리하도록 함(시장점유율 비례원칙 적용)
- 생산자는 수거된 폐가전을 재생, 재사용, 재활용 공정으로 보내기 전에 별도 분리처리가 필요한 물질이나 부분품을 제거하여 75/442/EEC에 따라 폐기 또는 재생해야 함
- 분리처리 대상 : PCB 함유 콘덴서, 냉매류(CFCs, HCFCs, HFCs, HC), 수은 함유 부품, 가스램프, 배터리, 표면적 10㎠ 이상 LCD 및 백라이트, 음극선관(CRT), 핸드폰 인쇄회로기판, 표면적 10㎠ 이상 인쇄회로기판, 외부전선, 토

너카트리지, 내화성세라믹 함유 부품, 브롬계 난연제 함유 플라스틱, 방사성 물질 함유부품, 석면 함유 부품 등

- 회원국의 국내 이행법 제정 시한 : 2004.8.13.
- EU 의회는 2008년 12월 3일 개정안을 공표하였으며, 내용은 다음과 같다.

구 분	재생률	재사용/재활용률
대형가전기기, 자동판매기	85%	80%
정보통신장비, 소비자가전	80%	70%
소형가정기기, 조명기기, 전기전자공구 완구, 레저, 스포츠용품, 검사통제기기	75%	55%
배기램프		85%

4) ELV(EU 폐자동차처리지침)

Directive 2000/53/EC on End-of-life Vehicles

자동차 폐기물의 감소와 재활용을 위해 EU 역내 자동차 제조업체와 판매업체에게 폐차의 무료수거 의무를 부과하고 재사용(Reuse), 재활용(Recycle), 재생(Recovery) 의무화 비율을 준수하도록 강제하는 조치로서, 근거법률은 Directive 2000/53/EC on End-of-life Vehicles[OJ L 269, 2000]이다.

대상업종은 자동차이며, 발효시점은 2000.10.21.이다(주무기관 : EU 집행위원회)

▶ 재사용(Reuse) : 동일한 용도로 다시 사용하는 것

▶ 재활용(Recycle) : 에너지 회수를 제외한 여타 목적으로 다시 사용하는 것

▶ 재생(Recovery) : 열에너지로 이용 및 재활용을 포괄하는 개념

- 적용대상 : 모든 차량, 폐차량과 그 부품(다만, 특수차량의 경우 재활용 의무 등 일부 의무 면제)
- 제조업체와 판매업자들은 2002.7.1.부터 신규 등록차량에 대해서만 수거의무를 지며, 2007.7.1. 이후부터는 모든 차량에 대해 수거의무를 부담
- 차량등록 말소를 위해서는 지정한 폐차장에서 발행한 폐기증명서를 동반한 경우에만 가능하며, 폐차장 인도에 필요한 비용은 제조업체 또는 판매업체가 부담

• 제조업체 또는 판매업체는 2006.1.부터 지침에서 제시하는 폐자동차 재활용 및 재생목표율을 달성해야 함

구 분	1980년 이전	2006. 1.	2015. 1.
재사용 및 재활용	70% 이상	80% 이상	85% 이상
재사용 및 재생	75% 이상	85% 이상	95% 이상

• 또한 2003.7. 이후 판매되는 신규 자동차의 재료 및 부품에 수은, 납, 카드뮴, 6가크롬 사용금지. 다만, 다음에 해당하는 경우는 예외를 인정(전자부품 및 회로의 솔더링 납, 주요 부품표면의 내식성 코팅에 6가크롬 사용 등 적용예외 및 유예사항을 규정한 부속서 II에 해당하는 경우, 2003.7. 이전에 판매된 차량의 수리를 위한 부품의 경우)
• 2005.9.30. 중금속 규제 예외 및 유예사항을 규정하고 있는 부속서 II를 개정하는 결정[Council Decision 2005/673/EC]이 정식 공표되었으며, 주요 개정사항은 다음과 같음(전기자동차용 카드뮴 배터리의 유예기간을 2005년에서 2008년까지로 연장하는 등 각 재료 및 부품별로 유예기간 및 중금속 최대 허용함량치 재조정 / 유예기간이 만료되는 휠밸런스 조정용 납(Wheel Balance Weights)과 전구유리 및 Spark Plug 유약에 사용된 납 등 3개 품목 삭제/자동차 본체 조립용 볼트 및 너트에 사용되는 부식방지용 코팅제의 6가크롬과 광학부품의 카드뮴 사용 등 2개 품목 추가하여 그 사용을 일정기간 허용(전자는 2008.7, 후자는 2007.7.까지 허용)

5) EuP(에코 디자인 지침)

Directive 2005/32/EC on Establishing a Framework for the Setting of Ecodesign Requirements for Energy-using Products

EU 차원의 기술표준화와 역내 자유교역을 위한 새로운 접근방식을 기본으로 하는 동 지침은 에너지 사용제품(EuP)의 설계시 친환경적 디자인을 채택하도록 하고, 이를 위해 에코디자인 이행수단을 집행위에서 마련하고 회원국에서 이를 감독할 수 있는 체계를 마련하도록 규정하고 있다.

근거법률은 Directive 2005/32/EC on Establishing a fFramework for the Setting of Eco-design Requirements for Energy-using Products and Amending Council Directive 92/42/EEC and Directive 96/57/EC and 2000/55/EC[OJ L 191, 2005]이며, 대상업종은 전기전자, 발효시점은 2005.8.11.이다(주무기관 : EU 집행위원회).

- **에코디자인** : 제품을 설계할 때 제품의 기능성이나 경제성뿐만 아니라 제품의 전과정에 걸친 환경성도 동시에 고려하여 설계해야 한다는 원칙
- **적용범위** : 사용과정에서 에너지(전력, 화석연료, 대체연료 등)를 필요로 하는 모든 제품. 단, 자동차 등 운송수단은 제외
- **우선적용대상** : 에너지 사용제품 가운데 역내판매량, 환경영향 등이 큰 품목에 대해 우선적으로 에코디자인 의무요건을 설정할 예정. 난방장치, 전기모터, 조명기기, 가전제품, 사무기기, 냉방공조시스템 등을 우선검토
- **이행수단의 개발** : EU 집행위는 품목별 에코디자인 요건을 수록한 이행수단을 개발하여야 함. 이행수단에는 에코디자인 절차와 방법론뿐만 아니라 특정 환경개선 목표치를 제시할 수 있으며, 이를 관리하기 위한 조직관리 시스템에 대한 요건도 함께 규정할 예정
- **이행수단의 적용** : 이행수단에서 정한 바에 따라 기업은 에코디자인 목표와 정책을 준비하여야 하고, 제품에 대한 전과정평가 및 성능테스트를 수행하고 그 결과를 제품설계에 반영하기 위한 내부절차, 담당조직 및 기준을 운영하여야 함. 또한 회원국은 시장을 감독하고 필요한 조치를 취할 수 있는 기관 설립을 통해 해당 제품의 적합성 검증토록 함
- **자율규제** : EU 집행위의 이행수단을 대신하여 산업계가 자발적으로 자율규제 지침을 제정할 수 있도록 허용하며, 산업계 자율규제를 실천하는 기업은 지침에서 정한 의무를 만족하는 것으로 간주.
- **적합성 검증** : 역내 EUP 생산자 및 수입자는 에코디자인 이행수단(또는 자율규제 수단)을 준수하고 있다는 증빙으로서 CE 마킹을 부착하도록 함. 이외에도 EU 에코라벨을 획득한 제품, 관련 EU 역내표준을 준수한 제품도 이행수단을 준수한 것으로 간주.
- **제도의 정비** : EU 집행위는 2007년 7월 6일까지 에코디자인 요건설정 우선대상품목을 포함한 작업계획을 발표하여야 하며, 이에 따라 EU 회원국은 2007.8.11.까지 동 지침에 따른 에코디자인 관련 법률 및 제도를 완비하여야 함.

6) PPW(포장 및 폐기물 지침)

Directive 94/62/EC on Packaging and Packaging Waste

1994년 최초 제정된 이후 포장재 사용업체의 포장재 재생 및 재활용 책임을 강화하는 방향으로 개정이 이루어지고 있으며, 일정기한 내 달성해야 하는 포장재 재질별 재생 및 재활용률을 제시하고, 재활용 및 폐기과정에서 재활용 저해 및 환경영향을 일으키는 유해물질에 대한 제한규정을 포함한다.

근거법률은 Directive 94/62/EC on Packaging and Packaging Waste[OJ L 365, 1994], 대상업종은 산업계 전반이며, 발효시점은 1994년이다(주무기관 : EU 집행위원회).

- 공업용, 상점용, 가정용, 사무용, 서비스용으로 사용되는 포장재의 개념을 구체화하고, 이에 따라 포장재에 포장재질 표시 의무화
- 포장재를 사용하는 제품 제조업체 및 유통업체가 지침에서 설정한 재생 및 재활용 목표기준을 충족하도록 회수·재활용 의무를 부담하게 함

목표달성기한	2008.12.31.
재생목표율(중량기준)	60% 이상(소각에 의한 에너지 회수 포함)
재활용목표율(중량기준)	55 ~ 80%
포장재료별 재생, 재활용 목표율(중량기준)	유리 60%, 제지 60%, 금속 50%, 플라스틱 22.5%, 목재 15%

(목표기한은 12개 주요 회원국 기준이며, 기타 회원국은 따로 규정되어 이행기한이 다름)

- 한편, 포장폐기물의 재활용을 저해하고 환경유해영향이 있는 물질로서 납, 카드뮴, 6가크롬 등 중금속 총 함유량을 100ppm 이하로 제한
- 포장재에 대한 필수요건으로서 포장재 소각·매립시 유해성분을 최소화하도록 제작할 것, 재사용 포장재는 반복사용 가능한 소재, 재생가능한 소재, 에너지회수 가능한 소재를 사용할 것, 복합 재생포장재의 경우 분해특성이 유지되어야 할 것, 생분해성 포장재의 경우 물리적, 화학적, 열적, 생물학적 처리를 통해 분해되어야 할 것 등을 규정
- 최근 개정지침(2004/12/EC)의 회원국 국내 이행법 반영 시한 : 2005.8.18.

제3절 국내외 환경사고

인류문명의 발전과정에서 지구환경의 오염은 필연적이라 할 수 있겠지만 환경사고는 특히 인간중심적 사고 개념에서 출발하여, 수질오염사고, 대기오염사고, (폐기물 등에 의한)토양오염 사고 등을 야기시킨다고 볼 수 있으며, 공장의 화재, 폭발 및 가동 중 철저한 예방점검의 부족 등으로 기인하는 경우도 많았음을 주지하여야 할 것이다.

1. 국외 환경사고

(1) 뮤즈계곡(Muse Valley Smog) 사건

○ 발생장소 : 벨기에 뮤즈지방 뮤즈계곡
○ 발생연도 : 1930.12.
○ 원인물질 : (금속, 유리, 제철, 황산)공장에서 배출된 이산화황(SO2)과 입자상 물질

1) 발생과정 및 원인규명

뮤즈계곡 사건은 인간에 의한 재해적 사건으로 기록되고 있다.

뮤즈지방에 자리한 계곡에는 코크스 제조공장, 제철공장, 제강공장, 아연제련공장, 황산제조 공장 등의 대규모의 공업지대가 조성되었다. 이 지역에서 초겨울에 지면 온도가 갑자기 떨어지면서 지면 가까이의 대기 온도가 감소하는 기온 역전현상이 일어나고, 이때 수많은 공장의 굴뚝에서 배출된 가스가 지면 가까이에서 오랫동안 머물게 됨으로써 인명과 다른 생물에 큰 피해가 일어나게 되었다. 사고 당시에 대한 보고서에 의하면 당시 대기중의 이산화황 농도는 9.6~38.4ppm에 달하였으며, 이와 같은 고농도하에서 황산안개도 발생하였다.

2) 피해상황

수백 명의 호흡기환자가 발생하고, 주로 급성폐렴과 심장병으로 63명이 그 주

말엽에 동시 사망하고, 심장병 혹은 폐질환을 지니고 있던 노인들의 사망률이 급격히 증가하였으며, 수백 명의 급성 호흡기질환자가 발생하였다. 인명피해뿐만 아니라 가축과 새, 그리고 주위 수목이 대부분 죽음으로써 뮤즈계곡은 죽음의 계곡으로 변하였다.

(2) 로스앤젤레스 스모그(Los Angeles Smog) 사건

○ 발생장소 : 미국 로스앤젤레스
○ 발생연도 : 1940, 1954년
○ 원인물질 : 자동차 배기가스(CO2, NO2, 질소산화물, 황산화물 등)에 의한 광화학 스모그

1) 발생과정 및 원인규명

1940년대부터 미국의 로스앤젤레스에서는 인체 피해와 식물, 재산상의 피해가 발생하기 시작했는데 처음에는 이를 런던형 스모그와 마찬가지로 이산화황에 의한 것으로 생각하고 이에 대한 대책을 강구하였다. 그러나 캘리포니아 공과대학 생화학교수인 하겐쉬미트 박사가 로스앤젤레스 스모그는 햇빛과 질소산화물의 존재 하에서 탄화수소가 반응하여 생성된다는 광화학 스모그설을 1949년에 발표하였다.

1954년 7월 이후 LA에서 자동차 등에 화석연료(석유) 연소시 방출되는 질소산화물(NOx), 올레핀(Olefine)계 탄화수소(HC, Hydrocarbon), 황산화물 등(1차 오염물질)과 태양광선 중 자외선에 의해 오존(O_3), PAN(Peroxy Acetyl Nitrate), 과산화물, Aldegyde, Acrolein, 유기물 산염, Aerosol 등의 광화학 옥시던트가 형성(2차 오염물질)되었다. 햇볕이 내리쬐는 대낮인데도 눈앞이 뿌옇게 흐리게 하여 "백색(白色) 스모그"라고도 한다. LA는 해안분지로서 1년 내내 해안성 안개와 기온역전이 거의 매일같이 발생하였고, 휴양지와 유전개발 등에 의해 인구증가와 자동차의 증가로 석유계 연료소비가 늘어남에 따라 회백색 연무가 발생하였다.

2) 피해상황

이 지역에서 발생한 스모그는 1940년 처음으로 식물에 피해를 주게 되었고, 1950년경에는 사람들에게도 피해를 주게 되었다. 1954년부터 대부분의 LA 시민들은 눈, 코, 기도, 폐 등의 점막에 지속적이고 반복적인 자극과 일상생활에서의 불쾌감을 호소하였으며, 가축 및 농작물의 피해가 나타나고, 고무제품의 노화 등 재산상의 피해가 크게 늘어났다.

1979년 가을에는 주민의 63%가 육체적으로 불쾌하거나 건강에 대한 불안을 호소하였으며, 면접 조사결과 주민의 57%는 눈에 통증과 자극을 느끼고 4명 중 1명은 두통, 호흡기 자극, 인후염 등을 호소하였다고 한다.

3) 사고 후 조치 내용

LA시는 질소산화물 및 탄화수소의 방지대책을 강구하고 주요 배출원인인 자동차 배출가스의 규제를 세계에서 제일 먼저 강력하게 실시하고 있다. 그러나 LA시의 자동차수는 1985년 기준으로 보더라도 약 800만 대로서 매일 배출하는 오염물질의 양이 약 6,000톤에 달하고 있어 광화학물질의 대기환경기준을 달성하지 못하고 있는 실정이다. 따라서 LA에서는 전기자동차, 수소자동차 등과 같은 무공해 자동차의 개발이나 대체연료에 의한 저공해 자동차의 보급을 강력하게 추진하고 있다.

(3) 도노라(Donora) 사건

○ 발생장소 : 미국 펜실베이니아 주 도노라(피츠버그시의 남쪽 모노가헬 강변의 도시)
○ 발생연도 : 1948.10.
○ 원인물질 : 이산화황

1) 발생과정 및 원인규명

도노라는 인구 14,000여 명의 작은 마을이었는데 이곳에는 철강공장, 황산제조공장, 아연공장 등이 입주하여 있다. 1948.10.26.에 바람이 불지 않고 기온 역전현상이 일어나 대기확산이 되지 않아 대기중 이산화황 농도가 0.32~0.39ppm까지 달한 것으로 추정되며, 분진 등의 입자상 물질도 이에 가세하였다.

2) 피해상황

사망자수는 평상시보다 15~20명 정도가 더 많았으며, 전 인구의 43%에 달하는 6,000여 명이 이상이 피해를 입었는데, 이 중 10% 정도는 심한 피해 증상을 나타냈었다. 사건 발생 전부터 앓고 있었던 환자 중 특히 천식환자의 88%, 심장병 환자의 77%, 그리고 만성 기관지염, 만성 폐기종 환자의 79%가 나쁜 영향을 받게 되었다.

(4) 런던 스모그(London Smog) 사건

○ 발생장소 : 영국 런던
○ 발생연도 : 1952.12.
○ 원인물질 : 이산화황에 의한 스모그(smog=smoke + fog)

1) 발생과정 및 원인규명

1952년 12월 영국 런던시에서는 석탄 연소에 따른 연기가 정제되지 않은 채 대기중으로 배출되었고, 무풍현상과 기온 역전으로 인해 대기로 확산되지 못하고 지면에 정체하게 되었다. 배출된 연기와 짙은 안개가 합쳐져 스모그를 형성하였고, 특히 연기 속에 있던 이산화황(아황산가스, SO_2)은 수증기(H_20)와 산소(O_2)에 의해 황산(H_2SO_4) 안개로 변하였으며, 이러한 스모그(smog=smoke + fog) 현상은 1주일간 지속되었다.

대기오염 물질에는 입자상 물질과 기체상 물질들이 혼합되어 있으며, 입자상 물질은 물질의 파쇄, 선별, 퇴적, 이적과 기계적 처리 또는 물질이 연소, 합성, 분해가 일어날 때 발생하는 고체나 액체로 이루어진 미세한 물질이며, 여기에는 분진, 매연, 검댕 및 액적 등과 연무(Aerosol), 먼지, 안개, 흄(Fume), 박무(Haze) 등이 포함된다.

기체상 물질은 물질이 연소, 합성, 분해될 때 생기는 기체들로서 그 중 중요한 오염물질은 황산화물, 질소산화물, 일산화탄소, 분진 등의 1차 오염물질과 이들이 대기중에서 자외선에 의한 촉매작용으로 만들어지는 과산화물(옥시던트, Oxidant)과 같은 2차 오염물질이다.

2) 피해상황

사건 발생 후 첫 3주 동안 호흡장애와 질식 등으로 4,000여 명의 시민들이 사망했고, 그 후 만성 폐질환으로 8,000여 명이 추가 사망하여 총 12,000여 명이 1주일 동안의 심한 대기오염 현상으로 인해 생명을 잃게 되었다. 당시 사망자들은 주로 노인, 어린이, 환자 등 비교적 허약한 체질의 사람들이었으며, 모든 연령층에 심폐성 질환이 급증하였고, 특히 45세 이상은 중증을 나타내었다.

3) 사고 후 조치 내용

영국에서는 비버위원회를 설립하여 대기오염의 실태와 대책을 조사하고 연구하기 시작하였으며, 1956년에 이 위원회가 제출한 보고서를 바탕으로 「대기오염청정법(British Clean Air Act)」이 제정되었다. 한편 가정난방 연료를 점진적으로 석탄에서 천연가스로 대체하기 시작하였다. 이 사건은 세계 모든 나라의 경각심을 일깨우는 계기가 되었다.

(5) 레만호(Leman Lake) 사건

○ 발생장소 : 스위스 레만호(Leman Lake, 스위스 남서부와 프랑스와의 국경에 위치)
○ 발생연도 : 1950년대 말
○ 원인물질 : 합성세제

1) 발생과정 및 원인규명

합성세제는 동식물의 기름으로 만든 유지와는 달리 그 원료가 석유나 석탄 등 화석연료 자원으로부터 얻어진다. 그리고 합성세제는 여러 단계의 합성과정을 통해 만들어진다. 합성세제는 제2차 세계대전 후부터 일반 가정에서도 사용하게 되었으며, 레만호(일명 제네바호로 불림. 길이 72km, 너비 14km로 초승달 모양을 한 알프스 산지의 최대의 호수로 서쪽 끝의 제네바에서 프랑스의 론강으로 흐름)도 이러한 합성세제에 의해 오염되기 시작하였다.

2) 피해상황

레만호의 물은 1950년대 초부터 급속하게 오염되기 시작하여 1950년대 말경에는 악취는 물론이고 생물이 살 수 없는 죽음의 호수로 변해갔다. 합성세제는 수중생물에게 매우 유독하며, 물에서 쉽게 분해되지 않고, 부영양화(富營養化, Eutrophication, 강·바다·호수 등의 수중생태계의 영양물질이 증가하여 조류가 급속히 증식하는 현상)를 일으키는 인을 다량 함유하고 있다.

한편 1950년 영국의 모그덴 하수처리장에서는 처리되지 않고 방류된 합성세제가 거품을 일으켜 인근 하천이 크게 오염되기도 했으며, 1959년 독일에서는 갈수기에 정수장에서 처리되지 않고 그대로 수돗물에 흘러들어간 합성세제로 인하여 수돗물이 오염되는 사건이 발생하기도 하였다.

3) 사고 후 조치 내용

환경분쟁은 국제분쟁이 될 수 있다는 사례를 보여준 사건이었다.

1962년 스위스와 프랑스는 레만호의 오염방지를 위해 양국간 협정을 체결하여 오염 배출원을 조사하기 시작하였으며, 양국 공동으로 행정적 규제를 실시하였다.

20여 년간 약 120여 개의 폐수처리장이 레만호 유역에 건설되어 부영양화를 일으키는 인(P)을 없앴으며, 합성세제 사용을 엄격히 규제한 결과로 1970년대 말부터는 물이 맑아지고 물고기가 뛰놀아 다시 사람들이 찾는 휴양도시로 각광받고 있다.

한편 이 사건을 계기로 경성세제에 의한 수질문제를 해결하기 위해 세정력은 더 뛰어나고 물속에서 분해속도도 빠른 연성세제가 개발되었으며, 독일은 1964년, 미국은 1965년, 일본은 1975년, 우리나라는 1980년 10월부터 이를 시행하고 있다.

(6) 가네미유 사건

○ 발생장소 : 일본 가네미 지방
○ 발생연도 : 1968.3.
○ 원인물질 : 식용유 속에 들어간 PCB(Polychlorinated Biphenyl, 폴리염화비닐)

1) 발생과정 및 원인규명

가네미 지방에서는 1968.3부터 여드름 형태의 피부병 환자가 많이 발생하게 되어 이 지역 보건소에서 역학조사를 실시하게 되었다. 그 결과 같은 해 11월 이 병은 가네미 회사에서 제조판매하고 있는 식용유를 사용한 음식을 먹은 사람들에게 발생하였음을 밝혀내게 되었다. 가네미 회사는 식용유 제조시 가열 매체로 PCB를 사용했는데, 라이스 오일의 탈취공정에서 가열 파이프가 부식되어 PCB가 식용유 속으로 흘러들어갔으며, 이 식용유가 튀김요리에 사용되어 많은 사람들에게 피해를 주게 된 것이다.

PCB는 열을 가해도 분해되지 않고 전기절연성이 뛰어나기 때문에 변압기, 콘덴서 등 전기제품에 많이 사용되고, 자연계에 방출될 경우 분해되지 않고, 생물체 내에 농축되면 독성을 띠는 매우 유해한 물질이다.

2) 피해상황

사건 발생 당시 환자들은 체중 1kg당 매일 67μg의 PCB를 섭취하였으며, 5개월 후에는 만성중독 증상이 나타나기 시작하여 간 장애, 안지분비과다, 성장지연, 성욕감퇴, 내분비 장애, 말초신경 장애 등의 증상을 겪게 되었다. 그 수는 1,400여 명에 이르며, 그 중 1,068명은 증세가 심하여 특별한 치료가 요구되는 상태였다. 또한 이 지방의 닭 100만 마리가 가네미유가 함유된 먹이를 먹고 중독되었으며 그 중 70만 마리가 떼죽음을 당했다.

3) 사고 후 조치 내용

이 사건을 계기로 일본은 1972년 PCB와 같이 자연환경에서 분해되지 않고 인체에 유해한 물질을 특정화학물질로 규정하고 이를 법률로 규제하기 시작했다. 즉 특정화학물질을 제조 또는 수입하는 경우 법에 의해 특별히 관리하게 되었다.

우리나라는 그 동안 PCB의 우수한 절연성 때문에 변압기 및 전기제품에 수입하여 많이 사용해 왔으나 1983년부터 수입금지 조치를 취한 이후 사용하지 않고 있다.

(7) 러브 커넬(Love Canal) 사건

○ 발생장소 : 미국 러브 커넬(미국과 캐나다 국경에 있는 나이아가라 폭포 인근 지역)
○ 발생연도 : 1970년대 초부터 징후가 나타났으며, 1978년부터 복구작업 개시
○ 원인물질 : 공사가 중단된 커넬에 묻힌 유독성 화학물질(약 22,000톤)

1) 발생과정 및 원인규명

1892년 윌리엄 러브(William T. Love)라는 사업가가 전력 획득 및 선박 운행을 목적으로 나이아가라 폭포에 의해 단절된 나이아가라 강을 연결하는 운하(Canal)를 구상(Love Canal : 길이 1.6km, 폭 15피트, 깊이 10피트 정도)하였다. 운하 건설 도중 1910년 갑자기 닥친 경제공황으로 인하여 웅덩이만 남기고 사업을 중단하게 되었다.

한편 1940년대 들어 후커 케미칼(Hooker Chemical)이라는 화학회사에서 인수하여 1942년에서 1950년 사이에 2만 2천여 톤의 유독성 화학물질을 운하에 매립하게 되었다.

1953년에 이 화학회사는 러브 커넬을 포함한 주변 땅을 나이아가라 시 교육위원회에 기증하고, 교육위원회는 이 땅에 초등학교를 세우고 일부는 주택지로 사용하게 되었다.

1970년대 초 건물 지하실에서 이상한 물질이 스며나오고 하수구가 검은 액체에 부식하기도 하였으며, 시 당국은 별다른 관심을 기울이지 않았으나, 주민들은 피부병과 두통이 자주 발병하였고 다른 지역에 비해 유산율이 높았다.

1976년 큰 홍수가 있은 후 가로수와 정원의 꽃이 죽고 유해한 화학물질이 다량 검출되었고, 토양에서도 유독물질을 포함한 물이 표면으로 스며나오며, 많은 주민들이 신체의 통증을 호소하게 되었다.

2) 피해상황

이 지역 주민들의 유산율은 타 지역에 비해 4배가 높았으며, 또한 1973~1978년 사이에 출생한 16명의 어린이 중 9명이 정신박약, 심장 및 신장질환 등 선천성 기형아로 태어났다.

또한 유독성 화학물질로 인하여 지하수도 심각하게 오염되었다.

3) 사고 후 조치 내용

미국 연방청은 1978.8 이 지역을 환경재해지역으로 선포하고, 거주하던 238가구로 하여금 즉시 떠날 것을 명령하였으며, 문제의 학교는 폐쇄되었다. 그 후 연방 환경처는 계속하여 조사를 실시했고, 1980.5 주변 800세대를 환경재난지역에 추가하였다.

수천만 달러의 비용을 들여 제1차, 2차 및 3차 복구작업을 1979년부터 1991년까지 실시하였으며, 이 사건을 계기로 미국 연방정부는 1980년 12월에 「슈퍼펀드법(The Comprehensive Environmental Response, Compensation and Liability Act)」을 제정하였다.

(8) 보팔(Bhopal) 사건

○ 발생장소 : 인도 마디아프라데시주 보팔시
○ 발생연도 : 1984.12.3.
○ 원인물질 : 메틸 이소시안(MIC, Methyl Isocyanate)

1) 발생과정 및 원인규명

미국의 유니언 카바이드(Union Carbide)사는 인도 중부 마디아프라데시 주의 중심도시인 보팔에 현지 공장을 설립하여 농약을 제조 판매하였다. 농약 제조의 원료로 쓰이는 메틸이소시안이라는 유독가스를 탱크에 저장하고 사용해왔는데, 1984년 12월 3일 새벽에 이 유독가스가 누출된 사고가 일어났다. 메틸이소시안은 무색무취로 카바마이트(Carbamate) 제제 합성시 중간물질로 생성되는 데 극소량으로도 중추신경계와 면역체계를 일시에 파괴하는 독극물로 인체에 치명적이다.

사고 당시 저장탱크에서 2시간 동안 유독가스 36톤 정도가 누출되었다. 항상 높은 압력과 저온상태가 유지되어야 하는 이 유독가스 저장탱크는 온도가 올라가면 폭발할 위험이 있기 때문에 철저한 안전수칙을 지켜야 하는데 단지 비용을 절감하기 위해 제대로 지켜지지 않았으며, 조기 경보체계도 작동되지 않아 사고가 커졌으며, 또한 저장탱크가 인구가 밀집한 도시 빈민가의 한가운데 자리잡고 있던 것도 하나의 원인이 되었다.

2) 피해상황

2,800여 명의 주민이 죽었고 20만 명 이상의 피해자가 발생했다. 생존자도 대부분 실명이나 호흡기 장애, 중추신경계와 면역체계의 이상으로 평생 고통받으며 살게 되었는데 피해보상을 청구한 사람만도 58만 3,000여 명에 달한다. 또한 이 사고로 자연생태계까지 크게 훼손되었다.

3) 사고 후 조치 내용

1985년 4월, 인도 정부는 유니온카바이드사를 상대로 미국의 맨해튼 지방재판소에 제소하였으나 1986년 5월 인도의 재판소에 관할권이 있다는 판결을 내렸다. 1989년 2월, 인도 최고재판소는 배상 청구액 33억 달러에 대해 4억 7000만 달러의 배상금을 지불하라고 결론지었으나 유니온카바이드사는 형사책임을 끝까지 회피함으로써 국제사회의 지탄을 받았다.

1989년 말에 성립된 V.P. 싱 정권은 이 판결이 무효임을 선언하고 재차 보상금 교섭에 들어가 잠정 조치로 피해자 50만 명에 대해 36억 루피의 구제금을 방출하였다. 그러나 농약오염의 후유증은 지금도 이어지고 있다.

또한 2001년 다우케미칼은 유니온카바이드사를 인수하였으나 사고현장을 정화하거나 필요한 사람들에게 안전한 식수와 의료 도움을 제공할 것을 거부하여 보팔시의 시민들과 인도 정부의 안전하게 살 권리를 위한 투쟁은 현재 진행형인 셈이다.

(9) 체르노빌 원자로 폭발 사건

○ 발생장소 : 러시아 체르노빌
○ 발생연도 : 1986.4.26.
○ 원인물질 : 방사능 물질

1) 발생과정 및 원인규명

1986년 4월 26일 우크라이나의 키예프 북쪽 104km에 있는 체르노빌 원자력발전소 제4호 원자로에서 방사능이 누출되었던 세계 최대의 참사로서 사고는 수차례에 걸친 수증기·수소·화학 폭발을 수반하였다.

이 발전소는 RBMK-1000형이라고 하는 흑연감속비등경수냉각방식(黑鉛減速沸騰輕水冷却方式)의 전기출력 100만kW의 원자로 6기(基)를 건설할 계획을 수립,

그 가운데 제4호기까지 완성하여 운전 중이었다. 사고를 일으킨 것은 1983년 12월에 운전을 시작한 최신 원자로였다.

가동중지 터빈을 시험하던 근무자가 안전수칙을 지키지 않아 원자로가 폭발하고 10일간 방사능 물질이 유출되었다. 유출된 방사능 물질은 암과 백혈병, 사산 및 기형아 발생을 유발하는 물질로서 사고지점으로부터 수천 킬로 떨어진 곳까지 이동함으로써 폴란드 국경을 거쳐 핀란드 남부, 노르웨이, 스웨덴에서도 검출되었다(1945년 일본 히로시마에 투하된 원자폭탄보다 수십~수백 배나 많은 '죽음의 재'를 뿌린 사고로 불림).

2) 피해상황

2명의 작업자가 그 자리에서 죽고, 원자로 건물 위쪽이 무너졌으며, 크레인이 떨어져서 노심(爐心)을 파괴하였다. 발생한 화재의 소화작업에 나선 종업원・소방원의 대부분이 심각한 방사선 상해(傷害)를 입었으며, 7월 말까지 29명이 사망하고, 원자로 주변 30km 이내에 사는 주민 9만 2000명은 모두 강제 이주되었다.

그 뒤에도 6년간 발전소 해체작업에 동원된 노동자 5,722명과 이 지역에서 소개된 민간인 2,510명이 사망하였고, 43만 명이 암, 기형아 출산 등 각종 후유증을 앓고 있다(환경단체 그린피스가 내놓은 통계에 의하면 암환자가 27만 명에 달하며, 이 중 9만 3천여 명이 사망에 이를 것으로 주장). 사고로 방출된 방사능의 총량은, 초기에 방출된 휘발성의 희(稀)가스류(類)를 제외하고도 5천Ci 정도로 추정되므로 총 1억Ci에 이를 것으로 보인다.

이들 방사능은 기상변화에 따라 유럽 전역으로 확산하였고, 한국에도 일부 지역에서 낙신이 검출되었나.

3) 사고 후 조치 내용

이미 20여 년이 지났지만 사고원자로에서 반경 30km는 여전히 사람이 접근할 수 없는 통제구역으로 남아 있다. 원자로 주변 4㎢의 숲에 사는 동물들은 죽거나 생식을 멈추고 돌연변이를 일으켰으며, 무성하던 나무도 모두 말라죽었다.

사고 후 소련은 이 RBMK형 원자로의 결점을 인정하여 같은 사고의 재발방지책으로 여러 가지 개선책을 취하였다.

(10) 바젤(Basel) 사건

○ 발생장소 : 스위스 바젤

○ 발생연도 : 1986.11.1.

○ 원인물질 : 유해화학물질(살충제, 살균제, 솔벤트 원료 및 중금속 수은)

1) 발생과정 및 원인규명

라인강 상류유역의 스위스 바젤 부근에 위치하는 산도즈(Sandos) 제약회사에서 화재가 발생하였다.

이 창고에는 1,300톤에 달하는 90여 종의 화학물질이 보관되어 있었는데 화재 진화를 위해 사용한 다량의 물과 함께 이들은 곧바로 라인강으로 흘러들어가 라인강을 하루아침에 죽음의 강으로 변모시키고, 부근 토양과 지하수로 스며들어 오염시켰다.

2) 피해상황

라인강에 서식하던 수중생물은 떼죽음을 당하였고, 사고지점 하류 400km에 해당하는 하천구간의 저서생물(底棲生物, Benthos, 수저에서 살고 있는 생물)은 완전히 사라져버렸다.

피해액은 400억 달러로 추정되고 있으며, 하천 정화노력으로 많이 회복되긴 했지만 지금도 하천 퇴적물에서는 유해화학물질이 검출되고 있어 라인강을 본래대로 회복하기에는 더 많은 시간과 노력이 필요한 상태다.

3) 사고 후 조치 내용

사건 발생 후 관리당국의 솔직한 발표와 신속한 대처가 이루어지지 않아 하류지역 프랑스와 독일에서 용수관리에 많은 피해가 발생함으로써 산도즈사는 독일, 프랑스, 네덜란드, 벨기에 등에 1억 스위스프랑을 지급하였다.

(11) 기타 국외 환경사고 사례

기타 국외 환경사고 사례는 (표 1-6)과 같다.

(표 1-6) 기타 국외 환경사고 사례

환경사고명	발생시기	발생장소	원인물질
미나마따병	1953	일본	메틸수은화합물(공장폐수)
이따이이따이병	1954	일본	카드뮴
블루베이비(Blue baby)병 - Metahemoglobia	1953~1960	체코슬로바키아	질산성 산소
스리마일 사건 (Three Mile Island)	1979.3.28	(미)펜실베이니아 스리마일섬	방사능 물질 누출
욧가이치 천식 사건	1962~1963	(일) 욧가이치 (四月市)	이산화황, 이산화질소, 포름알데히드 등 대기오염
미시간 PBB 사건	1973	(미)미시간주	Polybromide Biphenyl
고이아니아 사건	1987.9	(브)고이아니아	방사성원소(Cesium-137)
페놀 오염사건	1974.7 1981.2 1984.1	미국 위스콘신주 미국 미시시피강 영국 북웨일즈 Dee 강	페놀(Phenol)

2. 국내 환경사고

1960년대 초반부터 시작된 급속한 산업화 과정에서 각종 산업폐기물의 증대는 막대한 환경적 손실을 가져왔고, 환경오염으로 인한 크고 작은 인명 및 재산상의 피해를 둘러싼 분쟁은 지속적으로 증가해 왔다. 특히 환경에 대한 일반대중의 관심은 산업화의 논리에 파묻혀 있다가 1980년대 중반 이후 우리 사회 전반에 걸쳐 정치, 사회 민주화 과정이 진행되면서 봇물처럼 터져나오기 시작하였다.

환경에 대한 관심이 늘게 되면서 필연적으로 환경오염으로부터의 물질적, 경제적, 심리적 피해를 보상받기 위하여 소송이 증대하게 되고, 또한 환경권과 경제권의 충돌로 인한 다양한 이해관계자들간의 이익을 어떻게 조화시키는가가 첨예한 문제로 떠오르게 되었다.

(1) 낙동강 페놀오염 사고

○ 발생장소 : 낙동강
○ 발생연도 : 1991.3.14(1차), 1991.4.22(2차)
○ 원인물질 : 페놀 원액

1) 발생과정 및 원인규명

두 번에 걸쳐 일어난 낙동강 페놀오염 사건은 우리나라의 대표적인 수질오염 사건이다. 페놀은 유독물로 피부암과 생식 이상을 일으키고 태아에도 영향을 키치는 유해물질이다.

구미공단의 두산전자에서 1991년 3월 14일과 4월 22일 두 차례에 걸쳐 각각 페놀 30톤과 1.3톤이 낙동강으로 유출된 사건이다. 페놀은 대구지역의 상수원으로 사용되는 다사취수장으로 유입되었으며, 염소를 이용한 정수처리 과정에서 클로로페놀로 변하면서 악취를 유발하였다.

1차 유출은 3월 14일 밤 10시부터 3월 15일 새벽 6시까지 이루어졌다. 30톤의 누출로 말미암아, 수돗물의 페놀 수치가 0.11ppm까지 올라간 지역도 있었는데, 이는 당시 한국의 허용치인 0.005ppm의 22배, 세계보건기구의 허용치인 0.001 ppm의 110배에 달하는 수치였다. 이후, 정수장에서는 클로로페놀의 합성을 방지하기 위해 염소 소독을 중단하고 활성탄, 오존, 이산화염소로 물을 처리하였다. 또한 대구환경청 직원 7명과 두산전자 관계자 6명 등 13명이 구속되고, 관계 공무원 11명이 징계 처리되었다. 두산전자에 대해서는 30일 영업정지 처분을 하였으나, 고의성이 없었다는 이유로 20일 만인 4월 9일 조업 재개가 허용되었다.

2차 유출은 4월 22일 오후 12시 5분에 발생하였다. 이 사건의 결과로 두산그룹 회장, 환경처 장관 및 차관이 자리에서 물러나게 되었다. 두산전자에 대해서는 64일의 영업정지 처분이 내려졌다. 하지만 이미 임신한 부인이 유산하고 대구지역 주민들은 악취와 환경오염 공포에 시달리는 등 피해를 입은 뒤였다. 또한 사건이전에도 정화비용 500만 원을 아끼기 위해서 페놀을 정화하지 않고 버린 일이 여러 차례 있다는 게 조사결과 밝혀졌을 정도로 낙동강 페놀오염 유출사건은 사건당시 기업들의 안일한 환경정책과 비윤리적인 기업경영을 말해주는 사건이었다. 녹색연합에서는 1999년 “50년대 이후 발생한 대한민국 환경 10대 사건” 중 낙동강 페놀오염 사건을 1위로 선정하였다.

2) 피해상황

이 사고에 대해 피해보상을 요구한 신고건수는 1,958건에 액수는 24억 5천만 원에 이르렀다.

이 중에는 임산부 8명이 자연유산, 임신중절 등으로 인한 정신적, 신체적 피해보상을 요구하기도 하였다. 또한 두산그룹에 대한 국민들의 항의로 불매운동이 전국적으로 행해졌다.

3) 사고 후 조치 내용

이후 물의 소중함과 환경보전에 관한 국민의 관심이 증대되어, 「환경범죄의 처벌에 관한 특별조치법」이 제정되었다. 공장 설립시의 환경 기준이 강화되었으며, 행정구역에 따른 시도별 수질관리의 문제점을 개선하기 위해 한강, 낙동강, 금강, 영산강 등 전국 4대 강을 수계별로 관리하도록 하는 유역별 환경관리위원회를 구성하였다.

[그림 1-8] 낙동강 페놀오염 사고

(2) 동양화학 톨루엔 디이소시아네이트(TDI) 오염 사고

○ 발생장소 : 동양화학 군산공장 TDA제조공정상의 수봉탱크

○ 발생연도 : 1991.9.7.
○ 원인물질 : TDI, TDA

1) 발생과정 및 원인규명

TDI 제품의 중간원료인 TDA(Toluen Diamine)를 제조하는 공정에서 발생된 수소가스와 찌꺼기(Tar + TDA)를 흡수 처리하는 수봉탱크(방지시설)에서 조작미숙으로 인해 농축된 폐액이 굴뚝에서 배출되었다. 사고발생 설비는 TDA 생산과정에서 공급되는 과잉의 수소와 함께 배출되는 폐가스를 세정시켜주는 수봉탱크이며, 이 탱크의 상단에 설치된 배기관에서 TDA 및 TAR로 추정되는 물질이 수소 및 수증기와 함께 분출되어 인근 지역에 오염을 초래하였다.

TDA 반응기에서 나오는 잉여수소에 미량의 타르가 동반되어 수소탱크 내에 장기간 축적되어 타르와 물이 뒤섞여 오버플로(Overflow)되는 관을 막아 수위가 계속 높아져 수소를 희석시키기 위한 스팀에 의해 물이 급격히 끓고 수소와 함께 타르를 동반하여 배출구를 통해 배출되었다(참고 : 스팀은 최종 방출되는 수소가스의 위험을 방지하기위해 희석시켜주는 역할). 대부분은 공장 내에 떨어졌으나 일부는 북동풍을 타고 마을 및 근처 농경지에 떨어져 피해를 주었다

2) 피해상황

사고탱크에서 공장 내외로 다량의 액이 비산 배출되어 공장 인근지역의 식물 및 농작물에 반점생성 등의 피해 및 마을의 세탁물 등에 미세한 반점이 드문드문 묻어 있었으나 시료분석 결과 TDA의 함유 여부는 농작물의 자체 성분 및 농약 등 여타의 방해성분으로 인해 확인할 수 없었다. 그러나 사고탱크 하단 근처의 액상시료 및 TAR에서는 TDA 검출이 확인되었으며 TDA의 독성으로 인한 인체증후는 확인되지 않았다. TDI 공장 사고지점으로부터 반경 1.5km 이내의 야채 및 과실류를 폐기하였고, 벼는 수확 후 별도로 관리하여 TDA 분석결과에 따라 조치되었다.

3) 사고 후 조치 내용

○ 저장 : 통풍이 좋은 냉암소에 밀폐보관
○ 취급 : 사용시에는 보호구(보호안경, 보호마스크, 보호장갑, 보호의 등)를 착용하고 사용 후 약제나 포장지는 땅에 묻거나 소각처리
○ 응급조치 : 손이나 피부에 오염되었을 때 오염된 부위를 비눗물로 깨끗이 씻고, 눈에 들어갔을 경우 깨끗한 물로 15분 이상 씻어준다.

○ 운전지침 보완 및 운전교육 철저 : 운전원들의 운전기술이 및 조치능력의 향상을 위한 교육이 필요
○ 설비의 개선 및 고장예방 : 수봉탱크의 액면이 수시로 상승하므로 탱크의 용량을 늘리며 오버플로(Overflow) 배관의 막힘을 방지하기 위해 직경을 큰 것으로 사용하여 비정상적인 액면상승을 예방

(3) 씨프린스호 기름유출 사고

○ 발생장소 : 전남 여천시 삼산면
○ 발생연도 : 1995.7.23.
○ 원인물질 : 씨프린스호 적재 원유 등의 누출

1) 발생과정 및 원인규명

씨프린스호는 사우디아라비아와 오만에서 원유 266,852.54톤을 만재한 후 1995년 7월 21일 16시 45분경 여수에서 원유를 하역하기 시작하였다. 7월 22일 태풍 페이가 북상하고 있다는 기상정보를 입수하고 선장은 18시 5분 여수해만 입구에 있는 작은 섬 세존도 근해로 나갔다. 우리나라를 내습하는 태풍은 대개 북상하여 육지를 올라서면서 세력이 약화되고 진행방향이 조금씩 우전향된다. 그러나 태풍 페이는 제주도 동쪽으로 북상하면서 거의 일직선으로 여천을 향해 줄달음쳤고 그 세력도 줄지 않고 올라왔다. 7월 23일 선장은 제주도 서쪽 먼 바다로 피항하려 했으나 높은 파도와 강풍에 휩쓸려 작도에서 암초에 충돌하여 기관실에서 불이 나고 높은 파도에 떠밀려 소리도에 좌초하였다.

선장은 씨프린스호가 좌초된 다음날 7월 24일 5시경 기상이 호전되자 선원들 중에 수영을 잘하는 2명을 배에서 약 30m 떨어진 육지의 바위로 내보내 로프로 배와 바위를 연결하도록 하였다. 표류 중 파도에 휩쓸려간 기관장 1인을 제외한 나머지 19명의 선원은 로프를 타고 배에서 탈출하였다. 이 사고로 씨프린스호 선장과 (주)호유해운에게 업무상과실과 해양오염방지법 위반으로 선장에게는 징역 1년, 회사에게는 3천만 원의 벌금이 선고되었다.

2) 방제 및 피해상황

이 사고로 벙커씨(B-C)유 약 900톤과 원유 4,100여 톤 총 5,035톤이 바다표면을 뒤덮었고, 여수 앞바다는 물론이고 거제도, 부산, 울산까지 약 200㎞의 해안선을 오염시켰다.

당시 방제작업에는 민관군 등에서 많은 인력과 선박, 장비 등이 참여하였는데,

이를 체계적으로 지휘하고, 통제할 수 있는 지휘체계에 문제점이 대두되었다. 당시 방제현장에 대한 총괄 지휘는 해양경찰청이 맡고 있었으나, 이에 대한 법적 근거가 없어 방제작업에 참여하였던 각 기관은 소속기관에 별도로 보고체계를 구축하여 총괄적인 방제진행과 계획수립에 많은 혼선을 초래하였다.

씨프린스호 유류오염 사고 방제작업 과정에서 710여 톤의 유처리제가 살포되었다. 유처리제는 해수와 기름 유막간 표면장력을 감소시켜 미세한 방울로 만들어 미생물 분해작용이나 자연적인 분해과정을 용이하게 하여 신속하게 기름성분을 바다에서 제거하는 역할을 한다. 따라서 유처리제는 유출된 기름을 미립자로 분산 확산시킴으로써 수중생물에게까지 기름의 영향이 퍼질 수 있다는 점이 위험하다.

3) 사고 후 조치 내용

2002년 현재까지 집계된 어민 피해액은 154억에 이른다. 전체 피해액 중 75%가 여수해역에서 발생하였는데 특히 가두리양식 어업에서 많은 피해가 발생하였다. 씨프린스호와 같은 대형 유류오염 사고는 어민들에게 직접적인 수산물 피해를 유발할 뿐만 아니라 광범위한 해양환경을 오염시킨다. 유출유로 인한 오염피해를 줄이기 위해 효율적인 방제활동과 복원사업을 수행하여야 하며, 지속적으로 환경상태를 파악하기 위한 모니터링을 할 필요가 있다.

씨프린스호 오염사고가 발생하자 시민환경단체들은 연대활동을 통해 환경사회단체 해양오염 대책위를 구성하여 감시활동과 사고관련 회사와 정부가 보다 적극적이고 효율적인 대책을 수립하고 시행하는 데 앞장섰다. 그리하여 의원입법으로 1998년 2월 해양오염 사고가 발생하였을 때 전문기관을 통해 해양오염 영향조사 실시를 규정하는 해양오염방지법의 개정을 하는 데 일조하였다.

씨프린스호 유류오염 사고는 우리나라에서 해양오염의 심각성과 이에 대한 대비의 필요성을 인식하는 계기가 되었다. 1995년 해양오염방지법을 개정하여 해양경찰청을 중심으로 한 방제작업 지휘체계를 일원화하였고, 아울러 해양방지 5개년계획 등 국가차원에서 해양오염에 대한 종합적인 정책을 수립하여 시행하게 되었다. 해양오염 방제를 위한 국제적인 협력을 위한 국제협약에도 가입하게 되었다. 또한 한국해양오염방제조합의 설립, 방제 관련 조직, 인력, 장비 등 방제작업을 위한 기본 인프라를 구축하고, 방제 기술을 개발하는 계기가 되었다.

[그림 1-9] 씨프린스호 기름유출 사고

(4) 태안 앞바다 원유 누출 사고

○ 발생장소 : 충남 태인군 만리포 북서쪽 10km 해상
○ 발생연도 : 2007.12.7.
○ 원인물질 : 예인중이던 크레인선이 유조선과 충돌, 원유 12,547kℓ 유출

1) 발생과정 및 원인규명

7일 오전 7시경 태안군 만리포 앞 약 10.0km 해상에서 홍콩 유조선 '허베이 스프리트(Hebei Spirit)'호와 삼성중공업 소속의 대형 해상크레인을 실은 바지선이 충돌하면서 유조선 기름탱크 3개에 구멍이 나 원유가 바다로 유출되었다.

2) 방제 및 피해상황

○ 방제사항
- 해상 방제작업은 항공 순찰을 통해 오염원을 지속적으로 파악, 현장에 탄력적으로 배치, 타르덩어리 회수 및 유막 분산 처리(해안 표착유의 외해 확산 유막에 대한 집중 방제)
- 해안 방제는 유・무인도서 방제작업에 집중
- 생활환경 주변의 소규모 부두 암벽, 모래사장 등 접근이 용이하고 작업이 수월한 지역은 주민, 자원봉사자 위주의 작업 실시

○ 피해상황
- 피해면적 : 서산 가로림만~태안 안면읍 내파수도 연안, 해안선 167km
- 어장피해 : 11개 읍・면 473개소 약 5,159ha(서산시 및 태안군)

- 해수욕장 : 4개면(태안군 소원・이원・원북・근흥면) 15개소(만리포, 천리포 등)
- 야생동물 피해는 조류 등 31마리 구조치료 및 사체 55마리 수거 처리
- 추가피해 예상 어장(양식어장 및 육상 종묘생산시설 등)

3) 사고 후 조치 내용(요약)

○ 예산지원
- 특별재난지역 선포에 따른 재해대책예비비 74억 원 지원(12.12.)
- 긴급방제용 특별교부세 50억 원 지원(12.10/10억, 12.21/40억)
- 충남도에 국비 300억 원 긴급생계지원금 지원 협의(12.14.)
  ※ 생계지원금 교부결정 예정(12.27.)

○ 금융지원
- 해당지역 금융・세정종합지원센터(농협, 수협) 설치(12.14.)
- 농・수협을 통해 특별영어자금, 생활안정자금 등 1,500억 원 신규 지원(저리 융자) 등

○ 세제지원, 후생복지 및 전문인력/장비 투입
- 소득세・법인세・부가가치세에 대한 납기를 연장(최장 9개월)하고, 징수 및 체납처분 집행유예 등
- 태안군 재난선포지역 4개면 유・초・중・고교 재학생 중 피해학생에 대한 수업료, 학교급식 지원
- 미국, 일본, 싱가포르 및 유엔환경계획 등 방제전문가 등 투입

○ 기타 기관별로 다양한 지원 프로그램 실행 및 자원봉사자 운영

[그림 1-10] 태안 기름유출 사고

(5) 새만금 사건

○ 사업기간 : 1991~2011년(2011년 이후 사업은 추가계획 수립 예정)
○ 주요목적 : 농지조성과 용수 개발
○ 사업구역 : 전북 김제시, 군산시, 부안군의 1도 2시 1군 19읍 · 면 · 동
○ 공사내역 : 사업구역에 인접한 하구해역 40,100ha를 막아 28,300ha의 토지와 11,800ha의 담수호를 조성, 방조제 4조 33km, 배수갑문 2개소 470.4km, 방조제 6조 138.3km, 양배수장 13개소, 용 · 배수로 320km 건설
○ 간척지 이용계획 : 식량단지 17,950ha, 원예단지 2,500ha, 해수어 및 담수어 양식단지 2,000ha, 농촌도시 800ha, 도로 등 기타 면적 5,050ha

1) 발생과정 및 원인규명

새만금 간척사업은 1970년대와 1980년대 우리 경제가 고도성장을 이루면서 발생한 도시인구의 급증, 이농현상, 도시부문의 확대 등으로 인한 농토의 급격한 감소, 그리고 이에 따른 식량자급도의 하락을 메우기 위해 입안되었다.

그러나 간척지의 용도를 둘러싼 정부와 지방의 이견, 환경파괴와 훼손에 대한 환경론자들의 반대 등으로 논쟁이 본격화되었다.

2) 최근의 상황

○ 1999년 5월 새만금 간척사업의 환경문제를 진단하기 위해 민관합동조사단의 구성을 제의하여 약 14개월간 경제성, 환경 및 수질보전대책 등에 대해 조사를 실시하여 잠정적으로 공사 중단.
- 당시까지 공사진도는 약 60%, 방조제 축조에 7천억 원, 어업보상비 4천억 지급된 상태
○ 2001년 8월 민관합동조사 결과 보고서 정부에 제출
○ 2001년 8월 환경단체가 소송 제기(서울행정법원)
- 2005년 2월 원고 일부 승소(농림부는 고등법원에 항소)
○ 2006년 3월 대법원 판결로 공사 재개
- 2008년 말 보상 완료 및 공사 진행중(2010년 방조제 준공)
○ 2010~2011년 새만금 종합 마스터플랜 수립 및 용지별 기본계획

(6) 기타 사건

(표 1-7) 기타 국내 환경사고 사례

환경사고명	발생시기	발생장소	원인물질
이따이이따이병 증세 (온산병)	1982.10	울산(온산공단)	
안면도 사태	1991.1	충남 태안군 안면읍	핵폐기물 처리장 건설
전철불통사건	1991.12.10	서울 구로구 구로동	차량배기가스로 인한 아연도강선 부식
굴업도 핵폐기장 선정 및 백지화운동	1995.2	경기도 옹진군 덕적면 굴업도	핵폐기물 처리장 건설
시화호 사건	1996.4	경기도 안산시	공장 폐수의 무단 방류
천성산 도롱뇽 사건	2004.10.27	천성산 내원사	천성산 터널공사 중단요구 꼬리치레도롱뇽
동강댐 반대운동 (백지화)	2000.6.25	강원도 영월군	자연 보전

제4절 환경관련 국제기구

1. 유엔기구

(1) UNEP(유엔환경계획)

United Nations Environment Programme, www.unep.org & www.unep.or.kr

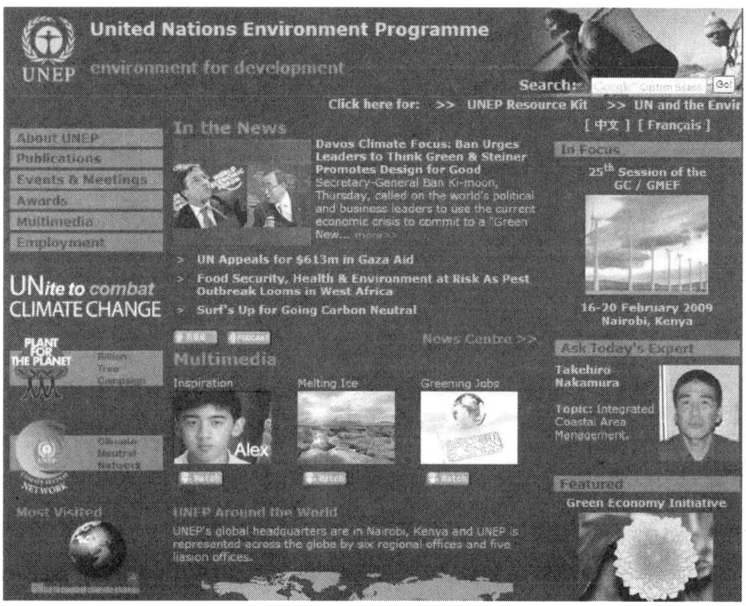

○ 유넵은 1972년 6월 5일 스웨덴의 수도인 스톡홀름에서 '하나뿐인 지구'를 주제로 개최된 인류 최초의 국제환경회의인 유엔인간회의(United Nations Conferences of the Human Environment, UNCHE)에서 설립이 논의되었고, 그 후 제27차 유엔총회에서 지구환경 문제를 다루기 위한 유엔 전문기구를 만들어야 한다는 데 합의한 결과 유넵이 설립되어 58개국 대표로 이루어진 집행위원회를 조직하였다(본부는 케냐의 나이로비에 설치).

○ 주요 기능/역할

유넵본부에는 약 400여 명의 전문가가 활동하고 있으며, 아프리카 지역, 라틴아메리카 및 카리브해 지역, 서아시아 지역, 아시아 및 태평양 지역, 유럽 지역, 북미 지역에 지역조직본부를 두고 있다.

- 환경전담 국제정부간기구로서 활동
- 환경관계 유엔활동의 방향설정, 환경정책 합의 조정 및 관련 정책지침 제공
- 환경보호에 관한 각국 정부에 조언 및 정보의 제공
- 지역별 본부 운영
- 지구환경의 감시

○ 의무와 목표는 1992년 유엔환경개발회의(United Nations Conferences of Environment and Development, UNCED)에서 채택된 수정사항, 1997년 제19차 유넵집행이사회에서 채택된 나이로비 선언(Nirobi Declaration), 2000년 3월 31일 말뫼 선언(Malmo Ministerial Declaration)에 근거하고 있음.

○ 유넵한국위원회(www.unep.or.kr)에서 이에 관한 정보를 참조할 수 있다.

(2) UNDP(유엔환경개발계획)

United Nations Development Programme, www.undp.org & www.undp.or.kr

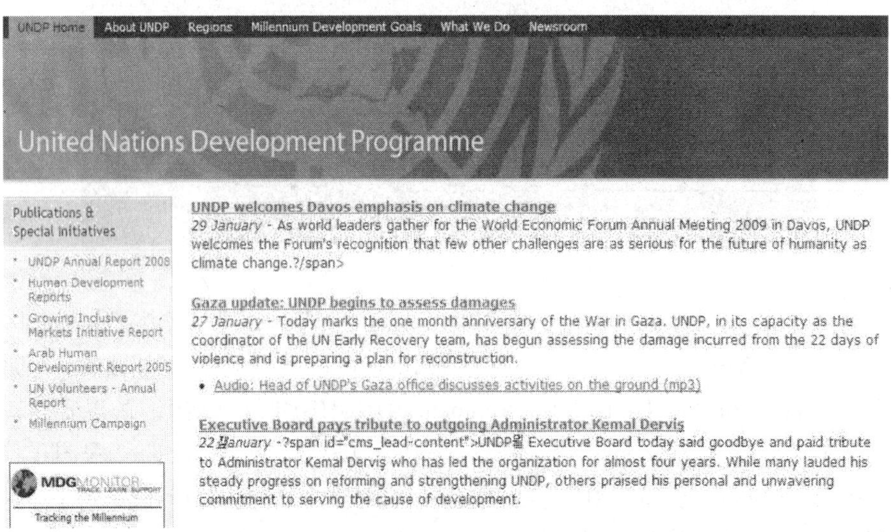

○ 유엔환경개발계획은 개발도상국의 경제적·사회적 개발을 촉진하기 위한

기술원조를 제공하기 위해 설립되었다. 1949년 설립된 국제연합 기술원조 확대계획과 1958년 설립된 국제연합 특별기금과 국제연합의 자체 정규예산에 의해 행하는 개별적 원조의 세 가지가 통합되어 1965년 1월 발족되었다.

집행이사회, 기관간 자문위원회, 행정처로 조직되어 있다. 집행이사회는 사업계획을 심의하고 승인하며, 경제사회이사회에서 선출된 임기 3년의 36개국으로 구성된다. 기관간 자문회의는 사무총장과 UNDP 사업 집행기구인 FAO(국제연합식량농업기구)·ILO(국제노동기구) 등 12개 기구의 집행책임자로 구성되며, 사업관리에 대한 일반적 자문, 사업기관의 선정, 주재관의 임명 등에 관한 조언 등을 한다.

모든 국제연합 및 국제연합 산하 전문기구나 IAEA(국제원자력기구)의 회원국과 옵서버 국가는 UNDP 사업에 참여할 수 있다. 활동자금은 국제연합 가맹국의 자발적인 각출금으로 충당된다.

○ 한국은 1961년 UNDP의 전신인 UNSF와 특별기금원조협정을 체결하였고, 1963년 사무소가 서울에 설치되었다. 북한은 1979년 UNDP와 정식협정을 체결하였고, 1980년 평양사무소가 개설되었다. 2009년 현재 166개국이 가입되어 있으며, 본부는 미국 뉴욕에 있다.

○ UNDP 한국대표부(www.undp.or.kr)에서 이에 관한 정보를 참조할 수 있다. 한국대표부의 주요 사업은 다음과 같다.

① 빈곤감소(Poverty Reduction) : 개발도상국의 빈곤감소와 새천년개발 목표달성을 위해 대한민국의 개발경험과 지식을 이전
② 양성평등(Gender Equality) : 정책, 프로그램, 기획구성에 있어 양성평등을 위한 자료 수집과 분석의 통합을 추진
③ 에너지와 환경(Energy And Environment) : 환경보호 강화와 국제기준, 국내기준을 모두 만족시키는 식료품 안전기준의 확립

(3) WHO(세계보건기구)

World Health Organization, www.who.int

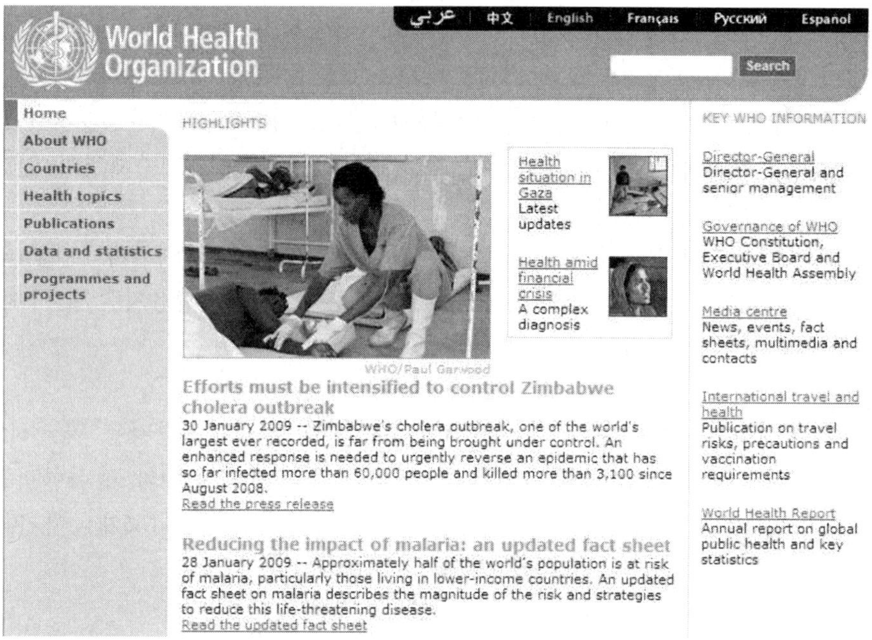

○ 1946년 61개국의 세계보건기구헌장 서명 후 1948년 26개 회원국의 비준을 거쳐 정식으로 발족하였다. 세계 인류가 신체적·정신적으로 최고의 건강 수준에 도달하는 것을 목적으로 활동한다. 이를 위해 중앙검역소 업무와 연구자료 제공, 유행성 질병 및 전염병 대책 후원, 회원국의 공중보건 관련 행정 강화와 확장 지원 등의 일을 맡아본다.

WHO는 국제보건사업의 지도적·조정적 기구의 성격을 띠며, 주요 사업은 본부 사무국을 중심으로 한 중앙기술사업과 각 지역사무국을 중심으로 한 각국에 대한 기술원조로 나누어진다.

주요 기관으로는 총회·이사회·사무국이 있다. 총회는 주요 정책의 결정기관으로 매년 회의를 개최하고, 이사회는 30여 명의 보건전문가로 구성되며, 3년마다 새로 선출한다. 사무국은 전세계에 설치된 지역사무소와 각 분야별로 행정요원들이 활동한다.

재정은 회원국 정부의 기부금으로 충당한다.

2009년 현재 가맹국은 193개국이며, 한국은 1949년 제2차 로마 총회에서,

북한은 1973년에 가입하였다. 본부는 스위스 제네바에 있다.

○ 한국사무소는 경기도 과천시 정부 제2종합청사 내에 두고 있다.

(4) WMO(세계기상기구)

World Meteorological Organization, www.wmo.int

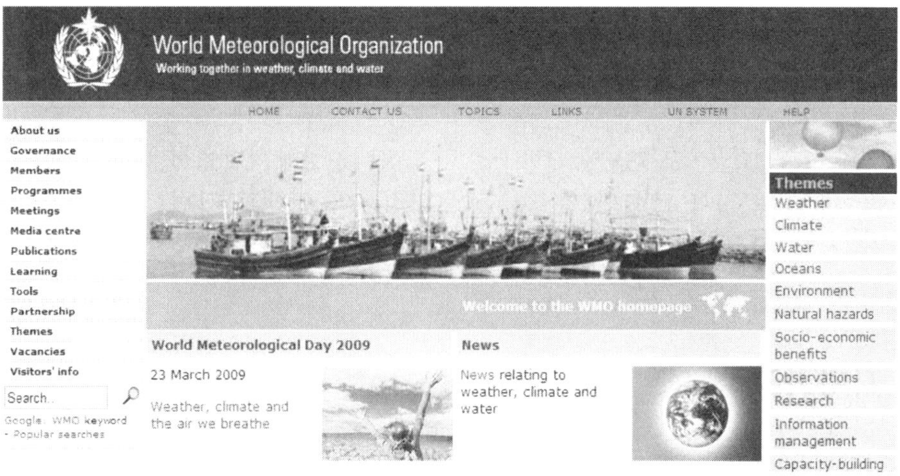

○ UN의 전문기구로, 1879년에 창립한 IMO(International Meteorological Organization : 국제기상기구)가 그 전신이다. 1947년 IMO 이사회에서 새로운 기구를 창설하기 위하여 세계기상협약을 채택하였고, 그 결과 1951년부터 44개 회원국으로 WMO가 활동을 시작하였다.

관측망 확립을 위한 세계 협력, 기상사업 설비를 갖춘 기상중추의 확립·유지, 기상정보의 신속한 교환조직 확립, 기상관측 표준화와 관측 및 통계의 통일성 있는 간행 확보, 항공·항해·농업 및 인류활동에 대한 기상학 응용, 기상학 연구 및 교육의 장려와 국제적인 조정 등을 목적으로 한다.

주요 프로그램으로는 세계기상 감시, 세계기후 프로그램, 대기조사 및 환경 프로그램, 기상학 장비 프로그램, 수문학 및 수원(水原) 프로그램, 기술협력 프로그램, 교육 및 훈련 등이 있다.

2007년 현재 182개국에서 참가하고 있으며, 한국은 1956년 3월에 회원으로 등록하였다.

본부는 스위스 제네바에 있다.

○ **IPCC(기후변화에 관한 정부간 패널,** Intergovernmental Panel on Climate Change, www.ipcc.ch)

1988년 11월 유엔 산하 세계기상기구(WMO)와 유엔환경계획(UNEP)이 기후변화와 관련된 전지구적인 환경 문제에 대처하기 위해 각국의 기상학자, 해양학자, 빙하 전문가, 경제학자 등 3천여 명의 전문가로 구성한 정부간 기후변화 협의체이다.

본부는 스위스 제네바에 있으며, 노벨위원회는 IPCC가 인간이 기후 변화에 미친 영향을 연구하고, 기후변화 문제의 해결을 위한 초석을 다지는 데 노력한 공로를 인정해 미국 전 부통령 앨 고어(Al Gore)와 함께 2007년 노벨평화상을 수상하였다.

IPCC의 주된 활동 중 하나는 1992년 리우 환경 정상회담에서 채택한 유엔기후변화협약(UNFCCC)과 1997년 발효된 교토의정서의 이행과 관련한 문제들에 대해 특별보고서를 작성하는 일이다.

2. 지역기구

(1) APEC(아시아태평양경제협력체)

Asia-Pacific Economic Cooperation, www.apec.org

○ 1989년 11월 캔버라에서 한국・미국・일본・오스트레일리아・캐나다・뉴질랜드와 ASEAN(Association of South-East Asian Nations : 동남아시아국가연합) 6개국 등 12개국이 참여한 가운데 제1차 회의를 열어 아시아 태평양 지역(세계인구의 40.5%, 국민총생산의 54.2%, 교역량의 43.7% 차지)의 경제성장, 협력, 무역 및 투자 등의 촉진을 목적으로 설립하였다.

○ APEC은 또한 경제와 기술협력 및 정책제휴를 통하여 이 지역 내에서의 상품, 서비스 및 인적 교류의 안전 및 효율성 제고를 위한 환경을 창조하는 업무를 주로 취급한다.

2008.11.23. 페루의 리마(Lima)에서 제16차 정상회의를 개최하였다.

2005년 제13차 정상회의는 부산에서 개최된 바 있으며, 그 동안 환경과 미래에 대한 Sustainable Future(지속가능한 미래), Sustainable Growth(지속가능한 성장), Sustainable Development(지속가능한 발전) 등이 주요한 의제이었으나, 2008년에는 지구전체의 금융위기(Global Financial Crisis)가 주요 의제로 채택되어 논의되었다.

(2) TEMM(한중일 3국 환경장관회의)

Tripartite Environment Minister Meeting between China, Japan and Korea, www.temm.org

○ 1998.5. 제6차 유엔지속개발위원회에서 제안하여, 1999년 1차 회의를 개최하였으며, 3국간 공동체 의식, 환경연구 및 환경기술, 산업분야에서의 협력 강화, 기후변화 등 지구 환경문제 해결을 위한 협력을 목적으로 하며, 장거리 이동 대기오염(Dust and Sand Storm) 공동조사, 연구, 산성비 모니터링 네트워크 등의 프로젝트를 추진한다.

(3) NEAC(동북아 환경협력회의)

Northeast Asia Conferences on Environmental Cooperation
한・중・일・몽・러 환경당국자회의

3. 기 타

(1) ISO(국제표준화기구)

International Organization for Standardization, www.iso.org

○ **설립배경**

전기 이외 분야의 표준화 업무는 1926년 창설된 ISA(만국규격통일협회)에 의해 추진되었고, 초기에는 기계공학 분야의 표준화에 중점을 두었다. ISA는 1930년대 말에 제2차 세계대전의 위협이 증대됨과 동시에 일부 회원국이 탈퇴하는 등 어려움에 직면하다가, 1942년에 이르러서는 공식 활동을 중단하게 되었다. 1944년에는 18개 연합국의 국가표준단체에 의해 구성된 국제연합 규격조정위원회(UNSCC)가 ISA의 업무를 인계받아 활동을 시작하였다.

UNSCC 위원회는 1946년 10월 14일 런던에서 회의를 개최하고, 공업규격의 국제적 통일과 조정의 촉진을 목적으로 하는 새로운 국제기관을 설립할 것에 동의하였다. 그 결과 ISO 창립을 위한 제1회 임시총회가 1946년 10월 24일 런던에서 개최되었으며, 1947년 2월 23일에 ISO가 정식으로 발족되었다.

○ 설립목적

상품 및 서비스의 국제적 교환을 촉진하고, 지적, 과학적, 기술적, 경제적 활동 분야에서의 협력 증진을 위하여 세계의 표준화 및 관련 활동의 발전을 촉진시키는 데 있다(ISO 정관 제2조).

ISO는 비정부기구로서 다음과 같은 업무를 수행한다.

- 표준 및 관련 활동의 세계적인 조화를 촉진시키기 위한 조치를 취한다.
- 국제규격을 개발, 발간하며, 이 규격들이 세계적으로 사용되도록 조치를 취한다.
- 회원기관 및 기술위원회의 작업에 관한 정보의 교환을 주선한다.
- 관련 문제에 관심을 갖는 다른 국제기구와 협력하고, 특히 이들이 요청하는 경우, 표준화 사업에 관한 연구를 통하여 타 국제기구와 협력한다.

○ 국제표준 제정 현황

ISO의 기술위원회(TC, Technical Committee)에서는 분야별 국제표준규격을 제정하며, 설립 이후 10년간 ISO는 57종의 표준을 발간하였으며, 1969년에 이르러 1,000번째의 표준을 발간하였다. 이후 1985년에 5000종, 1997년에 10,000종, 2005년에 15,649종, 2006년에 16,455종을 보유하는 진보를 이룩하였다.

TC 207에서는 다음과 같은 환경경영시스템 관련 규격을 제정한다.

- 환경경영시스템(Environmental Management System)
- 환경라벨링(Environmental Labelling)
- 환경성과평가(Environmental Performance Evaluation) 등

보다 상세한 자료는 www.tc207.org 및 제2장, 제3장에서 참고 가능하다.

(2) OECD(경제협력기구)

Organization for Economic Cooperation and Development, www.oecd.org

○ 설립배경

1948년 4월 16개 서유럽 국가를 회원으로 유럽경제협력기구(OEEC)를 발족하였

고, 1960년 12월 OEEC의 18개 회원국 등 20개국 각료와 당시 유럽공동체(EEC : 유럽경제공동체), 유럽석탄철강공동체(ECSC), 유럽원자력공동체(EURATOM)의 대표가 모여 경제협력개발기구조약(OECD 조약)에 서명함으로써 OECD가 탄생하였다(본부는 프랑스 파리에 있음).

1990년대 이후 한국 등 비선진국까지 회원국으로 가입하여 2009년 현재 회원국은 30개국이다.

○ 주요 업무

- Support Sustainable Economic Growth(지속적 경제성장의 지원)
- Boost Employment(고용의 촉진)
- Raise Living Standards(삶의 표준을 높임)
- Maintain Financial Stability(재정 안정성 유지)
- Assist Other Countries' Economic Development(타국의 경제개발 지원)
- Contribute to Growth in World Trade(세계무역 성장에 공헌)

(3) WBG(세계은행)

World Bank Group, www.worldbank.org

○ 개도국에 대한 재정 지원, 건설・환경개선 사업 추진

(4) Greenpeace(그린피스)

www.greenpeace.org

○ 환경을 보호하고 유지하기 위한 활동 및 평화를 증진시키기 위한 전지구적 캠페인 조직

- 에너지 혁명의 촉매 역할(기후변화의 위협에 대비)
- 해양의 보전
- 원시림, 동식물의 보호
- 핵무기를 반대하는 비무장, 비폭력 운동의 전개 등

(5) 환경부

www.me.go.kr/환경정보서비스 etips.me.go.kr

○ 여기서 분야별 주요 사이트의 연결이 가능하다.

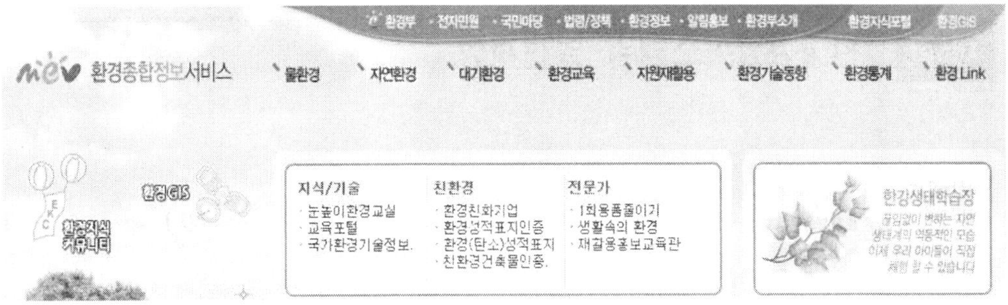

(6) 기술표준원 www.kats.go.kr

(7) 에너지관리공단 www.kemco.or.kr

(8) 한국인정원 www.kab.or.kr

(9) 무역 · 환경정보네트워크 www.ten-info.com

제5절 환경경영시스템의 발전과정

환경경영(Environmental Management)은 우리 인류의 생산활동, 소비활동에서 발생하는 환경오염을 예방하면서 경제 및 사회의 지속가능한 개발(Sustainable Development)을 추구하는 수단이다.

현재와 같은 대량생산, 대량소비라는 사회·경제시스템이 지속되면 인류는 멀지 않은 미래에 자원고갈과 환경파괴라는 재앙을 맞이하게 되어 인류의 생존이 위협받을 것이라는 인식이 확산되면서 지속가능한 개발을 도모하게 되었다.

지구 전체 생명권이 심각한 존폐위기에 처했다는 것은 이미 보편적 인식이 되었다. 때문에 급진적 환경론자들은 지구 전체 생산력을 현재 10분의 1 이하로 줄이지 않는 한 지구 종말은 막을 수 없다고까지 진단하는 실정이다. 그것은 한 개인, 지역, 국가가 환경친화적 정책과 실천을 수행하고 있다 해도 전지구적 위기로부터 완전히 자유로울 수 없음을 의미한다.

1962년 해양생물학자 레이철 카슨(Rachel L. Carson, 1907~1964)이 감수성 깊은 문학적 수사를 동원해서 살충제, 유기염소계 농약(DDT, BHC 등) 등의 피해를 통렬히 경고한 책인 『침묵의 봄(Silent Spring)』은 환경운동의 시발점 중 하나로 꼽히는 책으로, 자연보호와 환경보전의 중요함을 인류에게 널리 인식시켰다.

이 책이 처음 발표될 당시에는 미국 농무부, 농약을 제조하는 화학공업 회사, 농장 경영자 등 살충제 사용을 지지하는 각계각층에서 심한 공격을 받았다.

1972년 스웨덴 스톡홀름에서는 인류 최초의 세계적인 환경회의가 열렸다.

화석연료의 본격적인 사용으로 지구환경이 급속히 악화되자 지구적 차원의 해결책을 논의하기 위해 만들어진 자리로 당시 113개국 대표가 참가해 '유엔 인간환경선언'을 채택했다. 유엔총회는 환경회의 개막일인 6월 5일을 기념하기 위해 '세계환경의 날'로 지정했다.

1974년에는 국제상공회의소(ICC)가 '전세계 산업계를 위한 환경지침'을 발표했는데, 그 후 1989년 '환경감사(Position Paper)'를 작성하여 기업 내부의 환경관리 기법으로 정하고 개념과 기법을 체계적으로 정리했다. 그리고 그 다음해인 1990년 10월에 '지속적 발전을 위한 산업헌장(ICC 헌장이라고도 함)'이 발표되었으며, 이것이 오늘날 환경에 대한 관리·감사가 붐을 일으키게 된 계기가 되었다.

1991년 7월에는 '지속적 발전을 위한 산업계회의(BCSD : Business Council for

Sustainable Development)'가 국제표준화기구(ISO)에 대해 환경관리 규격화를 요청하였으며, 이에 ISO는 국제전기 표준회의(IEC)와 공동으로 '환경에 관한 전략자문 그룹(SAGE : Strategic Advisory Group on Environment)'을 설치하고 1992년에 ISO 내부에 전문위원회(TC 207)를 두어 오늘날의 환경경영규격인 ISO 14000 시리즈 제정을 검토하게 되었다.

한편 유럽을 중심으로 한 선진국에서는 환경보전을 위한 각종 제도가 이미 활발히 진행되고 있었다. 즉, 영국규격협회는 환경관리시스템 규격인 BS(British Standards) 7750 완성안을 1992년 3월에 발표하였는데, 이 영국규격을 기초로 EMAS(Eco-Management and Audit Scheme)가 재검토되어 1993년에 EU의 환경규격안으로 발간되었으며, BS 7750은 ISO 14001의 모체가 되었다.

또한 1992년 6월 3~14일까지 브라질 리우데자네이루에서 각국 대표들과 민간단체들이 지구환경 보전을 위해 개최한 '지구 Summit 회의'에서 환경과 개발에 관한 리우선언, 1995년에 폐기물의 국제간 이동을 규제하는 바젤협약, 1996년에 폐기물의 해양 투기를 규제하는 런던협약, 오존층을 파괴하는 물질에 관한 몬트리올의정서가 체결되는 등 국제환경경영 규격인 ISO 14000 시리즈 제정의 분위기가 성숙되었다.

특히 리우회의에서는 지구환경 보전을 위한 기본원칙을 설명하고, 이를 '환경적으로 건전하고 지속가능한 개발'로 명시하였다.

'지속가능한 개발'이라는 개념은 1970년대에 IIED(International Institute for Environment and Development)의 설립자인 Barbard Ward가 처음 사용하였으며, 후에 UN의 세계환경개발위원회의 보고서에서 "지속가능한 개발은 다음 세대가 필요로 하는 여건을 훼손함이 없이 현 세대의 욕구에 부응하는 수준의 개발"이라고 공식적으로 정의했다. 이는 "우리는 이전 세대로부터 물려받은 삶의 질을 보장하는 자산을 최소한 우리가 물려받은 수준으로 다음 세대에게 물려주어야 한다"는 것이다.

한편으로는 "미래세대에게 가능성을 손상시키지 않는 현재의 발전"을 추구하는 '지속가능한 개발(ESSD : Environmentally Sound and Sustainable Development)'이 대안으로 모색되기도 한다. 이것은 후손을 생각하여 지금의 개발을 중지하지는 않되, 심각한 생태계 파괴는 피하자는 일종의 현실부응책이다.

ISO 14000에 대한 구체적인 검토는 1992년 9월 국제표준화기구(ISO) 내에 환경경영기술위원회(TC 207, Technical Committee)가 설치되면서 본격화되기 시작하여 거듭된 보완작업 끝에 1996년 9월 말 국제환경경영체제 규격인 ISO 14001이 제정되었으며, 동년 10월에는 환경심사규격(ISO 14010, 14011, 14012)이 제정・공표되었다.

한편 화학산업계는 1985년 캐나다화학공업협회(CCPA)가 인도의 보팔 소재 화학공장 폭발사고 후 화학산업이 공해유발적이고 환경유해적인 산업이라는 인식을 개선하기 위해 업계가 공동으로 화학산업에 대한 이미지 제고와 지역주민의 신뢰성 회복을 목적으로 시작하였으며, 1988년 미국화학공업협회(ACC)는 유럽의 CEFIC이 주도하는 국제화학단체협의회(ICCA, International Council of Chemical Associations)가 선진화학공업국을 중심으로 활동을 전개하였다.

그 후 1990년 국제화학단체협의회(ICCA)는 RC의 전세계 확산을 목표로 RCLG(Responsible Care Leadership Group)를 조직하여 세계 47개국(세계화학제품 총생산량의 90% 차지)이 ICCA/RCLG에 가입되어 있으며, 주요 선진화학 기업들의 핵심 경영요소로 채택(우리나라는 2000.9. 가입)하였다.

Responsible Care는 화학업계가 화학제품을 개발단계에서부터 제조 · 판매 · 유통 · 사용을 거쳐 폐기에 이르기까지 전 라이프 사이클(Life cycle)에 걸쳐 환경과 인간의 건강을 보호하도록 배려하고, 경영방침에 이를 공약하여 환경 · 안전 · 보건 대책을 실행, 지속적으로 개선을 도모하기 위하여 화학산업을 아끼고 사랑하는 기업들이 선도적으로 추진하고 있는 국제적인 운동을 의미한다(추가정보는 www.krcc.or.kr을 참고).

환경에 관한 전략자문그룹(SAGE)은 6개의 실무그룹(Task Group)을 구성하여 기본 규격인 환경용어 및 정의를 비롯하여 다음 6가지 분야의 규격을 수립/제정(Establish)하였다.

① 환경경영시스템(EMS, Environmental Management System) ISO 14001
② 환경심사(Environmental Auditing) ISO 19011
③ 전과정평가(Life Cycle Analysis) ISO 14040 SERIES
④ 환경라벨링(Environmental Labeling) ISO 14020 SERIES
⑤ 환경성과평가(Environmental Performance Evaluation) ISO 14030 SERIES
⑥ 제품표준의 환경적 요소(Environmental Elements of Product Standards)

● 현재의 기술위원회(TC 207)는 6개의 소위원회(SC, Sub Committee)와 작업반(WG, Working Group)으로 구성되어 사무국별을 두며 활동하고 있다.

SC	취급하는 규격명칭	사무국
SC 1	Environmental Management System(EMS) 환경경영시스템	영국
SC 2	Environmental Auditing & Related Investigations(EA & RI) 환경심사 및 관련 조사	네덜란드
SC 3	Environmental Labelling(EL) 환경라벨링	오스트레일리아
SC 4	Environmental Performance Evaluation(EPE) 환경성과평가	미국
SC 5	Life Cycle Assessment(LCA) 전과정평가	프랑스
SC 7	Greenhouse Gas Management and Related Activities 온실가스 경영 및 관련 활동	캐나다
TCG	Terms and Definitions(T & D) 용어 및 정의	노르웨이

● ISO 14000 환경경영시스템 시리즈는 다음과 같이 개정, 발전되었다.

ISO 규격	KS 규격
(제정) ISO 14001 : 1996(1996.9.15) Environmental Management Systems - Specification with Guidance for Use	KS A 14001 : 1996/ISO 14001 : 1996 (1996.12.7) KS A 14001 : 2001/ISO 14001 : 1996 (2001.12.26)
(1차 개정) ISO 14001 : 2004 (2004.11.15) Environmental Management Systems - Requirements with Guidance for Use	KS A ISO 14001 : 2004(2004.12.29) KS I ISO 14001 : 2009(2009.1.1)

● 한편 ISO 14001 환경경영시스템의 구축 및 실행은 다음의 목적 및 필요성에 의한다.

외부적 측면	내부적 측면
- 주민들의 삶의 질 향상 및 자발적 참여유도 - 국제적 신뢰도 및 홍보효과 상승 - 환경경영의 투명성과 신뢰성 제고	- 국제적 기준의 시스템 구축으로 효과적인 실행, 성과달성 및 평가 - 전직원의 환경의식 강화로 부서간 갈등 해소 - 체계적인 환경심사 및 문서화로 업무효율성 증대
환경적 측면	**비용적 측면**
- 환경오염물질 감소로 환경상태의 개선 - 환경질의 향상으로 차별화 및 경쟁력 강화 - 지속적인 환경개선으로 쾌적한 환경 유지	- 에너지, 폐기물 및 원자재 감소로 비용절감 - 비상시 대비 등을 통하여 환경사고 감소 - 업무의 효율적 연계와 제도의 지속적 개선으로 비용 효과성 증대

● ISO 14004 : 2004 환경경영시스템 - 원칙, 시스템 및 지원기법에 대한 일반지침에서 언급한 환경경영시스템의 이익은 다음과 같다.

1) 고객에게 환경경영에 대한 실증 의지를 보증
2) 공공/지역사회와 좋은 관계 유지
3) 투자자의 기준 만족과 자본확보의 기회 증대
4) 적절한 비용으로 보험 가입
5) 이미지 및 시장점유율 제고
6) 원가관리의 개선
7) 책임이 수반되는 사고의 감소
8) 입력 자재 및 에너지의 보존
9) 인가 및 허가 획득의 용이, 그리고 그 요구사항의 충족
10) 공급자, 계약자 및 모든 임직원과 조직을 대신하는 인원의 환경인식 제고
11) 환경문제에 대한 해결방안의 공유와 개발 촉진
12) 산업계와 정부의 관계 개선

● 한국인정원의 통계에 의하면, 2010년 상반기 현재 약 6,000여 개의 조직이 국내 인증기관으로부터 ISO 14001 : 2004 환경경영시스템을 인증 획득하여 유지 중이며, 외국 인증기업 통계까지 포함한다면 이보다 훨씬 많은 조직이 환경경영시스템을 유지중이다.

제6절 기업과 환경경영

1. 환경경영시스템의 도입 필요성

(1) 기업경쟁력 강화

일반적으로 기업의 경쟁력은 가격경쟁력과 비가격경쟁력으로 구분할 수 있다. 가격경쟁력을 결정하는 요소는 제품의 생산비, 환율, 시장접근 비용, 그리고 정부의 가격정책 등이다.

환율, 시장접근 비용 및 정부의 가격정책 등은 일반적으로 모든 기업에 공통적으로 적용됨으로써 가격경쟁력을 높이는 데 한계가 있다. 그러나 생산비는 각 기업의 기술 및 인력의 조건에 따라 차이가 발생하므로 기업의 경쟁력을 결정하는 데 중요한 요소가 될 수 있다.

생산비는 각종 생산요소의 가격과 조세제도, 그리고 비용에 의해 결정된다고 할 수 있다. 오늘날과 같이 생산기술이 고도로 향상되고 생산기술 정보의 유통이 활발한 상황에서 경쟁사보다 생산기술의 효율화를 이룩하여 제품 생산단가를 낮춘다는 것은 쉬운 일이 아니다. 그래서 기술수준이나 인적자원이 비슷한 기업간에 생산비를 낮추기 위하여 많이 적용하는 수단이 비용절감이고, 비용절감을 위한 활동 중에서 환경비용, 에너지 비용 등을 줄이기 위한 활동은 비용절감 효과가 크다.

우리가 쉽게 생각할 수 있는 환경비용은 각종 폐기물 발생비, 환경오염 방지시설 설치 및 각종 환경오염물질 처리비용, 에너지 사용비, 정부 및 이해관계자의 환경관련 민원 등 요구사항에 대응하기 위한 비용 등이다. 이러한 환경비용이 경쟁기업보다 높은 기업은 가격경쟁력이 떨어질 수밖에 없으며, 기업의 지속적 생존에 위험요소가 된다. 그래서 많은 기업이 환경비용이라 불리는 제품 생산과정의 손실을 줄이기 위한 노력을 하고 있다.

환경경영시스템을 구축하여 운영함으로써 기업은 환경비용을 줄이기 위한 체계적인 경영시스템을 운영할 수 있으며, 선도적인 환경경영을 실천하는 기업은 기업활동의 모든 부문에서 환경비용을 감소시켜 기업의 경쟁력을 강화시켰다. 대표적인 예로서 3M사가 1975년부터 추진해 온 3P(Pollution Prevention Pays) 프로그램을 들 수 있으며, 3M사는 이러한 프로그램을 통하여 수억 달러의 비용을 절감한 것으로 보고하고 있다.

비가격경쟁력은 기업의 차별화 능력에 달려 있다. 수직적 제품 차별화는 제품의 다양성을, 수평적 제품 차별화는 품질을 의미하며, 이들은 끊임없이 변화하는 시장의 수요에 얼마나 잘 적응할 수 있는가와 지속적으로 혁신할 수 있는 기업의 능력에 달려 있다. 환경이 비가격경쟁력에 영향을 미치는 원인은 환경친화적인 제품을 구매하고자 하는 고객의 욕구이다. 이러한 욕구는 환경라벨링을 취득한 제품을 구매하거나 환경오염을 유발한 회사의 제품에 대한 불매운동으로 표현되는데, 우리나라 정부의 환경마크 취득제품 우선 구매제도나 낙동강 페놀 오염사고를 일으킨 맥주회사의 매출감소 등이 우리에게 잘 알려진 사례이다.

이러한 환경을 매개로 한 비가격경쟁력을 확보하기 위해서도 환경경영을 실시하여야 한다. 환경경영은 제품의 전과정에서 발생하는 환경영향을 사전에 파악하여 관리함으로써 환경친화적인 제품을 개발할 수 있으며, 기업의 이미지를 환경친화적으로 조성해 고객에게 접근할 수 있는 통로를 제공할 수 있기 때문이다.

이상에서와 같이 기업의 환경에 대한 인식 및 대응방향이 경쟁력을 향상시키는데 중요한 역할을 한다는 것을 인식하고, 환경경영을 실시하여 환경을 매개체로 하는 장벽에 적극적으로 대응하여야 한다.

(2) 환경규제에 능동적으로 대처

현대의 환경관련법은 법적, 행정적 규제 및 경제적 유인을 통한 기업의 자발적 환경개선을 유도하고 있다. 법적, 행정적 규제는 날로 강화되어 가고 있으며, 경제적 유인수단인 배출부과금 제도, 환경오염 복원비용 부담 제도, 폐기물 예치제도 등도 계속 강화되어가고 있어 기업에는 부담으로 작용하고 있다. 특히 환경사고는 우발적으로 발생하더라도 기업은 법적, 행정적인 규제뿐만 아니라 기업 이미지 실추 등의 큰 피해를 남기게 된다. 환경경영시스템은 환경법규 등 환경과 관련된 각종 규제를 파악하고 법규 등의 준수를 자체적으로 모니터링하는 시스템이므로 환경사고의 발생을 미연에 방지할 수 있어 기업의 사업적 위험을 감소시킬 수 있다.

다음은 1999년 이후 강화되는 환경관련법의 사례이다.

- 환경사범에 대한 형량 강화 : 최저형량제 도입
- 환경사고 원인자에 대한 환경오염 복원비용 부과
- 환경보호지역에서의 상습 오염 행위자 가중처벌

- 환경오염 유발물질에 대한 규제기준 설정 및 규제 시작
- 일본의 경우 화학물질규제법 실시
- EU의 경우 제품/부품에 대한 화학물질 규제 상한치 등 설정 등

(3) 고객(Customer), 이해관계자(Interested Party)의 압력 증대

1) 고객의 환경경영 실시 요구 및 환경친화적 상품 구매

1999년 11월은 유전자 변형(GM) 콩으로 만든 두부에 대한 논쟁이 뜨거웠다. 한국소비자보호원이 시판중인 두부를 수거하여 조사한 결과 전체의 82%에서 유전자 변형 콩이 사용되었다는 발표는 두부의 판매에 큰 타격을 주었다. 또한 경기도에 거주하는 주부 2명은 우리나라의 대표적인 식품회사를 대상으로 손해 배상을 청구하는 소송을 제기하였다. 이러한 소동은 '유전자 변형 농산물(GMO : Genetically Modified Organism)'의 인체 및 환경에 대한 안전성이 명확히 밝혀지지 않았기 때문이다. 유전자 변형 식품에 대한 소비자의 거부반응은 두부 제조회사의 사활을 결정할 수 있는 상황으로 발전하고 있으며, 두부 제조회사들은 대책 마련에 고심하고 있다.

이러한 소비행위를 녹색 소비자주의라 하는데 빠른 속도로 확산되고 있다. 사례와 같은 녹색 소비자주의로 표현되는 환경을 고려한 구매행위가 확산되면서 기업은 제품의 환경성을 소비자에게 입증하여야 하는 상황이 조성되고 있다. 최종 소비자에게 제품을 판매하는 기업은 환경마크, 환경경영체제 인증 등을 통하여 소비자에게 제품의 환경친화성을 홍보하고 입증할 수 있다.

또한 최종 제품 생산자는 원·부재료 공급업체에 제품 생산시 환경을 고려할 것을 요구하게 됨으로써 환경경영에 대한 요구는 전방위적으로 확산될 수밖에 없다. 다음의 피아트(Fiat) 자동차의 사례는 우리에게 시사하는 바가 크다. 피아트 자동차는 1994년에 360여 개의 공급사들에 대하여 환경자원(에너지 사용량, 대기/수질 오염물질 발생량, 폐기물 발생량 등)의 발생량을 조사하여 환경자원의 발생량을 줄이기 위한 대책을 공급업체와 공동으로 수립하여 실천하고 있다. 왜 피아트 자동차는 공급업체의 환경자원을 관리하는가? 이 물음에 대한 답은 간단하다. 피아트 자동차의 제품이 환경친화적이 되기 위해서는 공급업체의 제품이 환경친화적이어야 하기 때문이다.

다른 사례는 혼다 아메리카의 경우를 들 수 있다. 혼다 아메리카는 주요 공급자에게 2001년까지 ISO 14001 인증을 획득하라고 요구하였으며, 이러한 요구는 우선적으로 타이어 공급회사 등 주요 공급자에게 적용되고, 점차적으로 모든 공급자에게 적용될 것이라고 발표하였다.

그리고 환경경영을 실시하는 국내기업의 대부분에서 구매시 제품의 환경성 및 제조회사의 환경관리 수준을 평가하여 구매업체(공급자, Supplier) 선정기준으로 이용하고 있다.

환경경영은 제품의 개발, 생산, 사용 및 폐기의 전과정에서 발생하는 환경영향을 관리할 수 있는 수단을 제공함으로써 환경친화적인 제품을 개발할 수 있어 위와 같은 고객의 요구를 만족시킬 수 있다.

2) 이해관계자의 압력 증가

환경운동단체 등은 지구환경 보호를 위하여서는 기업의 활동을 규제하여야 한다는 인식을 갖고 있으며, 환경에 대한 배려를 하지 않는다고 판단한 기업의 사업활동 방해, 제품 불매 등의 행동을 함으로써 기업에 큰 손실을 끼친다. 1999년에도 우리나라의 쓰레기 문제 해결을 위한 시민운동협의회에서는 일회용품 사용업체에 대한 불매운동을 전개하였다.

미국의 환경운동단체들은 공동으로 환경친화적인 기업경영을 촉진하기 위한 주주결의 운동을 실시하고 있다. 이 운동은 환경보호와 관련된 기업의 행동지침을 설정하여 기업이 이를 이행하도록 주주들을 조직하여 경영진을 압박하는 것이다. 또한 유전자 변형 농산물의 생산 및 판매에 반대하는 유럽 환경운동단체의 유전자 변형 식품 불매운동에 굴복하여 거버와 하인즈사가 유아식에서 유전자 변형 곡물 첨가를 제외하였고, 몬산토는 막대한 연구비를 들여 개발한 상품인 씨앗을 생산하지 못하는 '터미네이터'의 시장화 계획을 취소하였다.

위의 사례에서 보듯이 환경운동단체의 압력은 기업의 활동을 제약하고 있으므로 기업은 대응을 하기 위한 수단이 필요하다. 환경운동단체들의 요구에 효율적으로 대응하는 방법은 기업의 환경현황을 투명하게 공개하고, 환경성과를 개선하기 위한 대책을 수립하는 것이다. 환경경영체제는 기업의 환경현황을 파악한 후 개선목표를 수립하여 기업의 환경성과를 지속적으로 개선하는 경영시스템이므로 환경운동단체 등의 압력에 가장 효율적으로 대처할 수 있는 시스템이다.

2. 환경경영 추진방향

(1) 환경보호와 기업경쟁력 강화

우리나라 기업은 1998~1999년의 어려운 경제환경 상태였던 IMF 관리체제 속에서도 많은 기업들이 환경경영시스템을 도입 적용한 바 있다.

그러나 환경경영시스템을 도입하는 목적이 단순히 인증서의 획득에만 두어서는 본래의 의미를 상실하고 표류하는 현상을 초래할 수 있을 것이며, 이러한 시스템 인증을 통해 기업의 제품 제조공정, 업무활동이나 서비스 등에서 발생하는 환경 원인으로부터 환경영향을 최소화하여 환경을 보호하고 기업의 경쟁력을 강화시키는 측면으로 나아가야 할 것이다.

많은 사람들은 환경보호에 기여하는 것과 기업경쟁력은 상반되는 것이므로 환경보호에 기여하기 위해서는 환경시설 투자비, 운영비, 교육비 및 인증비용 등 환경경영실시 비용이 증가하여 기업경쟁력이 저하되는 것으로 생각한다. 그렇다면 환경경영의 목적을 환경보호 및 기업경쟁력 향상으로 설정하는 것은 논리적으로 불합리한 것이다. 그러나 환경경영을 어떻게 실행하느냐에 따라 이 문제는 해결될 수 있을 것이다.

환경경영은 환경오염물질이 발생된 후 처리하는 사후관리(End of Pipe)가 아니라 환경오염물질 발생을 예방하는 사전관리(Front of Pipe)에 중점을 두고 실시하면 기업은 환경보호와 기업경쟁력 강화라는 두 마리 토끼를 잡을 수 있다. 환경오염 사전예방은 원부자재 사용량 감소, 대체재질의 선택, 에너지 및 용수 사용의 저감, 공정 사이클 타임의 단축, 폐기물 발생량의 저감, 재활용의 증대 등을 통하여 달성할 수 있으며, 이러한 활동은 생산비를 줄이게 되어 기업경쟁력 향상으로 이어진다.

(2) 전조직(부서/팀)에 적용

환경경영은 다른 경영시스템과 마찬가지로 기업의 전조직, 전부문, 전계층(Level)에서 이루어져야 한다. 물론 생산 및 공무 등 직접 환경오염물질을 배출하는 부서에서 주도적으로 실행되어야 하겠지만 '환경'이라는 명칭에 구애받아 다른 부서에서 소홀히 한다면 그 성과는 크게 감소될 수 있기 때문이다. 연구개발부서의 참여 없이 환경친화적 제품을 설계, 개발할 수 없으며, 구매부문의 참여 없이 친환경 원부자재를 구매할 수 없을 것이고, 관리부문의 참여 없이 구성원들의 인적자원, 의식향상을 기대할 수 없기 때문이다.

(3) 자발적 참여 유도

환경경영을 실시하는 데는 전문지식이나 기술보다는 전사원의 사소한 하나하나의 아이디어가 필요하다. 환경경영을 선도적으로 실시하는 많은 조직에서 실시한 개선활동을 보면 조직원들의 아이디어를 채택, 실천함으로써 성과를 얻었다는 것을 알 수 있다. 개선활동을 실행하기 위해서 전문지식이나 기술이 필요할 수 있지만 그 경우에는 외부의 전문가를 활용하면 해결될 것이다.

조직의 구성원들이 가장 그 조직의 문제점들을 알고 있기 때문에 구성원 각자가 자발적으로 참여한다면 그 효과는 지대할 것이다.

(4) 청정생산 기술의 적용

청정생산(Cleaner Production)이란 "인류와 환경에의 위험성을 저감하기 위하여 공정, 제품, 서비스를 지속적인 개선"(UNEP 정의, 1994)하는 것으로 정의하고 있으며, 이는 원료의 도입에서 제품생산, 서비스, 폐기 등의 전과정에서 환경오염물질 발생을 근원적으로 제거 또는 최소화하고 자원효율성을 극대화하는 통합적인 전략을 의미한다.

즉 제품설계, 생산, 수송, 사용, 재자원화, 폐기 등 생산의 전과정에서 자원 및 에너지의 사용과 오염물질 발생을 최소화하는 기술을 적용하는 것을 의미한다.

청정생산 기술의 특징은 환경오염물질 발생을 최소화하기 위해 비교적 높은 초기 투자비용이 투입될 수 있으나, 이러한 기술을 통하여 궁극적으로는 사전예방, 원천적 제거, 경제적 이득 증가의 효과를 달성할 수 있다.

유독성 원부재료의 변경/대체, 작업조건 및 관리방법의 개선, 생산공정 변경, 환경친화적 제품으로의 변경, 공장 내 재사용 등이 청정생산의 대표적인 방법이라 할 수 있다.

(5) 효율적인 운영체계

환경경영시스템은 기존의 환경관리 업무체계와 다른 경영시스템이다. 환경관리는 환경업무 담당부서에서 모든 업무를 수행하였으나 환경경영은 모든 부서가 참여하여 환경에 미치는 업무를 파악하여 환경영향을 줄이고 환경을 보호할 수 있는 활동(프로그램)을 수행하여야 한다. 또한 기존의 환경관리 차원에서는 수행하지 않던 업무를 수행하여야 하기 때문에 각 부서, 각 계층에서 환경경영을 실시하기 위해 필요한 책임과 권한 및 업무수행 절차를 결정해야 한다. 복잡한 업무절차, 부적절한 책임과 권한의 부여는 환경경영시스템을 효율적으로 운영하는데 장애가 되므로 간단한 업무절차와 명확한 책임과 권한을 설정하여 효율적으로 환경경영시스템이 운영될 수 있도록 하여야 한다.

환경경영시스템도 품질경영시스템과 마찬가지로 운영절차가 문서화되어 관리되어야 하는 데 과도한 문서화는 비효율성의 상징이 될 있다. 꼭 필요한 부분을 문서화하도록 한다.

(6) 장기적인 관점에서 추진

환경경영시스템을 구축하고 운영하는 것이 인증서를 취득함으로써 끝나는 것은 아니다. 오히려 환경경영시스템 인증을 취득한 것은 환경경영을 실시하여 지구 환경보호에 기여하고 기업의 경쟁력을 향상시킬 수 있는 준비가 되어 있다는 의미이다. 그러므로 기업은 환경경영시스템을 지속적으로 개선하여 환경경영 성과를 얻기 위한 중장기 계획을 수립하여 적절한 자원(인원, 투자예산 등)을 투입하여야 한다.

3. 환경경영 실시 효과

(1) 기업경쟁력 강화

1) 생산비 저감

환경경영을 실시하면 다음과 같은 분야의 비용을 줄일 수 있다.

환경경영활동	기대효과
원부자재 종류의 선택	환경리스크 제거
원부자재의 효율적 사용	구매비 절감
에너지, 용수 사용량 감소	사용료 절감
폐수, 폐기물 발생량 감소	처리비용 절감

2) 환경친화적 기업이미지 확보 및 친환경제품 개발

기업의 활동, 제품 및 서비스에서 발생하는 환경영향을 감소시킴으로써 고객 및 환경단체 등 이해관계자에게 환경친화적인 기업이미지를 심어줄 수 있어 경쟁력을 강화할 수 있다.

환경친화적인 제품을 개발하여 고객에게 공급할 수 있어 사업영역을 확장할 수 있다.

3) 기업문화 개선

환경경영을 실시함으로써 아래와 같은 변화가 일어나 능동적인 기업문화가 형성되어 기업경쟁력이 강화된다.

- 전종업원이 환경보호에 참여한다는 자부심이 발생하여 업무를 적극적으로 수행한다.
- 종업원이 각자의 업무에 대한 이해 및 지식이 증가하여 업무효율이 향상된다.
- 부서와 계층간의 의사소통이 활발해져 친밀한 직장 분위기를 조성한다.
- 회사의 활동에 자발적으로 참여하는 마인드를 형성한다.
- 작업환경 개선으로 종업원의 회사에 대한 신뢰가 향상된다.

(2) 환경 리스크 감소

환경관련 법령에 의한 규제, 환경을 매개로 한 무역장벽, 환경사고 등 사업 손실을 초래할 수 있는 환경 리스크를 감소시킴으로써 안정적인 사업을 수행할 수 있다.

- 날로 강화되는 각종 환경규제를 사전에 파악하여 대처함으로써 사업손실의 발생을 예방할 수 있다.
- 환경사고의 발생을 예방할 수 있으며, 환경사고 발생시 피해를 최소화할 수 있는 비상대응체계를 구축하여 운영할 수 있어 환경사고에 의한 피해를 예방, 최소화할 수 있다.

(3) 지구환경 보호

환경오염의 발생을 억제하고 예방하며, 발생된 환경오염물질을 적절히 처리함으로써 환경보호에 기여한다.

4. 기업의 녹색경영 촉진을 위한 정부정책

(1) 환경친화적 기업경영 지원

1) 개 요

기업의 활동영역이 국내를 넘어서 국제사회로 확장되고, 기업의 영향력 또한 대내외적으로 확대됨에 따라 기업의 사회적 책임 및 지속가능한 경영에 대한 이해관계자들의 요구가 나날이 증대하고 있다.

환경친화적 기업경영은 ① 환경경영의 기본여건을 조성하는 환경경영 시스템 도입, ② 실제 경영과정에서의 환경성 제고를 위한 기업의 환경성과평가 및 환경경영기법 도입, ③ 에코디자인, 환경라벨링 등 기업에서 생산하는 제품의 환경친화성 제고 등 세 가지 차원에서 이루어진다.

이 중 기업의 환경성과를 평가하고 외부에 알리는 환경경영기법으로는 환경보고서, 환경회계, 환경성과평가지표 개발, 금융기관의 환경리스크 평가 등이 있다.

환경성과평가를 통한 환경정보 공개는 기업의 환경관리상황을 사회에 널리 알림으로써 기업에 대한 사회적 신뢰성을 높이는 환경 커뮤니케이션의 수단이자 이해관계자의 기업사회적 환경책임 요구에 대한 보고수단으로 활용될 수 있다. 또한 기업 내부적으로는 전직원의 환경의식 제고와 환경관리 대응능력을 높이는 수단이 될 수 있다.

2) 추진현황

최근 기업 환경정보 공개의 중요성이 강조됨에 따라 ISO14030s, GRI 등 국제기구에서 기업의 환경정보 공개에 대한 가이드라인을 마련하여, 각국에 이를 실행하도록 권고하고 있다.

국내에서는 1990년부터 일부 대기업을 중심으로 환경보고서 작성이 시도되어 왔으나, 기업마다 작성방식이 달라 체계적인 환경보고서 작성을 위한 가이드라인의 필요성이 제기되어 왔다.

환경부는 2000년 12월 환경보고서 작성지침을 개발하고, 타당성을 검증하기 위한 시범사업(6개 업종 13개 기업 대상)을 거쳐 2002년 5월에 6개 분야 21개 항목에 대한 '환경보고서 가이드라인 2002'를 제정 • 발표하였으며, 환경보고서의 발간 • 확대를 위한 시범사업('01.9~'05.4)을 실시하였다.

환경회계는 기업경영활동 과정에서 발생하는 환경비용 및 편익을 가치화하여 기업의 이익을 제고하고, 합리적인 의사결정을 유도하는 제도로서, 우리나라에서도 일부 대기업을 중심으로 도입 • 시행되고 있다.

환경부는 기업의 환경회계 도입방안 마련을 위한 환경회계정책연구회의 구성 • 운영, 기업환경회계 도입방안 사례연구('00년, 환경부 • 세계은행 공동수행), 환경회계지침 시범사업('01년, 산자부 청정생산기술사업) 등을 토대로 국내기업에 적용 가능한 환경원가회계 가이드라인을 개발('02.6)하여, 42개 업체를 대상으로 4차례에 걸쳐 시범사업('02.7~'06.4)을 실시하였다.

또한, 기업의 환경성과를 효과적으로 개선하고 이해관계자의 환경정보 수요요구에 부응하는 환경성과평가지표 개발과 적용을 위하여 53개 기업을 대상으로 4차에 걸쳐 시범사업('02.7~'06.4)을 실시하였다.

환경부에서는 기업의 사회책임경영과 관련하여 중요한 부분으로서 기업 환경정보공개제도의 도입을 위하여 준비하여 왔다. '환경정보 공시제도 도입방안'('07.12) 연구를 통하여 환경정보공시제도의 해외 동향, 국내 도입을 위한 제반 여건을 조사하고 향후 추진 방안을 마련하였으며, 2008년도에는 '기업환경정보공개시스템(가칭)'을 구축하여 제도 도입을 위한 시스템 설치를 완료하였다.

3) 향후계획

적극적 환경정보 공개, 친환경적 공정·제품 개선, 국제환경규제 대응체계 구축 등 개별기업들의 환경경영 노력에 상응하여 금융혜택이 뒤따른다면 기업들은 환경경영이 기업가치를 높이는 주요 수단임을 인식하게 될 것이다. 따라서 기업의 환경경영 성과를 객관적 기준으로 평가하고 금융기관 등 대외에 효과적으로 알려 친환경경영 우수기업에 대한 투자촉진으로 이어질 수 있는 제도적 시스템 마련이 시급하다.

우리나라에서는 금융을 통한 환경경영 확산시책의 일환으로 기업의 환경경영 정보, 공공기관 등에서 보유한 기업환경정보 등을 수집하여 환경경영 성과를 평가하는 '녹색금융 지원 평가 DB 시스템' 구축을 추진중이다. DB의 평가결과가 금융기관에 제공되면 기업의 환경경영 확산에 더욱 박차가 가해질 것으로 전망된다.

(2) 환경친화기업지정제도 운영

1) 개 요

환경친화기업지정제도는 기업이 환경규제치만 준수하는 규제중심의 환경정책에서 벗어나 기업 스스로 사업활동의 전과정에 걸쳐 환경영향을 평가하고 구체적인 환경목표를 설정하여 자율적으로 환경개선을 도모하도록 하는 제도로서, 정부와 기업의 관계를 신뢰를 바탕으로 한 협력적 관계로 전환시키기 위한 것이다.

환경친화기업으로 지정되기 위해서 기업도 자율적으로 제품설계에서 원료조달, 생산공정, 사후관리까지 사업활동 전반에 걸친 환경영향을 평가한 뒤, 이를 토대로 오염물질 저감계획과 방법 등이 명시된 구체적인 환경개선계획을 마련하고 이를 시행하여야 한다. 또한 공정개선, 관리개선, 현장 재이용 및 방지시설의 운영 최적화 등에 대한 구체적인 개선방안을 제시하여야 한다.

정부는 환경친화기업으로 지정된 업체에 대하여 정기 지도·점검을 원칙적으로 면제하여 주고, 배출시설 설치허가를 신고로 대체하여 주며, 중소기업에 대해서는 환경기술 지원과 융자 우선지원 등의 혜택을 주고 있다.

2) 추진현황

1995년 4월 '환경친화기업지정제도운영규정'을 제정하였고, 같은 해 12월 대기·수질환경보전법에 제도운영 근거를 마련하여 1996년 7월 1일부터 시행하였으며, 2003년 5월에 「환경기술개발 및 지원에 관한 법률」로 지정근거 규정을 일원화하여 지금에 이르고 있다.

2001년 5월에는 전국환경친화기업협의회가 구성되고, 인터넷 홈페이지가 개설·운영(www.ef21.co.kr)되기 시작하였다. 협의회를 중심으로 하여 환경보고서, 환경성과평가, 환경회계 등 선진 환경경영기법의 보급·확산사업에 적극 참여하고 우리나라 산업계에 전파하는 길라잡이 역할을 수행하고 있다. 2008년 말 기준 환경친화기업으로 지정된 사업장 수는 183개이다.

〈연도별 환경친화기업 지정업체 수〉 (2008년 말)

연 도	1999	2000	2001	2002	2003	2004	2005	2006	2007	2008
업소수	122	99	126	134	146	157	167	174	178	183

〈업종별 환경친화기업 지정업체 수〉 (2008년 말)

계	화학	전자	전기	음식료	자동차	기계	제지	유리	섬유	철강	서비스	기타
183	54	39	21	20	13	5	8	3	4	2	6	8

2003년 5월에는 환경친화기업 지정근거를 일원화하고 동시에, 지정취소·지위승계에 대한 근거규정을 법제화하였고, 지도·점검 면제범위를 폐기물, 유해화학물질, 소음·진동 및 오수 분야로 확대하였다.

2004년 3월에는 환경친화기업지정제도 운영규정을 전면 개정하여, 보다 객관적인 평가를 하기 위한 세부 평가기준을 마련하고, 환경경영기법 도입 사업장에는 가산점을 부여하였다. 같은 해 12월에는 환경친화기업의 이미지 제고를 위한 대내외 홍보 및 그린마케팅에 활용할 수 있도록 환경친화기업 로고를 개발하였다. 환경친화기업의 이미지 제고 및 대내·외 홍보에 활용하는 로고를 개발하여 사용하게 됨에 따라 그린마케팅에 활용토록 하였다.

2006년 6월에는 「환경기술개발 및 지원에 관한 법률 시행령」을 개정하여 환경친화기업 지정취소 사유에 해당하지 않는 오염행위라도 2년에 3회 이상 처분을 받을 경우 지정의 취소가 가능하도록 규정하였으며, 공공유역 오염행위에 따른 방제조치 미이행, 유해화학물질 유해성 심사 미이행 등을 지정취소 사유에 추가하는 등 환경친화기업의 오염행위에 대한 관리를 강화하였다.

〈환경친화기업 로고 도안〉

3) 향후계획

지구환경 위기 대응을 위한 국제환경규제가 증가하고, 금융기관과 투자자들은 기업의 사회적 책임을 요구하는 등 최근의 대내외여건은 기업의 환경경영체제로의 신속한 변화를 촉구하고 있다. 따라서 환경친화기업 지정기준 또한 온실가스 감축, 환경경영체계 구축현황 등 기업의 환경경영성과를 평가할 수 있는 항목을 중심으로 개편할 계획이다. 특히 기업의 사회책임경영의 기반이 되는 환경정보 공개를 환경성과가 우수한 환경친화기업부터 실시하도록 하여, 기업환경정보 공시제도의 도입의 기틀을 마련할 예정이다.

한편 환경친화기업 지정에 대한 기업들의 관심을 높이고 많은 기업들의 참여를 유도하여, 환경친화기업의 저변을 확대하기 위한 시책을 검토·추진중이다.

현재 대기업 및 제조업 위주로 운영되는 이 제도가 향후 중소기업, 서비스업 등을 포함할 수 있도록 기업 규모별, 업종별로 지정평가체계를 세분화할 계획이다.

또한 환경친화기업에서 시행하는 환경개선사업, 정보교류, 협력사업 등에 대한 지원을 강화하는 등 기업에 대한 실질적 인센티브를 제공할 계획이다.

이와 같이 현재의 환경친화기업 지정제도를 환경경영성과 위주로 개편하고 그 저변을 확대함으로써 환경친화기업이 선진 환경경영을 앞장서 실천하여 우리 사회의 저탄소 녹색성장을 이끌어가는 모범 기업집단으로 자리매김할 것으로 기대된다.

연습문제

1. 다음 중 맞는 답을 골라 (　　) 안에 그 번호를 기입하시오

1) 최근의 환경위기를 초래한 원인과 거리가 먼 것은?
① 인구 증가와 도시화　② IT 산업의 발전
③ 에너지 및 자원 사용량의 급증　④ 대량생산소비 패턴 확산

2) 다음 중 지속가능한 발전 실현을 위한 정책 기조와 거리가 먼 것은?
① 쾌적한 생명공동체의 구현　② 환경보전 기능의 강화
③ 생활주변 오염원 관리의 억제　④ 환경산업 기술의 육성

3) 다음 중 지구환경과 기후변화와 거리가 먼 것은?
① 환경적 영향　② 경제적 영향
③ 사회적 영향　④ 기회적 영향

4) 다음 열거한 순서 중 발생순서대로 열거한 것은?
① 전세계 산업계를 위한 환경지침 → 스톡홀름회의 → 지구 Summit 회의(리우회의) → 요하네스버그회의
② 스톡홀름회의 → 전세계 산업계를 위한 환경지침 → 지구 Summit 회의(리우회의) → 요하네스버그회의
③ 전세계 산업계를 위한 환경지침 → 스톡홀름회의 → 요하네스버그회의 → 지구 Summit 회의(리우회의)
④ 스톡홀름회의 → 전세계 산업계를 위한 환경지침 → 요하네스버그회의 → 지구 Summit 회의(리우회의)

5) 다음 외국의 환경사고 중 그 발생원인의 특성이 다른 것은?
① 로스앤젤레스 스모그(Los Angeles Smog) 사건
② 런던 스모그(London Smog) 사건
③ 레만호 사건
④ 도노라(Donora) 사건

6) 다음 중 환경경영시스템 Family와 거리가 먼 것은?
① 전과정평가(Life Cycle Analysis)
② 환경라벨링(Environmental Labeling)
③ 환경성과평가(Environmental Performance Evaluation)
④ 환경오염평가제도(Environmental Pollution Assessment)

7) 다음 중 기업에 대한 환경관련 경제적 유인 수단과 거리가 먼 것은?
① 배출부과금 제도 ② 환경오염 복원비용 부담 제도
③ 환경경영시스템 인증제도 ④ 폐기물 예치제도

8) 다음 중 바람직한 환경경영의 방향과 거리가 먼 것은?
① 전담부서에만 치중한다. ② 청정생산 기술을 적용한다.
③ 자발적인 참여를 유도한다. ④ 중장기적으로 꾸준히 실행한다.

9) 다음 중 환경경영의 실시효과와 거리가 먼 것은?
① 생산비용 절감 ② 환경리스크 증가
③ 지구환경 보호에 기여 ④ 기업문화 개선에 기여

10) 다음 환경협약 중 그 특성이 다른 하나는?
① 비엔나협약 ② 바젤협약
③ 기후변화협약 ④ 몬트리올 의정서

2. 다음 중 맞는 것은 O, 틀린 것은 X 로 (　　) 안에 표시하시오

1) 차량 주행시 이산화탄소(CO2)는 가능한 한 많이 배출하는 것이 환경에 좋은 영향을 미친다. (　)
2) 영국 표준규격 BS 7750은 ISO 14001의 모체가 되었다. (　　)

3) 우리나라는 대체로 기온상승과 관련하여 1990년대 이후 한반도 여름철 고온 발생 빈도가 증가 추세이고, 평균 최고기온과 평균 사망자수 추이가 대체로 비례한 것으로 나타났다. (　　)
4) 환경규제는 점차 강화되는 추세다. (　　)
5) 환경사고는 점차 대형화되고 있으며, 그 피해규모는 광역화하는 추세다. (　)
6) 환경경영시스템에 대한 인증은 내실화를 기하는 것보다는 무리를 해서라도 획득하는 것이 최우선적인 것이 바람직하다. (　　)
7) 낙동강 페놀 오염사건은 우리나라의 환경의식에 큰 경종을 울리는 계기가 된 사건이다. (　　)
8) 조직의 기능이란 영업, 생산, 기술개발 등을 의미하는 것이다. (　　)
9) ELV란 폐가전제품에 대한 무료 수거를 의미하는 EU 환경규제의 하나이다. (　　)
10) 우리나라는 현재 기후변화협약, 교토의정서상 이산화탄소 배출 감축의무 대상국가이다. (　　)

3. 다음 용어를 간략하게 설명하여 보시오.

1) 지속가능성(持續可能性, Sustainability).

2) 엘니뇨와 라니냐 현상.

3) 쿄토의정서에서 명시한 6가지 온실가스는 무엇인가?

4) 조직이 ISO 14001 환경경영시스템을 적용하는 경우의 이점(Benefit)은?

5) 교토 메커니즘(Kyoto Mechanism) 3가지는?

제 2 장

ISO 14001 : 2004 환경경영시스템

제1절 규격의 개요
제2절 ISO 14001 : 2004 환경경영시스템
제3절 심사 체크리스트(사례)

제1절 규격의 개요

ISO 14001 환경경영시스템 탄생배경은 제1장 제5절에서 살펴본 바와 같다.

ISO 9000 품질경영시스템이 고객(Customer) 만족 추구가 목적이라면, ISO 14001 환경경영시스템의 목적은 주민, 고객, 내부 종업원, 관공서, 학계 등 이해관계자(Interested Party)를 만족시키는 개념임을 고려해야 한다.

- 이 규격은 품질경영시스템과 마찬가지로 계획(Plan), 실시(Do), 점검(Check), 조치(Action)의 PDCA 사이클에 의한 관리내용을 요구하고 있으며, 문서관리, 모니터링 및 측정, 부적합 시정조치 및 예방조치, 기록, 경영검토 등 ISO 9000 품질경영시스템 규격에서와 같이 유사한 배열과 내용을 요구하고 있는 점도 있다.

ISO 9001 : 2008 과 ISO 14001 : 2004의 요구사항별 차이점은 <표 2-1>에 나타나 있다(한국표준에서는 ISO 9001 및 ISO 14001 규격을 번역하여 2009년 1월 1일부터 KS Q ISO 9001 : 2009 및 KS I ISO 14001 : 2009로 표시하고 있음).

그러나 ISO 9001 : 2008과 ISO 14001 : 2004의 가장 큰 차이점은 ISO 14001 규격에서는 조직의 활동, 공정 및 제품과 관련된 환경측면과 환경영향을 평가하여 중대한 환경측면을 식별 및 관련법규를 준수할 수 있도록 환경목표 및 환경경영 추진계획을 수립하여 관리할 것을 요구하는 것과 환경관련 비상사태에 대한 대비 및 대응을 요구하는 점이라고 할 수 있다.

ISO 14000 환경경영시스템 Family는 여러 가지 규격으로 구성되어 있으나 본 장에서는 다음의 규격 및 지침을 다루기로 한다.

1) ISO 14001 : 2004(2004.11.15.) Environmental management systems - Requirements with Guidance for Use. (환경경영시스템 - 요구사항 및 사용지침)
   - 이 규격은 법규 요구사항 및 조직이 동의한 그 밖의 요구사항과 중대한 환경측면에 대한 정보를 고려하여 방침 및 목표를 개발하고 실행할 수 있도록 하는 환경경영시스템에 대한 요구사항이다. 조직에서 관리가 가능하고 영향을 미칠 수 있을 것으로 파악된 환경측면이 이 규격의 적용대상이 된다. 이 규격에서는 구체적인 환경성과 기준을 정하고 있지는 않다.

2) ISO 14004 : 2004(2004.11.15.) Environmental Management Systems - General Guidelines on Principles, System and Support Techniques(환경경영시스템 - 원칙, 시스템 및 지원 기법에 대한 일반지침).

- 이 규격은 환경경영시스템의 수립, 이행, 유지 및 개선, 그리고 다른 경영시스템과의 조화에 대한 지침을 제공한다. 이 규격에 있는 지침은 KS I ISO 14001 환경경영시스템 모델과 일관성이 있지만 KS I ISO 14001 요구사항의 해석을 제공하기 위한 것이 아니다.

(표 2-1) ISO 14001 : 2004와 ISO 9001 : 2008 대조표

KS I ISO 14001 : 2009/ISO 14001 : 2004		KS Q ISO 9001 : 2009/ISO 9001 : 2008	
개 요	-	0 0.1 0.2 0.3 0.4	**개 요** 일반사항 프로세스 접근방법 KS A 9004와의 관계 기타 경영시스템과의 병용성
적용범위	1	1 1.1 1.2	**적용범위** 일반사항 적용
참조규격	2	2	**인용규격**
용어의 정의	3	3	**용어 및 정의**
환경경영시스템 요구사항	4	4	**품질경영시스템**
일반요건	4.1	4.1 5.5 5.5.1	일반 요구사항 책임, 권한 및 의사소통 책임 및 권한
환경방침	4.2	5.1 5.3 8.5	경영의지 품질방침 개선
계획	4.3	5.4	기획
환경측면	4.3.1	5.2 7.2.1 7.2.2	고객중심 제품과 관련된 요구사항 결정 제품과 관련된 요구사항 검토
법규 및 기타 요구사항	4.3.2	5.2 7.2.1	고객중심 제품과 관련된 요구사항 결정
목표, 세부목표 및 추진계획	4.3.3	5.4.1	품질목표
		5.4.2 8.5.1	품질경영시스템 기획 지속적 개선

KS I ISO 14001 : 2009/ISO 14001 : 2004		KS Q ISO 9001 : 2009/ISO 9001 : 2008	
실행 및 운영	4.4	7	제품실현
		7.1	제품실현의 기획
자원, 역할, 책임 및 권한	4.4.1	5	**경영책임**
		5.1	경영의지
		5.5.1	책임 및 권한
		5.5.2	경영대리인
		6	**자원관리**
		6.1	자원확보
		6.2	인적자원
		6.2.1	일반사항
		6.3	기반구조
		6.4	업무환경
적격성, 교육훈련 및 인식	4.4.2	6.2.2	적격성, 인식 및 교육훈련
의사소통	4.4.3	5.5.3	내부 의사소통
		7.2.3	고객과의 의사소통
문서화	4.4.4	4.2	문서화 요구사항
		4.2.1	일반사항
		4.2.2	품질매뉴얼
문서관리	4.4.5	4.2.3	문서관리
운영관리	4.4.6	7	**제품실현**
		7.1	제품실현의 기획
		7.2	고객관련 프로세스
		7.2.1	제품과 관련된 요구사항 결정
		7.2.2	제품과 관련된 요구사항 검토
		7.3	설계 및 개발
		7.3.1	설계 및 개발 기획
		7.3.2	실세 및 개발 입력
		7.3.3	설계 및 개발 출력
		7.3.4	설계 및 개발 검토
		7.3.5	설계 및 개발 검증
		7.3.6	설계 및 개발 타당성 확인
		7.3.7	설계 및 개발 변경관리
		7.4	구매
		7.4.1	구매 프로세스
		7.4.2	구매정보
		7.4.3	구매한 제품의 검증
		7.5	생산 및 서비스 제공
		7.5.1	생산 및 서비스 제공의 관리
		7.5.3	식별 및 추적성
		7.5.4	고객재산
		7.5.5	제품의 보존
		7.5.2	생산 및 서비스 제공에 대한 프로세스의 타당성 확인

KS I ISO 14001 : 2009/ISO 14001 : 2004		KS Q ISO 9001 : 2009/ISO 9001 : 2008	
비상사태 대비 및 대응	4.4.7	8.3	부적합제품의 관리
점검	4.5	8	**측정, 분석 및 개선**
모니터링 및 측정	4.5.1	7.6 8.1 8.2 8.2.1 8.2.3 8.2.4 8.4	모니터링장비 및 측정장비의 관리 일반사항 모니터링 및 측정 고객만족 프로세스의 모니터링 및 측정 제품의 모니터링 및 측정 데이터의 분석
준수 평가	4.5.2	8.3	부적합제품의 관리
부적합 시정조치 및 예방조치	4.5.3	8.3 8.5.2 8.5.3	부적합제품의 관리 시정조치 예방조치
기록관리	4.5.4	4.2.4	기록관리
내부심사	4.5.5	8.2.2	내부심사
경영 검토	4.6	5.6 5.6.1 5.6.2 5.6.3	경영검토 일반사항 검토입력 검토출력

제2절 ISO 14001 : 2004 환경경영시스템-요구사항 및 사용지침

0.1 머리말(Foreword)

ISO(국제표준화기구)는 국가표준화단체(즉 ISO 회원기관)의 전세계적인 연합체이다. 국제규격을 준비하는 작업은 보통 ISO 기술위원회(Technical Committee)에서 담당한다. 기술위원회가 다루는 주체에 관심있는 각 국가회원기관은 기술위원회에 대해 그 나라를 대표할 권리를 갖는다. ISO와 연계하여 정부 및 비정부 국제조직 또는 그 작업에 참여한다. ISO는 전기기술규격과 관련된 모든 작업에 대하여 **IEC**(국제전기기술위원회)와 긴밀히 협력한다.

국제규격은 ISO/IEC Directive-Part 2에 정해진 규칙에 따라 작성된 것이다.

기술위원회의 주 업무는 국제규격을 준비하는 것이다. 기술위원회에서 채택된 국제규격 초안은 투표를 위하여 회원기관에 배포된다. 초안이 국제규격으로서 발행되기 위해서는 투표에 참여한 회원국의 최소 75% 이상의 찬성이 필요하다.

이 규격의 일부내용은 특허권의 대상이 될 가능성이 있으므로 유의해야 한다. ISO는 그러한 특허권의 일부 또는 전부를 파악해야 하는 책임을 지지 않는다.

KS I ISO 14001은 환경경영기술위원회인 ISO/TC 207 산하 환경경영시스템 분과위원회(SC1)에 의해 작성된 **ISO 14001**을 한국산업규격으로 채택한 것이다.

KS I ISO 14001 제2판은 기술적으로 개정되어 제1판(KS A ISO 14001 : 1996)을 폐지하고 이를 대체한다.

해 설 ☞

1. ISO(International Organization for Standardization)는 국제표준화기구로서 추가 정보는 http : //www.iso.org.에서 입수 가능하다(IEC에 관한 정보는 http : //www.iec.ch를 참조).

ISO는 일반적인 국제규격 이외에 PAS(Publically Available Specification), 기술시방서(Technical Specification), 기술보고서(Technical Report), IWA (International Workshop Agreement), 가이드(Guide) 등을 발간하고 있다.

2. ISO/TC 207 기술위원회란 ISO 14001 환경경영시스템에 관한 규격을 제정하는 기술위원회(TC, Technical Committee)를 의미하며, SC는 분과위원회(Sub Committee)를 의미한다.

ISO/TC 207의 주요 업무내용은 http : //www.tc207.org에서 추가 입수 가능하다.

TC 207은 다음과 같은 분야들을 다루고 있다

(1) 환경경영시스템(EMS : Environmental Management Systems) ISO 14001 & 14004

환경경영을 실천하기 위해서 조직의 환경관리 활동을 체계화하는 데 필요한 내용들을 담고 있다. 즉, 오염방지 및 법규준수에 대한 실천의지를 담은 환경방침의 공표, 이를 체계적으로 실행하기 위한 환경목표 및 세부목표 수립, 이를 달성할 수 있는 환경경영 추진계획 등을 구체화하도록 규정하고 있다. 그리고, 지속적인 환경개선을 위하여 정기적으로 환경심사 또는 경영검토를 하는 등 체계적인 접근방법을 도입하고 있다.

환경경영시스템은 제3자의 인증을 통하여 조직의 환경경영에 대한 객관적 신뢰를 확보할 수 있는 수단으로 사용되고 있다.

(2) 환경심사 및 관련조사(EA & RI : Environmental Auditing & Related Investigations)

ISO 14015 현장과 조직의 환경평가Environmental assessment of sites and organizations(EASO)에 대한 규격을 제정한다(환경심사의 일반원칙과 절차, 환경심사원의 자격 등은 ISO 19011 참조)

(3) 환경라벨링(EL : Environmental Labelling) ISO 14020 Series

환경라벨링에서는 기업이 제공하고 있는 제품에 대한 환경성 선언에 관한 사항을 다루고 있다. 제3자 인증에 의한 환경마크 부착에 필요한 지침 및 절차 등에 대한 규정과, 기업이 자사제품의 환경성을 스스로 주장하는 데 대한 일반지침 및 원칙에 대한 규정 등이 포함되어 있다

(4) 환경성과평가(EPE : Environmental Performance Evaluation) ISO 14030 Series

조직활동 전반에 걸쳐서 환경성과에 대한 평가의 기준을 설정하고자 하는 것이다. 주요 내용은 조직의 환경성과를 측정하고 평가하는 절차, 그리고 환경성과를 대내·외에 보고하는 방법 등을 포함한다.

(5) 전과정평가(LCA : Life Cycle Assessment) ISO 14040 Series

전과정평가는 어떤 제품, 공정 및 활동의 발생으로부터 소멸까지의 전과정에 걸쳐서 사용되고 배출되는 에너지 및 물질의 양을 정량화하고, 이들이 환경에 미치는 영향을 평가하며, 궁극적으로는 지속적인 환경성과의 개선방안을 모색하고

자 하는 체계적인 환경영향평가의 한 방법이다.

(6) 온실가스 경영 및 관련 활동(Greenhouse Gas Management and Related Activities) ISO 14060 Series

교토 메커니즘에 따라 GHG(Greenhouse Gases) 저감량에 대한 국가간, 기업간 거래가 가능하게 되었고, ISO에서는 이러한 기후변화 이슈(Issue)에 대한 ISO 규격의 활용가능성에 대하여 검토하여 2002년 요하네스버그 총회를 시작으로 규격화 작업을 시작했다.

온실가스 정량화에 대한 지침, 온실가스 배출 및 제거에 대한 보고, 모니터링, 타당성 검토 및 검증, 온실가스 검증자에 대한 적격성 부여, 제품의 탄소 발자국(Carbon Footprint)의 정량화 및 의사소통 등에 대해 규정한다.

(7) 용어 및 정의(Terms & Definitions)

ISO/TC 207의 각 분과위원회에서 개발하고 있는 여러 가지 규격 및 지침에서 사용되는 용어를 체계적으로 정의하는 작업을 하고 있다. 그 목적은 각각의 규격에서 사용하고 있는 용어의 조화를 통하여 궁극적으로 통일된 용어정의 규격을 개발하려는 것이다. 여기서 가장 우선순위를 두고 있는 작업은 환경경영에 관한 공통된 국제언어를 창출하는 것이다.

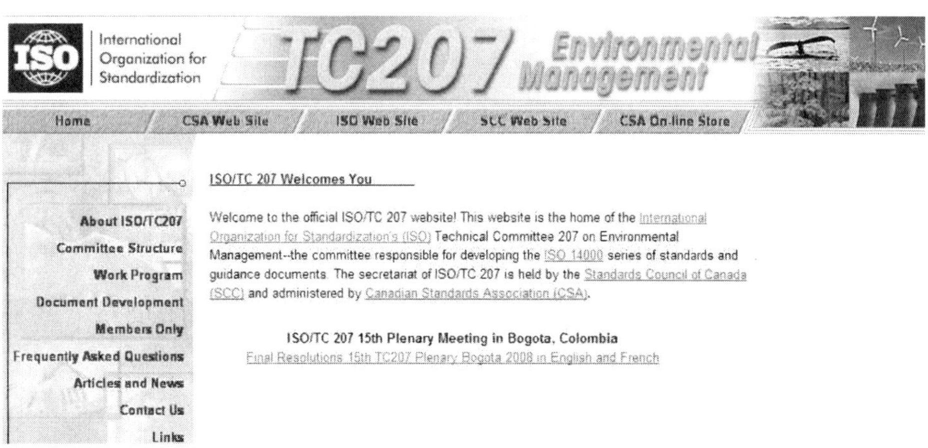

[그림 2-1] ISO/TC 207 홈페이지

3. ISO에서는 규격 제정시 다음 단계를 거친다.

자세한 단계별 절차는 지식경제부 > 기술표준원(www.kats.go.kr) > 국제표준협력 활동을 참고한다.

(표 2-2) ISO 규격 제정절차

프로젝트 단계	관련문서	
	명 칭	약 어
0 예비단계	예비업무항목	PWI(Preliminary Work Stage)
1 제안단계 (Proposal Stage)	신규업무 항목 제안	NP(New Proposal)
2 준비단계 (Preparatory Stage)	작업초안	WD(Working Draft)
3 위원회단계 (Committee Stage)	위원회초안	CD(Committee Draft)
4. 질의단계 (Enquiry Stage)	질의안(국제규격안)	DIS(Draft International Standard)
5. 승인단계 (Approval Stage)	최종 국제규격안	FDIS(Final Draft International Standard)
6. 출판단계 (Publication Stage)	국제규격	ISO(International Standard)

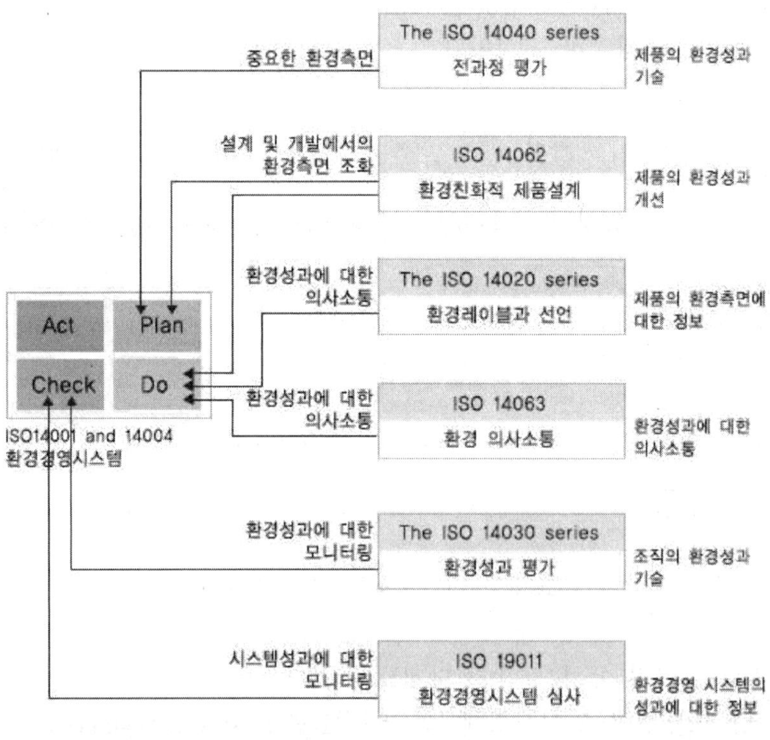

[그림 2-2] ISO 14000 규격 체계

0.2 개요(Introduction)

다양한 유형의 조직에서 해당 조직의 환경방침 및 목표와 일관성 있는 활동, 제품 및 서비스가 환경에 미치는 영향을 관리함으로써 건전한 환경성과를 달성하고 실증하는 데 대한 관심이 크게 높아지고 있다. 이는 법규가 점차 엄격해지고 환경보호를 육성하는 경제적 정책과 또는 다른 기타의 수단들이 개발되고 있으며, 환경문제 및 지속가능한 개발에 대한 이해 관계자들의 관심이 높아지고 있기 때문이다.

많은 조직은 환경성과를 평가하기 위해 환경 '검토' 또는 '심사'를 실시해왔다. 그러나 이런 '검토'나 '심사'만 독자적으로 실시하여서는 조직에서의 환경성과가 법규 및 방침상의 요구사항을 만족시키고, 또한 계속해서 만족시켜 나갈 수 있을 것이라는 확신을 주기에는 충분하지 않을 수 있다. 효과적인 실행을 위해서는 조직 내에 통합시켜 체계적인 경영시스템 내에서 이행할 필요가 있다.

환경경영을 다루는 규격은 다른 경영 요구사항과 통합시킬 수 있는 효과적인 환경경영시스템(EMS) 요소를 제공하여, 조직이 환경 및 경제적 목적을 달성하도록 지원하기 위한 것이다. 이러한 규격은 다른 국제규격과 마찬가지로 비관세 무역장벽을 만들거나 조직의 법적 의무를 증가 또는 변경하는 데 사용하고자 의도한 것은 아니다.

이 규격은 법규 요구사항 및 중대한 환경측면에 대한 정보를 고려하여 조직이 방침과 목표를 개발 및 실행할 수 있도록 환경경영시스템에 대한 요구사항을 규정한 것이다. 이 규격은 어떠한 형태나 규모의 조직에도 적용할 수 있고, 다양한 지리적, 문화적 및 사회적 상황을 수용할 수 있도록 작성되었다. 환경경영시스템을 위한 기본적인 접근방법은 (**[그림 1]**)에 제시되어 있다. 환경경영시스템의 성공여부는 조직의 모든 계층 및 기능, 특히 최고경영자의 의지에 달려 있다. 조직은 이러한 시스템을 통하여 환경방침을 개발하고 방침을 달성하기 위한 목표와 프로세스를 수립하여 성과를 개선하는 데 필요한 활동을 수행하고 이 규격의 요구사항에 대한 적합성을 실증할 수 있다.

이 규격의 전반적인 목적은 사회경제적 요구와 균형을 이루어 환경 보호와 오염 예방을 지원하는 것이다. 이러한 환경경영시스템의 요구사항은 여러 항목이 동시에 언급되거나 반복하여 언급될 수도 있다.

이 규격의 제2판은 제1판에 대한 명확화와 초점을 두었고, 사용자의 편의를 위해 품질경영시스템과 환경경영시스템의 병용성을 증진시키기 위해 **KS Q ISO 9001** 조항을 고려하였다.

사용의 편의를 위하여 이 규격 **4.**의 세부항목과 **부속서 A**와 서로 관련된 번호를 부여한다.

예를 들면 **4,3,3**과 **A.3.3**은 둘 다 목표, 세부목표 및 추진계획을 다루고 있으며 **4.5.5**와 **A.5.5**는 내부심사를 다룬다.

또한 부속서 B는 **KS I ISO 14001 : 2009**와 **KS Q 9001 : 2001**의 광범위한 기술적 상호 대조를 제시한다.

환경경 시스템에 대한 요구사항 및 환경경영시스템에 대한 인증/등록 및/자체 선언을 위해 사용될 수 있는 요구사항을 규정한 이 규격과, 환경경영시스템의 수립, 실행이나 개선을 위해 인증이 아닌 일반적인 도움을 제공할 목적으로 사용되는 지침과는 명확하게 구분된다.

환경경영은 전략적이고 경쟁적인 면을 포함하여 폭넓은 분야의 문제를 다룬다. 조직은 이 규격을 성공적으로 실행하고 있음을 실증함으로써 적절한 환경경영시스템이 유지되고 있다는 사실을 이해관계자들에게 보증할 수 있다.

비 고 이 규격은 계획 - 실시 - 체크 - 조치(PDCA)로 알려져 있는 방법론에 기초하고 있으며, PDCA는 다음과 같이 요약할 설명될 수 있다.

- 계획(Plan) : 조직의 환경방침에 관련된 결과를 도출하기 위한 목표 및 프로세스의 수립
- 실시(Do) : 프로세스의 실행
- 점검(Check) : 환경방침, 목표, 세부목표, 법규 및 그 밖의 요구사항, 그리고 결과보고에 대한 프로세스의 모니터링 및 측정
- 조치(Act) : 환경경영시스템의 성과를 지속적으로 개선하기 위한 활동

다수의 조직은 '프로세스 접근'이라고 불릴 수 있는 프로세스 및 프로세스의 상호작용에 대한 시스템의 적용을 통하여 조직의 운영을 관리한다.

KS Q ISO 9001은 프로세스의 접근의 사용을 권장한다.

PDCA는 모든 프로세스에 적용 가능하므로 두 방법론은 양립할 수 있는 것으로 생각할 수 있다.

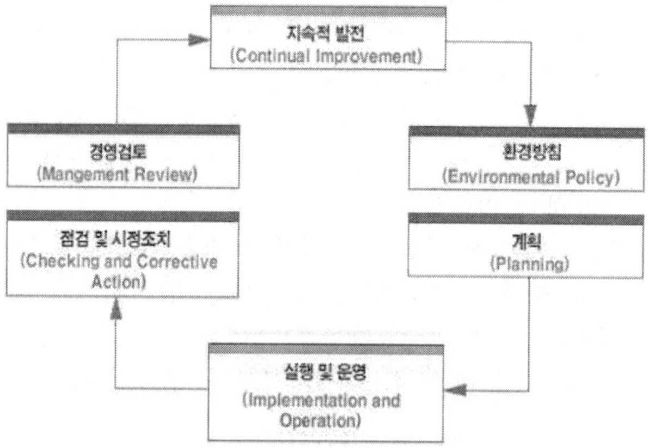

▶ ISO 14001 규격에 대한 환경경영시스템 모델

이 규격에는 객관적인 심사가 가능한 환경경영시스템에 대한 요구사항이 수록된다. 광범위한 환경경영시스템에 대한 보다 일반적인 지침이 필요한 조직은 KS I ISO 14004를 참조하여야 한다.

이 규격은 방침에 제시된 적용되는 법규 요구사항 및 조직이 동의한 그 밖의 요구사항에 대한 준수, 오염예방 및 지속적 개선에 대한 의지를 초월하는 환경성과에 대한 절대적인 요구사항을 규정하지 않는다는 점에 유의하여야 할 것이다. 따라서 운영은 비슷하지만 환경성과가 다른 두 개의 조직 모두가 이 요구사항을 만족할 수 있다.

체계적인 방법으로 일련의 환경경영기술을 채택하여 실행하는 경우 모든 이해관계자에게 최적의 성과로 기여할 수 있다. 그러나 이 규격의 채택 그 자체가 최적의 환경성과를 보장하지는 않는다. 환경목표를 달성하기 위해서 조직은 환경경영시스템을 통하여 적절하고 경제적으로 실행가능한 기술을 고려하여야 하며 그러한 기술의 비용 효과성도 충분히 감안하여야 한다.

이 규격에는 품질경영, 안전보건경영, 재무경영 또는 위험경영과 같은 다른 경영시스템의 특정 요구사항을 포함하지 않는다. 이 규격은 환경경영시스템 요소가 다른 경영시스템과 조정되거나 통합되는 것을 가능하도록 한다.

조직은 이 규격의 요구사항에 적합한 환경경영시스템을 수립하기 위하여 현재의 경영시스템을 조정할 수 있다. 다만 경영시스템의 다양한 요소를 적용하는 것은 의도하는 목적 및 관련된 이해관계자에 의해 달라질 수 있다는 것을 알아야 할 것이다.

환경경영시스템의 세부사항 및 복잡성, 문서화의 범위, 그리고 이에 충당된 자원은 시스템의 적용범위, 조직의 규모 및 활동, 제품 및 서비스의 특성 등과 같은 요소들에 따라 달라질 수 있다.

이것은 특히 중소기업의 경우가 그러하다.

해 설 ☞

1. ISO 14001의 성격(기능)

(1) 환경성과의 달성 및 실증 의욕 점증 대비 기능이 있다.

- 법의 엄격성 점증, 환경보호 촉진을 위한 경제적 정책과 기타 수단 개발, 지속적 개발을 포함한 이해관계자들의 환경문제가 점증하므로 이에 대비할 필요가 있다.

(2) 효과적인 환경경영 추구 기능이 있다.

- 지금까지의 '검토'와 '심사'만으로는 법적, 방침적 요건을 커버하기에는 불충

분하였다.
- 구조화된 경영시스템이 필요하며, 타부문과의 전체적인 경영시스템 통합이 필요하다.

(3) 비강제적 요건의 기능이 있다.
- 오로지 환경적, 경제적 목표를 달성하기 위한 수단이지 새로운 비관세 무역장벽이 아니다.
- 그러나 그렇게 적용해도 어쩔 수 없다.

(4) 범산업적/범조직적 및 계층적 기능/균형적 기능이 있다.
- 하나의 EMS로서 갖추어야 할 요구사항(Requirements)만을 나타낼 뿐 형태(Type)와 규모(Size)의 조직, 다양한 지리적(Geographical), 문화적, 그리고 사회적 요건(Cultural and Social Conditions) 등에는 구애받지 않는다.

(5) 독자성의 기능이 있다.
- 그러나 직장보건 및 안전경영 측면에 관한 요건을 통합시키지 못하도록 하는 것은 아니다.

(6) 차별성의 기능
- 기존의 ISO 9000 시리즈가 적용되고 있다면 이의 활용이 가능하나 다른 점은 QMS가 고객의 욕구 대비라면, EMS는 광범위한 이해관계자의 요구에 대비하는 것이다.

(7) 보조적 기능
- 법적, 규제적 요건과 지속적 개선을 준수하기 위한 것일 뿐 그 이상의 절대적인 환경성과에 대한 요건 자체를 제시하기 위한 것은 아니다.

2. 성공요인

(1) 모든 계층(Level)이 참여해야 한다.
- 임원 - 부장 - 차장 - 과장 - 대리 - 사원
- 책임연구원 - 선임연구원 - 연구원
- 본부장 - 현장소장 - 담당자 등을 계층이라 한다.

(2) 모든 기능(Function)이 참여해야 한다.

- 관리 및 총무(General), 마케팅 및 영업(Marketing & Sales), 연구 및 개발(R&D), 생산(Production), 검사 및 시험(QC) 등을 기능이라 한다.
- 소위 끝발 있는 핵심부서(기획○○팀/경영○○팀 등)가 제외되는 경우는 바람직하지 않다.

(3) 최고경영자의 의지(리더십)가 중요하다.

- 리더십의 이론은 자질이론(Traits Approach), 행동이론(Behavioral Approach), 상황이론(Situation Approach) 등이 있다.
- 조직에 있어 최고경영자의 의지, 특히 동양에서는 거의 절대적이라 할 수 있다.
- 최고경영자의 관심사항 위주로 보든 간에 성과들이 모니터링 및 측정되는 경우가 많다.

(4) 기　타

① 사실적 데이터(Factual Data)에 의한 접근이 중요하다.

- 각 공정, 활동 및 서비스별로 투입물(Input), 출력물(Outputs) 등의 파악
- 주생산물(Main Product), 부산물(By-Product), 폐기물(Wastes)의 파악

② 프로세스적 접근(Process Approach)이 중요하다.

- Plan - Do - Check - Action은 조직의 해당업무에 따라 다르다.
- 현상 및 문제점 파악 - 주제선정 - 활동계획 수립 - 활동실시 - 활동완료 보고 - 사후관리
- 기초설계 - 견적 - 상세설계 - 발주 및 시공 - 시운전 - 양산 이관
- 구매의뢰 - 견적 및 발주 - 제작 - 입고 및 설치 - 시운전 - 양산 이관

③ 지속적 개선(Continual Improvement)을 추구해야 한다.

- 조직의 총체적 성과에 대한 지속적 개선은 조직의 영구적인 목표이어야 한다.
- 개선된 조직의 수행능력을 통하여 성과측면의 이점을 갖게 된다.
- 기회에 신속하게 대응할 수 있는 유연성을 갖게 된다.

④ 이해관계자(Interested Parties) 만족에 초점을 맞춘다.

- 조직(Organization)은 이해관계자(고객 포함)에 의존한다. 따라서 현재 및 미래의 이해관계자 욕구를 이해하고, 이해관계자 요구사항을 충족시키며, 그들의 기대를 능가하도록 노력해야 한다.
- 시장기회에 대하여 신축적이며 신속하게 대응함으로써 수익성 및 시장점유

율이 증대되며, 조직의 대외 이미지 개선, 브랜드 파워를 향상시키는 데 기여한다.

3. 환경성과 보증 여부

이 규격의 채택 그 자체가 최적의 환경성과(Performance)를 보증하지는 않는다. 즉, 대학을 졸업했다 해서 반드시 성공할 수 없는 것과 마찬가지로 인증의 획득이 곧 최적의 성과를 보장하는 것은 아니다.

4. 경영시스템간 주요 차이점

(표 2-3) 경영시스템간 주요 차이점

구 분	품질경영시스템	환경경영시스템	안전보건경영시스템
공통 요구사항	- 문서관리, 기록관리, 내부심사, 부적합(품) 관리, 시정조치, 예방조치		
고유 요구사항	- 품질관련 요구사항 (고객 요구사항, 검사 및 시험 등)	- 환경측면 및 평가 - 법규 준수 등 (환경관련 법규 등) - 비상시 대비 및 대응	- 위험측면 및 평가 - 법규 준수 (안전보건법규 등) - 비상시 대비 및 대응

1. 적용 범위(Scope)

이 규격은 법규 요구사항 및 조직이 동의한 그 밖의 요구사항과 중대한 환경측면에 대한 정보를 고려하여 방침 및 목표를 개발하고 실행할 수 있도록 하는 환경경영시스템에 대한 요구사항이다.

조직에서 관리가 가능하고 영향을 미칠 수 있을 것으로 파악된 환경측면들이 이 규격의 적용대상이 된다. 이 규격에서는 구체적인 환경성과 기준을 정하고 있지 않다.

이 규격 자체에는 다음 각 사항을 원하는 모든 조직에 적용 가능하다.

(1) 환경경영시스템을 수립, 실행, 유지 및 개선하고자 할 때
establish, implement, maintain and improve and environmental management system

(2) 조직이 정한 환경방침과의 적합성을 스스로 보증하고자 할 때
assure itself of conformity with its stated environmental policy

(3) 다음과 같은 방법으로 이 규격에의 적합성을 실증하고자 할 때
demonstrate conformity with this International Standard by
1) 자체 판단 및 자체 선언을 하고자 할 때
making a self-determination and self-declaration, or
2) 조직의 적합성을 고객과 같은 이해관계자가 확인하고자 할 때
seeking confirmation of its conformance by parties having an interest in the organization, such as customers, or
3) 조직의 자체 선언을 외부조직으로부터 확인받고자 할 때
seeking confirmation of its self-declaration by a party external to the organization, or
4) 조직의 환경경영시스템을 외부조직으로부터 인증/등록받고자 할 때
seeking certification/registration of its environmental management system by an external organization

이 규격에 규정된 모든 요구사항은 어떠한 환경경영시스템에도 적용될 수 있다. 그 적용범위는 조직의 환경방침과 활동, 제품 및 서비스의 특성, 그리고 조직의 위치 및 운용조건 등의 요인에 따라 좌우된다. 이 규격의 부속서 A에서는 이 규격의 사용에 대한 지침을 참고로 제공한다.

해 설 ☞

1. 환경경영시스템(EMS)의 인증 동기의 예

(1) 조직이 스스로 선택하여 시스템을 구축하는 경우
(2) 이해관계자(고객, 공급자, 인근 주민, 학회, 협회, NGO, 매스컴 등)의 요구에 의하는 경우
(3) 고객 혹은 모기업의 요구에 의해 추진하는 경우
(4) 인증기관의 요구에 의해 추진하는 경우

2. 적합성 선언의 유형(심사의 유형)

(1) 제1자 심사(1st Party Audit) : 조직 스스로 실행하는 심사(내부심사라 한다) (자체 계획에 의해 실행되며, 품질시스템의 유효성을 판단하기 위해 실행한다. 형식에 치우칠 가능성이 있다)
(2) 제2자 심사(2nd Party Audit) : 조직의 고객(Customer)에 의해 실행하는 심사 (고객에게 공급자 등록 및 사후관리를 위해 필요한 경우가 있으며, 고객이 정한 계획에 의해 실행된다. 고객의 심사원 능력에 의해 좌우된다)

(3) 제3자 심사(3rd Party Audit) : 인증기관 등에서 실행하는 심사
(공인기관으로부터 인증을 받기 위해 실행하며, 인증기관과 신청자가 협의하여 심사 범위를 정한다. 사무적이고 공식적이다)

3. 적용범위의 예

(1) 제조업, 건설업 및 서비스업
(2) 대기업 및 중소기업, 법인 및 개인사업자
(3) 공장(Sites)별, 생산제품(Product)별, 라인(Line)별
(4) 업무범위별 : 설계 및 개발, 생산 및 제조, 판매 및 부가서비스, 물류, 건설공종별

2. 인용규격(Normative references)

인용규격이 인용되어 있지 않다. 이항은 이전 판(KS A ISO 14001 : 1996)과 번호 일치를 위하여 남겨두었다.

3. 용어의 정의(Terms and Definition)

이 규격의 목적을 위하여 다음의 용어를 정의한다.

3.1 심사원(Auditor)

person with the competence to conduct an audit
심사를 수행하기 위한 능력을 갖춘 자(ISO 9000/3.9.9)

해 설 ☞

1. 심사원에게 필요한 지식 및 숙련도/기량(Skill)(= 적격성, Competence) (ISO 19011 : 2000/7.3항)

심사(Audit)란 심사기준에 충족되는 정도를 결정하기 위하여 심사증거를 수집하고 객관적으로 평가하기 위한 체계적이고, 독립적이며 문서화된 프로세스를 의미한다.

(1) 심사 원칙, 절차 및 기법
- 효과적인 면담, 청취, 관찰 그리고 문서, 기록 및 데이터의 검토를 통한 정보 수집
- 심사에 대한 샘플링 기법 사용의 적절성 및 결과의 이해

- 수집된 정보의 정확성에 대한 검증, 심사보고서의 작성 등

(2) 경영시스템 문서 및 기준문서(매뉴얼, 절차서, 지침서, 표준, 규격 등)

(3) 조직 상황(규모, 구조, 기능 및 상호관계, 일반적 업무 프로세스 및 관련용어, 피심사자의 문화적 및 사회적 관습 등)

(4) 해당분야에 관련된 적용 가능한 법규, 규제 및 기타 요구사항

- 지방, 지역 및 국가의 코드, 법규 그리고 규제사항
- 계약 및 협정
- 국제조약 및 국제협약
- 조직이 동의하는 기타 요구사항 등

2. 심사원칙(ISO 19011 : 2000/4항)

심사는 여러 가지 원칙에 따른다는 특징이 있다. 이러한 원칙을 따르면 심사는 경영방침 및 관리를 지원하는 효과적이고 신뢰성 있는 도구가 되고, 조직의 성과를 개선하기 위해 조직이 조치할 수 있는 정보를 제공한다. 적절하고 충실한 심사결론을 제공하기 위해, 그리고 서로 독립적으로 심사를 수행한 심사원들이 유사한 상황이라면 유사한 결론에 도달하도록 하기 위해, 이러한 원칙을 준수하는 것이 필수적이다.

다음의 원칙은 심사원에게 관련된다.

(1) 윤리적 행동 : 전문가로서의 기본

신뢰, 성실, 비밀 준수 및 분별력은 심사수행에 필수적이다.

(2) 공정한 보고 : 진실하고 정확하게 보고해야 하는 의무

심사 발견사항, 심사결론 및 심사보고서는 진실하고 정확하게 심사활동을 반영한다. 심사 동안에 직면한 중대한 장애 및 심사팀과 피심사자 사이에 해결되지 않고 서로 상충되는 의견은 보고된다.

(3) 직무상 적절한 주의 : 심사시 근면 및 판단의 적용

심사원은 자신들이 수행하는 업무의 중요성, 그리고 심사 의뢰자 및 이해관계자가 심사원에게 기대하는 신뢰에 걸맞은 주의를 기울인다. 필요한 적격성을 갖추는 것은 중요한 요소이다.

(4) 독립성 : 심사의 공정성 및 심사결론의 객관성에 대한 기초

심사원은 심사대상이 되는 활동과 독립적이고 편견 및 이해상충이 없어야 한다. 심사원은 심사 발견사항 및 심사결론이 심사증거에만 근거한다는 것을 보장하기 위하여 심사 프로세스 전반에 걸쳐 객관적인 심리상태를 유지한다.

(5) 증거 기반 접근방법 : 체계적인 심사 프로세스에서 신뢰성 및 재현성이 있

는 심사결론에 도달하기 위한 합리적인 방법.

심사증거는 검증 가능하여야 한다. 심사는 제한된 시간과 제한된 자원으로 수행되기 때문에 이용 가능한 정보의 샘플을 기반으로 한다. 샘플링의 적절한 활용은 심사결론에 부여될 수 있는 신뢰성과 밀접한 관련이 있다.

3. 심사원

한국인정원(KAB, www.kab.or.kr)에서는 심사원을 심사원(보) - 심사원 - 선임심사원/검증심사원 등으로 구분하고 있으며, 한국심사자격인증원(IKAR, www.ikar.or.kr)은 국내 인증기관(2010년 8월 현재 34개)에 등록된 ISO 경영시스템 심사원에 대한 자격인증 업무를 관장하는 국내 유일한 기관으로서, 품질, 환경, 안전보건, 정보보안, 식품안전 경영시스템 분야의 인증심사원 자격인증제도를 운영하고 있다.

2009년 4/4 분기 현재 품질경영부문의 심사원은 1,142명, 환경경영부문 심사원은 약 400명 정도가 활동하고 있다.

환경경영시,스템 인증심사원 자격인증기준은 다음과 같다.

(상세한 사항은 한국심사자격인증원 공고 제2008-25호, KAR-EMAC-01, 2008-08-05을 참고한다)

(1) 심사원보

① 인증심사원 연수과정 수료 및 시험합격

② 학력요건

③ 환경관련분야 실무경력 요건

(2) 심사원

① 심사원보 자격인증을 받은 자로서, 심사에 최소한 4회 이상 심사팀의 보조자로서 참가한 경력이 있을 것

② 현장심사 일수는 최소 20일 이상이어야 하며, 최초심사 또는 갱신심사가 2회 이상 포함될 것

4. 일반적인 인증제도 국가체계

- 인정기관(Accreditation Board) : 국제표준화기구(ISO) 또는 선진국들이 기업 및 단체를 위해 제정한 경영시스템에 대한 인증기관을 인정하는 공공기관으로서 1국가 1개 인정기관을 유지한다.
- 인증기관(Certification Authority) : 인정기관으로부터 인증・연수기관으로 인

정받기 위해 인정 신청조건, 신청서류, 인정 심사 등의 필요한 절차를 거쳐 인정받아 조직에 대해 인증업무를 수행하는 기관으로 주기적인 사후관리심사, 갱신심사 등을 거친다.

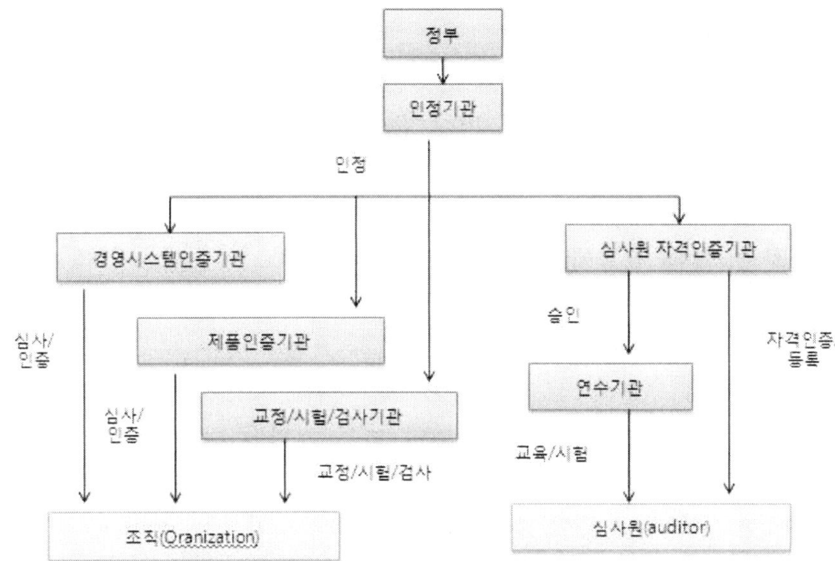

[그림 2-3] 일반적인 인증제도 체계

3.2 지속적 개선(Continual Improvement)

recurring process of enhancing the environmental management system(3.8) in order to achieve improvements in overall environmental performance(3.10) consistent with the organization's (3.16) environmental policy(3.11)

조직(3.16)의 환경방침(3.11)과 일관성이 있는 전반적인 환경성과(3.10)의 개선을 달성하기 위해 환경경영시스템(3.8)을 강화를 반복하는 과정

NOTE The process need not take place in all areas of activity simultaneously.

비 고 이 프로세스가 모든 활동분야에서 동시에 이루어질 필요는 없다.

해 설 ☞

1. "ISO 14001 인증 후 성과는 무엇인가?"라는 최고경영자의 질문에 답할 수 있어야 할 것이다.

지속적인 개선에 포함될 사항은 다음과 같다(ISO 14004의 4.5.3)

(1) 환경성과의 개선이 가능하도록 EMS의 개선분야를 식별(현 상황의 분석 및 평가)

(2) 부적합, 결함 등의 근본원인을 파악

(3) 위에 대한 시정조치 및 예방조치 계획 수립 및 실행

(4) 이의 효과성 파악 - 목표가 충족되었는지를 결정하기 위한 결과의 측정, 검증, 분석, 평가 등

(5) 공정개선에 따른 문서절차 개선을 수반할 것 - 변경사항의 공식화

(6) 환경목표 및 세부목표의 상호 비교 검토

2. 지속적인 개선의 개념

(1) 모든 부문, 모든 기능에서 동시에 이루어 질 필요는 없다.
어느 조직이고 문제해결의 우선순위에 따라 자원배분을 적절히 조절할 필요가 있을 수 있기 때문이다.

(2) 지속적 성과의 수준이 몇 % 이상이어야 한다는 기준은 없다.
그러나 가급적 + 방향으로 향상되어야 하는 것과 - 방향으로 감소하여야 하는 목표가 있을 수 있다.

(3) 가능한 한 유형적 효과 산출수치로 나타내는 것이 바람직하다.
- 유틸리티 절감률, 부과금의 감소, COD, BOD, n-Hexane, SS 등 수치 개선, 폐기물의 감량률 등

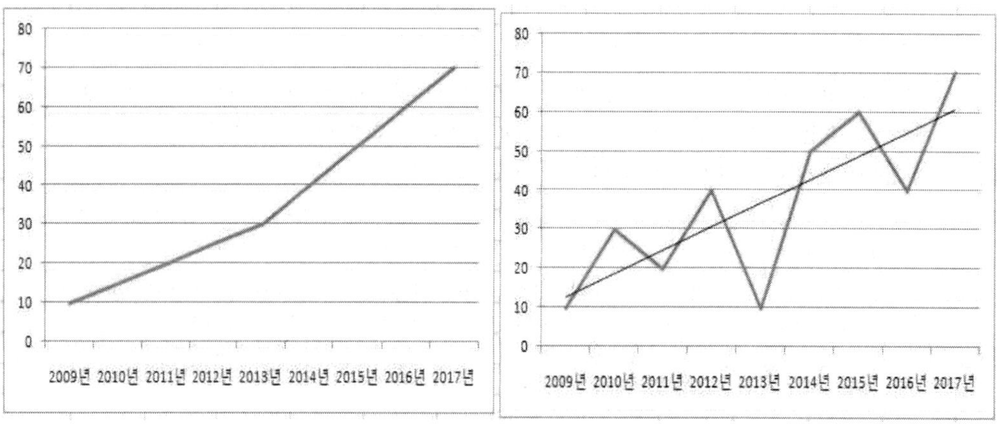

[그림 2-4] 지속적 개선의 개념도(사례)

> **3.3 시정조치(Corrective Action)**
>
> action to eliminate the cause of a detected nonconformity (3.15)
> 발견된 부적합 또는 기타 바람직하지 않은 상황의 원인을 제거하기 위한 조치
>
> **비고 1** 부적합에는 하나 이상의 원인이 있을 수 있다.
>
> **비고 2** 시정조치는 재발을 방지하기 위해 취해지는 반면, 예방조치(3.6.4)는 발생을 방지하기 위해 취해진다.
>
> **비고 3** 시정(3.6.6)과 시정조치는 구별된다.

해 설 ☞

1. 시정(Correction)

발견된 부적합을 제거하기 위한 행위(ISO 9000/3.6.6)

- 부적합이란 국제규격의 요구사항, 법규나 기타 조직에서 정한 표준문서 등과 일치하지 않는 사항 등을 말한다.
- 시정은 시정조치와 연계될 수 있으며, 재작업 또는 재등급은 시정의 보기가 될 수 있다.

2. 시정조치의 단계

(4.5.3 부적합, 시정조치 및 예방조치를 참고한다)

① 부적합의 내용을 파악(이해관계자 불만 포함)한다.
② 문제에 대한 영향을 조사한다.
③ 부적합 발생원인을 파악, 결정한다.
④ 재발방지의 보장을 위한 조치의 필요성을 평가한다.
⑤ 필요한 조치를 결정 및 이행한다.
⑥ 취해진 조치결과를 기록, 검토한다.
⑦ 취해진 시정조치에 대한 효과성에 대해 검토한다.

3. 발생 가능한 부적합의 원인의 예

- 수입자재, 공정, 공구, 제품을 가공 보관되거나 취급하는 장비 또는 설비(내부장치 및 시스템 포함)의 문제점, 고장 또는 부적합
- 불충분하거나 존재하지 않은 절차 또는 문서화
- 절차의 미준수, 불충분한 공정관리, 미흡한 일정관리, 교육훈련 부족, 불충분한 작업조건
- 부적합한 환경운영관리(수질, 대기, 폐기물, 소음, 진동 등)

> **3.4 문서(document)**
>
> information and its supporting medium.
>
> 정보 및 정보지원 매체(ISO 9000/3.7.2)
>
> **보 기** 기록, 시방서, 절차서, 도면, 보고서 및 규격
>
> **비고 1** 매체는 종이, 자기, 전자 또는 광학 컴퓨터 디스크, 사진, 견본 또는 그 조합이 될 수 있다.
>
> **비고 2** 보기를 들면, 시방서 및 기록과 같은 문서의 집합을 영어권에서는 'documentation'이라고도 한다.
>
> **비고 3** 몇몇 요구사항(3.1.2)(보기 : 읽기 쉽도록 하는 요구사항)은 모든 형태의 문서에 관련되지만, 시방서(보기 : 개정관리의 요구사항) 및 기록(검색이 가능하도록 하는 요구사항)에 대한 요구사항은 서로 다를 수 있다.

해 설 ☞

1. 문서의 예(ISO 9000/2.7.2)

- paper('hard copy') (종이)
- magnetic(자기매체)
- electronic or optical computer disc(전자식 또는 광학식 컴퓨터 디스크)
- photograph(사진)
- master sample(마스터 샘플, 한도견본)

2. '문서' 관련 용어

(1) 정보(Information) : 의미 있는 데이터

(2) 기록(Record) : 달성된 결과를 명시하거나 수행한 활동의 증거를 제공하는 문서

(3) 시방서(Specification) : 요구사항을 명시한 문서

비 고 : 시방서는, 활동(보기 : 절차서, 프로세스 시방서 및 시험 시방서) 또는 제품(보기 : 제품시방서, 성능시방서 및 도면)과 관련될 수 있다.

(4) 절차(Procedure) : 활동 또는 프로세스의 수행 방식(절차의 문서화는 선택사항이다)

3. 문서화(documentation)

절차나 프로세스를 문서화한 경우 '문서화된 절차서(Documented Procedures)'라 한다.

문서화는 활동의 의도 및 일관성에 대한 의사소통을 가능하게 한다.
문서화의 가치는 다음과 같다(ISO 9000/2.7.1).

(1) 고객(이해관계자) 요구사항과의 적합성 및 품질(환경) 개선을 달성한다.
(2) 적절한 교육훈련을 제공한다.
(3) 반복성(Repeatability) 및 추적성(Traceability)을 제공한다.
(4) 객관적 증거(Objective Evidence)를 제공한다.
(5) 품질(환경)경영시스템의 효과성(Effectiveness) 및 지속적인 적절성 평가에 도움을 준다.

3.5 환경(environment)

surroundings in which an organization(3.16) operates, including air, water, land, natural resources, flora, fauna, humans, and their interrelation.

공기, 물, 토양, 천연자원, 식물군(群), 동물군, 인간 및 이들 요소간의 상호관계 등을 포함하여 조직이 운영되고 있는 주변 여건

비 고 이러한 관점에서 볼 때 주변 여건이란 조직 내부에서부터 지구 규모의 체계에까지 확대된다.

해 설 ☞

1. 주위 여건(주변)이란?

(1) 조직 내부에서부터 지구계(Surrounding)까지를 의미
(2) 조직 내부란 해당팀/부서/라인(Linc)/건물 · 공장(Sites, Plant) 등을 의미
(3) 조직 외부란 인접된 조직(공장, 건물, 주민 등), 농 · 공단지, 지역사회, 국가, 지구계를 의미

2. 생태계

(1) 비생물요소(빛, 기후, 토양 등)와 생물요소(모든 생물 구성원으로 이루어짐)로 나뉜다.
(2) 무기적 환경의 특징에 의거하여 해양생태계 · 호소생태계 · 극지생태계 · 사막생태계 등으로 구별하거나, 군락(群落)의 상관에 따라서 삼림생태계 · 초지생태계 등으로 구분하기도 한다. 또한, 경지생태계 · 도시생태계와 같은 것도 생각할 수 있다. 또한 생물의 기능을 중심으로 생산자(녹색식물) · 소비자(동물) · 분해자(세균 또는 미생물)로 구분된다.

3.6 환경측면(Environment Aspects)

element of an organization(3.16) activities or products or services that can interact with the environment(3.5)

환경과 상호작용을 할 수 있는 조직의 활동이나 제품 또는 서비스 요소

비 고 중대한 환경측면이란 중대한 환경영향을 미치거나 미칠 수 있는 측면을 말한다.

3.4 환경영향(Environment Impacts)

any change to the environment(3.5), whether adverse or beneficial, wholly or partially resulting from an organization's(3.16) environmental aspects(3.6)

조직의 환경측면이 전체적 또는 부분적으로 환경에 좋은 영향을 미치거나 또는 나쁜 영향을 미칠 수 있는 환경변화.

해 설 ☞

1. 환경측면 : 환경영향이나 환경변화를 유발시키는 요인(요구사항 4.3.1 참조)

2. ISO 14004의 2.2.2 요인식별과 영향평가항에 보면, Aspects와 Impacts는 요인(Cause, 원인)과 영향(Effects, 결과) 관계라고 명확히 나와 있음(Elements의 개념)
   - Aspects의 예 : 원재료의 투입, 반응, 가공, 조립, 포장, 운반, 수송, 자료입력
   - Impacts의 예 : 수질, 대기오염, 소음 및 진동 발생, 토양오염, 천연자원의 소모, 폐기물 발생 등

3. 정의를 볼 때 Impacts를 변화(Change)로 보고 있으며, 그 원인을 조직의 활동, 제품, 혹은 서비스로 규정하고 있음.

3.8 환경경영시스템(Environmental Management System)

part an organization's(3.16) management system used to develop and implement its environmental policy(3.11) and manage its environmental aspects(3.6)

환경 방침을 개발하여 실행하고 환경측면을 관리하는 데 활용되는 조직의 경영시스템의 일부

비고 1 경영시스템은 방침과 목표를 설정하고, 그 목표를 달성하는 데 활용하기 위한 상호 관련되는 요소의 집합이다.

비고 2 경영시스템에는 조직구조, 기획활동, 책임, 관행, 절차, 프로세스 및 자원 등을 포함한다

해 설 ☞

1. '환경경영시스템' 관련 용어

(1) 환경 : 3.5 참조

(2) 경영(Management/ISO 9000/3.2.6) : 조직을 지휘하고 관리하는 조정활동

- 영어에서 '매니지먼트(Management)'라는 용어가 때때로 사람, 즉 조직의 운영 및 관리에 권한 및 책임을 갖는 사람 또는 그룹을 언급하는 경우가 있다. '경영'이 이러한 의미로 사용될 때는 위에서 정의된 '경영' 개념과의 혼동을 피하기 위해 어떤 형태의 수식어를 항상 사용하여야 한다. 보기를 들면 "경영자는 ○○○하여야 한다"는 안 되고 "최고경영자는 ○○○하여야 한다"가 옳은 표현이다.

(3) 시스템(System/ISO 9000/3.2.1) : 상호관련되거나 상호작용하는 요소의 집합

- 하나의 전체(복합체)를 구성하는 서로 관련이 있는 구성요소들의 모임이며, 여러 개의 Sub System으로 구성되어 있다.

(4) 경영시스템(Management System/ISO 9000/3.2.2) : 방침 및 목표를 수립하고 그 목표를 달성하기 위한 시스템

2. 보편적인 시스템의 특성(이순룡 저 『제품 및 서비스 생산관리론』)

(1) 집합성 : 시스템은 두 개 이상의 식별 가능한 단위체로 구성된다.

(2) 관련성 : 시스템을 구성하는 단위체간에는 서로 관련있거나 상호작용한다.

(3) 목적추구성 : 시스템에는 보통 목적이 있다(정량적, 정성적).

(4) 환경적응성 : 실질적인 시스템은 외부환경의 변화에 적응해야 한다.

3. 시스템적 접근(System Approach) 사고의 효과(이순룡 저 『제품 및 서비스 생산관리론』)

(1) 주어진 문제를 전체적인 입장에서 명백히 밝힐 수 있다.

(2) 구성요소간의 상호관련성 내지 상호작용을 이해할 수 있다.

(3) 관련되는 요인의 원인과 결과(또는 목적과 수단)를 밝힐 수 있다.

(4) 문제가 되는 변수와 제약요소와의 상호관계를 밝힐 수 있다.

(5) 시스템 전체의 성과(유효성)를 높일 수 있다.

(6) 환경변화에 적응할 수 있다.

4. 조직에서의 환경경영시스템

(1) 환경매뉴얼과 절차서(Procedure), 지침서(Work Instruction) 등의 표준문서로

대변될 수 있다.

(2) "귀사의 환경경영시스템은 무엇입니까?"라는 질문을 받으면 추상적인 답변보다는 "우리의 환경매뉴얼과 관련 절차서입니다"라는 답변이 좋다.

(3) ISO/TC 207에서 상기 정의 외에 방침, 계획, 검토 등을 추가하였다(오슬로 회의, 1995)

(4) 다른 경영시스템의 요구사항을 고려하여 최대한 통합, 슬림화하는 것이 좋다.

3.9 환경목표(Environmental Objectives)

overall environmental goal, consistent with the environmental policy(3.11), that an organization(3.16) sets itself to achieve

환경방침과 일관성이 있고 조직이 달성하기 이하여 스스로 설정한 전반적인 환경목적

3.10 환경성과(Environmental Performance)

measurable results of an organization(3.16) management of its environmental aspects(3.6)

환경측면에 대한 측정 가능한 조직경영의 결과

비 고 환경경영시스템 관점에서 결과란 조직의 환경방침, 환경목표, 환경 세부목표 및 그 밖의 환경성과 요구사항에 대하여 측정한 것이 될 수 있다.

3.11 환경방침(Environmental Policy)

overall intentions and direction of an organization related to its environmental performance as formally expressed by top management

최고경영자에 의해 공식적으로 제시된 환경성과와 관련된 조직의 전반적인 의도 및 방향

비 고 환경방침은 환경목표 및 환경 세부목표의 설정 및 실행을 위한 틀을 제공한다.

3.12 환경 세부목표(Environmental Target)

detailed performance requirement, applicable to the organization(3.16) or parts thereof, that aries from the environmental objectives(3.9) and that needs to be set and met in order to achieve those objectives

환경목표를 달성하기 위해 설정되고, 충족할 필요가 있는 환경목표에 따라 조직의 전체 또는 일부에 적용되는 세부적인 환경성과 요구사항

해 설 ☞

1. 방침(Policy), 목표(Objectives), 세부목표(Target) 및 추진프로그램(Programme)의 구조

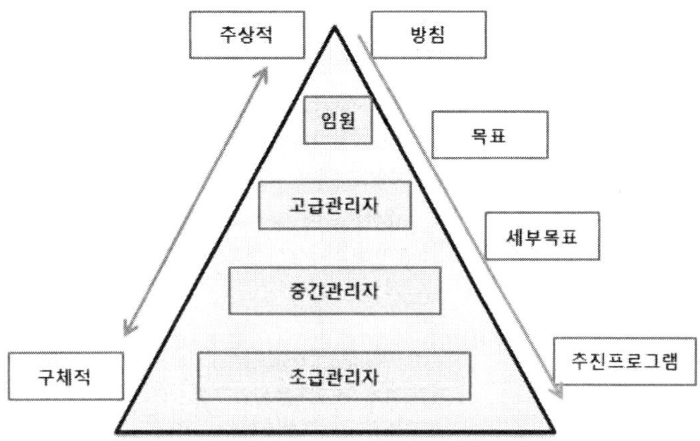

[그림 2-5] 방침과 목표의 구조

2. 환경방침과 환경목표의 예

- 환경방침 : 자연자원 보존
- 환경목표 : 제조과정이나 업무현장에서 소비되는 용수 및 에너지의 절감
- 세부목표 : 201X년 이내 에너지 10% 절감 달성
- 프로그램 : 위의 달성을 위해 누가, 무엇을, 언제, 어떻게 할 것인가를 최종 세부항목별로 구체적으로 나타내주는 것(과제명, 담당자, 예산, 완료예정일)
- 나라에는 '국정지표'가 있으며, 이에는 철학이 담겨져 있어야 한다.

3. 환경성과 수행목적과 표시방법

(1) 환경성과평가의 목적은 환경성과를 측정하고 분석하여 지속적인 개선 및 교정의 기초로 삼기 위함이며, 또한 환경방침과 목표의 달성정도를 파악하여 필요시 이를 제시하고 내외부 이해관계자들과 의사소통(커뮤니케이션)하기 위함이다.

(2) 환경성과는 조직의 환경요인과 관련되는 것이며, 가급적 비용적으로 표현하는 것이 좋으며, 그래프 등을 사용하여 눈으로 보는 관리(Visual Management)가 이루어지도록 하는 것이 좋다.

(3) 환경성과평가 관련 규격은 ISO 14031 : 1999 Environmental Management - Environmental Performance Evaluation - Guidelines가 있으며, GRI(Global Reporting Initiative) www.globalreporting.org 등을 참고하는 것이 좋다.

[그림 2-6] 환경성과지표의 구조

3.13 이해관계자 (Interested Party)
persons or group concerned with or affected by the environmental performance of an organization(3.16) 조직의 환경성과에 의해 영향을 받거나 그 성과와 관련된 인원 또는 단체

해 설 ☞

1. 조직의 성과 또는 성공에 관심을 갖는 개인 또는 집단
 - 고객, 소유주, 종업원, 공급자, 은행, 노동조합, 파트너 또는 사회
 - 집단은 조직, 조직의 일부 또는 하나 이상의 조직이 될 수 있다.

2. 전통적 이해관계자 + 새로운 이해관계자 + 잠재적 이해관계자(미래세대, 전세계 인류 등)를 고려

3. 특히 환경경영시스템에서는 조직이 위치한 지역의 인근 주민/기업, 비정부단체, 학계, 매스컴, 공공단체 등과는 민원제기 등과 관련하여 긴밀한 관계를 유지해야 할 것이다.

4. 이해관계자에게는 윤리적 경영, 사회 봉사/환원 활동 등이 중요한 경우도 있다.

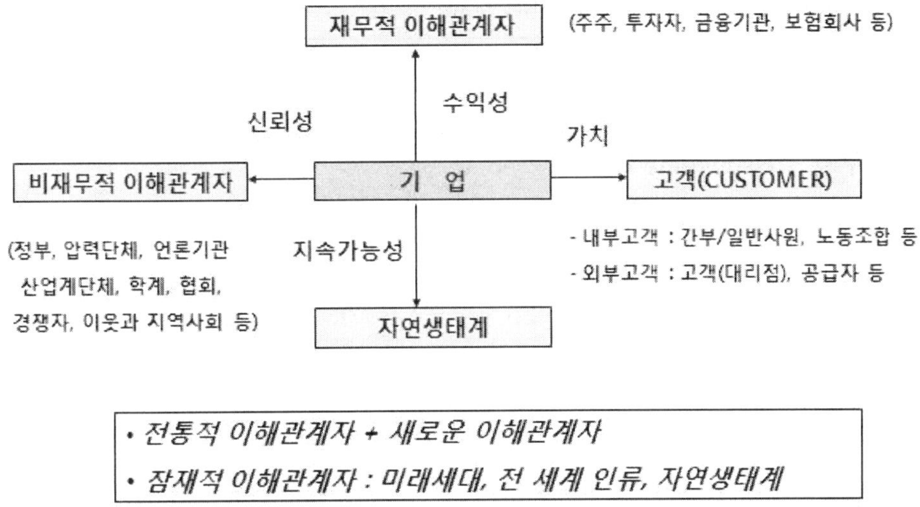

[그림 2-7] 이해관계자와의 의사소통

> 3.14 내부심사(Internal Audit)
>
> systematic, independent and documented process for obtaining audit evidence and evaluating it objectively to determine the extent to which the environmental management system audit criteria set by the organization(3.16) are fulfilled
>
> 조직이 설정한 환경경영시스템 심사기준에 충족되는 정도를 결정하기 위하여 심사증거를 수집하고, 객관적으로 평가하기 위한 체계적이고 독립적이며 문서화된 프로세스
>
> **비 고** 많은 경우, 특히 소규모 조직에서 심사 대상업무에 대하여 책임이 없다는 것으로 독립성이 실증될 수 있다.

해 설 ☞

1. 조직적이고 문서화된 검증과정의 하나(규격서 4.5.4항 및 ISO 19011 참조)

2. 조직의 EMS가 조직에 의하여 설정된 EMS 기준에 부합되는지의 여부를 결정하기 위하여, 그 증거를 객관적으로 평가하는 것

3. 내부심사가 형식적으로 실행된다면 시스템을 구축, 인증을 획득한 타당성이나 효과성이 유명무실해질 우려가 있다.

3.15 부적합(Nonconformity)

non-fulfillment of a requirement
요구사항의 불충족(반대의 경우는 적합, conformity 라 한다)
"불일치"라는 용어도 사용한다.(ISO 9000/3.6.2)

해 설 ☞

1. 요구사항(Requirements)이란?

(1) 명시적인 요구 또는 기대, 일반적으로 묵시적이거나 의무적인 요구 또는 기대

비고 1 '일반적으로 묵시적인'은 조직, 조직의 고객 및 기타 이해관계자의 요구 또는 기대가 묵시적으로 고려되는 관습 또는 일상적인 관행을 의미한다.

비고 2 요구사항의 특정 형태를 나타내는 수식어가 사용될 수 있다(보기 : 제품 요구사항, 품질경영 요구사항, 고객 요구사항).

비고 3 규정된 요구사항은 보기를 들면, 문서(3.7.2)에 명시된 것을 말한다.

비고 4 요구사항은 다른 이해관계자에 의해 만들어질 수 있다.

(2) 요구사항에는 ISO 14001 요구사항, 환경관련 법규의 요구사항, 조직 자체의 환경경영시스템 요구사항 등이 있다.

2. 결함(Defects)이란?(ISO 9000/3.6.3)

(1) 의도되거나 규정된 용도/사용에 관련된 요구사항의 불충족을 의미한다.

(2) 결함과 부적합에 대한 용어의 구분이 중요하다. 왜냐하면 이들 용어가 법적인 사항이 내포되어 있으며, 특히 제조물 책임 문제와 관련되기 때문이다. 따라서 결함이라는 용어는 사용할 때 최대한의 주의를 기울여야 한다.

(3) 관련용어

1) 규격(Standards) : 생산하거나 사용하는 데 편리하도록 주로 공업생산품에 대해서 정한 기술적 표준(예, KS, JIS, CE 등)

2) 시방서(Specification) : 설계, 제조, 시공 등 도면으로 나타낼 수 없는 사항을 문서로 적어서 규정한 것(사양서라고도 한다)

3.16 조직(organization)

company, corporation, firm, enterprise, authority or institution, or part or combination therof, whether incorporated or not, public or private, that has its own function and administration.

법인이든 비법인이든, 공공기관이든 민간기관이든 자체적인 기능과 행정을 갖춘 회사, 법인, 업체, 기업, 정부당국 또는 협회, 또는 이러한 집단의 일부분이나 연합체

비 고 1개 이상의 운영단위로 이루어진 조직에 대해서는 단일 운영단위가 1개의 조직으로 규정될 수 있다.

해 설 ☞

1. 조 직

(1) 인원간의 책임, 권한 및 상호관계의 체계(이를 조직구조, Organizational Structure라 한다)를 갖춘 인원 및 시설의 집단을 의미한다(ISO 9000/3.3.1 & 3.3.2)(보기 : 회사, 법인, 업체, 기업, 학회, 자선단체, 개인사업자, 협회 또는 이들의 일부 또는 조합).

비고 1 체계는 일반적으로 질서(Rules)가 있다.

비고 2 조직은 공적(Public) 또는 사적(Private)일 수 있다.

(2) 조직구조의 공식적인 표현은 흔히 품질/환경매뉴얼 또는 프로젝트를 위한 품질/환경계획서에 제시된다.

(3) 조직구조의 범위는 관련되는 외부조직자의 관련 연계성을 포함할 수 있다.

2. 조직은 업종의 특성, 상시근로자 수, 자산규모, 매출액 등에 따라 대기업, 중소기업 등으로 나누며(중소기업기본법), 업종에 따라 제조업, 건설업, 서비스업 등으로 나눈다.

3. 한국표준산업분류는 1963년 제정된 이래 수차례의 개정을 통해 보완, 발전되어 왔으며, 통계청 고시로 공고된다. 통계청 고시 2007-53호(2007.12.28)로 제9차 개정되어 2008년 2월 1일부터 적용 중에 있다.

통계청 홈페이지(www.nso.go.kr)의 통계표준분류 등에서 참고 가능하다.

3.17 예방조치(Prevention Action)

action to eliminate the cause of a potential nonconformity(3.15)
잠재적인 부적합의 원인을 제거하기 위한 조치

비고 1 잠재적인 부적합에는 하나 이상의 원인이 있을 수 있다.

비고 2 예방조치는 발생을 방지하기 위하여 취해지는 반면, 시정조치는 재발을 방지하기 위해 취해진다.

해 설 ☞

1. 시정조치(Corrective Action)는 사후(事後)적인 관점이며, 예방조치는 사전(事前)적인 관점이다.

예를 들면, COD의 규제치가 100ppm 이하인 경우 100ppm을 초과했다면 부적합이며 시정조치의 대상이나, 90ppm 이상이 되어 규제치에 가까워진다면 예방조치가 필요한 시점이라고 할 수 있다.

2. 조직이 어떤 시스템을 구축, 실행, 정착시키는 과정에서 초기에는 시정조치가 많을 수 있으나(시정조치>예방조치), 점차 예방조치가 많은 경우(시정조치<예방조치)가 바람직하다.

- 환경경영시스템을 유지하는 많은 조직의 경우 의외로 예방조치 실행결과를 찾아보기 힘든 경우가 많다.

3. 시정조치의 비용(Cost)보다는 예방조치의 비용이 적게 들 것이다.

3.18 오염 예방(Prevention Of Pollution)

use of processes, practices, techniques, materials, products, services or energy to avoid, reduce or control(separately or in combination) the creation, emission or discharge of any type of pollutant or waste, in order to reduce adverse environmental impacts(3.7)

오염을 막고 감소시키며 통제하는 공정, 관행, 자체 또는 제품의 사용, 여기에는 재생, 처리, 공정변경, 시스템, 자원의 효율적 사용 및 자재 대체 등의 활동이 포함될 수 있다.

비 고 오염예방에는 발생원의 감소 또는 제거, 프로세스, 제품 또는 서비스의 변경, 자원의 효율적인 활용, 재료 및 에너지의 대체, 재사용, 회수, 재활용, 재생이용 및 처리가 포함될 수 있다.

해 설 ☞

1. 오염(汚染)

(1) 성질, 위치 및 양을 어느 누구도 바라지 않는 환경으로 변화시키는 물질 또는 에너지의 존재를 말한다. 즉 대기·수질·토양에 유해하거나 불유쾌한 물질이 존재함으로써 야기되는 상태, 접촉에 의하여 망가지는 것을 뜻한다.

(2) 오염을 피하거나 저감, 통제하는 것으로서 재생, 처리, 공정변경, 관리기구, 자원의 효율적 운영 등을 의미한다.

(3) 오염을 예방, 방지함으로써 환경에 미치는 악영향을 감소하고, 효율성을 향상하며, 비용을 절감할 수 있다.

3.19 절차(Procedure)

specified way to carry out an activity or a process

활동 또는 프로세스를 수행하기 위하여 규정된 방식

비고 1 절차는 문서화될 수도 있고, 문서화되지 않을 수도 있다.

비고 2 ISO 9000/3.4.5의 용어를 참고한다.

해 설 ☞

1. 3.4항(문서) 참조
2. 모든 업무절차를 문서화(documentation)할 필요는 없다
3. 조직의 규모(size), 사업의 특성(business scope), 구성원(human)의 수준 등을 고려한다.
4. (ISO 9000/3.4.5/비고 2)

절차가 문서화되면 '작성된 절차' 또는 '문서화된 절차'라는 용어가 흔히 사용된다. 절차를 포함하고 있는 문서는 '절차서'로 부를 수 있다.

3.20 기록(Record)

document(3.4) stating results achieved or providing evidence of activities performed

달성된 결과를 명시하거나 수행한 활동의 증거를 제공하는 문서

NOTE ISO 9000/3.7.6 용어를 참조한다.

해 설 ☞

1. 기록(Record), ISO 9000/3.7.6

(1) 달성된 결과를 명시하거나 수행한 활동의 증거를 제공하는 문서

비고 1 기록은, 예를 들면 추적성을 문서화하고 검증, 예방조치 및 시정조치에 대한 증거를 제공하는 데 사용될 수 있다.

비고 2 일반적으로 기록은 개정 관리할 필요가 없다.

(2) 기록은 법적으로 강제적으로 요구하는 기록과 조직 자체에서 정한 기록이 있다.

2. 검증(Verification), ISO 9000/3.8.4

규정된 요구사항이 충족되었음을 객관적 증거의 제시를 통하여 확인하는 것

비고 1 '검증된'이라는 용어는 부합상태를 나타내는 데 사용된다.

비고 2 확인은 다음과 같은 활동을 포함할 수 있다.

- 다른 계산방법의 수행
- 새로운 설계시방서를 입증된 유사한 설계 시방서와 비교
- 시험과 실증의 실시
- 배포 전 문서의 검토(발행도 검토)

3. 객관적 증거(Objective Evidence), ISO 9000/3.8.1

사물의 존재 또는 사실을 입증하는 데이터를 말한다.

객관적 증거는 관찰(Observation), 측정(Measurement), 시험(Test) 또는 기타 수단을 통하여 얻을 수 있다.

4. 환경경영시스템 요건(요구사항)

4.1 General Requirements

The organization shall establish, document, implement, maintain and continually improve an environmental management system in accordance with the requirements of this International Standard and determine how it will fulfil these requirements.

"The organization shall define and document the scope its environmental management system"

4.1 일반 요구사항

조직은 이 규격의 요구사항에 따라 환경경영시스템을 수립, 문서(화), 실행, 유지 및 지속적으로 개선하여야 하며, 어떻게 이 요구사항을 충족시킬 것인지 결정하여야 한다.

조직은 조직의 환경경영시스템의 적용범위를 정하고 문서화하여야 한다.

KS I ISO 14001 : 2009 부속서 A

이 부속서는 요구사항에 대한 추가정보를 제공하고, 이 규격의 4항에 수록된 요구사항의 잘못된 해석을 피하기 위해 작성되었다. 이 정보는 제4항의 요구사항과 일관성이 있지만, 제4항의 요구사항에 대해 추가, 삭제 또는 어떠한 형태로의 변경을 의도하려는 것은 아니다.

이 규격에서 규정된 환경경영시스템의 실행은 환경성과의 개선을 의도한다. 따라서 이 규격은 개선기회를 파악하고 실행하기 위해 조직이 주기적으로 조직의 환경경영시스템을 검토하고 평가한다는 전제에 기초를 두고 있다. 지속적인 개선 프로세스의 속도, 정도 및 일정은 경제적 및 기타 여건을 고려하여 조직에 의해 결정된다.

환경경영시스템의 개선은 환경성과가 앞으로 더욱 개선되는 것을 의도한다.

이 규격은 조직에게 다음 사항을 요구한다.

a) 적절한 환경방침 수립
b) 환경영향의 중대성을 결정하기 위하여 조직의 과거, 현재 또는 계획된 활동, 제품 및 서비스에 기인하는 환경측면 파악
c) 적용되는 법규 요구사항 및 조직이 동의한 그 밖의 요구사항 파악
d) 우선순위의 식별과 적절한 환경목표 및 세부목표의 설정
e) 방침을 실행하고 목표를 달성하며 세부목표를 충족시키기 위한 조직구조 및 추진계획의 수립

f) 방침이 준수되고 환경경영시스템이 적절한 상태에 있음을 보장하기 위한 기획, 관리, 모니터링, 시정조치 및 예방조치, 심사 및 검토활동의 촉진
g) 변화하는 주변여건에 적응할 수 있음

환경경영시스템이 없는 조직은 먼저, 환경과 관련된 조직의 현 위치를 검토라는 수단을 통해 확인하여야 한다. 이 검토의 목적은 환경경영시스템 수립의 기초로서 조직의 모든 환경측면을 고려한 것이 되어야 한다.

검토는 다음의 네 가지 핵심분야를 다루어야 할 것이다.
- 정상, 비정상(가동개시 및 가동중단을 포함), 비상사태 및 사고와 관련한 환경측면의 파악
- 적용되는 법규 요구사항 및 조직이 동의한 그 밖의 요구사항의 파악
- 구매 및 계약을 포함하여 현행 환경경영의 관행 및 절차 조사
- 이전의 비상상황 및 사고에 대한 평가

검토 수행을 위한 도구 및 방법은 조직의 활동 성격에 따라 체크리스트, 인터뷰, 직접적인 검사 및 측정, 이전 심사의 결과 또는 다른 검토가 포함될 수 있다.

조직은 그의 전체 조직에 대해 또는 특정 운영단위에 대해 이 규격을 실행할 것을 선택할 수 있으며, 적용범위를 규정하는 데 자유와 융통성을 갖는다. 조직은 조직의 환경경영시스템의 적용범위를 정하고 문서화하여야 한다. 적용범위 설정은 특히 조직이 지정된 위치에 있는 큰 조직의 일부분인 경우, 환경경영시스템을 적용할 조직의 경계를 명확하게 하는 것을 목적으로 한다.

적용범위가 정해지면, 적용범위 내에 있는 조직의 모든 활동, 제품 및 서비스가 환경경영시스템에 포함될 필요가 있다. 적용범위를 설정함에 있어, 환경경영시스템의 신뢰성은 조직의 경계 선택에 따라 달라질 수 있다는 것을 유의하여야 한다.

조직의 일부가 환경경영시스템의 적용범위에서 제외될 때에, 조직은 그 제외에 대해 설명할 수 있어야 할 것이다. 만일 이 규격이 특정한 운영단위에서 실행될 경우에는 조직의 다른 부문에 의해 개발된 방침 및 절차가 이 규격의 요구사항을 충족시키는 데 사용될 수 있다. 단 그 방침 및 절차는 그 특정 운영단위에 적절하여야 한다.

해 설 ☞

1. 조직(Organization)

(1) 용어 3.16을 참고한다.

(2) 이익을 추구하는 일반기업이나 공적인 업무를 수행하는 공공기관 등에서도 적용 가능하다.

2. 적용규격은 ISO 14001 : 2004 환경경영시스템- 요구사항 및 사용지침을 의미하며, ISO 14004 : 2004 환경경영시스템 - 성과개선 지침은 단지 참고용이다.

3. 수립(Establish) → 문서화(Document) → 실행(Implement) → 유지(Maintain) → 지속적 개선(Continually Improvement)은 환경경영시스템(EMS)의 동적 순환 사이클(계획, 실행, 점검 및 검토)이라 할 수 있다.

(1) 문서화는 매뉴얼, 절차서, 지침서 등을 통해 달성한다(Level 1, 2, 3···)
환경경영시스템의 세부사항, 복잡성, 문서화의 범위, 충당되는 자원들은 조직의 규모와 조직활동의 성격에 따라 결정된다(기타의 경영시스템과의 융합을 고려하는 것이 필요하다).

(2) 주기적으로 조직의 EMS를 검토하고 평가하여 개선방안을 확인, 실행해야 한다.

(3) 환경경영시스템의 실행으로 환경성과가 개선되도록 하는 것이 목적이다.

(4) 지속적인 개선의 정도는 경제적인 측면과 다른 여건들을 검토하여 조직이 결정한다.

4. 적용범위(Scope)

(1) 해당조직이 환경경영시스템 운영의 영역을 설정할 자유와 융통성을 갖는다.

(2) 일반기업의 기능은 설계 및 개발, 제조(생산), 판매, 부가서비스 등이 있을 수 있다.

5. 환경경영시스템 모델과 요구사항의 관계

PDCA는 환경경영시스템에 대한 최고경영자의 리더십과 의지를 바탕으로 환경방침(4.2)를 수립하고 실행 및 유지할 수 있도록 개선하여 반복되는 프로세스이다. 조직이 환경에 관련된 현재의 위치를 평가한 이후에 진행되는 단계는 다음과 같다.

(표 2-4) 환경경영시스템 단계별 요구사항의 구조

단계(Step)	ISO 14001 요구사항	요구사항
계획 (Plan)	4.3.1 4.3.2 4.3.3 4.6	환경측면 및 환경영향의 파악 적용되는 법규 및 조직이 동의한 그 밖의 요구사항을 파악 및 모니터링하고 적절할 경우 내부성과 기준 설정 환경목표 및 세부목표의 설정 및 세부목표를 달성하기 위한 추진계획의 수립 성과지표의 개발 및 활용
실시 (Do)	4.4.1 4.4.2 4.4.3 4.4.4 4.4.5 4.4.6 4.4.7	경영조직을 구축하고 적절한 권한과 함께 역할 및 책임을 부여 적절한 자원의 제공 인원을 교육훈련하고 인식 및 적격성을 보장 내부 및 외부 의사소통 프로세스의 수립 문서화의 수립 및 유지 문서관리의 수립 및 실행 운영관리의 수립 및 유지 비상사태 대비 및 대응 보장
점검 (Check)	4.5.1 4.5.2 4.5.3 4.5.4 4.5.5	모니터링 및 측정의 지속적인 수행 법규준수 평가 부적합 파악과 시정조치 및 예방조치의 실시 기록의 관리 주기적인 내부심사의 실시
조치 (Act)	4.6	적절한 주기로 환경경영시스템에 대한 경영검토의 수행 개선을 위한 분야 파악

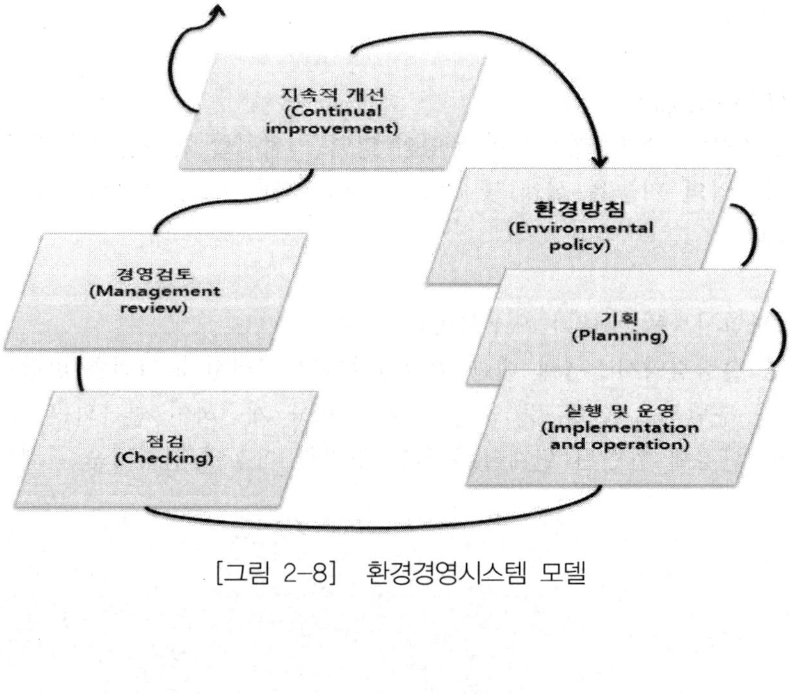

[그림 2-8] 환경경영시스템 모델

심사 초점

① 문서화된 환경경영시스템 적용범위 설정 여부는?

4.2 Environmental Policy

Top management shall define the organization's environmental policy and ensure that, within the defined scope of its environmental management system, it :

a) is appropriate to the nature, scale and environmental impacts of its activities, products and services ,
b) includes a commitment to continual improvement and prevention of pollution ,
c) includes a commitment to comply with applicable legal requirements and with other requirements to which the organization subscribes which relates to its environmental aspects.
d) provides the framework for setting and reviewing environmental objectives and targets ;
e) is documented, implemented and maintained,
f) is communicated to all persons working for or on behalf of the organization, and
g) is available to the public.

4.2 환경방침

최고경영자는 다음 요건을 만족하는 환경방침을 설정하여야 한다.

a) 조직의 활동, 제품 및 서비스의 특성, 규모, 환경영향에 적합할 것
b) 지속적인 개선과 오염예방에 대한 의지를 포함할 것
c) 조직의 환경측면과 관련하여 적용되는 법규 요구사항 및 조직이 동의한 그 밖의 요구사항을 준수하겠다는 의지를 포함할 것
d) 환경목표 및 세부목표를 설정하고 검토하기 위한 틀을 제공할 것
e) 문서화되어 실행되고 유지될 것
f) 조직에 근무하거나 조직을 대신하여 업무를 수행하는 모든 인원에게 의사소통할 것
g) 일반대중이 접할 수 있을 것

KS I ISO 14001 : 2009 부속서 A

환경방침은 조직의 환경성과 유지 및 잠재적 개선을 위한 환경경영시스템의 실행 및 개선을 유도하는 수단이다. 따라서 환경방침은 적용되는 법규 요구사항 및 그 밖의 요구사항, 오염예방 그리고 지속적인 개선을 위한 최고 경영자의 의지를

반영하여야 한다. 환경방침은 조직의 환경목표와 세부목표 설정시 그 근거를 제공한다.

환경방침은 조직 내부 및 외부의 이해관계자들이 이해할 수 있을 정도로 충분히 명확하여야 하며, 주기적으로 검토되고, 변화하는 여건과 정보를 반영하여 개정되어야 한다. 환경방침의 적용분야(예 : 적용범위)는 명확하게 식별될 수 있고, 환경경영시스템에서 정한 범위 안에 있는 활동, 제품 및 서비스의 고유한 본질, 규모 및 환경영향을 반영하여야 한다.

방침은 조직의 사업장에서 근무하는 모든 계약자를 포함하여 조직에서 근무하거나 조직을 대신해 업무를 수행하는 모든 인원과 의사소통되어야 한다. 계약자와의 의사소통은 방침문과는 별도의 형태, 예를 들면 규칙, 지시사항(Directive), 또는 절차의 형태를 취할 수도 있으며, 따라서 방침의 특정한 부분만을 포함할 수도 있다. 조직이 더 큰 조직의 한 구성 부분인 경우 하위조직의 최고경영자는 상위조직 환경방침의 관련 내용 안에서, 그리고 상위조직의 승인하에 환경방침을 정하고 문서화하여야 할 것이다.

비 고 일반적으로 최고경영자는 가장 높은 계층에서 조직을 지휘하고 관리하는 개인 또는 그룹으로 구성된다.

해 설 ☞

1. 최고경영자(Top Management)

(1) ISO 9000 : 2000/3.2.7에서는 "최고 계층에서 조직을 지휘하고 관리하는 사람 또는 그룹"으로 정의되어 있다.

(2) 대표이사, 사장만을 지칭하는 것이 아니고, 사업장의 공장장, 본부장 등의 경우에도 조직의 실행책임을 맡고 있으면 최고경영자에 해당될 수 있음을 의미한다.

2. 방침(Policy)의 위상

(1) 방침의 기능은 환경경영시스템의 실행 및 개선을 통한 환경성과 유지 및 잠재적 개선을 유도하는 수단으로, 조직의 환경목표와 세부목표 설정시 근거를 제공한다.

(2) 적용되는 법률의 준수와 지속적인 개선을 위한 최고경영자의 의지를 포함해야 한다.

(3) 조직 내·외부의 이해 관계자들이 이해할 수 있을 정도로 충분히 명확하게

제시해야 한다.

(4) 정기적으로 검토되고 변화하는 여건과 정보를 반영하여 개정해야 한다.

(5) 환경방침의 적용분야를 명확하게 규정해야 한다.

3. 환경방침의 제정방법

(1) 조직의 최고 경영자가 조직의 비전이나 이념, 철학, 시장환경 등을 고려하여 제정할 수 있다.

(2) 고급간부회의, ○○위원회, 환경경영추진 TFT 등 그룹의 형태에서 제정할 수도 있다.

(3) 실행책임이 없는 사람에 의해 승인된 환경방침은 유효하다 할 수 없다.

4. 환경방침 제정시 요구사항 해설

(1) ISO 9000/3.4.2 에서는 제품(product)이란 '프로세스의 결과'로서 ① 서비스(예, 운송), ② 소프트웨어(예, 컴퓨터 프로그램), ③ 하드웨어(예, 엔진 기계부품), ④ 가공물질(예, 윤활유)로 구분한다.

(2) 활동에는 사무행정, 제조(생산), 검사 및 시험, 물류관리 등이 있으며, 건설업의 경우에는 일반/전문업종별(예, 토건, 토목, 건축…/기계설비, 조경식재…등), 서비스에는 공공행정서비스, 의료서비스, 교육행정서비스 등이 있다.

(3) 규모(Scale)란 대기업, 중소기업 등을 고려한다.

(4) 환경영향이란 요구사항 4.3.1을 고려한다.
조직의 활동, 제품이나 서비스를 통해 수생태계의 오염, 대기오염, 폐기물의 발생 등이 서로 다르게 나타날 수 있고, 조직의 지리적 위치도 다를 수 있으므로 환경방침에서는 이를 고려해야 한다는 의미이다.

(5) 지속적인 개선과 오염방지에 대한 의지를 포함하기 위해서는 환경방침에 조직이 지속적 개선 및 오염방지에 대한 의지를 명백하게 표명하되, '지속적 개선' 및 '오염방지'라는 용어가 환경방침에 꼭 포함되어야 하는 것은 아니다.

(6) 조직이 최소한의 요건으로서 현재 및 향후 조직 활동에 관련된 모든 환경법률 및 규제, 그리고 조직이 설정하는 다른 요건을 준수하겠다는 것을 표명하는 것으로서 본 요구사항 4.3.2를 참고한다.

(7) 환경방침에 기술된 지속적 개선 및 오염방지에 대한 의지를 달성하기 위한 수단의 제공, 환경목표, 세부목표 및 환경경영추진계획의 실행수단을 갖추라는 의미이며, 환경방침 내용에 그 틀을 꼭 표현해야하는 것은 아니다.

- 천연자원의 보존(방침), 폐기물원단위 감축 전년대비 10% 저감(목표) 등은 방침에 따른 목표의 전개로서 바람직한 형태의 예가 될 수 있을 것이다.

(8) 문서화되고 실행되기 위해서는 방침, 목표에 따른 세부목표 및 추진 프로그램 등이 제시되어야 할 것이다.

- 특히 지원기능을 담당하는 부서에서는 실행상태가 미흡한 경우가 있다.

(9) 모든 종업원의 개념에는 사내에 외주공정(Outsourcing Process)을 적용하는 경우나 원부자재를 공급하는 공급자(Supplier) 등도 포함하는 개념으로 이해하여야 할 것이다.

- 의사소통의 방법으로는 방침을 게시하는 방법, 조회, 회의나 교육훈련, 사내 간행물에 게재, 워크샵이나 세미나 등을 통해 실행, 기록 유지가 가능할 것이다.
- '의사소통'은 본 요구사항 4.4.3을 참고한다.

(10) 일반대중이 열람 가능할 것의 의미는 이해관계자가 요청할 경우 환경방침을 알릴 수 있는 절차가 있어야 한다는 뜻으로 이는 환경방침을 대외적으로 반드시 공시하라는 의미가 아니며, 관심이 있는 이해관계자가 요청할 경우 환경방침을 제공할 수 있는 정도를 의미한다.

5. 환경방침 제정시 고려사항(KS I ISO 14004 : 2009/4.2 참조)

(1) 조직의 사명, 비전, 핵심가치 및 신념
(2) 조직의 다른 방침과의 조화(예를 들면 품질방침, 안전보건방침 등)
(3) 이해관계자의 요구사항 및 그들과의 의사소통
(4) 지침 원칙
(5) 특정 지역 및 지방의 조건
(6) 오염예방 및 지속적 개선에 대한 의지
(7) 법규 요구사항 및 조직이 동의한 그 밖의 요구사항에 대한 준수의지

6. 환경방침 제정에 대한 실용적 조언(KS I ISO 14004 : 2009/4.2 참조)

환경방침은 조직의 환경경영시스템 적용범위 안에 있는 모든 활동, 제품 및 서비스가 환경에 영향을 주는 원인이 될 수 있다는 것을 인정해야 할 것이다.

따라서 방침에 언급된 이슈는 조직에 따라 다르나, 특히 다음에 대한 의지를 명시해야 할 것이다.

(1) 적용되는 법규 요구사항 및 조직이 동의한 그 밖의 요구사항에 대한 준수 또는 상회

(2) 오염예방
(3) 환경성과 평가절차 및 관련 자료의 개발을 통한 지속적 개선의 달성
(4) 통합된 환경경영절차 및 기획을 통하여 새로운 개발을 통한 지속적 개선의 달성
(5) 환경측면을 고려한 설계
(6) 환경경영 분야에서 리더십의 사례를 설정

7. 예를 들어, 환경방침은 다음사항에 대한 실행을 선언할 수 있다

- 운영상의 모든 영역에서 환경규정의 준수
- 자원(광물, 연료 및 에너지)의 소비를 줄이고, 가능한 경우 재생, 재활용을 촉진함
- 오염물질 배출량을 감축하고 궁극적으로는 완전히 제거함
- 생산, 사용, 폐기에 있어 환경영향을 최소화하는 방식으로 제품을 설계방식 변경
- 이해관계자와 대화
- 환경성과 개선을 촉진할 수 있는 연구, 개발 강화
- 최고 경영자에 의해 공표되어 사내 모든 부문에서 이해되고, 시행되고 유지되어야 하며, 환경성과의 계속적인 향상에 대한 의지 및 환경목표를 설정토록 해야 한다.

● 환경방침 사례

1. A주식회사

A주식회사는 산업용 테이프를 개발, 생산 및 판매하는 조직으로서 '이해관계자 만족'이라는 기치 아래 ISO 14001 : 2004 환경경영시스템 규격 요구사항을 만족하는 환경경영시스템을 구축하고, 지속적인 발전과 사회적인 책임을 완수하기 위하여 청정생산체제의 중요성과 그 가치를 인식하여 다음과 같이 환경방침을 정하여 실천의지를 천명한다.

폐기물 감량화를 통한 지속적 환경개선

(1) 주기적으로 환경성과를 모니터링 및 측정하여 지속적인 개선활동을 실시하며, 환경오염 사후활동보다는 예방활동에 중점을 둔다.
(2) 전부서는 환경방침 및 목표에 근거하여 세부적인 프로그램을 수립, 내실 있게 추진한다.
(3) 당사 사업과 관련된 법규 및 기타 요구사항을 준수하며, 이의 준수여부를 주기적으로 평가한다.
(4) 환경방침 및 환경성과를 내외부 이해관계자에게 필요시 제공하며, 환경경영활동의 투명성과 객관성을 보장한다.
(5) 모든 구성원이 환경경영시스템을 이해하고 실행할 수 있도록 지속적인 교육훈련을 실시한다.

이러한 실천의지를 이행하기 위하여 환경경영에 대한 책임과 권한을 환경경영대리인으로 환경안전부장을 임명한다.

2. 가나다(주)

가나다(주)는 1990년 회사 설립 이래 오늘날까지 ○○○을 생산, 납품하는 회사로서 지구환경보전에 기여하고자 다음과 같이 환경방침을 제정하고 환경경영시스템을 선도적으로 실행하고자 합니다.

(1) 사업장 및 주변환경 관리에 있어 환경법규 및 그 밖의 환경기준을 준수한다.
(2) 활동 및 서비스에서 발생하는 폐기물, 수질오염, 대기오염, 소음, 진동 등의 환경영향을 최소화시키기 위하여 지속적으로 관리한다.
(3) 폐기물을 분리수거하여 자원절약에 기여한다.
(4) 환경목표 및 세부목표를 수립・실행함에 있어, 전종업원이 참여하여 개선활동에 적극 동참할 수 있도록 리더십을 발휘한다.

위의 환경방침을 포함한 환경매뉴얼의 내용은 사장인 본인에 의해 승인되었으며, 환경경영시스템의 관리와 유지에 효율성・효과성을 극대화시키기 위하여 경영대리인으로 관리담당 임원을 지정한다.

3. H화학주식회사

H화학은 기업의 지속적인 발전과 사회적 책임을 완수하기 위하여 환경・안전

· 보건을 기업경영의 고유가치로 인정하고 다음과 같이 노력하고 있습니다.

(1) 제품 및 서비스를 고객의 기대와 요구에 충족시킴은 물론 안전하고 환경친화적인 제품 생산 및 서비스의 제공에 최선을 다합니다.

(2) 제품의 개발과 제조, 판매, 서비스 제공에 이르기까지 모든 단계에서 지역사회와 근로자에게 인명사고와 재산손실의 피해를 끼치지 않도록 안전과 보건을 확보합니다.

(3) 환경보전과 쾌적한 근로환경의 조성을 위하여 환경경영체제를 구축하고 운영하여 기업경영의 모든 단계에서 오염방지 및 지속적 개선활동을 실시합니다.

(4) 경영활동 전과정에서 소요되는 모든 자원과 에너지의 근원적 제어를 통하여 자원과 에너지의 효율적 이용과 절감에 노력합니다.

4. S건설

S건설은 종합건설업체로서 인간존중과 인류사회공영의 경영이념 실천을 위해 자연환경보전을 기업의 사명으로 인식하고, 회사의 모든 경영활동에 대하여 환경에 미치는 영향을 최소화하기 위한 환경영영방침을 다음과 같이 설정하고 있습니다.

(1) 환경경영 모범기업이 되기 위해 끊임없는 개선과 환경오염 방지를 위해 총력을 기울이며, 관련 법적 요구사항을 성실히 준수한다.

(2) 환경관련 제설비의 효율적 관리를 통하여 지속적인 작업개선과 오염방지를 도모한다.

(3) 사업수행 과정중 배출되는 폐수 및 폐기물의 저감 및 재활용, 유해물질의 철저한 관리를 통하여 환경영향을 감소시킨다.

(4) 환경을 고려한 제품개발 및 적용을 지속적으로 추진한다.

(5) 회사의 중요한 환경적 측면을 발굴하여 환경목표를 반영한다.

(6) 이해관계자의 요구시 환경방침을 제공한다.

5. 삼성 녹색경영 선언문

삼성은 생명외경사상을 바탕으로 사람과 자연을 존중하는 기업활동을 통하여 인류의 풍요로운 삶과 지구환경 보전에 이바지한다. 이에 환경, 안전, 보건을 기업경영의 주요소로 인식하고 국내외 모든 경영활동에 적극 반영하여 21세기를 선도하는 녹색기업이 되고자 한다. 이를 위하여 그룹녹색경영위원회를 운영하고, 범그룹적으로 녹색경영(Green Management) 운동을 전개한다.

[행동지침]

(1) 국내외 법규와 국제협약을 준수함은 물론 더욱 엄격한 회사 내부기준을 마련하여 지속적인 개선을 추구한다.

(2) 모든 생산활동 과정에서 자원과 에너지를 절약하고, 폐기물 발생을 최소화하여 지구촌의 모든 사람들이 삶의 질을 높일 수 있도록 최고의 제품과 서비스를 제공한다.

(3) 종업원의 건강과 복리후생을 증진하며, 작업환경을 개선하여 꿈의 사업장을 만든다. 그리고 종업원의 의식 전환과 적극적 참여를 유도하는 교육과 훈련을 실시한다.

(4) 소비자의 알 권리를 충족시키기 위해 정기적인 감사를 실시하여 평가, 개선 결과를 대내외에 공개하는 열린 경영을 실천한다.

(5) 협력업체와 함께 녹색경영 방침을 달성할 수 있도록 동반자적인 공동체를 유지하고 지원한다.

(6) 긴급상황에 대비한 비상조치 계획을 수립하여 지역사회에 대한 책임을 다하고, 지구환경 보전과 지역사회 발전을 위한 사업을 전개한다.

심사 초점

① 문서화된 환경방침이 있는가?

- 지속적 개선의지가 포함되어 있는가?
- 환경오염 예방의지가 포함되어 있는가?
- 법규 및 기타 요구사항 준수의지가 포함되어 있는가?

② 환경방침의 대내외 공개 자료 및 관련 기록이 있는가?

③ 환경경영시스템을 환경방침에 따라 운영하고 있는가?

4.3 기획(Planning)

4.3.1 Environmental Aspects

"The organization shall establish, implement and maintain a procedure(s)

a) to identify the environmental aspects of its activities, products and services within the defined scope of the environmental management system that it can control and those that it can influence taking into account planned or new developments or new or modified activities, products and services, and

b) to determine those aspects that have or can have significant impact(s) on the environment(i.e. significant environmental aspects)

The organization shall document this information and keep it up to date.

The organization shall ensure that the significant environmental aspects are taken into account in establishing, implementing and maintaining its environmental management system."

4.3.1 환경측면

조직은 다음에 대한 절차(서)를 수립, 실행 및 유지하여야 한다.

a) 계획된 개발이거나 신규개발, 또는 신규이거나 변경된 활동, 제품, 서비스를 고려(반영)하여 조직이 관리 가능하고 정해진 환경경영시스템의 적용범위 내에서 영향을 미칠 수 있는 조직의 활동, 제품 및 서비스의 환경측면을 파악하는 절차

b) 환경에 중대한 영향을 미치고 있거나 미칠 가능성이 있는 환경측면(즉, 중대한 환경측면)을 결정하는 절차

조직은 이러한 정보를 문서화하고 최신의 정보로 유지하여야 한다.

조직은 환경경영시스템을 수립, 실행 및 유지할 중대한 환경측면이 고려(반영)된다는 것을 보장하여야 한다.

KS I ISO 14001 : 2009 부속서 A

4.3.1항은 조직이 환경측면을 파악하고 환경경영시스템에 의해 우선적으로 다루어야 할 중대한 환경측면을 결정하기 위한 프로세스를 제공하는 것을 의도한다.

조직은 환경경영시스템의 적용범위 내에서 현재 및 관련된 과거의 활동, 제품 및 서비스, 그리고 계획된 또는 새로운 개발, 또는 새롭거나 수정된 활동, 제품 및 서비스에 대한 입력과 출력(의도되었거나 의도되지 않은 것 모두)을 감안하여 조직의 환경측면을 파악하여야 한다. 이 프로세스는 합리적으로 예견할 수 있는

비상사태뿐만 아니라 정상 운영조건, 비정상 운영조건, 가동중단 및 가동개시 조건을 고려하여야 한다.

조직은 각 제품, 부품 또는 원자재 등의 입력을 개별적으로 고려할 필요는 없다. 조직은 환경측면을 파악하기 위한 활동, 제품 및 서비스의 범주를 선정할 수 있다.

환경측면을 파악하기 위한 접근방법에는 여러 가지가 있지만 선택된 방법은 다음 사항이 고려되어야 한다.

a) 대기로의 배출
b) 수계(水系)로의 방류
c) 토양으로의 배출
d) 원자재 및 천연자원의 사용
e) 에너지 사용
f) 에너지 방출(예 : 열, 복사, 진동 등)
g) 폐기물 및 부산물
h) 물리적 특성(크기, 형태, 색깔, 외관 등)

조직이 직접 관리할 수 있는 환경측면뿐만 아니라, 조직이 사용하는 제품과 서비스에 관련되거나 조직이 제공하는 제품이나 서비스에 관련된 환경측면과 같이 조직이 영향을 미칠 수 있는 환경측면도 고려하여야 한다. 관리와 영향을 평가하는 지침이 아래에 제공된다. 하지만 어떠한 상황에서도 관리의 정도와 영향을 미치는 측면의 결정은 조직이 수행하여야 한다.

조직의 활동, 제품 및 서비스와 관련된 측면에 대한 고려사항은 아래와 같다.

- 설계 및 개발
- 제조 프로세스
- 포장 및 운송
- 계약자 및 공급자의 환경성과 및 관행
- 폐기물 관리
- 원자재 및 천연자원의 추출 및 유통
- 제품의 유통, 사용 및 폐기
- 야생생물 및 생물다양성

조직에 공급되는 제품의 환경측면에 대한 관리 및 영향은 시장상황과 공급자에 따라 매우 다양하다. 제품의 설계에 대한 책임이 있는 조직이, 예를 들어 투입물질 하나를 변경함으로써 그러한 측면에 중대하게 영향을 줄 수 있는 반면, 외부에서 결정된 제품 시방에 따라 공급할 의무가 있는 조직의 경우에는 선택할 수 있는 것이 거의 없다.

제공되는 제품과 관련하여 조직이 사용자의 제품 사용과 폐기에 대해 제한적인 관리밖에 할 수 없다는 점은 인정되지만, 실행 가능한 경우 조직은 제품의 사용자들에게 영향을 주기 위해 적절한 취급 및 처리 메커니즘에 대해 의사소통하는 것을 고려할 수 있을 것이다.

환경측면에 의해 전체 또는 부분적으로 야기되는 긍정적, 또는 부정적인 환경변화를 환경영향이라고 한다. 환경측면과 환경영향은 원인과 결과의 관계라 할 수 있다.

몇몇 지역에서는 문화적 유산이 조직이 운영되는 주변여건의 중요한 요소가 될 수 있기 때문에 환경영향을 이해하는 데 문화적 유산이 고려되어야 할 것이다.

어떤 조직이든 다수의 환경측면과 이에 관련된 환경영향을 가질 수 있기 때문에, 조직은 그러한 것이 중대한지를 평가하기 위한 기준과 방법을 수립하여야 한다. 중대한 환경측면을 평가하는 방법이 한 가지만 있는 것은 아니지만, 사용되는 방법은 일관된 결과를 제공하고 환경 문제, 법적 문제, 그리고 내부 및 외부 이해관계자의 관심사항과 관련된 사항에 대한 평가기준의 수립 및 적용을 포함하여야 할 것이다.

조직의 중대한 환경측면에 관련된 정보를 발굴할 때에, 조직은 환경경영시스템의 설계 및 실행시 정보의 활용방법뿐만 아니라 이력관리(Historical)의 목적을 위해 해당 정보의 보유 필요성도 고려하여야 할 것이다.

환경측면의 파악 및 평가 프로세스에서는 그 행위가 이루어지는 장소 분석에 소요되는 비용과 시간, 그리고 신뢰할 수 있는 데이터의 가용성을 감안하여야 할 것이다. 환경측면 파악에서는 상세한 전과정평가를 요구하지 않는다. 규제 또는 기타 목적을 위해 발굴된 정보가 이 프로세스에서 활용할 수 있다.

환경측면의 파악 및 평가 프로세스는 조직의 법적 의무를 변경 또는 강화하기 위한 것은 아니다.

해 설 ☞

1. 일반지침

기획은 조직의 환경방침 충족과 환경경영시스템 수립, 실행 및 유지를 위한 결정적인 요소이다.

조직은 다음 사항을 포함하는 기획 프로세스를 가져야 할 것이다.
(1) 환경측면의 파악 및 중대한 환경측면의 결정
(2) 적용되는 법규 요구사항 및 조직이 동의한 그 밖의 요구사항의 파악
(3) 적절한 경우 내부 성과기준의 설정
(4) 목표 및 세부목표의 설정과 이들을 달성하기 위한 추진계획의 수립

2. 환경측면의 개요(KS I ISO 14004 : 2009의 4.3.1.1)

(1) 환경측면은 조직의 제품생산, 활동 및 서비스를 의미한다(원인, Casue).
예를 들면 방류, 배출, 물질의 소모 또는 재사용, 또는 소음의 발생 등
(2) 환경측면의 결과로 환경영향이 발생한다(결과, Result).
- 부정적인 환경영향 : 대기오염, 천연자원의 감소 등
- 긍정적인 환경영향 : 수질 또는 토양의 질 개선

(3) 조직은 많은 환경측면과 이에 관련된 환경영향이 존재할 수 있으므로 그러한 것이 중대한지를 평가하기 위한 기준과 방법을 수립하여야 할 것이다.
기준을 수립할 때는 환경특성, 적용되는 법규 요구사항 및 조직이 동의한 그 밖의 요구사항에 대한 정보, 그리고 내부 및 외부 이해관계자의 관심사항과 같은 몇 가지 요인이 고려되어야 할 것이다.
중대한 환경측면 및 관련 환경영향을 파악하는 것은 관리 또는 개선이 어디에서 필요한지를 결정할 때와 경영조치를 위한 우선순위를 결정할 때 필요하다.

(4) 모든 조직에게 적절한 환경측면 및 환경영향의 파악, 그리고 중대성을 결정하기 위한 획일적인 접근방법은 없지만, 각 조직은 적용범위, 성격 및 규모에 적절하고 그리고 구체성, 복잡성, 시간, 비용 및 신뢰할 수 있는 데이터의 가용성에 대한 관점에서 그 필요성을 충족시킬 수 있는 접근방법을 선택해야 할 것이다.

(표 2-5) 활동, 제품 및 서비스와 관련된 환경측면 및 환경영향의 사례
(ISO 14004의 표 A-1 참조)

활동/제품/서비스	환경측면	실제적 및 잠재적 환경영향
활동 - 도로건설		
기계로 다지기	대기로 입자상 물질 방출(먼지)	대기오염
호우 중 건설	토양 및 수계로 흙과 자갈 유출	회수 불가능한 천연자원의 추가적 감소 지역부지의 피폐화 토양의 침식 수생태계 오염 습지 서식환경의 피폐화
활동 - 보일러 설계(운영측면의 고려)		
연료효율성	연료 소비	회복 불가능한 에너지원의 보존(화석연료)
낮은 방출	대기로 배출	목표 대기질 달성
유효하지 않은 물질	수명이 다한 후 폐기	유해 폐기물 회피
활동 - 기름보일러의 운전		
보일러의 운전	가열용 연료의 소비	회수 불가능한 천연자원의 감소
	이산화황(SO_2), 아산화질소(N_2O) 및 아산화탄소(CO_2, 온실가스)의 방출	대기오염 지역주민의 호흡기 영향 지표수에 산성비 영향 지구 온난화 및 기후 변화
	온수배출	수질변화(예를 들면 온도)
지하탱크에 보일러 연료 저장	토양으로 기름 유출(a)	토양오염 지하수 오염
연료의 공급 및 운반	연료가 관리되지 않고 하수구로 유출 (b)	지표수 오염 동물계에 유해 물질 축적
활동 - 폐수관리		
농업 식품산업 폐수처리	슬러지 생성(농업에 적용되는)	영양분의 첨가를 통한 토양개선 (d)
제품-프린터 토너 카트리지		
재충전할 수 있는 토너 카트리지	원재료의 사용	자원의 보존
수명이 다한 후 폐기	고형폐기물의 발생(c) 부품 재생 및 재사용	토지 사용 천연자원의 보존
제품 - 에어컨		
소비자의 에어컨운전	전기사용(c)	회수 불가능한 천연자원의 감소
수명이 다한 후 폐기	고형폐기물의 발생(c) 부품 재생 및 재사용	토지 사용 천연자원의 보존

활동/제품/서비스	환경측면	실제적 및 잠재적 환경영향
서비스 - 보전 및 수리 서비스		
화학물질의 취급 및 사용	비상사태시 관리되지 않고 유출(b)	대기오염 토양오염 인원상해
위탁처리한 에어컨 수리	오존층 파괴물질(냉매)의 유출(a)	오존층 파괴
서비스 - 상품 및 제품의 운송 및 유통		
운송수단 운영	연료 소비 질소산화물(NOX)의 방출	회수 불가능한 화석연료의 감소 대기오염-오존발생-스모그 지구온난화 및 기후변화
	소음 발생	지역 주민의 불쾌 및 불편
운송수단에 대한 일상적인 유지 보전(오일교환 포함)	질소산화물(NOX)의 방출	목표대기질의 달성
	폐유의 발생	토양오염

(a) 비정상상태, (b) 비상사태, (c) 조직이 측면에 영향을 주게 될 수 있다, (d) 좋은 영향

3. 활동, 제품 및 서비스의 이해(KS I ISO 14004 : 2009의 4.3.1.2)

(1) 대부분의 활동, 제품 및 서비스는 어느 정도 환경에 영향을 미치고 있으며, 이러한 영향은 원자재의 획득, 유통에서부터 사용 및 폐기에 이르는 전과정의 일부 또는 전체에서 발생된다.

(2) 환경영향의 중대성은 국가적, 지역적, 전지구적, 단기적 또는 장기적일 수 있다.

(3) 활동, 제품 및 서비스를 그룹화 또는 분류화 하는 것은 공통적인 또는 유사한 환경측면을 파악하는 데 도움을 줄 수 있다.

4. 환경측면의 식별(Identification)(KS I ISO 14004 : 2009의 4.3.1.3)

(1) 조직은 환경경영시스템의 적용범위 내에서 조직의 과거, 현재 및 계획된 활동, 제품 및 서비스와 관련된 환경측면을 파악하여야 할 것이다.

(2) 모든 경우에 조직은 정상 운영조건과 가동개시, 가동중단 및 유지보전과 같은 비정상 운영조건, 그리고 비상상황 및 사고를 고려해야 할 것이다.

(3) 조직은 직접 관리할 수 있는 환경측면뿐만 아니라 조직이 사용하는 제품 및 서비스와 관련된 환경측면 및 조직이 제공하는 제품 및 서비스와 관련된 환경측면 역시 고려해야 할 것이다.

(4) 조직은 법적 또는 계약적 권한, 방침, 국지적 또는 지역적 문제, 그리고 이해관계자에 대한 조직의 의무 및 책임 등을 고려해야 할 것이다.

- 예, 유해물질이 함유된 제품 구매는 조직의 환경성과에 영향을 줄 것이다.

(5) 물질 및 에너지의 투입 및 산출, 사용하는 프로세스 및 기술, 시설 및 위치, 운송수단, 그리고 인적요인(예, 시력, 청력의 손상 등)과 같은 조직의 활동, 제품 및 서비스의 특성에 대한 정량적 또는 정성적인 데이터를 수집해야 할 것이다.

▶ 조직의 활동, 제품 및 서비스에 관련된 환경측면을 파악시 고려할 사항(부서기능 측면)

① 설계 및 개발(Design & Development)
② 제품실현(제조/생산) 프로세스(Product Realization)
③ 포장 및 운송(Packaging & Transportation)
④ 계약자 및 공급자의 환경성과 및 관행 - 원부자재의 입고, Loading/Unloading 등
⑤ 폐기물 관리(Waste treatment)
⑥ 원자재 및 천연자원의 추출 및 유통(예, 원자재 공급자 등)
⑦ 제품의 유통, 사용 및 폐기(예, 백화점, 재활용센터 등)
⑧ 야생동물 및 생물다양성(예, 바이오산업, 모피코트, 상아를 이용한 제품 생산)

5. 환경영향의 이해(KS I ISO 14004 : 2009의 4.3.1.4)

어느 조직은 환경측면과 관련된 환경영향의 유형에 대해 쉽게 얻을 수 있으나, 어떤 조직은 원인 - 결과 도표 혹은 투입, 산출물 또는 물질/에너지 수지를 설명하는 흐름도 혹은 환경영향평가 또는 전과정평가(Life Cycle Assessment)와 같은 다른 방법을 선택할 수도 있다.

선택한 접근방법은 다음 사항을 인식(Awareness)할 수 있어야 한다.

(1) 부정적인(나쁜) 환경영향뿐만 아니라 긍정적인(좋은) 환경영향
(2) 실재적 및 잠재적 환경영향
(3) 대기, 수질, 토양, 동물, 식물, 문화유산 등과 같은 영향을 받을 수 있는 환경의 부분
(4) 지역 기후 조건, 수면의 높이, 토양의 형태 등과 같이 환경영향에 영향을 미칠 수 있는 지역특성

(5) 환경변화의 성격(지구 전체 대 지역적 문제, 영향이 발생하는 기간, 시간이 지남에 따라 영향의 강도가 누적되는 잠재력)

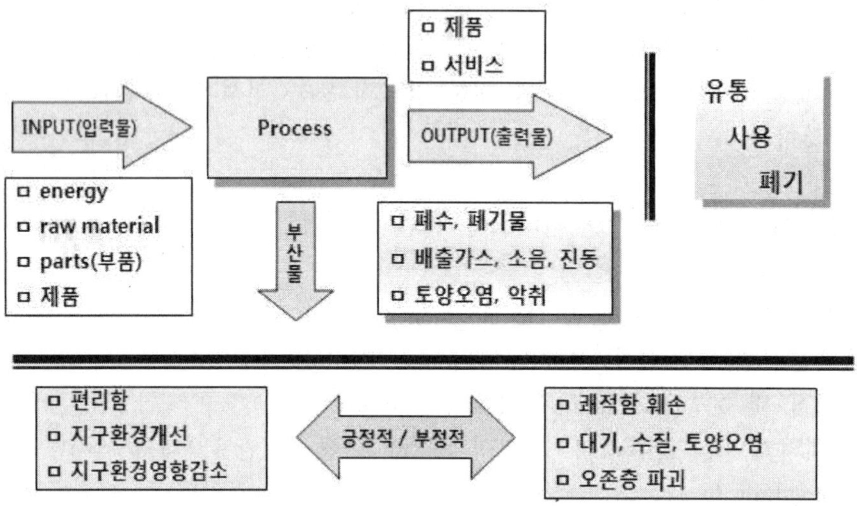

[그림 2-9] 제품실현 프로세스에서의 환경측면 및 환경영향

6. 중대한 환경측면(Significant Impacts on the Environment)의 결정(KS I ISO 14004 : 2009의 4.3.1.5)

(1) 중대성이란 상대적인 개념이며, 절대적인 개념으로 정의될 수 없다

- 어느 한 조직에서 중대한 것이 다른 조직에서는 중대하지 않을 수 있다.

(2) 중대성을 평가하는 것은 기술적인 것과 조직에 의한 판단 두 가지를 모두 포함한다.

(3) 중대성에 대한 기준을 수립할 때 다음 사항을 고려하는 것이 좋다.

① 환경적 기준(크기, 영향의 심각성 및 지속기간, 또는 환경측면의 형태, 규모 및 빈도 등)

② 적용되는 법규 요구사항(규정되거나 허가된 배출 및 방류 한계 등)

③ 내부 및 외부 이해관계자의 관심사항(조직의 가치, 대외적인 이미지, 소음, 악취 또는 시력저하 등)

(4) 기준을 정할 때 발생가능성(확률/빈도)과 그 결과(심각성/강도)의 조합에 근거하여 각각의 기준에 관련된 중대성의 수준(값)을 설정할 수 있다.

- 몇 가지 유형의 척도 또는 등급은 중대성을 결정하는 데 도움이 될 수 있다

(예, 높음/중간/낮음/무시 가능함 등).

(5) 평가결과를 근거로 조직은 허용값을 사용하여 어떤 환경측면이 중대한지를 결정해야 할 것이다.

- 중대하다고 판단되는 환경측면에 대한 적절한 정보를 유지해야 할 것이다.
- 이러한 정보는 주기적으로 검토되고 갱신되어야 하며, 주변여건이 변할 경우 최신의 상태로 유지됨을 보장하여야 한다.
- 이를 만족시키기 위해 정보를 목록, 등록부, 데이터 베이스 또는 다른 형태로 유지하는 것이 도움이 될 것이다.

7. 환경측면 및 환경영향을 결절하기 위한 정보의 출처 - 실용적 조언(KS I ISO 14004 : 2009)

(1) 소책자, 카탈로그 및 연차보고서와 같은 일반 정보문서

(2) 운영매뉴얼, 프로세스 흐름도, 또는 품질계획 및 제품계획

(3) 이전의 심사보고서, 초기 환경검토 또는 전과정평가(LCA)와 같은 심사 또는 검토보고서

(4) 품질 또는 안전보건과 같은 다름 경영시스템으로부터의 정보

(5) 기술데이터 보고서, 출판된 분석자료 또는 연구자료, 독성물질의 목록

(6) 적용되는 법규 요구사항 및 조직이 동의한 그 밖의 요구사항

(7) 업무규약(Code of Practice), 국가 및 국제 정책, 지침 그리고 프로그램

(8) 구매데이터

(9) 제품시방서, 제품개발 데이터, 물질/화학 안전보건 데이터 시트(M/CSDS), 또는 에너지 및 물질수지 데이터

(10) 폐기물 목록

(11) 모니터링 데이터

(12) 환경관련 인・허가서

(13) 이해관계자의 견해, 요청, 또는 합의사항

(14) 비상상황 및 사고에 대한 보고서

8. 초기 환경성 검토(KS I ISO 14004 : 2009의 4.1.4)

(1) 현재 환경경영시스템을 갖추지 못한 조직은 검토라는 수단을 통해 환경에 대한 조직의 현 위치를 평가하여야 할 것이다. 이러한 검토는 환경경영시스템 수립을 위한 기초로서 조직의 활동, 제품 및 서비스의 환경측면을 고려하기 위한 것이다(단, 이 초기 환경성 검토는 ISO 14001 요구사항에서 반드시

실행하라는 의미는 아니다).

(2) 검토는 다음의 네 가지 핵심분야를 다루어야 할 것이다.
① 정상적인 운영조건, 비정상 조건(가동개시, 가동중단), 비상상황 및 사고에 관련된 것을 포함한 환경측면의 파악
② 적용되는 법규 요구사항 및 조직이 동의한 그 밖의 요구사항 파악
③ 구매 및 구매활동에 관련된 것을 포함한 현행 환경경영 관행 및 절차 조사
④ 이전의 비상상황 및 사고에 대한 평가

검토에는 다음과 같은 추가 고려사항을 포함할 수 있다.
① 적용되는 내부기준, 외부표준, 규정, 관례 그리고 원칙 및 지침의 설정과 비교한 성과의 평가
② 원가절감 기회를 포함한 경쟁 우위에 대한 기회
③ 이해관계자의 견해
④ 환경성과를 용이하게 하거나 방해할 수 있는 기타 조직적 시스템

(3) 검토의 결과는 환경경영시스템 적용범위의 설정, 방침 설정 또는 강화, 환경목표 및 세부목표의 설정, 그리고 적용되는 법규 요구사항 및 조직이 동의한 그 밖의 요구사항을 준수하기 위한 접근방법의 효과성에 대한 결정 등에 있어 조직에게 도움을 줄 수 있다.

9. 초기 환경성 검토에 대한 실용적 조언(KS I ISO 14004 : 2009)

현재의 환경경영 관행 및 절차를 조사하는 방법에는 다음을 포함할 수 있다.
(1) 조직의 과거 및 현재의 활동, 제품 및 서비스의 범위를 결정하기 위하여 과거 또는 현재에 조직에서 근무하거나 조직을 대신해 업무를 수행하는 인원과의 인터뷰
(2) 적용되는 법규 요구사항 및 조직이 동의한 그 밖의 요구사항, 과거의 환경사고 및 사건에 관련된 문제 및 불만을 포함하여 조직이 이해관계자에게 조치한 내부 및 외부 의사소통에 대한 평가
(3) 현재의 환경관행과 관련된 다음과 같은 정보의 수집
① 유해화학물질 구매 프로세스의 관리
② 유해화학물질의 보관 및 취급(예를 들면 2차 오염, 정리 및 정돈, 배합금기

화학물질의 보관)

③ 쉽게 사라지는 배출물질의 관리

④ 폐기물 처리방법

⑤ 비상사태 대비 및 대응 장비

⑥ 자원의 사용(예를 들면 근무시간 이후의 소등 등)

⑦ 건설 중 초목 및 서식환경의 보호

⑧ 프로세스의 일시적 변경(예, 수계로 배출되는 비료에 영향을 주는 윤작 형태의 변경 등)

⑨ 환경 교육훈련 프로그램

⑩ 운영관리 절차에 대한 검토 및 승인 프로세스

⑪ 모니터링 기록의 완결 및/또는 역사적 기록의 검색 용이성

이 검토는 체크리스트(checklist), 프로세스 흐름도(process floWchart), 인터뷰(Interview), 직접 시험(Test and Inspection), 그리고 과거 및 현재의 측정(Measurement), 이전 심사의 결과, 또는 조직의 활동, 제품 및 서비스의 성격에 따라 그 밖의 검토 등을 활용하여 수행할 수 있다.

검토 결과는 문서화(Documented) 됨으로 인해 적용 범위를 설정하고, 환경방침을 포함하여 조직의 환경경영시스템을 수립하거나 강화하는 데 기여할 수 있다.

심사 초점

① 문서화된 환경측면 파악 절차가 있는가?

· 책임과 권한, 질차, 관련 양식 및 기록

② 제품, 활동 및 서비스가 포함되어 있는가?

③ 최신 정보가 포함되어 있는가?

· 최신 증설, 신설, 신제품 개발 정보 등을 고려

● 초기 환경검토 사례

(표 2-6) 초기 환경성 검토 체크리스트(예)

범주	구분	평가항목	획득 점수
환경경영 시스템	청정생산 실천	회사는 현재 청정생산 실천계획을 가지고 있는가?	
	내부 의사소통	조직 내부에서 환경성과에 대한 내부 의사소통이 이루어지는가	
	교육훈련	환경관련 연간 교육훈련 계획이 수립, 유지되어 있는가	
		환경관련 교육은 계획대로 실행되는가?	
폐수	폐수배출	폐수는 연결이 가능할 경우 폐수처리시설로 보내고 있는가?	
	폐수의 품질	모든 폐수는 배출한계에 적합하게 배출하고 있는가?	
	폐수의 관리	폐수는 우수와 혼합되고 있지는 않은가?	
(이하 생략)			

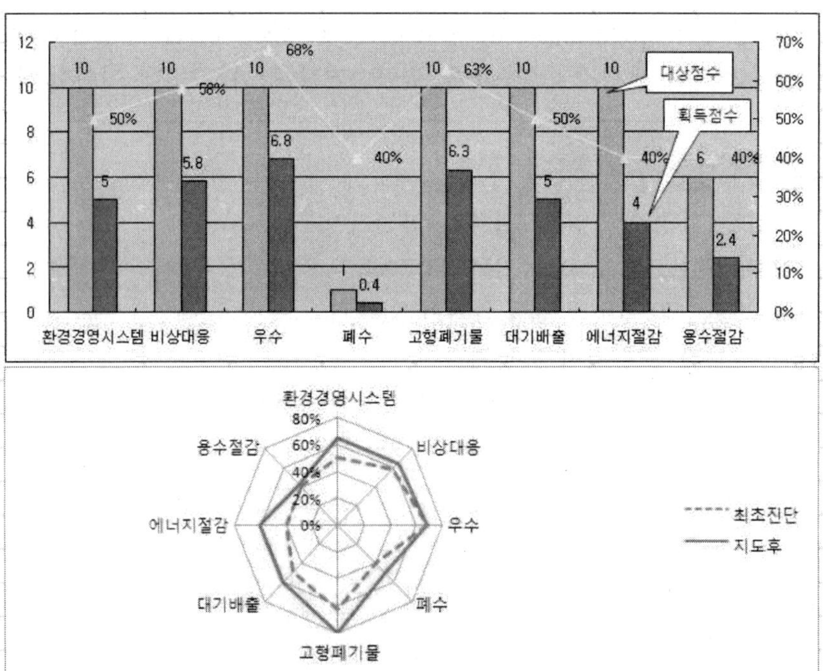

[그림 2-10) 초기 환경성 검토 결과(예)

● 환경측면, 환경영향 평가 및 중대 환경측면 파악

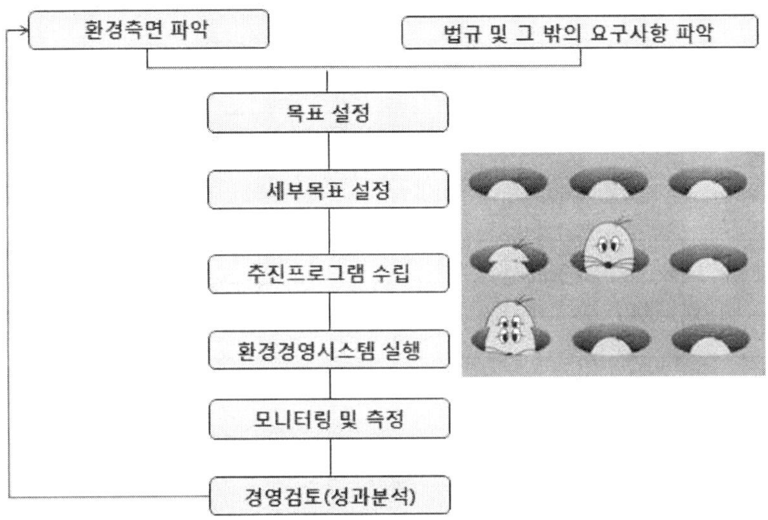

[그림 2-11] 환경경영시스템의 핵심구조

1. 개 요

(1) 환경경영시스템에 있어서의 환경측면(Environmental Aspects)의 파악 → 환경영향평가(Environmental Impacts) → 중요한 환경영향(Significant Environmental)의 식별(Identification) → 환경경영 프로그램(Environmental Programme)의 수립 → 이의 실행(Implementation) → 모니터링(Monitoring) 및 측정(Measurement) → 적절한 조치(Action) → 지속적 개선(Continual Improvement)의 달성 등은 가장 중요한 부분이라 할 수 있다.

(2) 환경측면을 파악하는 절차는 조직의 특성, 업종이나 규모 등에 따라서 다르다.

2. 원부자재 및 제품의 환경측면 및 환경영향 평가

(1) 자재 및 제품(Product)에 대한 환경유해성 평가를 ISO 14001에서 강제로 요구하는 것은 아니다.

(2) 조직의 환경측면을 파악하기 위해서는 우선 조직에서 제품실현에 적용하는 원부자재 및 제품에 대한 환경유해성 등을 평가하여 환경목표나 환경경영 프

로그램으로 활용할 수 있는지 파악하는 것이 유익하다.

(3) 제품의 경우 조달/생산, 유통, 사용, 폐기, 리사이클 과정에서 발생되는 환경영향과 관련있는 제품 시방 내역을 조사한다 [예 : 크기, 중량, 재활용률, 분해성, 안전성(유독성, 폭발성, 발화성 등), 에너지 효율 등] .

(표 2-7) 원부자재/제품 환경유해성 평가(사례)

품 명	환경영향 요소	환경영향						포장 상태	등급	등록여부
		A	B	C	D	E	계			

[작성방법]

- 품명 : 평가대상의 제품 및 원부자재 명칭
- 환경영향 요소(취급, 노출, 유출시 초래할 수 있는 환경영향, 단수 혹은 복수로 선택 가능함) : 대기오염, 수질오염, 토양오염, 폐기물 발생, 생태계 파괴, 천연자원 소모 등
- 환경영향(평가항목의 선정은 조직에 따라 다를 수 있다)

구분	A 안정성	B 사고발생가능성	C 사고발생시심각성	D 공급자위치(거리)	E 재생/재활용성
5	매우 불안정	매우 자주 발생	지역적인 영향	매우 멀다 (○○○km)	전혀 불가능
4	불안정한 편	자주 발생	공장 전체 영향	멀다(○○km)	거의 불가능
3	보통 정도	보통	부서/라인 영향	보통(○○km)	보통
2	약간 안정	거의 발생 아니함	사고장소 only	가깝다	약간
1	매우 안정	전혀 발생 아니함	전혀 심각치 않음	매우 가깝다	가능

- 포장상태 : 액체, 고체, 기체, 드럼, 탱크(탱크 로리), 비닐 백, 종이박스 등 (액체, 기체보다는 고체가 안정할 것이며, 드럼보다는 탱크로리 등이 친환경적일 것임)
- 등급 : 만점인 경우는 25점이며, 예를 들면, (A등급) 21점 이상, (B등급) 11-20점, (C등급) 10점 이하 등으로 구분하여, A등급만 등록하는 것으로 가

정한다.

- A등급으로 등록된 품목에 대해서는 친환경성 원부자재/제품으로 대체, 공급자(Supplier) 교체, 포장방법 교체, 원부자재/제품 대체 연구, 현상유지 등의 프로그램을 실행할 수 있을 것이다.

(4) 설비류 제품에 대해 친환경적 설계를 평가하기 위해 다음과 같이 평가할 수도 있을 것이다.

점수 항목		[0]	[1]	[3]	[5]
제품	유해성 (제조/폐기시)	무관	일반화학물질 (포함 및 배출)	유독물 (포함 및 배출)	특정유독물, 위험물 (포함 및 배출)
	에너지 효율 (사용시)	90% 이상	70 - 89%	50 - 69%	50% 미만
	운송방법 (출하)	무관	철도 50% 이상	자동차 50% 이상	해상, 항공 50% 이상
	환경오염 (사용/폐기시)	무관	토양, 대기, 수질 중 1곳	토양, 대기, 수질 중 2곳	토양, 대기, 수질 전부
	폐기 (폐기시)	무관	재활용/이용 (50% 이상)	자체/위탁소각	매립
	소음(dB) (사용시)	무관, 50 이하	50 - 79	80 - 99	100 이상
	재사용 비율 (폐기시)	90%이상, 무관	60 - 89%	30 - 59%	30% 미민

- 0점에 가깝다면 친환경적인 제품일 것이므로, 현재의 양산, 출시중인 제품이 몇 점인지를 평가한다면 향후 개선의 방향(초점, Focus)이 도출될 것이다.
- 물론 각 조직의 생산제품에 따라 평가기준표를 작성해야 할 것이다.

3. 물질수지표(MBS, Material Balance Sheet)

(1) 정 의

물질수지는 어떤 공정에 투입된 투입물(원·부자재, 에너지, 용수 등)의 전체 질량의 합계는 그 공정에서 배출된 배출물(제품, 반제품 및 환경오염물질)의 합계는 같다는 원칙에 따라 공정에 투입되고 배출되는 물질의 양을 파악하는 것이다.

그러나 실제로 물질수지를 파악하여 보면 '입력량 = 출력량'이 되지 않음을 알 수 있다. 이것은 공정에서 관리되지 않고 사라지는 물질(Loss)이 있기 때문이다.

공정에서 발생하는 손실인 환경오염물질(먼지, 폐수 및 폐기물)과 Loss의 양을 파악하여 관리하기 위하여 물질수지를 파악한다.

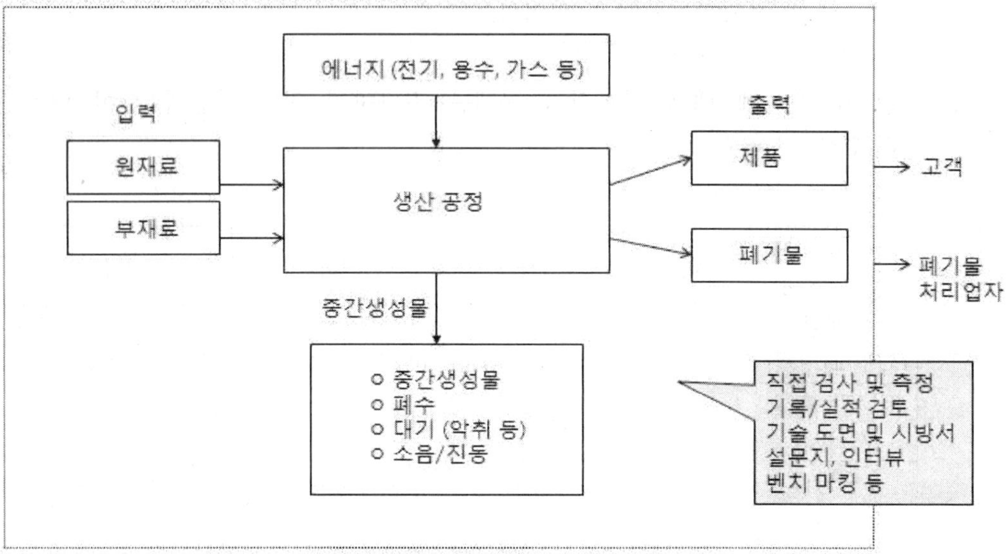

[그림 2-12) 물질수지표 작성 범위

(2) 물질수지 파악 필요성

① 환경오염물질 발생원 및 배출 총량을 파악할 수 있기 때문이다.

생산활동에서 발생되는 오염물질의 발생원, 종류 및 양을 정확히 파악할 수 있으며, 각 발생원에서 배출되는 오염물질이 전체 오염 총량에 미치는 기여도를 분석할 수 있어 기여도가 큰 발생원에 대한 관리 우선순위를 결정하고 저감대책을 수립할 수 있다.

② 발생원에서의 관리를 할 수 있기 때문이다.

환경에 영향을 미치는 오염물질을 방지시설 등을 이용하여 처리하는 것은 한계가 있으며, 경제적으로도 비효율적이다. 최종 배출구가 아닌 원자재, 부자재 사용단계에서 오염원을 찾아내어 관리하는 것이 환경보호의 관점뿐만 아니라 경제적으로도 유리하다.

이처럼 근본원인을 찾아 오염물질 발생원을 관리하는 것을 원류관리라 하며, 단위공정에서 배출되는 물질이 어떠한 경로를 통해 발생, 배출되고 있는지를 정확히 파악하여야 원류관리가 가능하다.

③ 원단위 관리를 할 수 있기 때문이다.

원단위는 제품생산량 대비 투입물질 또는 배출물질의 양을 의미하는 것으로 제품일정량을 생산할 때 투입된 용수, 에너지 및 원부자재의 사용량을 관리할 수 있는 수단이다.

투입 원단위를 관리함으로써 투입물질의 양을 관리할 수 있으며, 더 나아가 줄일 수 있다. 또한 배출물질에 대해서도 단위 제품생산량당 배출 원단위(대기, 폐수, 폐기물 등)를 파악함으로써 향후 생산량 변화에 따른 오염물질의 양을 예측하여 총량 규제에 대응할 수 있다.

④ 손실, 누출량을 파악할 수 있기 때문이다.

물질수지를 파악하면 일정기간 동안의 투입량과 배출량의 합이 같아야 한다. 그러나 실제로는 투입량의 합과 배출량의 합이 일치하지 않는데 이것은 손실량(Loss)이 발생하기 때문이다.

손실은 냉각시설의 자연 증발량이나 배관 등의 누수, 휘발성 유기화합물의 증발 등이 원인으로 발생한다.

어느 정도의 손실은 발생할 수밖에 없으나 투입량과 배출량에 현저한 차이가 나타나는 경우는 사업장 내부에서 손실, 누출량이 있다는 것이며, 물질수지를 검토함으로써 손실이 발생한 공정을 파악하여 개선할 수 있다.

(3) 물질수지 파악 효과

ISO 14001 요구사항에서 물질수지표 작성을 요구하는 것은 아니지만 물질수지표를 작성하면 입력물(Input) 및 출력물(Output)을 알 수 있어 다음과 같은 기대효과를 얻을 수 있다.

① 생산 수율을 떨어뜨리는 원인 공정을 찾아낼 수 있어 생산성 향상에 기여할 수 있다.

② 환경영향 평가시 중요도를 평가하고, 정량적인 목표를 수립하는 데 활용할 수 있다.

③ 환경으로 배출되는 대기오염물질, 수질오염물질 및 폐기물의 발생원·발생량을 파악할 수 있다.

(4) 물질수지 파악방법

① 준비사항

물질수지를 파악한 결과를 분석하면 초기에는 많은 오차가 발생한다는 것을 알 수 있다. 투입량에 비해 배출량이 터무니없이 적거나, 투입량보다 배출량이 많은 경우 등이다. 이러한 납득할 수 없는 오차는 부정확한 데이터의 사용, 데이터의 오용, 파악자의 실수 등의 원인에 의해 발생한다.

이러한 오차를 줄이기 위하여 물질수지 파악 전에 아래의 사항을 준비하여야 한다.

- 측정계측기의 검증
- 데이터 취합기준 설정
- 물질수지 파악기준 설정
- 물질수지 파악방법 숙지

② 고려사항

ⓐ 첫번째는 공정을 구분할 때는 관리책임을 고려하는 것이다.

물질수지를 파악하는 것은 관리책임을 결정하여 책임자가 개선을 하기 위한 활동을 적극적으로 할 수 있도록 유도하기 위함이다. 그러므로 공정을 구분할 때는 생산부서의 소단위(생산 1과, 2과 등)가 구분될 수 있도록 하는 것이 좋다. 두 개 이상의 소단위가 포함되도록 공정을 구분하면 관리책임을 명확히 할 수 없기 때문이다.

ⓑ 두번째는 투입물과 배출물의 종류를 구분하고 파악기준을 설정하는 것이다.

투입물과 배출물의 종류를 구분하고, 해당되는 물질이 무엇인지를 결정한다. 원자재에 해당되는 물질, 부자재에 해당되는 물질, 파악하고자 하는 유틸리티의 종류, 제품의 종류 및 환경오염물의 종류 등을 구분한다.

물질수지를 파악하다 보면 재이용량의 처리 등 데이터를 어떻게 처리하여야 될지 혼란스러운 경우가 발생한다. 이러한 경우에 데이터를 어떻게 처리할 것인지 기준을 정하여야 한다.

물질수지 파악을 위해 기준을 설정하여야 되는 항목은 파악 대상물질의 종류, 측정단위, 재이용·재활용되는 물질 및 사외에서 가공 후 재투입하는 물질 등의 파악기준 등이다.

ⓒ 세번째는 중요한 부자재를 선정하는 것이다.

생산시 사용하는 부자재의 수는 매우 많다. 모든 부자재의 사용량을 파악하고 관리하기 위해서는 많은 시간이 필요하다. 그러므로 초기에는 환경에 미치는 영향이 큰 물질 또는 사용량이 많은 물질을 선정하여 관리하고, 점차적으로 관리대상을 확장한다.

ⓓ 네번째는 원단위 산정 기준을 설정하는 것이다.

파악된 사용량 및 배출량의 비교를 위하여 원단위로 환산한다. 제품생산량이 많은 기간에는 생산량이 적은 기간보다 더 많은 폐기물이 발생할 수밖에 없어 총량으로 제품생산량이 틀린 기간에 서로 비교하는 것은 객관적이지 못하기 때문이다.

제품의 종류가 일정한 경우에는 제품생산량을, 제품의 종류가 다양하고 생산량이 일정하지 않은 경우에는 매출액 등을 원단위 산정기준으로 할 수 있다.

ⓔ 다섯번째는 모니터링 및 측정지점을 선정하는 것이다.

객관적이고 실제적인 데이터를 얻기 위해서는 투입량 및 배출량을 측정하여야 한다. 그러나 객관적인 데이터를 수집하기 위하여 여러 곳에서 측정을 한다면 생산 부서에서 즉각적으로 반발을 할 것이다. 이것은 비효율적이며 환경경영의 원칙에도 맞지 않는 것이다. 모니터링 및 측정을 최소화하면서 객관적인 데이터를 수집할 수 있는 측정지점을 선정한다.

(5) 물질수지 파악절차/순서

절 차	활 동
1. 대상 및 범위 설정	물질수지를 파악하고자 하는 기업의 활동, 제품 및 서비스의 대상 및 범위를 설정한다.
⬇ 2. 공정 구분	물질수지를 파악하고자 하는 공정을 구분하고, 공정 흐름도를 작성한다.
⬇ 3. 데이터 취합 기준 설정	물질수지를 파악하고자 하는 기간, 데이터 수집 대상 및 데이터 선별 기준을 설정한다.
⬇ 4. 투입/배출물질 조사	파악하고자 하는 대상 공정별로 투입/배출물질의 양을 조사한다.
⬇ 5. 물질수지표 작성	취합된 데이터를 이용하여 물질수지표를 작성한다.
⬇ 6. 검 증	물질수지표를 검증한다.

물질수지 파악체계 개선을 위한 주요 활동은 아래와 같다.

- 측정이 필요한 항목 및 장소 파악
- 필요 장소에 모니터링 및 측정기 부착
- 투입물질 종류 및 사용량 기록체계 수립
- 공정별 배출물질 종류 및 배출량 기록체계 수립
- 물질수지 파악체계 문서화

(6) 물질수지 파악결과의 활용

물질수지 파악결과는 환경경영시스템을 운영하는 여러 활동에서 활용될 수 있다. 그러나 아래와 같은 활동에서 물질수지 파악결과를 활용하는 것이 의무사항은 아니다.

① 환경경영시스템 운영

ⓐ 환경영향평가

물질수지에서 파악된 정량적인 데이터를 이용하여 환경영향평가를 실시함으로써 보다 정확한 환경영향평가를 실시할 수 있다.

ⓑ 환경개선계획(환경목표, 세부목표 및 환경경영 추진계획) 수립

ISO 14001 규격의 부속서 A.3.3항에 "…세부목표는 가능한 한 측정 가능해야 하고…"라는 요구사항이 있다. 세부목표가 측정 가능하여야 된다는 것은 세부목표가 정량화·수치화되어야 한다는 것이다.

세부목표를 정량화·수치화시키기 위해서는 개선 대상 활동의 투입량 및 배출량을 알아야 한다. 물질수지 파악으로 얻은 투입량과 배출량에 때한 데이터를 활용하면 세부목표를 정량화·수치화시킬 수 있다.

ⓒ 환경성과평가

환경경영시스템을 운영한 결과 얻은 성과를 평가하는 환경성과평가는 정량적인 데이터를 이용하여 수행된다. '전년도 대비 폐기물 발생량 20% 감소'라는 환경성과는 전년도 폐기물 발생량과 현재연도 폐기물 발생량을 비교함으로써 파악된 것이다. 이렇게 환경성과를 비교하는 데 물질수지 파악으로 얻은 데이터를 활용할 수 있다.

② 손실 발생원 파악 및 개선

관리하고자 하는 단위 공정별로 투입량 및 배출량을 파악함으로써 손실(환경오염물질 발생, Loss 발생)이 발생하는 발생원을 찾아낼 수 있으며, 손실량을 파악할 수 있다.

발생원 및 발생량을 검토하여 필요한 조치를 취함으로써 손실의 발생을 예방할 수 있다. 손실의 발생을 예방함으로써 원·부자재 사용량이 감소되고, 환경오염물질의 처리비용이 감소되어 기업에 경제적 이익을 창출한다.

③ 원단위 분석

물질수지 파악결과를 이용하여 원단위 분석을 실시한다. 원단위 분석 결과는 환경경영시스템 운영지표로서 활용할 수 있다. 활용이 가능한 원단위는 아래와

같다.

- 생산 수율
- 제품생산량당 환경오염물질 발생량
- 제품생산량당 환경비용
- 제품별 환경비용
- 공정별 환경비용

● 물질수지 작성 사례

1. 개 요

- 회사명 및 생산제품 : (주)가나다, 자동차용 전자제품
- 공정 개요 : (주)가나다에서 생산하는 제품은 XX로서 주요 공정은 부품준비 → PCB 조립 → 장치조립 → 장치시험 → 출하공정을 거쳐 제품이 생산된다.

2. 공정흐름도

공 정	공 정 설 명
부품준비	수입검사를 마친 원·부자재를 이용하여 제품을 생산하기 위한 사전준비 단계로 부품 가공작업(부품 리드 절단, 성형/절곡, 분류 및 구분, PCB 테이프 부착 등)을 한다.
PCB 조립	준비된 부품을 조립한 후 후럭스 도포, 자동납땜, 부품 리드 절단, 테이프 제거, 세척, ICT, 수동 납땜(수정) 등의 공정을 거쳐 PCB 반제품(Module)을 만든다.
장치 조립	시험에 합격된 PCB Ass'y에 기계 코팅 및 코팅 후 수정, PCB의 Dummy를 제거하고 제품 Case와 PCB 반제품 나사 체결, 납땜 등의 작업으로 Set를 조립한다.
장치 시험	구성된 Set의 성능을 검사하기 위해 성능시험, 환경시험 및 방수시험을 실시한다.
출하	제품검사를 마친 후 마무리 작업을 하고 포장하여 제품을 출하한다.

3. 물질수지 산출내역

① 모듈 - 1

[작성기준 : 단위 kg/년, 기준(xxx일/년)]

구 분		항 목	부품준비	PCB조립	장치조립	장치시험	출 하	합 계
투입	부자재	접착제류						
		세척제류						
	부품류	일반자재						
	Utility	용 수						
합 계								
배출	제 품	Set류						
	대 기	벤젠화합물						
		먼 지						
	폐기물	폐유(액+고)						
		폐유기용제						
		폐페인트						
합 계								

② 모듈 - 2

투 입 물 질(Input)	공 정 도	배 출 물 질(Output)
- 전자부품류 : 113,915kg/년 ※ 부품류 : PCB, 전자부품(IC, 저항, 다이오드, 콘덴서, 스위치 등), 종이테이프 등	부품 준비	- 폐합성수지 : 19,047.3kg/년 - 파지류 : 2,234.3kg/년 - 잡쓰레기 : 920.5kg/년 - Loss물 : 188.5kg/년 ※ Loss물 : 증발 및 유실
- 납 : 3,316.5kg/년 - 후럭스 : 3,302.0kg/년 - 테이프 : 26.0kg/년 - 세척제 : 4,414.0kg/년 - 접착제 : 99.5kg/년	PCB 조립	- 배출오염물질(대기) * 먼지 : 431.7kg/년 * 벤젠화합물 : 12.8kg/년 * 악취 : 1,195.5kg/년 - 폐유(액+고) : 395.0kg/년 - 폐유기용제 : 2,470.0kg/년 - 폐합성수지 : 3,462.7kg/년 - 파지류 : 347.3kg/년 - 금속류 : 190.0kg/년 - 잡쓰레기 : 397.1kg/년 - Loss물 : 62.5kg/년
이하 생략		

③ 모듈 - 3

No.	Input			공 정	설 비	Output		
	항 목	사용량	단위			항 목	배출량	단위

물질수지표 작성을 통해서 다음과 같은 착안사항을 작성할 수 있다.
- 어느 공정에서 전력, 가스 등의 에너지를 가장 많이 사용하는가?
- 어느 공정에서 어떤 종류의 폐기물이 가장 많이 발생하는가?
- 어느 공정에서 소모성 사무용품, 소모성 안전 작업보조용품을 사용하는가?
- 어느 공정에서 부산물이 얼마나 발생되는가?

4. 환경측면 파악, 환경영향 평가(실무)

(1) 환경영향평가팀 구성 및 교육

① 최초/정기적인 환경영향평가를 위한 평가팀을 구성하고, 평가팀장을 임명한다.
- 자체적으로 구성하거나 외부 컨설턴트와 공동으로 구성하는 방법이 있다.

② 평가팀원의 자격
평가팀원은 구체적인 요구사항은 별도로 정해진 것은 없으나, 해당부서/팀별로 약 2~3년 이상 실무경험이 있는 자로 소속부서의 업무에 대해 전문지식이 있고, 회사의 전반적인 업무를 충분히 이해하고 있는 정도의 가능한 한 팀장 정도가 바람직할 것이다.

③ 환경측면의 파악, 환경영향평가를 위해 별도로 정한 교육훈련 요구사항은 없으나, 회사 업무 프로세스에 대한 교육, ISO 14001 환경경영시스템 용어 및 요구사항의 이해, 환경영향 평가방법 및 관련법규에 대한 지식 등은 필요할 것이다.

④ 평가팀의 구성은 어느 한 부서의 인원에 치중하는 것보다는 지원-생산-경영부서 등 다기능적 업무협의와 조정이 가능하도록 편성하는 것이 바람직하다.

(2) 환경영향 평가계획 수립 및 평가주기 설정

① 환경영향 평가팀장(이하 '평가팀장'이라고 함)은 최초/정기적인 환경영향평

가를 위해 환경방침, 관련법규 및 규정 등의 변화를 반영하여 환경영향 평가 계획을 수립하고, 평가주기를 설정한다.

② 최초/정기 환경영향평가

최초/정기적으로 실시하는 환경영향평가는 환경경영시스템을 새롭게 구축하는 경우에 실시하며, 보통 3년마다 실시한다.

③ 비정기 환경영향평가

최초/정기적인 환경영향평가 이외에 발생하는 공정변경 및 증설, 신제품 개발, 신규 원재료 사용, 비상사태 발생 등의 경우 실시한다.

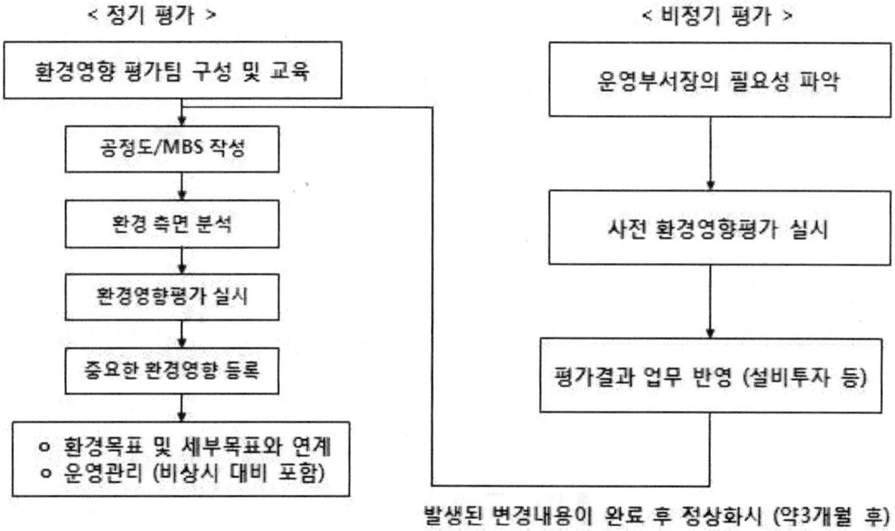

[그림 2-13] 정기 평가와 비정기 평가

(3) 환경측면 파악/식별

① 일반행정/지원업무

일반행정 업무는 해당조직의 지원업무 프로세스, 경영업무 프로세스 등의 기능을 담당하는 부서의 업무로서 사무실에서 자료를 입력/출력하거나, 조명(Lighting), 식당관리, 냉난방 관련 업무, 차량관리 업무 등의 예가 있다.

② 제품실현 관련업무(Main Process - Sub Process)

제조업, 건설업, 서비스업 등에 따라 다를 수 있으며, 일반적으로 환경영향을 많이 미치는 영역을 의미한다.

- 제조업(예) : 원료준비, 배합(Mixing), 압출(Extruding), 절단(Cutting), 건조

(Drying), 선별(Sieving), 혼동(Blending), 포장(Loading, Assembling & Packing)

- 건설업(예) : 터파기, 철근조립, 거푸집제거, 도배, 미장, 조적, 타일, 방수 등
- 서비스업(예) : 고객 입장, 고객면담 및 예약확인, 숙소 안내, 숙박, 식사, 편의시설 이용 등

③ 조사대상 영역별 범위결정

- 현재뿐만 아니라 과거 및 계획된 사업에 대한 활동
- 환경관련 법규, 협약 및 규제요건
- 직접적인 환경영향 외에도 간접적인 환경영향
- 정상·비정상 사태, 잠재적인 심각한 환경영향 및 비상사태 상황
- 대기로의 방출, 수질로의 배출, 폐기물 관리, 토양오염 등
- 대기, 수질, 토양 등 오염인자 외에도 원자재, 천연자원의 활동 및 생태계에 미치는 영향
- 기타 지역환경과 사회문제
- 환경의 부정적 측면 외에도 긍정적인 측면을 고려
- Input과 Output의 대비로 배출량을 계산하는 Mass Balance 개념
- 데이터의 정확도를 위해 필요한 경우 자료를 유첨

● 환경측면 및 환경영향 평가, 중대환경영향 식별(사례)

1. 모듈 - 1

(표 2-8) 환경측면 파악 및 환경영향 평가표 사례(1)

□ 정상 □ 비정상 □ 비상										부서/팀 :
□ 과거 □ 현재 □ 미래										작성자 :
부서/팀/공정	EMS Matrix (환경측면)	출력물 - 환경영향	환경관련사항 평가항목					Score	등록여부	Program No.
			a	b	c	d	e			
관리	복사	자원소모(전력, 펄프)								
		폐기물(폐카트리지)								
생산	압출	자원소모(전력)	4	4	2			××	Yes	XX-01
		폐기물 발생							No	
	절단	자원소모(전력)								

* 평가기준표 - 조직의 활동, 제품 및 서비스 등에 따라 다르게 설정 가능하다

(표 2-9) 환경측면 파악 및 환경영향 평가기준표 사례(1)

구 분	5	4	3	2	1
(a) 환경영향의 범위/규모	인근공장/주민에 영향	공장에 영향	부서에 영향	팀에 영향	전혀 영향이 없다
(b) 심각도	지역사회에 영향	회사운영에 영향	부서에 영향	팀에 영향	전혀 영향이 없다
(c) 발생가능성	매우 자주 (1-2회/월)	자주 (1-2회/분기)	보통 (1-2회/년)	거의 발생 안함 (2-3년마다)	전혀 발생 안함 (5년 이상 미발생)
(d) 법규 요구사항	현행법규 적용중이다	입법예고된 상태이다	수년 내 적용 가능하다	현재 거론 중이다	전혀 적용받을 가능성이 없다
(e) 이해관계자 관심	매우 관심이 높다	관심이 높다	보통 정도의 관심이 있다	거의 관심이 없다	전혀 관심이 없다

* 평가결과 - 등록 여부는 Score의 분포, 조직의 재무적 환경, 기술적 수준 등에 따라 다를 수 있다.

2. 모듈 - 2

(표 2-10) 환경측면 파악 및 환경영향 평가표 사례(2)

<table>
<tr><td colspan="2">발생시점</td><td colspan="5">□ 과거 □ 현재
□ 미래</td><td colspan="4">발생상태</td><td colspan="8">□ 정상 □ 비정상 □ 비상사태</td></tr>
<tr><td rowspan="2">공정</td><td rowspan="2">세부공정</td><td colspan="5">환경영향</td><td colspan="4">환경관련사항</td><td colspan="5">사업관련사항</td><td rowspan="2">score</td><td rowspan="2">rank</td><td rowspan="2">program</td></tr>
<tr><td>수질</td><td>대기</td><td>소음진동</td><td>폐기물</td><td>천연자원소모</td><td>a</td><td>b</td><td>c</td><td>d</td><td>a</td><td>b</td><td>c</td><td>d</td><td>e</td></tr>
<tr><td></td><td></td><td></td><td></td><td></td><td></td><td></td><td></td><td></td><td></td><td></td><td></td><td></td><td></td><td></td><td></td><td></td><td></td><td></td></tr>
<tr><td></td><td></td><td></td><td></td><td></td><td></td><td></td><td></td><td></td><td></td><td></td><td></td><td></td><td></td><td></td><td></td><td></td><td></td><td></td></tr>
<tr><td></td><td></td><td></td><td></td><td></td><td></td><td></td><td></td><td></td><td></td><td></td><td></td><td></td><td></td><td></td><td></td><td></td><td></td><td></td></tr>
<tr><td></td><td></td><td></td><td></td><td></td><td></td><td></td><td></td><td></td><td></td><td></td><td></td><td></td><td></td><td></td><td></td><td></td><td></td><td></td></tr>
<tr><td></td><td></td><td></td><td></td><td></td><td></td><td></td><td></td><td></td><td></td><td></td><td></td><td></td><td></td><td></td><td></td><td></td><td></td><td></td></tr>
</table>

(작성방법)

(1) 발생시점

- 과거 : 환경에 미치는 영향이 과거에 발생되어 그 영향이 현재까지 지속되는 경우
- 현재 : 환경에 미치는 영향이 현재에 발생되고 계속 발생될 경우
- 미래 : 사업계획에 의거 계획된 내용으로부터 환경영향이 예상되는 경우 또

는 현재 미치는 환경영향에 대하여 관심도가 적으나 향후 국내외적으로 규제의 강화가 예상되는 경우

(2) 발생상태

- 정상 : 발생되는 경우가 정상적일 때
- 비정상 : 발생되는 경우가 비정상적일 때(가동개시, 가동중지 등)
- 비상사태 : 발생되는 경우가 비상사태로 인하여 발생되면 해당되는 곳 전부 기재(정상/비정상/비상사태)

(3) 공정 및 세부 공정

- Main Process & Sub Process를 의미한다.
- 팀/주요업무로 구분할 수도 있으며, Line별, 제품 Group별, 건설 주공정/세부 공종별로도 나눌 수 있다.

(4) 환경영향

- 파악된 공정/세부공정의 환경측면으로 인해 수질, 대기, 소음 및 진동, 폐기물, 천연자원 소모 등 어디에 영향을 주는지를 표시한다.

(5) 환경관련 사항의 평가

- 상기 모듈 - 1에서의 평가기준표의 적용, 다음의 평가기준표를 적용하는 것도 가능하고, 조직의 특성을 고려하여 평가기준표를 적용하는 것이 가능하다.

〈표 2-11〉 환경측면 파악 및 환경영향 평가기준표 사례(2)

1) 사업관련 사항

구 분	5	4	3	2	1
(a) 환경영향의 범위/규모	인근공장/주민에 영향	공장에 영향	부서에 영향	팀에 영향	전혀 영향이 없다
(b) 심각도	지역사회에 영향	회사운영에 영향	부서에 영향	팀에 영향	전혀 영향이 없다
(c) 발생가능성	매우 자주 (1-2회/월)	자주 (1-2회/분기)	보통 (1-2회/년)	거의 발생 안함(2-3년마다)	전혀 발생 안함 (5년 이상 미발생)
(d) 환경영향의 지속성	거의 수년내 회복 불가능	약 2-3년내에 회복가능	약 6개월-1년 이내 회복가능	즉시 회복가능	전혀 영향을 미치지 않음

2) 환경관련 사항

구 분	5	4	3	2	1
(a) 법률 및 규정의 적용가능성	현행법규 적용중이다	입법예고된 상태이다	수년내 적용 가능하다	현재 거론 중이다	전혀 적용받을 가능성이 없다
(b) 환경영향을 변화 시키는 데의 어려움	현재 기술적으로 전혀 문제없다	현재 기술적으로 거의 문제없다	보통정도의 기술로 가능	거의 불가능하다	기술적으로 매우 불가능하다
(c) 환경영향을 변화 시키는 데의 비용	전혀 비용이 들지 않는다	비용이 약간 든다	보통정도의 비용	큰 투자가 필요	매우 많은/큰 투자가 필요
(d) 활동 및 공정 변화 효과	환경적으로 매우 큰 효과가 있다	환경적으로 큰 효과가 있다	환경적으로 보통 효과가 있다	환경적으로 거의 효과가 없다	환경적으로 전혀 효과가 없다
(e) 이해관계자의 관심	매우 큰 관심이 있다	큰 관심이 있다	보통 정도의 관심이 있다	거의 관심이 없다	전혀 관심이 없다
(f) 대중 이미지 효과	매우 높다	높다	보통이다	거의 없다	전혀 없다

(4) 자재/제품에 대한 환경영향 평가

자재 및 제품류에 대한 환경영향평가는 환경적으로 청정생산 가능성이나 개선, 개발의 단서를 파악하기 위해 실행하는 것이 바람직하다.

자재류에 대한 환경 유해성평가를 실시하여 가까운 거리에 위치한 공급자로 변경한다든지, 포장 및 수송방법을 변경한다든지, 원부자재 차체를 타른 대체재질로 변경해본다든지 하는 등의 프로그램을 추진할 수 있을 것이며, 제품에 대한 환경영향 평가결과는 대체품의 개발(에너지 절약형, 재질의 변경, 폐기물 감소 등) 등으로 환경경영 프로그램을 추진할 수 있을 것이다.

다음은 제품의 환경영향평가에 적용할 수 있는 사례이다.

〈표 2-12〉 제품 환경영향평가 기준표(사례)

항목	점수	[0]	[1]	[3]	[5]
제품	유해성 (제조/폐기시)	무관	일반화학물질 (포함 및 배출)	유독물 (포함 및 배출)	특정유독물, 위험물(포함 및 배출)
	에너지 효율 (사용시)	90% 이상	70 - 89%	50 - 69%	50% 미만
	운송방법 (출하)	무관	철도 50% 이상	자동차 50% 이상	해상, 항공 50% 이상
	환경오염 (사용/폐기시)	무관	토양, 대기, 수질 중 1곳	토양, 대기, 수질 중 2곳	토양, 대기, 수질 전부
	폐기 (폐기시)	무관	재활용/이용 (50% 이상)	자체/위탁소각	매립
	소음(dB) (사용시)	무관, 50 이하	50 - 79	80 - 99	100 이상
	재사용 비율 (폐기시)	90% 이상, 무관	60 - 89%	30 - 59%	30% 미만

4.3.2 Legal and other requirements

The organization shall establish, implement and maintain a procedure(s)

a) to identify and have access to the applicable legal requirements and other requirements to which the organization subscribes related to its environmental aspects, and

b) to determine how these requirements apply to its environmental aspects

The organization shall ensure that these applicable legal requirements and other requirements to which the organization subscribes are taken into account in establishing, implementing and maintaining its environmental management system.

4.3.2 법규 및 그 밖의 요건

조직은 다음에 대한 절차(서)를 수립, 실행 및 유지하여야 한다.

a) 조직의 환경측면과 관련하여 적용되는 법규 요구사항과 조직이 동의한 그 밖의 요구사항을 파악하고 활용하기 위한절차(서).

b) 조직의 환경측면에 이러한 요구사항을 어떻게 적용할 것인지를 결정하기 위한 절차조직은 적용되는 법규 요구사항과 조직이 동의한 그 밖의 요구사항이 조직의 환경경영시스템 수립, 실행 및 유지시 고려(반영)된다는 것을 보장하여야 한다.

KS I ISO 14001 : 2009 부속서 A

조직은 환경측면에 적용될 수 있는 법적 요구사항을 파악할 필요가 있다. 여기에는 다음 사항을 포함하여야 한다.

a) 국내 및 국제 법규 요구사항
b) 국가의 법규 요구사항
c) 지방자치단체의 법규 요구사항

조직이 동의할 수 있는 그 밖의 요구사항에 대한 보기를 들면 다음과 같다.

- 공공기관과의 협약
- 고객과의 협약
- 비규제적 지침
- 자발적 원칙 또는 업무규약(Code of Practice)
- 자발적인 환경라벨링 또는 제품 책임 의지
- 무역단체의 요구사항
- 지역단체 또는 NGO와의 협약
- 조직 또는 상위 조직의 공약
- 법인/회사 요구사항

법규 및 그 밖의 요구사항을 환경측면에 어떻게 적용할지를 결정하는 것은 일반적으로 이러한 요구사항의 식별 프로세스에서 이루어진다. 따라서 별도의 또는 추가절차를 두는 것은 불필요할 수 있다.

해 설 ☞

1. 조직의 환경경영에 있어서 관리대상이라고 할 수 있는 것은, 환경측면 평가에서 파악한 중요한 환경측면뿐 아니라 법적으로 정해놓은 기준과 이해관계자들의 요구사항중 조직이 준수하기로 정한 것 등이 있다.

이 규격에서 말하는 '법규'란 국가(정부) 및 지방자치단체에서 제정한 모든 환경관련 법규를 뜻한다. 법규는 대개 강제성을 띠고 있고, 준수하지 않을 경우에는 불이익을 받게 된다. 이러한 법규에는 다음과 같은 것들이 있다.

① 법률, 규정 등의 법규
② 법령 및 지시사항
③ 인허가 및 자격증(면허) 등
④ 규제단체가 정한 규제

⑤ 관례나 판례
⑥ 기타 강제성을 띤 조약이나 규약
이러한 법규 요구사항의 최신목록을 유지하는 것이 바람직하다.

2. '조직이 동의한 그 밖의 요구사항'이란, 위에서 언급한 환경관련 법규 이외에, 조직이 자발적으로 혹은 타의에 의해 준수하겠다고 동의한 요구사항들을 말하며, 그 예로는 다음과 같은 것들이 있을 수 있다.

① 공공기관과의 협약 : VA(자발적 협약제도) 등
② 고객과의 약속
③ 비규제적(자발적) 지침 : EU RoHS, ELV, WEEE, REACH 등
④ 자발적 업무원칙 및 업무규약
⑤ 환경라벨링이나 환경선언을 통한 자발적인 제품에 대한 책임 의지
⑥ 무역단체의 요구사항
⑦ 지역단체나 민간단체(NGO)와의 협약
⑧ 조직 자체 또는 모기업(SONY, 삼성전자, 현대자동차 등)의 일반 대중에 대한 공약
⑨ 법인이나 모기업의 요구사항

이러한 그 밖의 요구사항들을 준수하기 위해서는 우선 환경방침(4.2)을 수립할 때 이러한 요구사항들을 파악하여, 목록이나 데이터베이스 등의 형태로 최신 기록을 유지해야 하며, 목표 및 세부목표 수립에 이러한 요구사항들을 반영하여야 한다.

일반적으로 그 밖의 요구사항들은 자발적인 환경개선의 의지가 강한 성격을 띠게 되므로, 법규 요구사항에 비해 요구하는 수준이 높은 경우가 많다. 따라서 이들을 목표 및 세부목표에 반영하고, 내부 성과기준으로 활용한다면 보다 높은 환경성과를 얻을 수 있을 것이다.

3. 해당되는 경우, 현 상태의 법적 규제뿐만 아니라 향후 예상되는 법적 규제의 내용을 미리 예측, 파악하는 것을 포함한다.

4. 파악하고 관리하여야 할 법규의 범위의 예

☞ 환경부(www.me.go.kr)의 법령/정책>법령정보>현행법령현황 혹은 법제처종합법령정보센터참고

(1) 환경관련 법규의 분류 및 예

- 환경일반 : 환경관리공단법, 환경정책기본법, 환경분쟁조정법, 유해화학물질관리법 등
- 자연보전 : 자연공원법, 자연환경보전법, 토양환경보전법, 습지보전법 등
- 대기보전 : 대기환경보전법, 소음진동규제법, 다중이용시설등의실내공기질관리법, 악취방지법 등
- 수질보전 : 수질 및 수생태계보전에 관한 법률, 한강수계상수원수질개선 및 주민지원등에 관한 법률, 낙동강/금강/섬진강/영산강수계물관리 및 주민지원등에 관한 법률, 가축분뇨의 관리 및 이용에 관한 법률
- 상하수도관리 : 수도법, 하수법, 먹는물 관리법
- 폐기물관리(자원순환) : 폐기물관리법, 자원의 절약과 재활용 촉진에 관한 법률, 폐기물의 국가간 이동 및 그 처리에 관한 법률, 건설폐기물의 재활용촉진에 관한 법률 등
- 기타 : 국립환경과학원 시험의뢰 규칙, 환경부소관 비영리법인의 설립과 감독에 관한 규칙 등

(2) 기타 환경과 관련이 있는 법규(조직의 제품에 따라 파악 및 등록)
- 산업안전보건법, 소방기본법
- 제조물책임법, 품질경영 및 공산품안전관리법
- 기타(인사노무, 재무회계분야의 관련법규도 파악, 등록관리하는 것이 바람직하다)

5. 절차에 포함되어야 할 내용

(1) 법규 파악 및 관리를 위한 책임과 권한의 지정, 조직에 적용될 수 있는 법규의 등록, 등록된 법규의 관련부서 전달절차, 법규 준수의 의무 및 이행여부 감독 및 점검 절차, 법규 위반시의 절차, 법규 원본(구본 및 최신본)의 관리, 법규 입수시 회사 시스템의 검토 및 조치 절차 등
(2) 파악, 등록한 법규 및 기타 요구사항에 대한 제개정 및 폐지시의 의사소통
(3) 법적 요구사항과 그 밖의 요건은 환경측면 파악시 이들을 고려하는 것이 일반적이지만 별도로 파악하여 관리할 수도 있다.
(4) 하나 이상의 공장이 있는 조직의 경우 모든 단위 공장에 적용될 수 있는 법규를 파악하여야 한다.

6. 법규 파악 및 등록 실무 사례

(표 2-13) 법규 등록부-1(사례)

부문 : ◉ 환경 ◉ 안전보건 ◉ 품질경영 ◉ 인사노무 ◉ 재무회계 ◉ 기타

No.	구분	법규 및 그 밖의 요구사항 명칭	파악일	제정일	개정일	관련기관	등록 여부	파악자	비고
1									
2									
3									
4									

* 구분 : 법규(법/법령/시행규칙/규칙/훈령/조례 등)

(표 2-14) 법규 등록부-2(사례)

법	시행령	시행규칙	(당사)운영관리기준	비고

7. 국가 법규 체계의 예

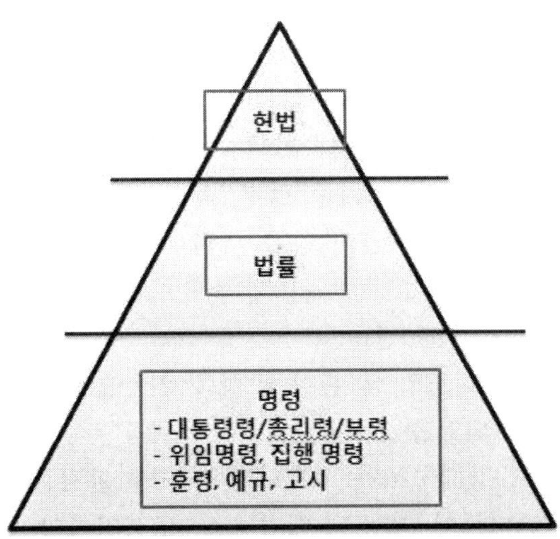

[그림 2-14] 국가 법 체계

8. 환경법의 역사

(1) 환경법의 변천

환경법은 헌법 제35조에 따라 보장된 환경권을 구체화한 법이라고 할 수 있으며, 헌법 제35조에 따르면 "모든 국민은 건강하고 쾌적한 환경에서 생활할 권리를 가지며, 국가와 국민은 환경보전을 위하여 노력하여야 한다"고 언급하고 있으며, 광의로는 환경정책기본법 제3조제1호에서 규정하고 있는 '자연환경'과 '생활환경'을 규율하고 있는 모든 법률을 말하며, 협의로는 정부조직법 제34조에 따라 환경부가 관장하는 자연환경과 생활환경의 보전과 환경오염방지에 관한 법률을 의미한다.

환경문제는 토지정책, 에너지정책, 산업정책 등과 밀접하게 관련되는 것이므로 총체적인 환경의 보전 및 개선의 문제를 논하는 측면에서는 환경법을 광의의 개념으로 파악하는 것이 타당할 것이다.

(2) 환경정책 태동(1960~1970년)

- 1960년대 들어 '제1차 경제개발 5개년 계획' 시행 등 공업화 추진에 따라 발생하는 환경오염 등에 대처하기 위하여 1963년 환경기본법인 '공해방지법'을 제정・공포
- 전문이 21조에 지나지 않는 법률로서 시행령・시행규칙 제정, 전담기관 및 예산조치의 마련 등 후속조치가 제대로 이루어지지 않아 그 역할은 미미한 실정이었음
- 1960년대와 1970년대를 거치면서 섬유, 의류 제조업 등과 함께 철강・화학・조선 등 중화학공업을 중심으로 경제개발이 본격적으로 이루어지면서 울산・온산 등에서 발생한 환경오염 문제는 사회문제로 부각
- '공해방지법'을 폐지하고, 이를 대체하는 '환경보전법'을 1977.12.31. 제정・공포하여 환경기준 및 배출허용기준 설정, 환경감시제도 도입, 방지시설 설치의 의무화, 환경영향평가 협의 근거 등을 마련

(3) 환경정책 형성(1980~1990년)

1980년에는 헌법에서 '환경권'에 관한 조항을 처음으로 명시하였고, 환경보전을 전담하는 환경청이 발족되었음

- 산업화의 진전으로 경제구조가 고도화됨에 따라 환경문제가 심각해지면서 종래의 산업오염과 더불어 자동차 배기가스, 도시지역의 하수, 쓰레기, 녹지와 자연생태계의 파괴 등 소비오염문제가 대두되었음

(4) 환경정책 발전(1990~2000년)

1990년대에 접어들면서, 도시 대기질의 악화, 수자원 공급원의 감소, 유해물질 사용의 증가, 폐기물 배출량의 증가, 자연생태계 훼손, 나아가 지구환경 문제의 대두

- 낙동강 페놀오염사고 등 국내외 환경문제에 대한 국민의 관심이 증대되면서 환경행정 및 법제의 정비 등 많은 환경정책의 변화가 따랐고, 환경청이 환경처(1990.1)를 거쳐 환경부로 승격되었음(1994.12)
- 기존의 '환경보전법'은 기본법인 '환경정책기본법'과 '대기환경보전법', '수질환경보전법', '소음・진동규제법', '유해화학물질관리법', '환경오염피해분쟁조정법' 등 6개 법으로 분화됨
- '자연환경보전법' 및 '환경영향평가법' 등 제정과 '자연공원법' 및 '조수보호및수렵에관한법률'이 환경부로 이관되는 등 자연환경보호를 위한 법률의 제정 증가

(5) 환경정책 발전(2000년~)

2000년대에는 기존의 사후적인 환경관리의 틀을 벗어나 사전예방적인 환경관리정책의 기틀이 마련되었고, 관리대상도 매체별로 세분화・전문화되면서 환경부가 관장하는 법률은 총 46개까지 확대

- 대기와 수질부문에서 오염물질총량관리제도가 도입되고, 물이용부담금제도를 통하여 사용자부담 원칙이 제도화되었으며, 폐기물관리 부문에서 생산자책임재활용제도가 시행되었음
- 1999년 '한강수계상수원수질개선및주민지원등에관한법률'의 제정을 시작으로 '낙동강, 금강, 영산강・섬진강수계물관리및주민지원등에관한법률', '도권대기환경・개선을위한특별법', '백두대간보호에관한법률', '친환경상품구매촉진에관한법률' 등이 제정됨
- 2006년에는 '문화유산과자연환경자산에관한국민신탁법', '가축분뇨의관리및이용에관한법률', '환경분야시험・검사등에관한법률' 등 3개 법률을 제정
- 2007년에는 '잔류성유기오염물질관리법', '전기・전자제품및자동차의자원순환에관한법률', '지속가능발전 기본법' 등 3개 법률을 제정
- 2008년 8월 말 현재 '환경교육진흥법', '환경보건법' 등 2개 법률을 제정

(표 2-15) 환경관련 국가 법체계(2010년 8월 10 현재)

<table>
<tr><th rowspan="2">1960
(6개법률)</th><th rowspan="2">1970~80
(9개법률)</th><th colspan="3">1990 ~ 2008(46개 법률)</th></tr>
<tr><th>현황</th><th>제정일</th><th>최종개정일</th></tr>
<tr><td rowspan="28">공해방지법
(1963.11.5.
제정)</td><td rowspan="21">환경보전법
(1977.12.31.
제정)</td><td>환경정책기본법</td><td>1990.8.1</td><td>2008.3.28</td></tr>
<tr><td>대기환경보전법</td><td>1990.8.1</td><td>2009.5.21</td></tr>
<tr><td>지속가능발전기본법</td><td>2007.8.3</td><td>2007.8.3</td></tr>
<tr><td>환경교육진흥법</td><td>2008.3.21</td><td>2008.9.22</td></tr>
<tr><td>환경보건법</td><td>2008.3.21</td><td>2008.9.22</td></tr>
<tr><td>다중이용시설등의실내공기질관리법</td><td>1996.12.30</td><td>2007.10.17</td></tr>
<tr><td>소음진동규제법</td><td>1990.8.1</td><td>2008.3.21</td></tr>
<tr><td>악취방지법</td><td>2004.2.9</td><td>2008.3.21</td></tr>
<tr><td>수도권대기환경개선에관한특별법</td><td>2003.12.31</td><td>2009.12.10
(시행일)</td></tr>
<tr><td>수질및수생태계보전에관한법률</td><td>1990.8.1</td><td>2009.5.21</td></tr>
<tr><td>한강수계상수원수질개선및주민지원등에관한법률</td><td>1999.2.8</td><td>2009.6.9</td></tr>
<tr><td>낙동강수계 물관리 및 주민지원등에관한법률</td><td>2002.1.14</td><td>2009.6.9</td></tr>
<tr><td>금강수계물관리및주민지원등에관한법률</td><td>2002.1.14</td><td>2009.6.9</td></tr>
<tr><td>영산강섬진강수계물관리및주민지원등에관한법률</td><td>2002.1.14</td><td>2009.6.9</td></tr>
<tr><td>자연환경보전법</td><td>1991.12.31</td><td>2009.6.9</td></tr>
<tr><td>환경범죄의단속에 관한 특별조치법</td><td>1991.5.31</td><td>2009.6.9</td></tr>
<tr><td>환경분쟁조정법</td><td>1990.8.1</td><td>2008.3.21</td></tr>
<tr><td>남극활동및환경보호에관한법률</td><td>2004.3.22</td><td>2008.12.26</td></tr>
<tr><td>친환경상품구매촉진에관한법률</td><td>2004.12.31</td><td>2009.4.1</td></tr>
<tr><td>환경분야시험, 검사등에관한법률</td><td>2006.10.4</td><td>2009.4.1</td></tr>
<tr><td>환경개선비용부담법</td><td>1991.12.31</td><td>2009.2.6</td></tr>
<tr><td rowspan="7">자연공원법
(1980.1.4.
제정)</td><td>자연공원법</td><td>1980.1.4</td><td>2008.3.21</td></tr>
<tr><td>독도등도서지역의생태계보전에관한특별법</td><td>1997.12.31</td><td>2009.5.21</td></tr>
<tr><td>습지보전법</td><td>1999.2.8</td><td>2008.3.21</td></tr>
<tr><td>환경, 교통, 재해등에관한영향평가법</td><td>1999.12.31</td><td>2008.3.28</td></tr>
<tr><td>토양환경보전법</td><td>1999.1.5</td><td>2007.5.17</td></tr>
<tr><td>백두대간보호에관한법률</td><td>2003.12.31</td><td>2009.3.5</td></tr>
<tr><td>문화유산과자연환경자산에관한국민신탁법</td><td>2006.3.24</td><td>2008.3.28</td></tr>
<tr><td colspan="2">조수보호및수렵에관한법률
(1967.3.30. 제정)</td><td>야생동식물보호법</td><td>2004.2.9</td><td>2009.2.29</td></tr>
</table>

<table>
<tr><th rowspan="2">1960
(6개법률)</th><th rowspan="2">1970~80
(9개법률)</th><th colspan="3">1990 ~ 2008(46개 법률)</th></tr>
<tr><th>현행</th><th>제정일</th><th>최종개정일</th></tr>
<tr><td rowspan="3"></td><td rowspan="3">환경오염방지
사업단법
('83.5.1제정)</td><td>환경관리공단법</td><td>1983.5.21</td><td>2010.1.1
(폐지일)</td></tr>
<tr><td>환경개선특별회계법</td><td>1994.1.5</td><td>2009.2.6</td></tr>
<tr><td>환경기술개발및지원에관한법률</td><td>1994.12.22</td><td>2009.5.21</td></tr>
<tr><td rowspan="2">독물및극물에
관한법
('63.12.13.제정)</td><td></td><td>유해화학물질관리법</td><td>1990.8.1</td><td>2009.2.1</td></tr>
<tr><td></td><td>잔류성유기오염물질관리법</td><td>2007.1.26</td><td>2009.2.6</td></tr>
<tr><td rowspan="10">오물청소법
('61.12.31.제정)</td><td rowspan="9">폐기물관리법
('86.12.31제정)</td><td>폐기물관리법</td><td>1986.12.31</td><td>2009.6.9</td></tr>
<tr><td>오수,분뇨및축산폐수의처리에관한법률
(폐지)</td><td>1991.3.8</td><td>2007.9.28
(폐지)</td></tr>
<tr><td>가축분뇨의관리및이용에관한법률</td><td>2006.9.27</td><td>2009.2.6</td></tr>
<tr><td>자원의절약과재활용촉진에관한법률</td><td>1992.12.8</td><td>2009.5.21</td></tr>
<tr><td>전기전자제품및자동차의자원순환에관한
법률</td><td>2007.4.27</td><td>2009.2.6</td></tr>
<tr><td>폐기물의국가간이동및그처리에관한법률</td><td>1992.12.8</td><td>2008.2.29</td></tr>
<tr><td>건설폐기물의재활용촉진에관한법률</td><td>2003.12.31</td><td>2009.6.9</td></tr>
<tr><td>폐기물처리시설설치촉진및주변지역지원
등에관한법률</td><td>1995.1.5</td><td>2009.6.9</td></tr>
<tr><td>수도권매립지관리공사의설립및운영에관
한법률</td><td>2000.1.21</td><td>2007.4.11</td></tr>
<tr><td>합성수지폐기
물처리사업법
('79.12.28제정)</td><td>한국환경자원공사법</td><td>1993.12.27</td><td>2010.1.1
(폐지일)</td></tr>
<tr><td>하수도법
('66.8.3.제정)</td><td></td><td>하수도법</td><td>1966.8.3</td><td>2009.6.9</td></tr>
<tr><td>하수도법
('61.12.31.제정)</td><td></td><td>수도법</td><td>1961.12.31</td><td>2009.6.9</td></tr>
<tr><td></td><td></td><td>먹는물관리법</td><td>1995.1.5</td><td>2008.3.21</td></tr>
<tr><td></td><td></td><td>한국환경공단법</td><td>2009.2.6</td><td>2010.1.1
(시행일)</td></tr>
</table>

심사 초점

① 조직에 적용되는 법규 및 그 밖의 요구사항의 최신 목록이 있는가?

② 파악한 법규 및 그 밖의 요구사항을 환경경영시스템에 적용하고 있는가?

- 목표, 세부목표 및 추진계획에 적용
- 운영관리를 통해

③ 준수평가가 주기적으로 실행되는가?(요구사항 4.5.2와 연계)

4.3.3. Objectives and Targets

The organization shall establish, implement and maintain documented environmental objectives and targets, at relevant function and levels within the organization.

The objectives and targets shall be measurable, where practicable, and consistent with the environmental policy, including the commitments to prevention of pollution, to compliance with applicable legal requirement and other requirements to which the organization subscribes, and to continual improvement.

When establishing and reviewing its objectives, an organization shall take into account the legal and other requirements to which the organization subscribes, and its significant environmental aspects.

It shall also consider its technological options, its financial, operational and business requirements, and the views of interested parties.

The organization shall establish, implement and maintain a program(s) for achieving its objectives and targets.

Program(s) shall include

a) designation of responsibility for achieving objectives and targets at relevant functions and levels of the organizations, and

b) the means and time-frame by which they are to be achieved

4.3.3 목표 및 세부목표

조직은 내부의 관련 기능과 계층별로 문서화된 환경목표 및 세부목표를 수립하고 실행, 유지하여야 한다.

목표 및 세부목표는 가능한 경우 측정되어야 하며 오염예방, 적용되는 법규 및 조직이 동의한 그 밖의 요구사항 준수, 그리고 지속적 개선에 대한 의지가 포함된 환경방침과 일관성이 있어야 한다.

조직은 목표 및 세부목표를 수립하고 검토할 때, 법규 요구사항 및 조직이 동의한 그 밖의 요구사항, 조직의 중대한 환경측면을 고려하여야 한다.

또한, 조직은 조직의 기술적 대안, 재정적, 운영적 및 사업상의 요구사항과 이해관계자의 견해를 고려하여야 한다.

조직은 조직의 목표 및 세부목표를 달성하기 위한 추진계획을 수립, 실행 및 유지하여야 한다.

추진계획(프로그램)에는 다음 사항을 포함하여야 한다.

a) 조직의 관련 기능과 계층별로 목표 및 세부목표 달성을 위한 책임 지정

b) 목표 및 세부목표 달성을 위한 수단과 일정

KS I ISO 14001 : 2009 부속서 A

목표 및 세부목표는 구체적이고 가능한 측정할 수 있어야 한다. 목표 및 세부목표는 장・단기적인 면을 다루어야 한다.

기술적인 대안을 고려할 때에는 경제적인 실행가능성, 비용・효과성 및 적절하다고 판단되는 최선의 이용가능한 기술의 활용을 고려하여야 한다.

조직의 재정적 요구사항에 대한 언급은 조직이 환경비용 회계방법론을 사용하도록 의무화하는 것은 아니다.

하나 또는 그 이상의 추진계획을 개발하고 활용하는 것은 환경경영시스템의 성공적인 실행에 있어서 중요하다. 각 추진계획에는 추진일정, 필요한 자원 및 추진계획의 실행 책임자를 포함하여 조직의 목표 및 세부목표를 어떻게 달성할 것인지를 기술하여야 한다. 이 추진계획은 조직운영의 특정요소를 다루기 위해 세분화할 수 있다.

추진계획은 적절하고 실행가능할 경우, 기획, 설계, 생산, 마케팅 및 폐기 단계에 대한 고려가 포함되어야 한다. 이러한 고려는 현재 및 새로운 활동, 제품 및 서비스 모두에 대해 이루어질 수 있다. 제품의 경우, 이러한 고려는 설계, 자재, 생산 프로세스, 사용 및 최종 폐기에 대해 이루어질 수 있다. 설치 또는 프로세스의 중대한 변경의 경우에는 기획, 설계, 건설, 인계, 운영, 그리고 조직이 결정한 적절한 시기에 인계 해제 등을 이러한 고려에 반영할 수 있다.

해 설 ☞

1. 목표란 조직 전체 또는 특정 기능 및 계층단위에서 일정기간 동안 환경경영시스템을 운영함으로써 달성하고자 하는 환경성과를 의미한다. 세부목표는 이러한 목표를 세분화하여 구체적으로 어떤 환경성과를 얼마나 달성할 것인지를 정한 것이다. 추진계획은 목표 및 세부목표를 달성하기 위해 어떤 일정으로 누가 무엇을 어떻게 할 것인지 구체적인 행동지침을 부여하기 위한 계획사항을 말한다.

2. 본 요구사항은 앞의 요구사항 4.3.1 및 4.3.2항과 연계하여 이해해야 한다.

목표는 오염예방, 법규준수 및 지속적 개선에 대한 내용을 포함하는 환경방침을 기초로 하여(연계하여) 설정하여야 하며, 가능한 한 측정이 가능한 형태로 만들어야 한다.

목표는 경영층을 포함한 조직의 각 계층별로 또는 부서(기능)별로 수립할 수 있다.

3. 환경경영 추진계획의 수립절차
 - 계층별, 기능별 목표달성에 대한 책임자 선정
 - 중대한 환경영향요소(환경측면)에 대한 종합적인 개선방안의 검토 및 제시
 - 개선방안에 대한 투자계획 수립 및 투자효과에 대한 검토
 - 달성목표에 대한 정량화 및 성과평가지표의 고려
 - 세부 추진일정 수립
 - 환경경영 추진계획의 수정 및 변경(환경방침 변경, 환경목표 변경, 공정변경, 신제품 개발, 신설비 도입 등)
 - 환경경영 추진계획의 실행, 평가 및 사후관리(평가주기 설정)

4. 목표 및 세부목표를 설정할 때에는 다음 사항들을 반영하여야 한다.
 ① 경영자의 의지가 반영된 환경방침에 명시된 원칙 및 의지
 ② 중대한 환경측면(중대한 환경측면을 결정하기 위해 사용한 정보 포함)
 ③ 조직에 적용되는 법적 요구사항 및 조직이 동의한 그 밖의 요구사항
 ④ 목표를 달성하는 것이 조직의 다른 활동이나 프로세스에 미칠 수 있는 영향
 ⑤ 조직의 이해관계자들의 관심사항
 ⑥ 조직의 재정적 사항(의무적으로 환경비용 회계방법을 도입할 필요는 없음)
 ⑦ 조직의 대외이미지에 끼칠 수 있는 영향
 ⑧ 환경검토에서 파악된 사항
 ⑨ 조직의 다른 목적
 - 경쟁조직의 환경경영시스템 분석 및 벤치마킹

5. 세부목표는 오염예방, 법규준수 및 지속적 개선에 대한 내용을 포함하는 환경방침을 기초로 하여, 경영층을 포함한 조직의 각 계층별로 또는 부서(기능)별로 수립할 수 있다. 이러한 세부목표를 설정하기 위한 방법의 예로는 SMART 방법이 있다.

[SMART 방법]
 - S(Specific) 구체적이어야 함
 - M(Measurable) 측정가능해야 함
 - A(Agreed To) 조직의 구성원들이 동의할 수 있는 수준이어야 함. Attainable (달성 가능해야)
 - R(Reasonable) 합리적이어야 함, Realistic(현실적), Relevant(방침과 연계/타성이 있는)

- T(Time Bound) 시간/일정 개념이 고려되어야 함, Tangible(손으로 만져지는)

6. 이렇게 설정한 목표와 세부목표는 객관적인 정보로 활용하기 위하여 문서로 작성하여야 한다. 또한, 문서화한 목표 및 세부목표를 관련업무를 수행하는 담당자와 그 진행사항을 검토할 책임이 있는 인원에게 전달되어야 한다.

- 환경목표 및 세부목표를 실행하기 위한 기술적인 방안을 검토할 때 조직은 경제적으로 실현가능하고 효율적인 비용으로 적절하다고 판단되는 최선의 기술 사용을 고려할 수 있다(EVABAT : Economically Viable and Appropriate Best Available Technology).
- 환경개선에 대한 프로그램은 최종 배출구 처리방식(End-of-Pipe Treatment)은 가능한 한 배제하고 오염방지(Pollution Prevention) 차원에서 목표가 설정되어야 한다.
- 추진계획에서는 목표 및 세부목표를 달성하기 위해 필요한 역할, 책임, 권한, 프로세스, 자원, 일정, 우선순위 및 행동을 지정하고 있어야 한다.

7. 조직은 목표 및 세부목표를 달성하기 위해 추진계획에 맞춰 조직의 활동이 제대로 진행되고 있는가를 주기적으로 측정해야 하는데, 이러한 측정에 사용하기 위한 기준으로 사용하는 지표를 환경성과지표라고 한다. 위한 성과지표들에는 다음과 같은 것들이 있다.

① 사용한 원자재 및 에너지의 양
② 대기오염물질 배출량
③ 난위생산량 낭 배출뇐 폐기물의 양
④ 사용한 원자재 및 에너지의 효율
⑤ 환경관련 사건 발생 횟수(법적 규제치 초과 횟수 등)
⑥ 환경관련 사고 발생 횟수(계획에 없던 방출사고 등)
⑦ 폐기물 재활용률
⑧ 포장재의 재활용률
⑨ 단위생산량 당 차량(수송)의 운행거리

- 구체적인 오염물질 당 배출량(NOx, SO2, CO, VOCs, Pb, CFCs)
- 환경 관련 투자금액
- 인근 주민이나 민간단체(NGO) 등의 이해관계자로부터의 민원 및 고발 횟수

자세한 환경성과평가 방법 및 환경성과지표 선정방법 등은 ISO 14031 및 ISO 14032 규격에서 자세히 설명하고 있다.

8. 환경방침 - 환경목표 - 환경 세부목표 - 추진 프로그램(실행계획)의 관계

(표 2-16) 방침 – 목표 – 세부목표와의 관계

환경방침		환경목표		환경 세부목표
천연자원의 보호	→	1) 폐기물 원단위 감소 : 10% 2) 토양오염물질 절감 : 8%	→	1) XX 공정 폐기물 원단위 : 15% 감소

환경경영 프로그램에는 추진 프로그램별로 추진방법, 일정, 담당, 자원의 요구 등을 포함하여야 한다.

(표 2-17) 환경경영 프로그램의 작성(사례)

방침 및 목표	프로그램	목표치	담당	예산 (만원)	추 진 일 정			
					1Q	2Q	3Q	4Q
수질오염 물질의 최소화	1. 폐수처리시설 pH 조정탱크 설치	6월 말	공무팀장	1000				
	1) 현상 파악							
	2) 문제점 및 대책 수립							
	3) 예산확보							
	4) 기초설계 및 견적							
	5) 발주							
	6) 설치 및 시운전							

심사 초점

① 환경방침과 일관성이 있는 목표 설정되어 있는가?
② 목표를 세분화하여 구체적인 세부목표를 설정하고 있는가?
③ 목표 및 세부목표의 문서화는 되어 있는가?
④ 목표 및 세부목표를 달성하기 위한 추진계획은 설정되어 있는가?
- 책임 및 권한의 설정
- 목표 및 세부목표 달성 수단 및 일정계획

⑤ 목표, 세부목표 및 추진계획의 달성도를 측정하기 위한 환경성과지표(EPI)는 선정되어 있는가?

⑥ 추진계획은 실행하고 있는가?, 성과가 미흡한 경우 수정(Updated, Revised)하고 있는가?

4.4.1 Resources, Roles, Responsibility and Authority.

Management shall ensure the availability of resources essential to establish, implement, maintain and improve the environmental management system.

Resources include human resources and specialized skills, organizational infrastructure, technology and financial resources.

Roles, responsibility and authorities shall be defined, documented and communicated in order to facilitate effective environmental management.

The organization's top management shall appoint a specific management representative(s) who, irrespective of other responsibilities, shall have defined roles, responsibilities and authority for

a) ensuring that environmental management system requirements are established, implemented and maintained in accordance with this International Standard ;

b) reporting to top management on the performance of the environmental management system for review, including recommendations for improvement.

4.4.1 자원, 역할, 책임 및 권한

경영자는 환경경영시스템의 수립, 실행, 유지 및 개선을 위해 필수적인 자원의 가용성을 보장하여야 한다.

자원은 인적자원, 특수기능, 조직(내부) 기반구조, 기술 및 재정 자원을 포함한다.

환경경영을 효과적으로 추진하기 위해 역할, 책임 및 권한이 결정되고 문서화 및 의사소통되어야 한다.

조직의 최고경영자는 부여된 다른 책임과는 무관하게 다음 사항에 대한 역할, 책임 및 권한을 갖는 특정의 경영 대리인(들)을 지정하여야 한다.

a) 환경경영시스템이 이 규격의 요구사항에 따라 수립, 실행 및 유지됨을 보장

b) 개선을 위한 제안사항을 포함하여 검토를 위하여 최고경영자에게 환경경영시스템의 성과를 보고

KS I ISO 14001 : 2009 부속서 A

환경경영시스템을 성공적으로 실행하기 위해서는 조직에 근무하거나 조직을 대신해 업무를 수행하는 모든 인원의 의지가 필요하다. 그렇기 때문에 환경에 대한 역할과 책임은 환경경영 기능에 국한된 것으로 보아서는 안 되며, 환경 이외의 운영관리 또는 지원(Staff) 기능과 같은 조직의 다른 부문들도 포함될 수 있다.

이러한 의지는 최고경영층에서부터 시작되어야 한다. 따라서 최고경영자는 조직의 환경방침을 수립하고, 환경경영시스템이 실행되는 것을 보장하여야 한다. 이러한 의지의 일환으로, 최고경영자는 환경경영시스템 실행에 대한 규정된 책임과 권한을 가진 특정 경영대리인(들)을 지명하여야 할 것이다. 규모가 크거나 복잡한 조직에서는 한 사람 이상의 대리인을 지명할 수 있다. 중소기업의 경우에는 한 사람이 이러한 책임을 수행할 수 있다. 경영진은 환경경영시스템의 수립, 실행 및 유지를 보장하기 위하여 조직의 기반구조 같은 적절한 자원의 제공을 보장하여야 할 것이다. 조직 기반구조의 예에는 건물, 통신라인, 지하탱크, 배수시설 등이 있다.

환경경영시스템에 대한 핵심역할 및 책임이 잘 규정되어 조직에 근무하거나 조직을 대신해 업무를 수행하는 모든 인원과 의사소통하는 것 또한 중요하다.

해 설 ☞

1. 환경경영을 비롯한 조직의 모든 활동에는 자원이 투입되며, 이러한 자원의 투입 여부를 결정하는 것은 최고경영자를 비롯한 경영층이다. 자원의 효과적인 사용을 위해서는 자원투입이 왜 필요한지, 어떠한 자원을 얼마나 투입해야 하는지, 누가 어떻게 관리하고 감독할 것인지를 명확하게 정해야 한다. 이러한 자원투입은 조직의 이윤과 직접적으로 연관이 되므로 환경경영시스템을 갖추지 않은 조직에서도 최고경영자를 비롯한 경영층이 심사숙고하여 결정하는 사항이다.

이 규격에서 요구하고 있는 것은 환경경영을 위한 자원배분 절차를 명확히 규정하고 실행하는 것이다. 환경영향이 발생하는 조직의 활동에 어떤 자격을 갖춘 인력을 투입할 것인지, 나쁜 환경영향을 감소시키기 위해서는 어떤 설비를 추가하거나 기존설비를 어떻게 운영해야 하는지, 어떤 기술을 도입해야 하는지 등과 함께, 비용을 얼마나 투입할 것인지를 체계적인 절차에 따라 결정하라는 것이다.

또한, 이러한 자원배분 절차가 원활하게 진행되기 위해서는, 참여하는 인원에게 적절한 권한과 책임이 주어져야 한다. 이러한 권한과 책임을 부여할 수 있는 것이 최고경영자를 비롯한 경영층이므로 이들의 의지가 더더욱 중요하다고 할 수 있다.

조직의 특성에 따라, 이러한 자원배분과 더불어 환경경영의 모든 부분을 최고경영자가 직접 관리하지 못할 경우에는 최고경영자가 적절한 경영대리인을 임명하고 환경경영의 모든 업무를 주관할 수 있도록 책임과 권한을 부여해야 한다.

2. 환경경영시스템을 구축하고 운영하기 위해서는 다음과 같은 자원들이 필요하다.

① 환경경영시스템에 맞는 조직의 구조
② 환경경영 관련 정보를 다루는 정보시스템
③ 관련업무를 수행하는 적합한 인원 및 교육훈련
④ 도입할 수 있는 기술
⑤ 조직이 투입할 수 있는 인력, 재정 등 자원 현황

3. 이러한 자원을 할당하여 투입할 때에는 조직의 현재뿐만 아니라 미래의 필요성, 즉 계획상 조직의 구조상 변경이 있을 예정이라든지, 새로운 프로젝트를 도입할 예정이라든지 하는 사항들도 감안하여야 한다.

- 이렇게 자원을 할당하여 수행한 환경경영시스템에서 자원이 효율성 있게 사용되었는지의 여부는 경영검토와 연계해 주기적으로 검토되어야 할 것이다.

4. 최고경영자는 환경경영시스템의 원활한 구축 및 운영을 위해 경영대리인을 선정해야 한다. 경영대리인은 환경경영시스템 관련 사항을 전담할 수 있는 인원으로 지명하여야 하며, 그에 맞는 책임과 권한이 부여되어야 한다.

지명된 경영대리인은 다음 사항들에 대한 책임과 권한을 가져야 한다.

① 조직의 모든 부분에 대해 환경경영시스템이 수립, 실행 및 유지됨을 보장
② 환경경영시스템의 성과 및 개선점을 최고경영자에게 보고

이 두 가지 기본적인 사항 외에도, 조직에 따라 환경경영시스템 관련 사항을 이해관계자들과 의사소통하는 등의 사항(환경관련 공문 발송 승인 등)들도 경영대리인이 책임질 수 있다.

- 경영대리인으로서 역할을 수행하는 데 자유와 권한을 침해받지 않아야 하며, 또한 복수의 다른 업무를 가지고 있어도 무방하다.
- 규모가 크거나 복잡한 조직에서는 1명 이상의 대리인을 둘 수 있으나, 경우에 따라서는 경영대리인을 별도로 지정하지 않고 최고경영자가 직접 그 역할을 수행할 수도 있다.

▶ (경영대리인으로 조직 외부의 인원을 지명하는 질문에 대해) 조직에 환경경영시스템을 잘 아는 인원이 없어서 외부 전문인력을 경영대리인으로 지명하고, 관련업무를 전담시켜도 됩니까?

- 이 규격에는 경영대리인이 조직 내부의 인원이 되어야 한다는 제한이 없다. 따라서 외부 인원을 경영대리인으로 지명하여도 무방하다. 그러나 이 경우에는 경영대리인으로서의 책임을 제대로 수행할 수 있도록 권한을 부여했는지, 또한 그 외부 인원이 경영대리인의 업무를 충실히 수행했는지를 검토하여야 한다.

5. 환경경영시스템과 연관된 조직의 모든 인원들에 대해서는 이러한 책임과 권한이 규정되어야 하고, 해당 당사자들에게 명확하게 알려야 한다. 환경관련 책임은 환경담당부서뿐만 아니라 구매부서, 기술관리부서, 품질관리부서 등 조직의 다른 부문들에도 있다는 것을 인식해야 한다.

- 최고경영자는 책임과 권한에 맞도록 자원을 배분하여야 하며, 이렇게 배분한 자원이 환경경영시스템을 운영하기에 부족하지 말아야 한다.
- 조직의 구조가 변경되었을 경우에는 책임과 권한 또한 그에 맞도록 변경해야 하는지를 충분히 검토하고, 필요한 경우 변경해야 한다.
- 일반적으로 환경경영시스템의 구축 및 운영에 관련되는 책임과 권한은 다음과 같이 분배될 수 있다.

(표 2-18) 환경경영시스템에서의 책임과 권한(사례)

환경경영시스템 관련 책임	책임자
전반적인 방향 수립	최고경영자 및 경영층
환경방침 개발	최고경영자 및 경영층
환경목표, 세부목표 및 추진계획 개발	관련 부서장
전반적인 환경경영시스템 성과 모니터링	환경부서장
법규 및 그 밖의 요구사항 준수 보장	모든 부서장
지속적인 개선 도모	모든 부서장
고객들의 요구사항 파악	판매 및 마케팅 직원
공급자들의 요구사항 파악	구입자, 구매자
회계절차의 개발, 운영	회계/재정 부서장
환경경영시스템 요구사항 준수	임직원 전체
환경경영시스템 운영 검토	최고경영자

중소기업과 같은 소규모 조직의 경우에는 위의 몇 가지 책임을 한사람이 담당하고 있을 수도 있다. 이런 경우에는 관련 책임을 모두 그 인원에게 부여하는 것도 가능하다.

6. 중소기업 등의 소규모 조직에서는 조직 구조 및 자원이 한정되어 있어 환경경영시스템을 실행하는 데 어려움을 겪을 수도 있다. 이런 경우 그 조직은 다음과 같은 다른 조직들과의 협력을 통해 극복해나갈 수 있을 것이다.

① 기술과 지식을 공유할 수 있는 보다 큰 조직이나 공급자

② 공급망(Supply Chain) 내에 있거나 같은 지역에 위치한 조직으로서, 경험과 기술을 공유하고 공동 개발하며, 사회기반시설(상수도, 하・폐수종말처리장 등)을 함께 사용하고, 조직의 운영에 필요한 자원을 공동으로 구매할 수 있는 다른 중소기업

③ 교육훈련 프로그램을 제공할 수 있는 각종 표준기관, 중소기업협회 및 상공회의소 등

④ 생산성 향상이나 조직 혁신에 필요한 정보를 제공할 수 있는 대학이나 연구기관

심사 초점

① 환경경영시스템과 관련이 있는 인원들의 책임과 권한을 규정하고 있는가?

② 책임과 권한을 원활하게 수행할 수 있도록 충분한 자원을 제공하고 있는가?

③ (적격한) 경영대리인은 선정되어 있는가?

4.4.2 Competence, Training and Awareness

The organization shall ensure that any person(s) performing tasks for it on its behalf that have the potential to cause a significant environmental impact(s) identified by the organization is(are) competent on the basis of appropriate education, training and experience, and shall retain associated records.

The organizations shall identify training needs associated with its environmental aspects and its environmental management system.

It shall provide training or take other action to meet these needs, and shall retain associated records.

The organization shall establish, implement and maintain a procedure(s) to make persons working for it or on its behalf aware of

a) the importance of conformity with the environmental policy and procedures and with the requirements of the environmental management system ;

b) the significant environmental aspects and related actual or potential impacts associated with their work, and the environmental benefits of improved personal performance ;

c) their roles and responsibilities in achieving conformity with the requirements of the environmental management system, and

d) the potential consequences of departure from specified procedures.

4.4.2 적격성, 훈련 및 인식

조직은 파악된 중대한 환경영향이 잠재적 원인이 될 수 있는 업무를 수행하는, 조직에 근무하거나 조직을 대신해 업무를 수행하는 모든 인원이 적절한 교육, 훈련 및 경험에 근거하여 적격함을 보장해야 하며, 관련 기록을 보유하여야 한다.

조직은 환경측면 및 조직의 환경경영시스템에 연계되는 교육훈련의 필요성을 파악하여야 한다.

조직은 이러한 필요성을 충족시키기 위하여 교육훈련을 제공하거나 그 밖의 조치를 취하고 관련 기록을 보유하여야 한다.

조직은 조직에 근무하거나 조직을 대신해 업무를 수행하는 인원이 다음 사항을 인식하기 위한 절차를 수립, 실행 및 유지하여야 한다.

a) 환경방침 및 절차 그리고 환경경영시스템 요구사항에 대한 적합의 중요성

b) 그들의 업무와 연관된 중대한 환경 측면 및 관련된 실제적 또는 잠재적 영향, 그리고 개인적 성과 개선에 의한 환경적 이득

c) 환경경영시스템 요구사항에 적합성을 달성하기 위한 역할 및 책임

d) 규정된 (운영)절차로부터 벗어날 때의 잠재적인 결과

KS I ISO 14001 : 2009 부속서 A

조직은 조직을 위해 업무를 수행할 책임과 권한이 있는 모든 인원에게 필요한 인식, 지식, 이해 및 숙련도를 파악하여야 한다. 이 규격은 다음을 요구한다.

a) 조직이 파악한 중대한 환경영향을 일으킬 수 있는 업무를 수행하는 인원이 배정된 업무를 수행하기에 적격함
b) 교육훈련의 필요성을 파악하고 교육훈련의 제공을 보장하기 위한 조치의 실행
c) 모든 인원은 조직의 환경방침, 환경경영시스템 및 그들의 업무에 의해 영향을 받을 수 있는 조직의 활동, 제품 및 서비스의 환경측면을 인식함

인식, 지식, 이해 및 적격성은 훈련, 교육 또는 업무 경험을 통하여 확보하거나 개선할 수 있다. 조직은 조직을 대신하여 업무를 수행하는 계약자들에게 그들의 직원이 필수적인 적격성을 보유 및/또는 적절한 교육훈련을 받았음을 입증할 수 있도록 요구하여야 할 것이다.

경영자는 인원이 갖추어야 할 능력, 특히 전문적인 환경경영 기능을 수행하는 인원이 갖추어야 할 능력을 보장하기 위해, 필요한 경험, 적격성 및 교육훈련의 수준을 결정하여야 할 것이다.

해 설 ☞

1. 조직의 최고경영자에게는 임직원들에게 환경의 중요성을 설명해주고, 환경방침을 강력히 추진하겠다는 의지를 전달함으로써 모든 임직원들에게 환경을 인식시키고 동기를 부여하여야 하는 가장 핵심적인 책임이 있다. 또한, 임직원이나 조직을 위해 일하는 인원들에게 자신이 담당한 업무와 관련된 목표와 세부목표를 달성하는 것이 중요하다는 것을 인식하도록 격려할 책임도 있다.

환경경영시스템을 단순한 문서시스템에서 효과적이고 실제로 환경성과를 달성해나가는 시스템으로 바꿀 수 있는 것은 개개인의 실천의지이다. 조직의 모든 관련된 인원이 환경경영시스템의 효과적인 운영과 개선을 위해 스스로 제안을 할 수 있는 분위기가 조성되어야 한다.

이 규격에서 말하는 환경경영시스템에 대한 적격성이란 조직이 규정한 중대한 환경측면을 관리하는 인원들이 환경경영시스템에서 요구하는 방식으로 업무를 처리하기 위해 필요한 자질로서 지식, 이해, 기술 및 능력을 포함한다. 조직은 이처럼 환경경영시스템의 구성원이 업무를 처리할 수 있는 적격성을 갖고 있음을 보

장하여야 하므로 주기적으로 적격성 기준과 그 기준에 따른 인원들의 적합성을 파악하여야 하고, 필요하다면 교육과 훈련을 수행하거나 적격한 인원을 고용함으로써 적격성을 유지해나가야 한다.

2. 조직이 파악한 중대한 실재적 및 잠재적 환경측면과 연관되어 있어 환경영향을 일으킬 수 있는 업무에 종사하는 인원들은, 이 규격에서 요구하는 방식으로 업무를 수행할 수 있어야 한다.

이렇게 관련 인원들이 해당업무를 수행하는 데 적격하다는 것을 판단할 수 있는 기준에는 개개인의 지식, 이해, 기술 및 능력 등이 있다.

- 교육훈련 계획에는 교육대상, 주기, 내용, 실시자 및 방법 등을 포함한다.
- 교육훈련 계획에는 법정교육을 포함한다.

3. 적격성의 기준을 만족시키기 위해서는, 해당업무(물리화학적 폐수처리시설 운영자, 소각로 운영자, 환경관련 업무 담당자, 분석/시험원 등)를 수행하기에 충분한 교육이나 훈련을 통해 기술이나 경험을 쌓게 해야 한다. 조직은 조직에서 일하거나(임직원) 조직을 대신해 일하는 인원들(서비스를 포함한 제품을 제공하는 공급자)이 해당업무를 수행하는 데 적격한지를 평가하여, 추가적인 교육이나 훈련이 필요한지를 판단하고, 필요한 경우 이러한 교육훈련을 실시하기 위한 절차를 마련해야 하는데, 이것을 교육훈련 프로그램이라 한다.

이러한 교육훈련 프로그램에서는 보통 다음 사항들을 다룬다.

① 임직원들에 대한 교육훈련 필요성(Needs) 파악

② 파악한 필요성에 따라 교육훈련 계획을 설계 및 개발
  - 환경방침, 목표 및 세부목표, 중요한 환경측면 및 환경경영 추진계획
  - 환경경영시스템 내의 조직원의 역할 및 책임
  - 중요한 환경측면의 관리에 필요한 교육훈련, 비상사태 대비 및 대응

③ 개발한 교육훈련 계획이 환경경영시스템의 요구사항에 적합한지를 검증

④ 교육훈련 계획에 따라 대상 임직원에 대한 교육훈련 실시

⑤ 실시한 교육과 관련된 기록(Record)을 문서화하고 그 성과를 모니터링

⑥ 교육성과에 대한 효과성(Effectiveness) 평가를 수행

4. 일반적으로 조직이 수행할 수 있는 교육훈련의 사례는 다음과 같다.

〈표 2-19〉 교육훈련 형태, 대상 및 목적(사례)

교육훈련의 형태	교육훈련 대상	교육훈련 목적
환경경영의 중요성 인식 고취	선임관리자	환경방침의 실천의지 고양
일반적인 환경인식 고취	모든 임직원	환경방침, 목표 및 세부목표의 실천의지를 높이고, 개개인에게 책임감을 부여
환경경영시스템 요구사항 교육	환경경영시스템 관련 업무를 담당하는 모든 인원	절차대로 실행하기 위한 방법과, 요구사항을 만족하는 방법을 지도
기술 강화	환경업무에 책임이 있는 임직원	운영, 연구개발 등 조직의 여러 분야에서 환경성과를 개선
법규준수 교육	법규준수와 관련 있는 임직원	법규 및 그 밖의 요구사항을 준수

6. 인원의 적격성 관련 기준을 만족하기 위한 기록에는 해당 인원의 학력, 기술, 경험 등을 파악할 수 있는 자료들이 포함된다. 그 예로는 기술자격(자격증 등)을 포함한 외부 법정 이수교육 수료 기록, 조직에서 실시한 교육 및 훈련의 수료 및 평가 기록, 해당 업무에서 종사한 기간 등이 맡은 업무와 관련한 적격성 자료가 된다.

환경경영시스템 인증을 심사할 때에는 이러한 기록 외에 실제 해당 조직에 근무하고 있는지를 증명할 수 있는 자료(급여 관련 기록, 업무일지, 출퇴근기록부 등)를 요구할 수도 있다.

이 규격에서는 "조직에 근무하거나 조직을 대신해 업무를 수행하는 모든 인원" 들의 적격성이 확보되어야 한다고 했으므로, 최고경영자 또한 적격성 관련 기록을 보유하고 있어야 한다.

7. 교육, 훈련, 기능 및 경험에 대한 기록의 실행 사례

- (연간/반기별/월별) 교육훈련 계획서
- 경험과 관련된 기록(경력증명서, 근무경력서)
- 자격과 관련된 기록(자격증 사본, 자격 부여서 등)
- 수료증, 합격증
- 교육훈련 기록(개인별 교육훈련 이수카드 등)
- 교육훈련 효과 파악기록(시험결과표 등)
- 필요시 관련 교재, 교안 등 인용
- 기타 경력관리 카드(Career Development Path), 개인별 인사카드 등

8. 훈련(Training), 교육(Education), 개발(Development)의 차이

〈표 2-20〉 훈련, 교육 및 개발의 차이

구 분	훈련(Training)	교육(Education)	개발(Development)
정 의	산업교육의 상당 부분이 이에 해당하며, 초점은 구성원들의 지식(Knowledge), 기술(Skill), 태도(Attitude) 이다.	새로운 일, 가까운 미래에 확실히 맡게 될 일에 대한 K, S, A의 습득 - 단기투자이며, 조직내에서 인력양성, 충원할 때	조직의 필요와 개인의 성장 욕구를 충족시키는 장기적 요구활동 - 불확실한 미래에 대비
효과의 시점	지금 당장, 개선에 중점	가까운 미래	장기적 요구활동
평가방법	쉽다	어렵지 않다	어렵다
예	문서작성법, 파일링시스템과정	간부후보자과정	국내외중장기연수과정

9. 직무기술서(Job Description)와 직무명세서(Job Specification)

(1) 직무기술서

직무분석 결과에 의해서 얻어진 어떤 특정직무에 관한 정보를 조직적, 체계적으로 정리한 직무의 설명서를 의미하며, 직무표지(Job Idenification), 직무개요(Job Summary), 직무내용(Job Contents) 및 직무요건(Job Requiremnet) 등 직무에 관한 전반적인 사항이 기술된다.

직무기술서가 갖추어야 할 일반적인 요건(원칙)으로서는 명확성(Clear), 간결성(Concise), 완전성(Complete), 일관성(Consistant) 등이다

(2) 직무명세서

직무기술서를 기초로 하여 직무의 내용에 요구되는 자격요건, 즉 인적 특징에 중점을 두어 일정한 형식으로 정리한 문서를 의미한다.

주로 모집과 선발에 사용되며 여기에는 직무의 명칭, 소속 및 직종, 교육수준(학력), 기능/기술 수준(경험 및 경력), 지식, 정신적 특성(창의력, 판단력 등), 육체적 능력, 업무/작업경험, 책임 정도 등이 포함된다.

또한 직무에 따라 자격증 필요 여부, 어학능력, IT 활용능력 수준 등이 요구될 수 있다.

심사 초점

① 인원의 적격성 기준은 수립하였는가?

② 다음 사항을 포함하는 교육훈련 프로그램은 개발되어 있는가?

· 임직원에 대한 교육훈련 필요성 파악
· 파악한 필요성에 따라 교육훈련 계획 수립
· 교육훈련 계획의 검증
· 교육훈련 계획에 따른 실시
· 실시한 교육훈련 기록을 문서화하고, 성과를 모니터링
· 교육성과 평가 수행

③ 개발한 교육훈련 프로그램의 실시 및 효과성은 평가하고 있는가?

4.4.3 Communication

With regard to its environmental aspects and environmental management system, the organization shall establish, implement and maintain a procedure(s) for

a) internal communication among the various levels and function of the organization,

b) receiving, documenting and responding to relevant communication from external interested parties.

The organization shall decide whether to communicate externally about its significant environmental aspects, and shall document its decision.

If the decision is to communicate, the organization shall establish and implement a method(s) for this external communication.

4.4.3 의사소통

조직은 환경측면 및 환경경영시스템과 관련하여 다음에 대한 절차를 수립, 실행 및 유지하여야 한다.

a) 조직 내 여러 계층과 기능간의 내부 의사소통

b) 외부 이해관계자와의 적절한 의사소통을 위한 접수, 문서화 및 회신

조직은 조직의 중대한 환경측면에 대해 외부와 의사소통할 것인지를 결정하고 조직의 결정을 문서화하여야 한다. 외부와 의사소통 하는 것으로 결정한 경우 조직은 이 외부와의 의사소통을 위한 방법을 수립하고 실행하여야 한다.

KS I ISO 14001 : 2009 부속서 A

내부 의사소통은 환경경영시스템의 효과적인 실행을 위해 중요하다. 내부 의사소통을 위한 방법에는 일상적인 업무회의, 소식지(Newsletters), 게시판 및 내부 전산망 등이 있다.

조직은 이해관계자로부터 의사소통 관련 사항을 접수하고 문서화하며 회신하는 절차를 실행하여야 한다. 이 절차에는 이해관계자들과의 대화 및 그들의 관련 관

심사항에 대한 고려를 포함할 수 있다. 어떤 상황에서는 이해관계자의 관심사항에 대한 회신 내용에 조직의 운영과 연계된 환경측면 및 환경영향에 대한 관련 정보도 포함될 수 있다. 이러한 절차에는 비상사태 기획 및 기타 관련 사항에 대한 공공기관들과의 필요한 의사소통도 언급되어야 할 것이다.

조직은 관련 대상 그룹, 적절한 메시지, 주제 및 방법에 대한 결정을 고려하여 의사소통을 계획할 수 있다.

환경측면에 대한 외부 의사소통을 고려할 때, 조직은 모든 이해관계자들의 관점과 정보를 고려하여야 할 것이다. 조직이 환경측면에 대하여 외부 의사소통을 하기로 결정한다면, 해당 절차를 수립하여야 한다. 이러한 절차는 의사소통할 정보의 형태, 대상 그룹과 조직의 세부 여건 등의 여러 요소들에 따라 달라질 수 있다. 외부 의사소통 방법에는 연차보고서, 소식지(Newsletters), 웹사이트 및 지역사회의 모임 등이 있을 수 있다.

해 설 ☞

1. 환경경영시스템은 최고경영자의 적극적인 의지와 함께 조직의 모든 임직원을 포함한, 공급자와 구매자 등의 이해관계자들이 적극적으로 참여할 때에 최고의 성과를 얻을 수 있다. 이렇게 이해관계자들의 참여를 적극 권장하여 최대의 효과를 달성하기 위해서는 환경경영시스템과 관련된 정보를 정확하고 효과적으로 전달하는 것이 중요하다.

정보의 의사소통은 크게 내부 의사소통과 외부 의사소통으로 구분된다.

2. 일반적으로 내부 의사소통 절차는 일반적으로 조직에서 명문화하고 있는 경우가 많다. 그러나 내부 의사소통의 절차가 문서화되지 않았다 하더라도 조직의 구성원들이 어떤 정보를 어떻게 보고하고 전파해야 하는지를 잘 알고 있고, 그렇게 수행하고 있다면 굳이 문서로 남길 필요는 없다.

3. 외부 의사소통은 외부 이해관계자들로부터 접수된 불만사항이나 민원, 요구사항 등을 처리하고, 조직의 환경경영시스템 관련 정보를 외부 이해관계자에게 알리는 것이니만큼 신중하게 대처해야 한다. 따라서 다음 사항들을 결정하기 위한 외부 의사소통 절차를 수립하고 실행해야 한다.

① 외부 이해관계자의 의견, 문서, 불만사항, 민원 등의 접수방법
② 이에 대한 조직의 대응방법
③ 해당 대상자에 대한 회신방법

4. 내부 및 외부 의사소통 절차를 수립할 때에는 다음의 각 사항을 어떻게 처리할 것인지를 고려해야 한다.

① 이해관계자로부터의 질문 및 정보 수집

② 의사소통 대상자 파악

③ 대상자들의 관심사항과 관련된 정보를 수집

④ 대상자들에게 전달할 정보를 결정

⑤ 적절한 의사소통 방법을 결정

또한, 이러한 절차가 효과적인지 주기적으로 평가하고, 필요할 경우 개선해야 한다.

5. 외부 의사소통의 경우에는 조직이 어떻게 결정하여 어떻게 대응했는지를(회신하지 않기로 결정한 경우도 포함) 알 수 있도록 기록으로 남겨야 한다. 이 기록에는 의사소통 대상 및 내용, 조직의 결정사항 및 결정권자, 접수 및 회신일 등이 포함되어야 한다.

의사소통은 반드시 기록하는 형태(Communication doesn't have to be in writing)로 될 필요는 없으며, 구두 또는 다른 형태로도 가능하다. 그러나 조직은 이해관계자로부터의 관련 의사소통 사실(결과)을 문서로 남겨야 할 것이다.

6. 내부 및 외부에 의사소통할 정보는 다음 사항을 고려하여 작성한다.

① 이해하기 쉬워야 하며, 적절하게 설명되어야 함

· 의사소통 대상자의 관심사항과 수준에 맞도록, 이해하기 쉽게(그림, 사진, 그래프 등을 활용) 작성하고, 애매모호하거나 부족한 부분이 없으면서 되도록이면 간결하게 구성하는 것이 좋다.

② 정보는 추적이 가능해야 함(Traceable)

· 해당 정보는 누가 작성하였고, 어디서 얻은 것이며, 보다 자세한 정보는 어디서 얻을 수 있는지 등의 추적이 가능해야 한다.

③ 조직의 환경성과는 정확하게 제시해야 함

· 조직의 환경성과와 관련된 정보는 모호하지 않고 과장되지 않은, 정확한 정보이어야 한다.

④ 가능한 한 비교가 가능한 형태로 정보를 제공해야 함

· 유사한 측정단위를 사용한 수치로 나타내는 등, 비교가 가능한 형태로 나타내야 함

· 조직의 기업비밀에 해당되는 사항의 관리는 기업의 자율에 맡겨져야 함

7. 의사소통할 수 있는 정보에는 다음과 같은 것들이 있다.
① 조직의 일반 정보(환경경영에 대한 최고경영자의 결의 등 포함)
② (가능한 경우)경영보고서, 지속가능보고서, 환경경영보고서
③ 환경방침, 목표 및 세부목표, 추진계획
④ 환경경영 프로세스(임직원 및 이해관계자 포함)
⑤ 지속적 개선 및 오염예방에 대한 조직의 의지
⑥ 환경라벨 및 환경선언을 통해 공개하는 제품 및 서비스의 환경측면 정보
⑦ 조직의 환경성과(추이 포함) 정보(예 : 폐기물 절감, 생산책임제 등)
⑧ 법규 및 조직이 동의한 그 밖의 요구사항 준수 정보, 위반사항의 시정조치
⑨ 전문용어의 설명 등을 추가정보로 보고서에 포함
- 환경 프로젝트를 통한 비용절감 및 투자 등에 대한 재정 정보
- 조직의 환경성과를 향상시키기 위한 잠재적 전략
- 환경사고와 관련된 정보
- 더 자세한 정보를 얻기 위한 연락처(담당자, 웹사이트 등)

8. 내부 의사소통과 외부 의사소통의 방법에는 각각 다음과 같은 것들이 있다.
① 내부 의사소통 방법
· 회의록, 게시판, 사내 신문, 사내 방송, 건의함, 소식지, 조회, 전자메일(e-mail), 인트라넷(Intranet) 등
② 외부 의사소통 방법
· 토론회, 조직 개방 행사, 소비자 초청 간담회, 지역주민과의 대화, 지역행사에의 참가, 웹사이트, 전자메일, 인쇄물, 광고, 소식지, 보고서, 유무선 통신 등

9. 내부 의사소통의 예

<table>
<tr><td colspan="2" align="center">공 고</td></tr>
<tr><td>발신 : 공장장</td><td>수신 : 전사원</td></tr>
<tr><td colspan="2"><내용>
200X.XX.XX 당 공장에서 배출된 지정폐기물 중 일부가 규정대로 분리수거되지 않는 사례가 있어 해당 공공기관으로부터 이에 상응하는 행정처분을 받은 바 전사원은 환경경영의 중요성을 다시 한 번 일깨우고 분리수거에 대한 지침을 철저히 준수하기 바랍니다.</td></tr>
</table>

심사 초점

① 다음의 각 단계를 포함하는 내부 및 외부 의사소통 절차를 수립하고 있는가?
- 이해관계자로부터의 질문 및 정보 수집
- 의사소통 대상자 파악
- 대상자의 관심사항과 관련된 정보 수집
- 대상자에게 전달할 정보를 결정
- 적절한 의사소통 방법을 결정

② 수립한 외부 의사소통 절차의 문서화는?
③ 절차에 따라 내부 및 외부 의사소통 수행, 기록의 작성 및 보관은?
④ 조직의 중대한 환경측면에 대하여 외부와 의사소통을 결정하고 있는가?

4.4.4 Documentation

The environmental management system documentation shall include
a) the environmental policy, objectives and targets
b) description of the scope of the environmental management system
c) description of the main elements of the environmental management system and their interaction, and reference to related documents.
d) documents, including records, required by this International Standard, and
e) documents, including records, determined by the organization to be necessary to ensure the effective planning operation and control of process that relate to its significant environmental aspects.

4.4.4 (환경경영시스템) 문서화

환경경영시스템 문서화에는 다음을 포함하여야 한다.
a) 환경방침, 목표 및 세부목표
b) 환경경영시스템의 적용 범위의 기술
c) 환경경영시스템의 주요 구성요소, 그들의 상호관계 및 관련 문서의 참조에 대한 기술
d) 기록을 포함하여 이 국제표준에서 요구하는 문서
e) 조직의 중대한 환경측면에 관련된 프로세스의 효과적인 기획, 운영 및 관리를 보장하기 위해, 기록을 포함하여 조직에서 필요하다고 결정한 문서

KS I ISO 14001 : 2009 부속서 A

문서화의 상세함에 대한 정도는 환경경영시스템과 환경경영시스템의 각 부분이 어떻게 함께 운용되는지를 충분히 설명할 수 있어야 하며, 환경경영시스템 특정 부문의 운영에 대해 보다 상세한 정보를 취득할 수 있는 길잡이를 제공할 수 있어야 할 것이다. 이 문서화는 조직이 실행하고 있는 다른 경영시스템의 문서화와 통합될 수 있다. 그것은 매뉴얼과 같은 형태가 아니어도 된다.

환경경영시스템 문서화의 정도는 다음 사항 등에 따라 조직마다 다를 수 있다.

a) 조직의 규모 및 형태, 그리고 조직의 활동, 제품 및 서비스
b) 프로세스의 복잡성 및 프로세스간의 상호작용
c) 인원의 적격성

문서의 예는 다음과 같다.

- 방침, 목표 및 세부목표
- 중대한 환경측면에 대한 정보
- 절차서
- 프로세스 정보
- 조직도
- 내부 및 외부 규격
- 현장 비상사태 계획
- 기록

절차의 문서화는 아래 내용에 근거하여야 한다.

- 환경에 미치는 영향을 포함하여, 문서화하지 않았을 때의 결과
- 법규 및 조직이 동의한 그 밖의 요구사항 준수의 실증을 위한 필요성
- 일관성 있는 활동 수행의 보장을 위한 필요성
- 의사소통 및 교육훈련을 통한 실행의 용이함, 유지 및 개정의 용이함, 애매모호하거나 치우칠 위험이 적음, 실증 가능성 및 가시성과 같은 문서화했을 때의 이점
- 이 규격의 요구사항

  최초에 환경경영시스템 이외의 목적으로 작성된 문서일지라도 이 시스템의 일부로 활용할 수 있으며, 이 경우 시스템에 참조사실을 표시하여야 한다.

해 설 ☞

1. 문서화란 조직이 환경경영시스템을 수립, 운영 및 유지함에 있어 필요한 사항들을 문서의 형태로 작성하는 것을 말한다. 이 규격에서 요구하는 문서화란, 특정 정보를 문서로 기록하고 활용함으로써 문서화하지 않았을 경우에 발생할 수 있는 혼란 등에 의한 악영향(환경에 대한 영향 포함)을 미연에 방지하고, 법규나 외부 이해관계자의 요구에 대해 제출할 수 있는 증거를 사전에 준비하며, 환경경영시스템 내의 모든 활동이 일관성 있게 수행되도록 하는 등의 효과를 얻기 위한 것이다.

문서화의 상세함에 대한 정도는 환경경영시스템의 핵심요소와 그 요소들간의 상호관계를 충분히 기술할 수 있는 정도로 한다.

2. 이 규격에서 문서화할 것을 요구하고 있는 문서들을 포함하여, 조직에서 문서로 작성하여야 할 것들은 다음과 같다.

① 환경경영시스템의 범위(Scope)
② 환경방침, 목표 및 세부목표(Policy, Objective & Target)
③ 추진계획 및 각 계획별 책임자와 수행자 정보
④ 중대한 환경측면 정보
⑤ 절차서(Procedure)
⑥ 프로세스(공정)에 관한 정보
⑦ 조직도(Organization Chart)
⑧ 내부 및 외부 규격(Internal & External Specification)
⑨ 현장 비상계획(Site Emergency Plan)

- 기록 : 이 내용들 중 내부 및 외부 규격, 절차서, 기록 등을 제외한 대부분은 일반적으로 환경경영시스템 매뉴얼의 형태로 통합하여 관리할 수 있다.

3. 환경경영시스템 문서화는 조직의 경영활동, 구조 및 크기 등에 따라 갖추어야 할 문서의 종류 및 체계가 다를 수밖에 없으나 일반적으로 생각할 수 있는 문서의 구조는 다음과 같다.

구분	Level	내 용
매뉴얼	I	환경경영시스템의 요건별로 수행해야 할 업무 그리고 다른 업무와의 상호관계를 기술하는 문서(책임 및 정의)
절차서	II	환경경영시스템의 유지 및 이행과 관련된 활동의 구체적인 절차를 규정하는 문서(누가, 무엇을, 언제의 정의)
지침서	III	절차의 운영에 대한 구체적인 방향, 기준 및 내용을 기술한 문서 (어떻게 하는가의 세부방법을 기술)

4. 조직의 활동과 관련된 모든 절차를 문서화할 필요는 없다. 조직이 어떤 절차에 대해 문서화할 필요가 없다고 판단하였다면 그 절차를 관련된 인원들이 잘 이해하고 실행할 수 있도록 의사소통하거나 교육훈련을 통해 보장하여야 한다.

환경경영시스템의 효율적 유지 및 이행을 위하여 문서화되어야 할 절차의 대상들은 정함에 있어서, 규격의 본문에서 "…(문서화된) 절차서를 수립하고"와 "…절차를 수립하고" 등으로 구별하여 "…(문서화된) 절차서를 수립하고" 이외에는 절차를 문서화할 필요가 없는 것으로 단정할 필요는 없다.

5. 문서는 조직이 효율적이라고 판단하는 형태로 작성하면 된다. 사용자가 접근하기 쉽고, 보기 쉬우며, 이해하기 쉬운 형태(책자, 전자문서, 사진, 포스터 등)로 작성하는 것이 중요하다.

문서를 전자문서로 관리하면 개정이 쉽고, 사용자가 접근하기 쉬우며, 최신문서의 관리가 쉽다는 장점이 있다.

6. 환경경영시스템의 문서화 Matrix 사례

(표 2-21) 환경경영시스템 요구사항과 표준 Matrix(사례)

KS I ISO 14001		운영절차(서)		운영지침(서)	
번호	요구사항	Std. No.	표준문서명칭	Std. No.	표준문서 명칭
4	환경경영시스템 요구사항				
4.1	일반 요구사항	EM-1000	환경경영매뉴얼		
4.2	환경방침				
4.3	기획				
4.3.1	환경측면	EP-1100	환경영향평가		
4.3.2	법규 및 기타 요구사항	EP-1200	법규등록 및 관리		
4.3.3	목표, 세부목표 및 추진계획	EP-1300	방침 및 목표관리		
4.4	실행 및 운영				
4.4.1	자원, 역할, 책임 및 권한		(환경경영매뉴얼에 포함)		
4.4.2	적격성, 교육훈련 및 인식	EP-1400	교육훈련관리		
4.4.3	의사소통	EP-1500	의사소통 관리		
4.4.4	문서화				
4.4.5	문서관리	EP-1600	문서관리		
4.4.6	운영관리	EP-1700	운영관리	EWI-1710	수질관리
				EWI-1720	대기관리
				EWI-1730	폐기물 관리
4.4.7	비상시 대비 및 대응	EP-1800	비상시 대비 및 대응관리		
4.5	점검				
4.5.1	모니터링 및 측정	EP-1900	모니터링 및 측정관리		
4.5.2	준수평가		(법규등록 및 관리에 포함)		
4.5.3	부적합, 시정조치 및 예방조치	EP-2000	부적합, 시정조치 및 예방조치관리		
4.5.4	기록관리	EP-2100	기록관리		
4.5.5	내부심사	EP-2200	내부심사관리		
4.6	경영검토		(방침 및 목표관리에 포함)		

7. 조직이 환경경영시스템 외에 다른 경영시스템을 도입하고 있다면, 비슷한 내용의 문서를 중복하여 발행할 필요 없이 문서를 통합하여 관리할 수 있다.

특히 문서관리, 기록관리, 교육훈련관리, 모니터링 장비 및 측정장비관리, 내부심사, 부적합, 시정조치 및 예방조치 등에 관한 사항은 통합이 가능하다.

8. 기록 또한 문서의 일부분이지만, 기록의 관리는 이 규격의 4.5.4항에서 다룬다.

심사 초점

① 다음 사항들이 포함된 문서는 보유하고 있는가?

· 환경방침, 목표 및 세부목표
· 환경경영시스템의 적용범위
· 환경경영시스템의 주요 구성요소에 대한 기술 및 그들의 상호관계, 그리고 관련되는 참조 문서
· 이 규격에서 요구하는 각종 문서
  - 환경측면 파악 및 중대한 환경측면 결정과 관련된 정보
  - 역할, 책임 및 권한
  - 운영관리 절차서(조직이 필요하다고 판단한 운영에 한하여)
  - 모니터링 및 측정 정보(절차, 성과기준, 운영기준 등)
· 이 규격에서 요구하는 각종 기록
  - 외부 의사소통 관련 결정 기록
  - 모니터링 및 측정 장비 교정 및 검증
  - 준수평가 결과
  - 시정조치 및 예방조치 결과
  - 내부심사 결과
  - 경영검토 결과
· 기타 조직의 중대한 환경측면과 관련하여 필요하다고 결정한 문서 및 기록

4.4.5 Control of Documents

Documents required by the environmental management system and by this International Standard shall be controlled.

Records are special type of document and shall be controlled in accordance with the requirements given in 4.5.4

The organization shall establish, implement and maintain a procedure(s) to

a) approve documents for adequacy prior to issue

b) review and update as necessary and re-approve documents.

c) ensure that changes and the current revision status of document are identified.

d) ensure that relevant versions of applicable documents are available at points of use

e) ensure that documents remain legible and ready identifiable

f) ensure that documents of external origin determined by the organization to be necessary for the planning and operation of the environmental management system are identified and their distribution controlled, and

g) prevent the unintended use of obsolete documents and to apply suitable identification to them if they are retained for any propose.

4.4.5 문서관리

환경경영시스템 및 이 국제 표준(규격)에서 요구하는 문서는 관리되어야 한다.

기록은 문서의 특별한 형식으로서 4.5.4의 요구사항에 따라 관리되어야 한다.

조직은 다음에 대한 절차(서)를 수립, 실행 및 유지하여야 한다.

a) 문서를 발행하기 전에 적정성이 승인되어야 한다.

b) 필요시 문서의 검토 및 갱신, 그리고 재승인

c) 문서의 변경 및 최신 개정 상태의 식별을 보장

d) 적용되는 문서의 해당본이 사용시 이용 가능함을 보장

e) 문서가 읽기 쉽도록 유지되고 쉽게 식별됨을 보장

f) 조직에서 환경경영시스템의 기획 및 운영에 필요하다고 결정한 외부출처 문서의 식별 및 배포가 관리됨을 보장

g) 효력이 상실된 문서의 의도하지 않은 사용을 방지하며, 어떤 목적을 위해 보유할 경우에는 적절한 식별을 적용

KS I ISO 14001 : 2009 부속서 A

본문 4.4.5항의 목적은 조직이 환경경영시스템을 실행하기 위해 적절한 방식으로 문서를 작성 및 유지하는 것을 보장하기 위한 것이다. 그러나 조직이 우선적

으로 중요시해야 할 사항은 환경경영시스템의 효과적인 실행 및 환경성과이지 복잡한 문서관리 시스템이 아니다.

해 설 ☞

1. 문서관리는 4.4.4항의 요구사항에 따라 환경경영시스템의 효과적인 운영 및 성과 달성을 위해 문서로 작성한 자료를 관리하기 위한 절차이다.

문서관리에서 가장 중요한 점은 '필요한 문서'를 적절한 장소에 비치하여 쉽게 열람할 수 있도록 하는 것이다. '필요한 문서'란 환경경영시스템의 운영에 필요한 문서의 최신판을 의미하며, '적절한 장소'란 문서가 규정하고 있는 관련 업무를 주로 수행하는 곳을 뜻하고, '쉽게 열람할 수 있다'라는 것은 필요한 문서를 식별하기 쉽게 비치하여서 사용자에게 혼란을 주지 않는 것이라 할 수 있다.

이 조항에서 요구하는 것은, 조직이 문서로 정한 절차에 따라 환경경영시스템을 원활하게 운영하여 환경성과를 효과적으로 개선하는 것이지, 도서관처럼 복잡한 문서관리 시스템을 갖추라는 것은 아니다.

2. 조직은 다음 사항들을 만족할 수 있는 문서관리절차를 수립하고 실행하며 유지해야 한다.

① 해당 조직, 부서, 기능, 활동 및 담당자가 문서에 나타나 있음
② 문서를 정기적으로 검토하고 필요한 경우 개정함
③ 문서를 발행하기 이전에 적절한 권한이 있는 인원이 승인함
④ 환경경영시스템의 특정 활동이 수행되는 곳에서 관련된 문서의 최신판을 활용할 수 있음
⑤ 최신판이 아닌 이전 문서는 혼란을 피하기 위해 사용처에서 즉시 제거함
(단, 법규 문서나 지식의 보존을 위해 필요한 문서는 혼란을 방지하기 위해 적절하게 표시한 후 보관할 수 있음)

3. 문서를 발행하고 비치하여 활용하며 갱신하는, 모든 문서관리 관련 절차들은 다음 [그림 2-15] 와 같이 요약할 수 있다.

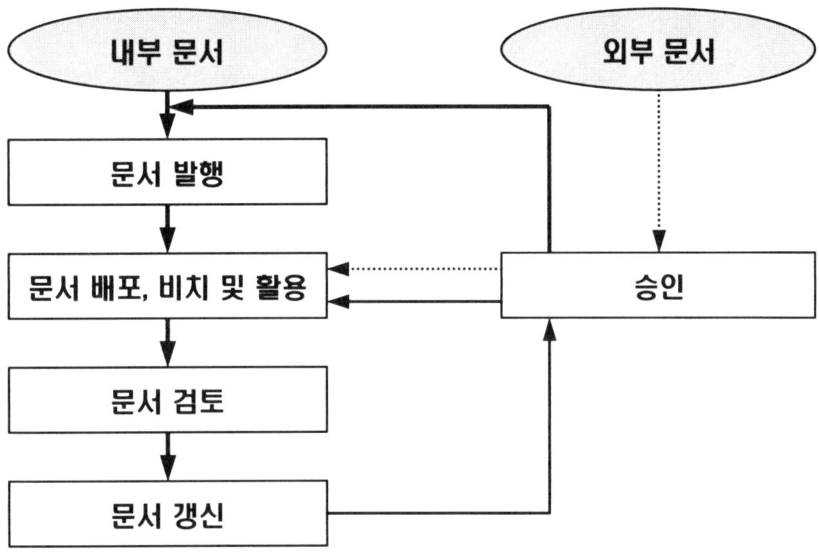

[그림 2-15] 내부, 외부 문서관리 Flow

5. 효과적인 문서관리를 위해서는 다음 사항들을 고려해야 한다.
① 제목, 번호, 날짜, 개정 및 권한 등을 명시하는 적절한 문서 양식을 개발
② 문서의 검토와 승인을 조직 내에서 충분한 자질과 권한이 있는 인원에게 부여
③ 효과적인 문서 배포

6. 사용시 이용 가능함을 보장함의 의미는?
(1) 이 요건이 의미하는 것은 해당되는 사람이 올바른 문서의 개정본을 가지고 있어야 한다는 것임(It is meant to ensure that the correct people have the correct version of the correct documentation)
(2) 문서는 그것을 필요로 하는 조직 구성원이 쉽게 접근할 수 있는 적절한 장소에 비치하여야 함. 여기서 적절한 장소인가의 여부는 해당 부서/사용자 등을 고려하여 판단하여야 할 것임

7. 환경경영시스템의 문서화(4.4.4 EMS Documentation), 문서관리(4.4.5 Document Control)와 기록(4.5.4 Records)에 대한 명확한 이해가 요구됨.
(1) 환경경영시스템 문서화 : 환경경영시스템 요건 및 이들 요소들 사이의 상호 관계를 기술

(2) 문서관리 : 문서화된 서류나 전자매체 형태에 대해 관리를 어떻게 할 것인가

(3) 기록관리 : 환경경영시스템과 관련된 기록과 정보의 파악, 수집, 색인, 파일링 및 보관, 유지, 검색, 보존 및 폐기에 대한 관리

8. 문서와 기록의 차이점 및 관계를 요약하면 다음과 같다.

구 분	기능	작성시기	개정관리	관리기준	예	비고
문 서 (문서형태의 자료 포함)	업무수행의 기준, 지침	업무 시작 전 또는 개정시	철저한 관리 요구	4.4.5에 따라 관리	매뉴얼, 절차서, 지침서, 지시서 등	문서의 성격을 가졌다가 기록으로 바뀌는 문서도 있음 (예 : 지시서, 심사점검표 등)
기 록 (기록형태의 자료 포함)	업무수행의 증거	업무 진행중 또는 완료 후	개정하지 않음	4.5.3에 따라 관리	운영일지, 측정기록, 심사기록 등	

9. 외부출처 문서들의 예에는 국내외 규격(KS, ISO 등), 관련 법규 및 법령집, 조직에 대해 외부인원이나 외부조직이 수행한 심사/진단보고서(환경영향평가보고서 등), 환경설비 조작매뉴얼, 협력/공급조직이나 경쟁조직의 환경활동 관련 자료, 국내외 환경관련 동향이나 기술을 파악할 수 있는 책자(잡지, 신문 등) 등 다양한 종류가 있다.

10. 표준문서의 제정, 개정 및 폐기 실행 양식의 예

<table>
<tr><td colspan="4">표준문서 □제정, □개정 □폐지신청서</td></tr>
<tr><td>표준문서명</td><td></td><td>표준번호</td><td></td></tr>
<tr><td>프로세스 책임자</td><td></td><td>최종개정일/번호</td><td></td></tr>
<tr><td>제/개정/폐지사유(요약)</td><td colspan="3"></td></tr>
<tr><td colspan="2">제/개정/폐지전</td><td colspan="2">제/개정/폐지후</td></tr>
<tr><td colspan="2"></td><td colspan="2"></td></tr>
<tr><td colspan="4">위와 같이 표준문서를 □제정, □개정 □폐지하고자 하오니 검토 후 의견이 있으면 제시하여 주시기 바랍니다.</td></tr>
</table>

심사 초점

① 다음 사항들을 포함하는 문서관리절차를 수립하고 있는가?
- 문서 발행 전 승인(Process Owner별 작성 - 검토 - 승인 혹은 관련부서/팀의 협조)
- 문서의 적절한 배포 및 활용
- 필요시 문서의 검토, 갱신 및 재승인
- 문서 식별(구분) 방법, 외부문서의 승인, 식별 및 배포

② 문서관리절차를 수행하고 있는가(적절하게 식별, 배포, 활용 및 폐기하는가)?

4.4.6 Operational Control

The organization shall identify and plan those operations that are associated with the identified significant environmental aspects consistent with its environmental policy, objectives and targets, in order to ensure that they are carried out under specified conditions, by

a) establishing, implementing and maintaining a documented procedure(s) to control situations where their absence could lead to deviations from the environmental policy, objectives and targets, and
b) stipulating the operating criteria in the procedure(s), and
c) establishing, implementing and maintaining procedures related to the identifiable significant environmental aspects of goods and services used by the organization and communicating relevant procedures and requirements to suppliers, including contractors.

4.4.6 운영관리

조직은 다음 사항들의 실행을 통해 규정된 조건하에서 운영함을 보장하기 위하여 환경방침, 목표 및 세부목표와 일관성을 가지는 식별된 중대한 환경측면과 연계된 조직의 운영사항을 파악하고 계획하여야 한다.

a) 문서화된 절차가 없음으로 인해 환경방침, 목표, 세부목표와 어긋나는 사태가 발생하는 것을 관리하기 위해 문서화된 절차서를 수립, 실행 및 유지
b) 이러한 절차서에 운영기준(범위)을 규정
c) 조직이 사용하는 물품 및 서비스의 식별된 중대한 환경측면에 관련된 절차를 수립, 실행 및 유지하며, 계약자를 포함하여 공급자에게 적용되는 절차 및 요구사항을 의사소통

KS I ISO 14001 : 2009 부속서 A

조직은 파악한 중대한 환경측면에 연관된 운영을 평가하고 환경방침, 목표 및 세부목표의 달성을 위해 측면과 연관된 부정적인 영향을 관리하거나 감소시키도록 수행됨을 보장하여야 할 것이다. 운영관리는 유지보전 활동을 비롯한 모든 운영을 포함해야 할 것이다.

환경경영시스템의 이 부분은 일상적인 운영에서 시스템 요구사항을 어떻게 실현할 것인가 하는 길잡이를 제공하는 것으로, 4.4.6 a)항은 문서화된 절차가 없을 경우 환경방침, 목표 및 세부목표에서 이탈될 수 있는 것을 방지하기 위해 문서화된 절차의 사용을 요구한다.

해 설 ☞

1. 조직이 정한 환경방침에 따라 목표를 세우고, 그 목표를 달성하기 위한 세부목표 및 추진계획을 수립하였다면 이 목표 및 계획에 맞도록 환경경영시스템을 운영해야 한다. 이러한 운영활동을 관리하는 것을 운영관리라 한다.

운영관리는 조직의 활동들이 체계적으로 수행될 수 있도록 활동기준과 절차를 마련하고, 그 기준 및 절차에 따라 운영하도록 관리하는 것이다. 즉, 우선 운영관리가 필요한 부분을 파악하고, 적절한 기준과 절차를 선택하거나 수립한 후에 그에 맞도록 관리한다.

환경경영시스템의 실행과 관련하여 발견되는 여러 가지 문제들은 이 요건의 요구사항에 부적합한 것으로 떠넘겨질 수 있다는 점에서 이 요건은 많은 의미를 가진다.

이 요건이 일반적으로 의도하는 것은 환경에 영향을 줄 수 있고, 환경방침의 범주 내에 있는, 그리고 목표와 세부목표에 영향을 줄 수 있는 그러한 운영과 활동(Operations and Activities)을 파악하고, 일상 업무에서 적절하게 관리하도록 함으로써 환경성과를 높이고자 하는 것이다.

2. 운영관리의 목적은 다음 사항들을 달성하는 것이다. 따라서 운영관리의 필요성을 파악할 때에는 다음 사항들을 면밀히 검토하여야 한다.

① 조직이 파악한 중대한 환경측면을 효과적으로 관리

② 법규 요구사항 및 조직이 동의한 그 밖의 요구사항을 준수할 수 있도록 보장

③ 조직의 환경방침에 따라 설정한 목표 및 세부목표의 달성

④ 환경적인 위험을 방지하거나 최소화

3. 운영관리의 필요성을 파악하기 위해서는 조직의 운영과 관련된 모든 활동들을 대상으로 그 필요성을 파악하여야 하는데, 이러한 조직의 운영활동은 크게 경영활동, 내부 프로세스 운영 및 외부 프로세스 운영으로 구분할 수 있고, 각각의 예는 다음과 같다.

① 경영활동

· 계약, 구매, 판매, 마케팅, 홍보, 연구개발, 설계, 엔지니어링, 고객 서비스 등

② 내부 프로세스 운영

· 원자재 취급 및 보관, 생산 및 보전, 노동 분석, 제품 보관, 운송 등

③ 외부 프로세스 운영

· 공급업체, 구매업체 등의 관리 등

4. 위와 같은 조직의 운영활동별로 관리가 필요하다고 판단한 경우 문서화한 절차의 도입, 작업지침서 작성 및 교육, 직접적인 관리, 잘 훈련된 인원의 배치 등의 다양한 방법을 사용하여 관리해야 한다. 특히, 외부 프로세스의 운영관리에서 공급업체나 구매업체가 조직의 환경방침이나 목표, 세부목표를 달성하는 데 어떤 영향을 줄 것인지를 고려하여 적절하게 관리하는 것도 중요하다. 외부업체의 관리방법에는 문서화된 절차의 준수, 계약서의 계약조건, 협조요청 등이 있다.

5. 운영관리는 일반적으로 다음과 같은 순서로 실행한다.

① 관리방법의 선택

· 위에서 언급한 것처럼 다양한 운영관리방법이 있는데, 특정 운영활동에는 이러한 방법들 중 어떤 방법들을 도입할 것인지를 선택해야 한다.

② 운영기준을 선택

· 운영기준은 대상 활동이 목표 및 세부목표에 미치는 영향 등을 고려하여 선택해야 한다. 예를 들어, 폐수처리시설의 운영기준은 수질환경보전법과 같은 외부기준이 될 수도 있고, 폐수의 수질이 조직의 중대한 환경측면으로 파악되어 특별히 관리할 필요가 있다면 내부에서 규정한 보다 강화된 기준을 사용할 수도 있다.

③ 운영절차를 수립

· 운영기준을 만족하기 위해서는 어떤 절차를 따라야 하는지를 검토하고, 적절한 운영절차를 수립하여야 한다. 예를 들어, 집진장치의 필터는 6개월에 한번 교체하여야 한다든지, 소각용 보일러를 가동할 때에는 어떤 순서로 작동해야 하는지 등을 결정한다.

· 운영절차에는 적격한 인원이 운영관리를 할 수 있도록, 교육훈련 관련 사항

도 포함하여야 한다(4.4.2 적격성, 교육훈련 및 인식 참조).

④ (필요한 경우)운영절차의 문서화

· 운영절차를 실행할 때 문서화된 절차가 없어서 혼란이나 실수가 발생할 가능성이 있는 경우를 방지하기 위하여, 필요한 경우 절차를 문서화하여야 한다. 절차는 지침서 등의 문서로 작성할 수도 있고, 비디오나 사진, 포스터 등의 형태로 작성하여 비치할 수도 있다. 문서화된 절차는 관련 업무를 수행하는 곳에서 담당자가 쉽게 찾고 구별하여 사용할 수 있도록 관리하여야 한다(4.4.5 문서관리 참조).

6. 이렇게 수립된 운영절차에 따라 운영관리를 수행하면서, 운영관리가 제대로 이루어지고 있는지, 그리고 운영관리의 효과는 어떤지를 모니터링해야 하며(4.5.1 모니터링 및 측정 참조), 필요한 경우 시정조치 등을 통해 개정해야 한다.

(1) 운영관리에 대한 문서화된 절차 또는 지침이나 기준이 없을 경우, 방침 및 목표, 세부목표에 어긋나는 사태로 발전할 수 있는 상황을 파악하는 것이 중요함. 이는 심사, 검토, 인터뷰, 고장형태 분석(FMA : Failure Mode Analysis) 등의 방법을 이용할 수 있음.

(2) 조직은 환경방침, 목표 및 환경경영 추진계획을 효율적으로 이행하고, 중요한 환경측면을 관리하기 위하여 조직이 일상적으로 수행하는 운영(operations)과 활동(activities)을 파악하여 이러한 운영 및 활동이 규정된 조건하에서 수행된다는 것을 보장하기 위해 관련 활동들을 계획하여야 함.

7. 조직이 중대한 환경측면을 파악한다는 것의 의미는, 가장 시급하고 영향이 큰 부분들을 우선적으로 개선하는 데에 조직의 자원이나 역량을 집중하여야 한다는 의미이다. 따라서 조직에서 객관적이고 논리적인 근거하에 중대하지 않다고 판단하였다면 관련 운영관리활동을 지금 당장 하고 있지 않다고 해서 잘못된 것은 아니지만, 아예 환경측면으로조차 파악하고 있지 않다거나, 많은 자원이나 노력이 없어도 즉시 실행할 수 있는 사항인데도 수행하지 않고 있다면 문제가 될 수 있다.

8. (운영관리의 부적합) 조직의 어떤 활동에 대해서 심사를 할 경우, 이 규격의 여러 조항이 심사기준으로 적용될 수 있다. 예를 들어, 폐수의 수질 측정에 대해서는 4.4.6항의 운영관리에서 정해진 절차에 따라 수행하도록 되어 있는 동시에 4.5.1 모니터링 및 측정과도 관련이 있다. 만약 운영절차에 따라 폐수의 수질 측정이 이루어지지 않고 있다면 4.4.6항에 대한 부적합인 동시에 4.5.1항의 부적합

이기도 하지만, 실제 심사에서는 관련 활동에 대한 세부항목이 존재하면 세부항목을 위주로 부적합을 지적하게 된다. 즉, 이 경우는 우선적으로 4.5.1항에 대한 부적합이라고 판단하게 된다. 그러나 만약 수질 측정절차가 제대로 수립되어 있지도 않고, 절차에 따른 측정도 하고 있지 않다면 4.4.6과 4.5.1의 두 항목 모두에 대한 부적합으로 처리되어야 한다.

심사 초점

① 운영관리가 필요한 활동들의 운영방법은 설정되어 있는가?
- 운영기준
- 운영절차
- 운영기록

② 운영방법에 따른 운영관리는 실행되고 있는가?

4.4.7 Emergency Preparedness and Response

The organization shall establish, implement and maintain a procedure(s) to identify potential emergency situations that can have an impact(s) on the environmental and how it will respond to them.

The organization shall respond to actual emergency situations and accidents and prevent or mitigate associated adverse environmental impacts.

The organization shall periodically review and, where necessary, revise its emergency preparedness and response procedures, in particular, after the occurrence of accidents or emergency situations.

The organization shall also periodically test such procedures where practicable.

4.4.7 비상시 대비 및 대응

조직은 환경에 영향을 줄 수 있는 잠재적 비상상황 및 사고를 파악하고 이에 대응하기 위한 절차를 수립, 실행 및 유지하여야 한다.

조직은 실제 비상상황 및 사고 발생시 관련된 환경영향을 방지하거나 완화할 수 있도록 대응하여야 한다.

조직은 비상사태에 대한 대비 및 대응 절차를 주기적으로 검토하고 필요시 개정하여야 하며, 특히 사고 또는 비상상황이 발생한 후에는 반드시 그리하여야 한다.

조직은 비상사태에 대한 대비 및 대응 절차를 실행 가능한 방법으로 주기적으로 시험하여야 한다.

KS I ISO 14001 : 2009 부속서 A

모든 조직은 해당 조직의 특성에 적합한 비상사태 대비 및 대응 절차(들)를 개발할 책임이 있다. 조직은 이러한 절차(들)를 개발할 때에 다음 사항을 고려해야 할 것이다.

a) 현장의 위험성 특성(예 : 인화성 액체, 저장탱크 및 압축가스, 누출 또는 유출 사고시 대응책)
b) 비상상황 또는 사고의 유형 및 규모
c) 사고 또는 비상상황에 대한 가장 적절한 대응 방법
d) 내부 및 외부 의사소통 계획
e) 환경에 대한 피해를 최소화하기 위해 필요한 조치
f) 사고 또는 비상상황의 다양한 유형별 취해질 완화 조치 또는 대응 조치
g) 시정조치 및 예방조치를 수립하고 실행하기 위해 사고에 대한 사후평가를 위한 프로세스의 필요성
h) 비상사태 대응 절차의 주기적 시험
I) 비상사태 대응인원에 대한 교육훈련
j) 상세한 연락처를 포함한 핵심인원 및 지원기관(예 : 소방서, 누출처리업체)의 목록
k) 대피경로 및 집결장소
l) 인근 시설의 비상상황 및 사고의 잠재성(공장, 도로, 철도 등)
m) 인근 조직과의 상호지원 가능성

해 설 ☞

1. 환경경영시스템에서 말하는 비상사태란, 정상운영이거나 비정상운영(설비 교체, 점검 등)이 아닌 상황에서, 환경경영시스템의 절차대로 운영이 되지 않는 등의 내부 요인이나 천재지변 등 외부 요인으로 인해, 규정된 것 이상의 나쁜 환경영향이 발생하는 상황을 말한다.

비상사태 대비란 발생할 가능성이 있는 비상사태를 파악하여 관련 인원에게 교육 및 훈련을 실시하며, 비상연락망 구축, 장비(소화기 등) 비치 등의 사전활동을 하는 것을 말한다. 또한, 비상사태 대응이란 실제 비상사태가 발생하였을 경우 미리 마련된 대비절차에 따라 발생한 환경영향을 완화하거나 제거하는 활동을 하는 것을 말한다.

2. 정상운영이란 환경경영시스템이 규정하고 있는 절차대로 정상적으로 운영되

고 있는 상황을 말하며, 비정상운영이란 정상운영은 아니지만 조직의 운영을 위해 필요한 조치를 수행하고 있는 상황을 말한다. 비정상운영의 예에는 설비의 교체 및 추가, 장비의 정기적 혹은 비정기적인 점검을 위한 가동중단(shut-down) 및 가동개시(start-up) 등이 있다.

3. 환경적인 비상사태가 발생하면 대부분 법규 기준치 이상의 환경오염물질이 배출되어 주변환경(대기, 수계, 생태계 등)에 영향을 끼칠 수 있으므로 이러한 환경영향과 연계하여 발생할 가능성이 있는 잠재적인 비상사태의 파악을 위해서는 다음 사항들을 고려하여야 한다.

① 조직의 과거 비상사태 발생 기록
② 조직의 환경경영 관련 활동 중 정상상태를 벗어날 가능성이 있는 것(예 : 유류저장고의 화재, 액체 폐기물의 누출, 대기오염 방지장치의 작동 정지 등)
③ 발생할 경우 조직에 큰 영향을 줄 수 있는 천재지변(예 : 태풍, 지진, 폭우, 폭설, 산사태 등)
④ 조직 주변의 다른 조직에서 발생하여 조직에 영향을 미칠 수 있는 비상사태(예 : 정전, 주변 유류저장고의 화재, 가스 및 용수 공급 중단, 도로공사 등)

4. 파악한 잠재적인 비상사태들은 다음을 참고로 하여 그 중요도를 파악한다.

① 과거의 비상사태 기록에 근거하여 발생할 가능성이 높은 것
② 조직 내/외부의 이해관계자들이 대비할 것을 요청한 것
③ 발생할 경우 그 피해가 크거나 복구가 어려운 것
④ 발생할 경우 복구에 드는 비용 및 자원이 큰 것

5. 중요도를 파악하여 발생 가능성이 낮거나 환경영향이 적은 것을 제외한 모든 비상사태에 대해서는 다음 사항들을 고려하여 대비 및 대응절차를 마련하여야 한다.

① 발생 가능한 비상사태별로 가장 적절한(환경피해를 최소한으로 줄이기 위한) 대응방법 파악
② 비상사태 발생시 의사소통 방법 및 절차
· 비상사태와 관련된 내부 핵심인원 및 연락방법(비상연락망 등)
· 인근 관공서 및 긴급지원기관(해당 관청, 소방서, 경찰서, 경비업체 등)의 목록 및 연락방법
· 주변 다른 조직들 및 주민들에 대한 연락방법
③ 비상사태 발생지역으로부터의 피난경로 및 집결장소

④ 주변 조직들과의 상호 협조 가능성 파악
⑤ 위 사항들과 관련된 인원들을 종합적으로 교육하고 훈련하는 절차

6. 이렇게 마련한 절차에 대해서는 주기적인 훈련을 통해 그 효율성을 검토하고, 필요할 경우에 개정하여야 한다. 또한, 실제로 비상사태가 발생하였고 그에 대한 대응절차를 수행한 경우에는 반드시 그 효율성을 검토하여 개선에 반영하여야 한다.

7. 환경오염사고의 예
- 대기배출시설 등에서의 대기오염물질 다량유출사고(VOC, 광화학적 스모그, 악취, 유해가스 등)
- 유해화학물질의 토양 및 공공수역 유출사고(Tank Leakage, Spill Over 등)
- 유류차량의 전복 등 유류의 운송, 유통, 취급과정에서 유출사고
- 공공수역에 수질오염물질의 다량유출사고
  (폐수배출시설에서의 폐수 무단방류, 폐유, 폐유기용제, 중금속, 침출수 등의 공공수역 유출 등)
- 수온변화, 용존산소부족 등 수환경변화에 의한 물고기 폐사
- 환경기초시설의 고장, 파손, 붕괴 등으로 폐기물 또는 오·폐수 등 오염물질의 다량유출 사고

8. 주요 오염물질별 처리대책(예)

(표 2-22) 주요 오염물질별 처리대책(사례)

오염물질	오 염 원	처 리 대 책
기 름	o 배, 차량의 오일류 o 공장 기계유 및 중유 o 폐유처리시설 o 유류운반차량	· 취수중단 · 취수점 유입구의 오일팬스를 치거나 취수량 감소로 기름유입 방지 · 원수 기름제거 작업과 취수구 하류로 흘려보냄 · 원수지에 분말활성탄 주입 및 기름중화제 살포 · 정수장에 유입되었을 때 게이트 조작으로 침사지와 하천수 위치를 형성하여 역류시키거나, 착수정 침전지에서 오일매트로 제거작업
냄 새	o 댐, 저수지의 조류에 의한 곰팡이냄새 o 폐놀, 유기용제 등의 유출	· 심한 경우 취수중단 · 활성탄 투입에 의한 희석 · 진염소처리와 응집 침진 효율을 높여 조류 제거
시 안	o 도금공장 o 화학섬유 공장 o 공장폐수	· 상수원 유역 순회감시로 물고기폐사 감시 · 취수 및 송수 중단 · 하천의 각 지점별 수질검사에 의해 취수원을 열고 하류부근 방류
농 약	o 제초제, 살균제 저장탱크, 운반차 o 논, 밭 등에서 강우시 유출	· 취수중단 및 제한급수 · 원수조에 물고기를 사육하여 조기발견 · 농약의 종류와 독성검사 및 염소에 의한 분해실험
암모니아성 질소	o 산업폐기물 침출수 o 하수, 분뇨처리장 o 냉장고 냉매 o 갈수시 하천 퇴적물	· 취수점에서의 조기발견 · 전염소처리(파괴점 염소주입)
산폐액	o 광산, 공장 폐수 o 보일러 세정수(병원, 공장, 대형 건물 등)	· 공장폐수 방류 감시 감독 · 보일러 정기점검시 감시기관과의 긴밀한 연락체계
고탁도	o 강수시 하천유량 증가 o 하천준설공사 o 자재공장 모래세정기	· 정수장 내 응집제 주입량 증가

9. 환경오염사고 보고 서식의 예

(표 2-23) 환경오염사고 보고서식의 예

<table>
<tr><td>보고
기관</td><td>과</td><td>전화번호
FAX번호</td><td></td><td>보고자</td><td>직급 :　　성명 :</td></tr>
<tr><td colspan="2">구 분</td><td colspan="4">보 고 내 용</td></tr>
<tr><td colspan="2">1.
사고발생 일시
및 장소</td><td colspan="4">o 일 시 :
(사건 접수, 보고, 통보 시간 및 기관명 기재)
o 장 소 :</td></tr>
<tr><td colspan="2">2.
사고내용
(상황)</td><td colspan="4">o 오염물질의 종류 및 유출량
o 발생원인 및 경위
o 오염물질 확산정도
o 인근지역 피해여부
o 하천, 호소, 해양 유입 여부
o 기 타</td></tr>
<tr><td colspan="2">3.
조치내용</td><td colspan="4">o 시간대별 상황전파 사항
o 응급조치 및 방제작업 상황
o 오염물질 제거정도
o 동원인력 및 장비 투입현황</td></tr>
<tr><td colspan="2">4.
향후조치계획
및 전망</td><td colspan="4">o 사고원인조사, 수질분석, 업소조치 계획 등
o 방제작업 완료예정 일시</td></tr>
<tr><td colspan="2">5.
하류
취/정수장
영향</td><td colspan="4">o 사고지점에서 ○○취수장까지 거리 :　　km
o 취수량 :　　톤/일
o 취수장까지의 도달시간 :　　시간
o 취, 정수장 영향 : 현재상태, 향후 영향여부</td></tr>
<tr><td colspan="2">6.
특이사항</td><td colspan="4">o 언론 취재, 보도내용 등</td></tr>
</table>

10. 환경오염사고 분류의 예

(표 2-24) 환경오염사고 분류의 예

오염 물질별	유형별분류		원인별분류	
(Ⅰ형) 유 류 유 출	1 형 2 형 3 형 4 형 5 형	○ 차량, 선박 등 전복 ○ 사업장에서 유출 ○ 화재 진압시 발생 ○ 공사장 장비전복 등 ○ 불법배출 등 기타	① 형 ② 형 ③ 형 ④ 형 ⑤ 형	○ 운전부주의 ○ 취급, 관리부주의 ○ 기계고장 ○ 불법배출(무단투기) ○ 원인불명 등 기타
(Ⅱ형) 미 량 유 기 화 학 물 질	1 형 2 형 3 형 4 형	○ 차량, 선박 등 전복 ○ 사업장에서 유출 ○ 화재 진압시 발생 ○ 불법배출등 기타	① 형 ② 형 ③ 형 ④ 형 ⑤ 형	○ 운전부주의 ○ 취급, 관리부주의 ○ 기계고장 ○ 불법배출(무단투기) ○ 원인불명 등 기타
(Ⅲ형) 수환경 변 화	1 형 2 형 3 형 4 형	○ 물고기폐사 ○ 조류번식 ○ 오염물질 일시 다량유입 ○ 기타	① 형 ② 형 ③ 형 ④ 형	○ 용존산소 부족 ○ 수온상승 등 계절적 원인 ○ 강우 등 일시적 원인 ○ 복합요인에 의한 변화
(Ⅳ형) 기 타	1 형 2 형 3 형 4 형 5 형	○ 대기배출시설에서의 사고 ○ 환경기초시설에서의 사고 ○ 수돗물 악취 등 오염발생 ○ 불법투기 ○ 원인불명 등 기타요인	① 형 ② 형 ③ 형 ④ 형 ⑤ 형	○ 관리 및 취급부주의 ○ 기기, 시설고장 ○ 오염물질 농도증가 ○ 불법배출(무단투기) ○ 원인불명 등 기타

심사 초점

① 비상사태별 대비 및 대응 절차는 수립되어 있는가?
② 주기적인 교육 및 훈련 기록은 유지하고 있는가?
③ 주기적인 비상사태 대비 및 대응 절차 검토 기록은 유지하고 있는가?
④ 비상사태가 발생한 경우 이에 대한 완화 대책은 수립하였는가?

4.5.1 monitoring and measurement

The organization shall establish, implement and maintain a procedure(s) to monitor and measure, on a regular basis, the key characteristics of its operations that can have a significant impact.

The procedure(s) shall include the documenting of information to monitor performance, applicable operational controls and conformity with the organization's environmental objectives and targets.

The organization shall ensure that calibrated or verified monitoring and measurement equipment is used and maintained and shall retain associated records.

4.5.1 모니터링 및 측정

조직은 중대한 환경영향을 줄 수 있는 조직운영의 주요 특성을 정기적으로 모니터링 및 측정하기 위한 절차(서)를 수립, 실행하고 유지하여야 한다.

이 절차에는 조직의 환경목표 및 세부목표에 관련된 성과, 적용되는 운영관리 및 적합성을 모니터링하기 위한 정보의 문서화를 포함하여야 한다.

조직은 사용하고 유지하는 모니터링 및 측정장비를 교정 또는 검증하여야 하며 관련 기록을 보유하여야 한다.

KS I ISO 14001 : 2009 부속서 A

조직의 운영에는 다양한 특성이 있을 수 있다. 예를 들면, 폐수의 모니터링 및 측정에 관련된 특성에는 생화학적 산소요구량(BOD), 화학적 산소요구량(COD), 온도 및 산성도가 포함될 수 있다.

모니터링 및 측정으로부터 수집된 데이터는 경향 파악 및 정보 획득을 위해 분석할 수 있다. 이러한 정보로부터 얻은 지식은 시정조치 및 예방조치를 수행하는 데 사용될 수 있다.

주요 특성이란 어떻게 조직의 중대한 환경측면을 관리하고, 목표 및 세부목표를 달성하며, 환경성과를 개선할 것인가를 결정하기 위해 필요한 것이다.

유효한 측정결과를 보장할 필요가 있는 경우, 측정장비는 규정된 주기 또는 사용 전에 국제표준 또는 국가표준에 소급가능한 측정표준으로 교정 또는 검증되어야 한다. 그러한 측정기준이 없는 경우 교정에 사용된 근거는 기록되어야 한다.

해 설 ☞

1. 조직은 환경경영시스템이 정해진 절차에 따라 원활하게 운영되고 있고, 그에 따라 목표로 설정한 환경성과를 달성할 수 있는지를 파악해야 한다. 이러한 파악은 조직의 환경측면 중 목표, 세부목표 및 추진계획에 반영된 조직의 활동 결과를 주기적으로 측정하거나 모니터링함으로써 가능하다.

측정이란 조직이 정한 환경측면과 관련하여, 측정장비를 이용하여 폐수의 생화학적 산소요구량(BOD), 산성도(pH) 등 양적인 데이터를 수집하거나, 조직 구성원들의 업무와 관련된 교육성과 측정 등 질적인 데이터를 수집하는 활동을 말한다.

모니터링은 이러한 측정을 일정기간에 걸쳐 주기적으로 수행하는 것을 말한다.

- 본 요구사항은 KS Q ISO 9001 : 2009/ISO 9001 : 2008 요구사항 7.6항을 참고한다.

2. 모니터링 및 측정은 다음과 같은 목적을 위해 활용할 수 있다.

① 환경방침에 명시한 의지를 만족하는지, 목표 및 세부목표 또는 지속적 개선을 달성해가고 있는지의 여부를 추적

② 중대한 환경측면을 파악하기 위한 정보를 수집

③ 법적 요구사항이나 조직이 동의한 그 밖의 요구사항에서 규정하고 있는 물질의 배출농도 및 배출량을 만족하고 있는지를 파악

④ 목표 및 세부목표에서 설정한 원부자재 사용량을 만족하는지를 파악

⑤ 운영관리에 필요하거나, 운영관리를 평가하기 위한 데이터 수집

⑥ 조직의 환경성과를 평가하기 위한 데이터 수집

⑦ 환경경영시스템의 성과를 평가하기 위한 데이터 수집

3. 모니터링 및 측정은 조직이 정한 절차에 따라 체계적으로 수행되어야 하며, 이를 위해 조직이 마련해야 할 절차에는 다음 사항들을 포함하여야 한다.

① 무엇을 어디서 언제 측정할 것인가?

- 모니터링, 측정의 항목, 주기, 책임 및 검증 절차 등

② 어떤 측정방법을 도입할 것인가?

③ 조직의 중대한 환경측면과 관련하여 어떤 측정이 가장 중요하며, 가장 유용

한 정보를 줄 수 있는 측정대상은 무엇인가? 이러한 측정에 조직의 자원을 어떻게 투입해야 하는가?

- 모니터링 및 측정 결과 처리방법(부적합 시정조치, 피드백)

4. 모니터링 및 측정의 결과가 유효함을 보증하기 위해서 조직은 모니터링 및 측정장비가 적절한 주기로 검증, 교정되고 있는지, 자격을 갖춘 인원이 모니터링 및 측정에 투입되고 있는지를 검토하여야 한다(예, COD/BOD Meter, pH Meter, 탁도계, 소음/진동계, 대기오염가스 측정기기 등)

5. 특히, 모니터링 및 측정의 결과가 유효하다는 것을 조직 대내외 이해관계자에게 보장할 필요가 있을 경우(외부심사, 실사 등의 대상이 되는 데이터일 경우), 모니터링 장비 및 측정장비를 국제표준 또는 국가표준에 의해 규정된 바대로 교정하거나 검증하여야 한다.

이러한 표준이 없을 경우에는 장비제조업체가 권장하거나 조직이 적합하다고 판단한 기준에 따라 교정 또는 검증을 해야 한다. 모니터링 및 측정 결과의 객관성을 보장하기 위해 사용한 교정기준 및 검증기준은 기록으로 남겨야 한다.

6. 모니터링 및 측정의 결과는 그대로 기록으로 남겨야 하며, 정확성을 유지하는 한도 내에서 목표 및 세부목표에 맞도록 가공하였을 경우 가공한 방법 또한 기록으로 남겨야 한다.

7. 측정/모니터링 결과가 기업의 환경목표 및 세부목표를 준수치 못한 경우 이를 바로 부적합 사항으로 단정하는 것은 옳다고 할 수 없다. 환경목표 및 세부목표를 준수하지 못한 사실에 대해 필요조치를 취하는 절차가 마련되어 있고 실제로 조치를 취한다면 부적합 사항에 해당되지 않는다.

다만, 중대한 법적 기준을 준수치 못하는 결과가 파악되었음에도 합리적인 이유 없이 시정/예방조치를 시행하지 않고, 관련 절차가 마련되어 있지 않다면 부적합 사항에 해당될 것이다.

8. 모니터링 및 측정 결과가 조직이 설정한 환경목표 및 세부목표를 달성하기 위한 운영기준을 만족하지 못하고 있는 경우, 예를 들어 어느 기업의 환경목표에서는 방출하는 폐수의 BOD를 10ppm 이하로 설정하였으나 실제 배출결과가 이를 초과한 경우의 조치사항

- 일반적으로 모니터링 및 측정 결과의 원인을 즉시 파악하고 분석하여, 필요

한 시정조치를 취하는 절차를 마련하여 실행하고 있으면 일시적으로 목표를 달성하지 못한다 해도 문제가 되지 않는다. 그러나 이러한 절차를 잘 실행하고 있음에도 불구하고 지속적으로 목표달성에 실패할 경우에는 수립된 목표가 적절하지 않다든지, 시정조치가 불완전하다고 판단될 수 있기 때문에 규격의 요구사항에 적합하지 않다고 볼 수 있다.

9. 모니터링 및 측정절차(대상, 주기, 교정 및 검증기준, 인원, 사용방법)를 반드시 문서로 남겨야 한다.

환경경영시스템의 모든 문서는 조직이 정한 절차를 따르지 않았을 때 발생할 수 있는 혼란을 방지하기 위해서 작성하고 활용하는 것이다.

모니터링 및 측정 장비의 사용방법에 있어서는, 그 장비가 매우 보편적인 것이고(전력사용량계, 저항측정기 등) 사용자가 적합한 절차에 따라 잘 운용하고 있다면 그 사용방법까지 굳이 문서로 작성할 필요는 없다. 그러나 측정장비들 중 일부는 전문적인 지식을 필요로 하는 경우가 많으며, 담당 인원이 휴가중이거나 하는 상황이 발생할 수 있으므로 만일을 위해 그 사용방법을 문서로 만들어 해당 장비 근처에 비치하거나 부착하는 것이 바람직하다.

10. 검정(Verification, 檢定)

공정한 상거래질서의 확립과 정확한 계량기의 사회공급을 위하여 법으로 규정한 기준에 적합한지의 여부를 검사하여 적합한 계량기에 한하여 기물에 검정증인을 표기(검정 유효기간이 정하여진 계량기에 대하여는 검정 유효기간까지를 표기함)하는 제반 절차를 말한다.

- 계량에 관한 법률에서는 상거래 및 의료용 계량기 16종은 제작, 수입 또는 수리한 경우 검정을 받아 판매 또는 대여할 수 있도록 규정하고 있음

11. 교정(Calibration, 較正)

측정기나 측정시스템이 지시하는 양의 값 또는 물적 척도나 표준물질이 표시하는 값과 표준에 의해서 현시된 이들에 대응하는 값 사이의 관계를 특정한 조건하에서 확립하는 일련의 작업

▶ 검정과 교정의 차이점 : 검정은 계량에 관한 법률에 의하여 강제로 시행되는 제도이며, 교정은 측정기의 사용자가 보유하고 있는 측정기가 국제 또는 국가표준과의 소급성이 유지되고 있는지 또한 어느 정도의 오차를 가지고 있는지를 알고자 하는 경우 실시하는 임의제도임

심사 초점

① 다음 사항을 포함한 모니터링 및 측정 대상을 선정하고 있는가?
- 조직의 목표 및 세부목표에 대한 성과의 증거, 운영관리, 적합성

② 선정한 대상별로 모니터링 및 측정 주기를 결정하고 있는가?

③ 모니터링 및 측정장비별로 교정 및 검증 기준을 정하고 기록하는가?

④ 모니터링 및 측정에 소요되는 자원(인력, 장비, 비용 등)을 배분하는가?
- 적합한(자격을 갖춘) 인원의 투입 여부 확인
- 적절한 장비의 사용 여부 확인(추가 장비 구매 필요성 검토 포함)

⑤ 모니터링 및 측정을 수행하고 있는가?
- 모니터링 및 측정 이전에 기준에 따른 사전 교정 및 검증 수행
- 선정한 대상과 주기에 따른 모니터링 및 측정 수행
- 교정 및 검증 관련 기록과 모니터링 및 측정 결과 기록 유지

4.5.2 Evaluation of Compliance

4.5.2.1 Consistent with its commitment to compliance, the organization shall establish, implement and maintain a procedure(s) for periodically evaluating compliance with applicable legal requirements.

The organization shall keep records of the results of the periodic evaluations.

4.5.2.2 The organization shall evaluate compliance with other requirements to which it subscribes. The organization may wish to combine this evaluation with the evaluation of legal compliance referred to in 4.5.2.1 or to establish a separate procedure(s).

The organization shall keep records of the results of the periodic evaluations.

4.5.2 준수평가

4.5.2.1 준수에 대한 조직의 의지와 일관되게 조직은 적용되는 (환경과 관련된) 법규 요구사항의 준수여부를 주기적으로 평가하기 위한 절차(서)를 수립, 실행 및 유지하여야 한다.

조직은 주기적 평가 결과에 대한 기록을 유지하여야 한다.

4.5.2.2 조직은 조직이 동의한 그 밖의 요구사항에 대한 준수여부를 평가하여야 한다. 조직은 4.5.2.1에 언급한 법규 준수여부에 대한 평가와 통합하거나 별도의 절차를 수립하여 평가할 수 있다.

조직은 주기적 평가의 결과에 대한 기록을 유지하여야 한다.

KS I ISO 14001 : 2009 부속서 A

조직은 적용되는 법적 허용기준 또는 인/허가를 포함하여 파악된 법규 요구사항에 대한 준수를 평가하였음을 실증할 수 있어야 한다.

조직은 조직이 동의한 그 밖의 요구사항에 대한 준수를 평가했는지를 실증할 수 있어야 한다.

해 설 ☞

1. 이 요구사항은 4.3.2 요구사항과 결부시켜 이해를 하는 것이 좋다.

준수평가란 조직의 활동, 제품 및 서비스에 적용되는 법규 요구사항 및 조직이 동의한 그 밖의 요구사항들을 잘 준수하고 있는지를 주기적으로 평가하는 것을 말한다. 조직은 이러한 준수평가를 주기적으로 수행하기 위한 절차를 마련하고, 그 절차에 따라 준수평가를 수행해야 하며, 평가결과를 기록으로 남겨야 한다.

2. 조직은 최고경영자가 환경방침에서 선언한 법규준수의 의지를 실현할 수 있도록 환경경영시스템을 수립, 운영 및 유지하여야 한다. 또한 주기적으로 이러한 법규준수가 잘 이루어지고 있는지를 준수평가를 통해 평가해야 한다.

3. 준수평가에 사용할 수 있는 방법에는 다음과 같은 것들이 있다.

① 심사수행
② 문서 및 기록 검토
③ 시설, 장비 및 설비 조사
④ 관련업무 담당자와의 인터뷰
⑤ 프로젝트 및 업무 검토
⑥ 일상적인 샘플 분석 테스트 결과 샘플링 테스트
⑦ 시설의 직접적인 시찰 또는 현장 관찰

4. 준수평가의 시행 주기는 조직의 규모나 특징에 맞도록 정해야 한다. 준수평가 주기를 결정할 때에는 법규위반 기록이나 과징금 납부기록 등 과거의 준수성과 자료와 함께 특정 법규에서 요구하는 준수평가 시행 빈도 등이 중요한 판단 근거가 될 수 있다. 즉, 예전에 법규를 위반한 경우가 있다면 관련업무에 대한 준수평가를 보다 자주 실행할 필요가 있으며, 특정 법규에서 최소한 분기에 한 번씩 측정기록을 남기도록 규정하고 있다면 해당업무의 준수평가도 최소한 분기에 한번은 수행해야 한다.

5. 준수평가는 내부심사, 품질검사 등의 다른 심사활동과 함께 시행할 수 있다. 즉, 내부심사나 품질검사를 위한 심사기준에 법규 및 그 밖의 요구사항에서 규정한 기준을 추가하여 같이 시행하면 된다.

6. 준수평가의 결과는 조직이 법규 및 조직이 동의한 그 밖의 요구사항을 준수하고 있음을 보여줄 수 있는 증거가 되므로 반드시 기록으로 작성하고 보관하여야 한다. 이러한 기록에는 유효한 각종 인/허가 및 면허증 등이 포함된다.

7. 준수평가 양식(사례)

(표 2-25) 준수평가 양식(사례)

No.	관련법규명	해당 조항	준수상태			향 후 대 책	특기사항
			A	B	C		

► 준수상태 : (A) 준수 (B) 간헐적 미준수 (C) 미준수

심사 초점

① 준수평가 절차를 수립하고 있는가?
- 준수평가 주기 설정
- 준수평가 방법 선택
- 준수평가 방법의 적합성 평가

② 정해진 절차에 따라 준수평가를 실행하고 있는가?

③ 준수평가 결과를 기록하고 있는가?

4.5.3 Nonconformity, Corrective Action and Prevention Action

The organization shall establish, implement and maintain a procedure(s) for dealing with actual and potential nonconformity(ies) and for taking corrective action and preventive action.

The procedure(s) shall define requirements for

a) identifying and correcting nonconformity(ies) and taking action(s) to mitigate their environmental impacts
b) investigating nonconformity(ies), determining their cause(s) and taking actions in order to avoid their recurrence
c) evaluating the need for action(s) to prevent nonconformity(ies) and implementing appropriate actions designated to avoid their occurrence
d) recording the results of corrective action(s) and preventive action(s) taken, and
e) reviewing the effectiveness of corrective action(s) and preventive action(s) taken

Actions taken shall be appropriate to the magnitude of the problems and the environmental impacts encountered.

The organization shall ensure that any necessary changes are made to environmental management system documentation.

4.5.3 부적합, 시정조치 및 예방조치

조직은 실제적, 잠재적 부적합(들)을 다루고, 그리고 시정조치 및 예방조치를 취하기 위한 절차를 수립, 실행 및 유지해야 한다.

그 절차(서)는 다음 사항을 포함하여야 한다.

a) 부적합의 식별 및 시정, 그리고 부적합으로 인한 환경영향을 완화하기 위한 조치의 실행
b) 부적합에 대한 조사, 원인규명 및 재발 방지를 위한 조치의 실행
c) 부적합 예방을 위한 조치의 필요성 평가 및 부적합 발생을 방지하기 위한 조치의 실행
d) 취해진 시정조치 및 예방조치의 결과에 대한 기록
e) 취해진 시정조치 및 예방조치의 효과성의 검토

취해진 조치는 문제의 크기와 직면한 환경영향에 적절하여야 한다.

조직은 환경경영시스템 문서화에 필요한 변경(개정)이 이루어졌음을 보장해야 한다.

KS I ISO 14001 : 2009 부속서 A

이 요구사항에 대한 절차를 수립함에 있어서 조직은 부적합의 특성에 따라 최소화된 기획 또는 보다 복잡하고 장기적인 활동으로 요구사항을 달성할 수 있을

것이다. 모든 문서화는 조치의 수준에 적절하여야 한다.

해 설 ☞

1. 환경경영시스템이 효과적으로 운영되어 목표로 하는 환경성과를 달성하기 위해서는, 환경경영시스템이 갖고 있는 실제 또는 잠재적인 부적합에 대해서 시정조치나 예방조치를 실행할 수 있어야 한다.

부적합은 환경경영시스템의 어떤 부분이 의도대로 운영되지 않거나, 환경성과가 조직이 수립한 목표를 달성하지 못할 경우에 발생할 수 있다. 즉, 이런 부적합사항이 현재 존재하거나 앞으로 발생할 가능성이 높은 경우에는 적절한 시정조치나 예방조치를 체계적으로 실시해야 한다.

실재적 또는 잠재적 부적합을 발견하고, 시정조치 및 예방조치를 취하는 일련의 절차와 그 결과는 환경경영시스템의 지속적인 발전을 위한 귀중한 자료가 될 수 있으므로 관련 문서와 기록을 작성하여 관리해야 한다.

2. 부적합은 크게 환경경영시스템의 부적합과 환경성과의 부적합으로 구분할 수 있으며, 각각의 예는 다음과 같다.

① 환경경영시스템의 부적합
- 목표 및 세부목표를 수립하지 않음
- 환경경영시스템에서 요구하는 책임, 예를 들면 목표 및 세부목표의 달성이나 비상사태 대비 및 대응에 대한 책임 등을 규정하지 않음
- 준수평가를 주기적으로 수행하지 않음

② 환경성과의 부적합
- 에너지 절약 목표가 달성되지 않음
- 예정대로 유지보수 활동이 수행되지 않음
- 운영기준(허용기준)을 초과한 환경오염물질을 배출함

3. 부적합이 발생되는 원인은 다음과 같다.

① 제도/시스템의 결함
② 관리 누수
③ 실수, 고의 및 과실 등

4. 현재 존재하는 부적합을 시정하고, 잠재적인 부적합을 예방하기 위한 절차에는 다음 사항들이 포함되어야 한다.

① 현재 존재하는 부적합을 식별하고, 부적합으로 인한 환경영향을 완화하거나 제거하는 절차

· 만약 부적합 사항이 발견되었다면 그로 인한 환경영향을 완화하거나 제거하는 절차가 우선적으로 취해져야 한다.

② 부적합의 원인을 조사하고, 재발을 방지하기 위한 조치를 취하는 절차

· 부적합으로 인한 환경영향을 완화하거나 제거하기 위한 조치를 취한 이후에는, 부적합의 원인을 명확하게 규명하고, 부적합이 재발하지 않도록 그 원인을 없애는 조치를 취해야 한다.

③ 부적합의 잠재적인 부적합의 발생을 예방하기 위한 조치를 취하는 절차

· 지금 현재는 부적합이 아니지만 앞으로 부적합이 될 가능성이 높은 잠재적 부적합의 경우에도, 부적합으로 발전하기 이전에 미리 예방하는 조치를 취해야 한다.

④ 시행한 시정조치 및 예방조치의 기록

· 이렇게 부적합의 시정조치 및 잠재적 부적합의 예방조치를 취했다면 관련 조치를 상세하게 기록하여야 한다. 이 기록은 내부심사 및 경영검토의 자료로 쓰일 뿐만 아니라, 추후 환경경영시스템의 지속적인 발전을 위해 유용한 자료가 되므로, 반드시 기록으로 남기고 활용해야 한다.

⑤ 시행한 시정조치 및 예방조치의 효과성 검토

· 시정조치와 예방조치가 효과적으로 이루어졌는지를 검토하고, 개선할 사항이 있다면 기록으로 남겨 차후 보다 효과적인 조치가 취해질 수 있도록 해야 한다.

5. 내부심사(요구사항 4.5.5 참조)는 주기적으로 부적합을 찾아낼 수 있는 좋은 기회이다.

부적합 및 개선권고사항은 인증기관별로 정하는 것이 일반적이나 통상 다음과 같이 구분한다.

① 중부적합(Major Nonconformity)

조직이 수립한 환경경영시스템의 치명적인 결함으로 드러난 사항으로서 규격에서 요구하는 시스템의 요소가 없거나, 환경에 중대한 영향을 미치고 있거나, 지속적 또는 주기적으로 계속 발생하는 등의 중대한 결함으로서,

· 환경경영시스템 요구사항에 대하여 시스템상의 누락 또는 전체적으로 붕괴된 경우

· 한 조항에 대해 지적된 다수의 경부적합은 전체 시스템의 붕괴를 나타내며, 중부적합으로 간주한다.

② 경부적합(Minor Nonconformity)

부적합이긴 하지만 즉시 정정이 가능하거나, 재발의 우려가 없거나, 환경에 중대한 영향을 미치지 않는 것으로서,

· 환경경영시스템 요구사항에서 하나의 요구사항을 충족시키지 못한 경우(다수의 경부적합은 중부적합으로 간주한다).
· 조직의 문서화된 품질경영시스템 요구사항의 준수에서 하나 또는 그 이상의 관찰된 실수
· 주로 사람에 의한 경미한 실수나 누락 등을 의미한다.

③ 관찰사항(=지속적 개선권고 사항, Recommendation, Opportunities for Improvement)

규격에서 말하는 잠재적 부적합을 말한다. 즉, 지금 현재는 부적합이 아니지만 객관적인 증거나 동향으로 볼 때 부적합으로 발전할 가능성이 높은 사항을 말한다.

· 시정조치의 강제성이 없는 경우가 많다.
· 부적합과 무관하나 조직에 도움되는 내용을 말한다.

6. 부적합의 시정조치 및 예방조치의 결과에 따라 환경경영시스템 문서(매뉴얼, 절차서 등)에 변경이 필요한 경우에는, 변경사항을 반영하여 개정하여야 한다.

- 원인에 비해 과도한 시정조치는 불필요한 예산과 시간을 낭비하는 결과를 낳을 뿐 아니라 오히려 정상 운영에도 지장을 줄 수 있다. 시정조치의 구체적 내용은 절차나 관행의 개선, 원료의 대체, 교육 강화, 부서간 협력 증진, 설비라인의 개보수 등의 다소 손쉬운 것으로부터 공정개선, 신기술 도입 등 충분한 효과분석이 필요한 경우도 있다.

7. 시정조치 및 예방조치요구서 작성 방법

- 기록사항 : 발행일자, 문서번호, 부적합 사항, 원인분석, 조치사항 및 확인
- 정보 수집 : 사내 및 사외에서 발생되는 부적합 사항의 접수 시스템
- 긴급 조치 : 발생된 부적합 사항의 위험 정도에 따라 우선조치
- 결과 회신 : 필요시 이해관계자에 대한 회신

심사 초점

① 부적합 식별 절차
② 시정조치 절차

③ 예방조치 절차
④ 시정조치 및 예방조치의 기록
⑤ 시정조치 및 예방조치의 결과를 반영한 환경경영시스템의 문서화된 절차

■ 부적합 조항 찾기 실습문제 사례

다음은 KS I ISO 14001 : 2004 환경경영시스템 심사시에 발생한 현상이다. 해당 문항이 어떤 요구사항에 부적합한 사항인지 그 번호를 예와 같이 작성하여 보십시오.

(예) 가나다(주) 조직에 근무하는 종업원들에게 회사의 환경방침을 질문해 보았으나 10명 중 2명만이 환경방침을 명확하게 설명하였다. (답 : 4.2. f)

1. 최신 조직도를 보니 환경경영을 위한 역할, 책임 및 권한의 일부가 누락되었다. (   )

2. 생산팀에 설정된 환경목표가 환경방침과 일관성이 없었다. (   )

3. 소각로를 운전하는 시원의 적격성 부여가 누락되었다. (   )

4. KS I ISO 14001 : 2004 환경경영시스템 인증을 받은 가나다(주) 조직의 환경방침을 알려줄 것을 요구하였으나 알려줄 수 없다고 답변하였다. (   )

5. 201X.XX.XX 개정된 대기환경보전법의 내용이 관련부서와 의사소통되지 않았다. (   )

6. 공무팀에서는 환경목표를 달성하기 위한 추진계획이 수립되지 않았다.
(   )

7. 가나다(주)는 관련 법규에 대한 준수평가를 주기적으로 실행하지 않았다.
(   )

8. 환경에 영향을 미치는 소각로의 가동방법(출구온도, 소각대상물질, 운전요령 등)을 구체적으로 명시한 문서(운전지침서)가 없었다.

9. 환경위탁업체의 관리방법이 명확하게 설정되지 않았다. (   )

10. 회사주변의 주민 등 이해관계자로부터 접수된 환경민원사항에 대한 기록이 유지되지 않고 있었다. (   )

11. 각종 유류와 유해화학물질을 취급하고 있는 환경화학(주)의 생산부는 화재, 폭발, 유해화학물질 유출 등 6가지의 잠재적인 사고와 비상사태를 파악하여, 파악된 각각의 사고와 비상사태에 대한 대비 및 대응을 위한 비상계획서를 수립, 보유하고 있었다.

상기의 사고와 비상사태에 대한 훈련계획에 수립되어 있으며, 훈련실적이 있느냐고 물었더니 우리 부서는 훈련계획을 별도로 수립하여 훈련을 하지 않고, 매월 1회씩 부서원들에게 작성된 비상계획서에 대해서 교육만 실시하고 있다고 답변하였다.

(1) 조항번호 :

(2) 찾아낸 증거 :

(3) 부적합 명세 :

12. 환경안전실을 심사하면서 중요한 환경영향을 파악하여 작성한 환경영향등록부를 확인하였다.

환경영향등록부에는 11개의 중요한 환경측면이 등록되어 있었다. 이러한 중요한 환경측면이 목표 및 세부목표에 반영되어 있는가를 확인하기 위하여 목표 및 세부목표와 비교하였더니 비상시 중요 환경영향으로 등록된 '황산탱크 유출'을 포함한 4개의 환경측면은 누락되어 있고, 나머지 7개 환경측면이 반영되어 있음을 알게 되었다.

(1) 조항번호 :

(2) 찾아낸 증거 :

(3) 부적합 명세 :

13. 폐수처리장에서 사용하고 있는 pH 측정장비를 확인하기 위하여 보여줄 것을 요구하였더니 현재 고장이 나서 생산현장에서 사용하는 장비를 빌려서 사용중이며, 관련 교정검사 기록은 장비관리부서, 즉 생산부서에서 보유하도록 규정

되어 있다고 했다.

생산부서에서 해당 장비의 교정검사 기록을 보여달라고 하였더니 우리는 단순히 공정용액의 pH를 측정하기 위해 사용하기 때문에 별도의 교정검사는 하지 않는다고 답변하였다.

(1) 조항번호 :

(2) 찾아낸 증거 :

(3) 부적합 명세 :

14. 상수원 보호구역 내에서 위치하고 있는 낙동공업(주)를 심사하던 중 정화조에서 배출되는 오수의 BOD 제거율에 대한 수질검사 결과를 보여달라고 하였더니, 우리 회사의 환경업무를 3년 동안 담당하고 있으나 이제까지 측정한 적이 없고, 정화조 오수에는 어떤 법규에 따라 관리해야 하는지 모르고 있다고 답변하였다.

단, 낙동공업(주)는 특정지역 내에 위치하고 있으며, 오폐수, 분뇨 및 축산폐수의 처리에 관한 법률에서 규정한 방류수의 수질기준은 BOD 제거율이 65% 이상이라고 가정함.

(1) 조항번호 :

(2) 찾아낸 증거 :

(3) 부적합 명세 :

15. 생산2부를 심사하던 중 중요 환경측면에 대한 개선 추진계획을 보여줄 것을 요구하였더니 우리부터는 생산1부와는 달리 환경영향을 미치는 중요 환경측면이 없고, 폐기물도 생산1부에 비해서는 매우 적게 배출되므로 환경 세부추진 프로그램은 보유하고 있지 않다고 답변하였다.

1) 조항번호 :

2) 찾아낸 증거 :

3) 부적합 명세 :

4.5.4 Control of Records

The organization shall establish and maintain records as necessary to demonstrate conformity to the requirements of its environmental management system and of this International Standard, and the results achieved.

The organization shall establish, implement and maintain a procedure(s) for the identification , storage, protection, retrieval, retention and disposal of records.

Records shall be and remain legible, identification and traceable.

4.5.4 기록관리

조직은 조직의 환경경영시스템 및 이 규격(국제표준)의 요구사항에 대한 적합성과 달성된 결과를 실증하기 위해 필요한 기록을 작성하고 유지하여야 한다.

조직은 기록의 식별, 보관, 보호, 검색, 보유 및 폐기에 대한 절차(서)를 수립, 실행하고 유지하여야 한다.

(환경)기록은 읽기 쉽고, 식별 및 추적이 가능하여야 한다.

KS I ISO 14001 : 2009 부속서 A

환경 기록에는 다음 사항들을 포함할 수 있다.

a) 불만사항 기록
b) 교육훈련 기록
c) 프로세스 모니터링 기록
d) 검사, 유지보전 및 교정 기록
e) 관련 계약자 및 공급자 기록
f) 사고기록
g) 비상사태 대비 시험에 대한 기록
h) 심사결과
I) 경영검토 결과
j) 외부 의사소통 결정
k) 적용되는 법규 요구사항에 대한 기록
l) 중대한 환경측면의 기록
m) 환경회의 기록
n) 환경성과 정보
o) 법규 요구사항 준수 기록
p) 이해관계자와의 의사소통

기밀정보는 적절하게 배려되어야 한다.

비 고 기록만이 이 규격에 대한 적합성을 실증하기 위한 유일한 증거는 아니다.

해 설 ☞

1. 기록이란 환경경영시스템을 운영한 결과의 증거가 될 수 있는 정보이다. 기록은 문서의 한 종류이지만, 문서와는 달리 영구적이며 변하지 않는 정보다. 즉, 일단 발생한 기록은 수정될 수 없다는 것이다.

2. 조직은 어떤 기록들이 조직의 환경경영시스템 운영에 필요한지를 판단하고, 그 기록들을 적절하게 관리하기 위한 절차를 마련해야 한다. 이 절차에는 필요한 기록의 목록 및 식별방법, 관리담당자, 보존연한 등이 포함될 수 있다.

3. 기록관리 절차에 따라 다음 기록들을 관리해야 한다.

① 법규 요구사항 및 조직이 동의한 그 밖의 요구사항들과, 이를 준수하고 있음을 증명하는 기록
② 부적합 관련 기록과, 부적합에 대한 시정조치 및 예방조치의 기록
③ 내부심사 결과 및 경영검토 결과
④ 조직이 생산하는 제품의 환경적인 특성 정보(화학성분, 유해성 등)
⑤ 목표 및 세부목표의 달성도와 관한 자료
⑥ 교육훈련 수행 자료(참석자 명단 등)
⑦ 인/허가서, 면허 등 법적 문서
⑧ 측정 및 모니터링 장비의 검사, 유지 및 교정 기록
⑨ 운영관리 결과 기록

4. 위의 기록들 외에 관리할 수 있는 기록들의 예는 다음과 같은 것들이 있다.

① 조직 내/외부 이해관계자들의 민원, 요구사항 및 불만사항 기록
② 모니터링 기록
③ 조직과 관련된 계약자 및 공급자의 기록
④ 사고기록
⑤ 비상사태 대비를 위한 훈련 시행 기록
⑥ 외부 의사소통에 대한 결정 기록
⑦ 조직이 선정한 중대한 환경측면 관련 기록

⑧ 환경관련 회의 기록

5. 기록관리에 있어서 핵심적인 요소들은 다음과 같다. 이러한 요소들을 충분히 감안하여 기록관리 절차를 수립하고 실행하며 유지(갱신 포함)하여야 한다.
① 환경경영시스템에서 필요로 하는 기록의 종류를 파악
② 필요하다고 파악한 기록의 수집
③ 수집된 기록을 식별, 분류 및 취합
④ 기록을 보관 및 유지(새로운 기록의 추가 포함)
⑥ 필요한 기록의 쉬운 검색
⑦ 규정한 보존연한에 따라 기록을 보존

6. 기록관리의 흐름
- 환경경영시스템에서 요구된 기록 파악(기능별, 부서별, 프로세스별 관리기준 설정) 즉, 분류, 식별, 보관, 보존, 처분, 검색기준, 보관 및 보존 기간
- 관리 Flow : 기록의 발생 → 분류 및 식별 → 파일링 및 보관 → 이관 및 보존 → 폐기

7. 문서와 기록의 차이

(표 2-26) 문서와 기록의 차이

구분	문 서	기 록	외부출처문서
성격	지시(법규, 공고)	증거	
시점	현재	과거	
변경	개정	수정	
배포	관리본, 비관리본	원본, 사본	
관리	작성, 검토, 승인, 등록, 배포, 회수, 개정, 폐지	식별, 열람, 파일링, 보관, 유지(보존), 폐기	
사례	품질/환경매뉴얼, 품질/환경경영절차서 표준작업/운영지침서, 도면, 시방서, 작업지시서, 검사지시서, 시험절차, 업무관리절차, 각종 양식	검사보고서, 시험보고서, 심사보고서, 교정보고서, 작업보고서, 운영/작업/생산일지, 분석 및 시험결과자료 등	고객문서(도면, 시방서, 계약서, 과업지시서 등) KS, JIS, ASTM, FS, 단체 규격 등 카탈로그, 기술자 법규, 조례, 규칙 등
용어 정의	정보를 포함하는 매체 (역할을 수행하는 절차/기준/지시서)	객관적 증거를 제시하는 문서(입증하기 위한 자료)	외부인, 타인이 만든 지시문서

8. 기록관리 실행 (사례)

XX부 XX팀

대분류		중분류		소분류		보관기간	비 고
구분	명칭	구분	명칭	No.	파일명칭		

심사 초점

① 기록관리 절차는 수립되어 있는가?

② 다음의 문서화에서 요구하는 것을 포함한, 기록관리 절차에 따라 관리되는 기록은 보유하고 있는가?

- 외부 의사소통 결정 기록
- 모니터링 및 측정 장비의 교정 및 검증 기록
- 준수평가 결과
- 시정조치 및 예방조치 결과
- 내부심사 결과
- 경영검토 결과

4.5.5 Internal Audit

The organization shall ensure that internal audits of the environmental management system are conducted at planned intervals to

a) determine whether the environmental management system

1) conforms to planned arrangement for environmental management including the requirements of this International Standard, and

2) has been properly implemented and maintained, and

b) provide information on the results of audits to management.

Audit programme(s) shall be planned, establish, implemented and maintained by the organization, taking into consideration the environmental importance of the operation(s) concerned and the results of previous audits.

Audit procedure(s) shall be establish, implemented and maintained that address

- the responsibilities and requirements for planning and conducting audits, reporting result and retaining associated records,
- the determination of audit criteria, scope, frequency and methods.

Selection of auditors and conduct of audits shall ensure objectively and the impartiality of the audit process.

4.5.4 (환경경영시스템) 내부심사

조직은 다음과 같은 환경경영시스템에 대한 내부심사가 계획된 주기에 따라 수행됨을 보장하여야 한다.

a) 환경경영시스템이 다음 사항을 만족하는지의 결정

1) 이 규격의 요구사항을 포함하여 환경경영을 위해 계획된 결정 사항에 적합함

2) 적절하게 실행되고 유지됨

b) 경영자에게 심사 결과에 대한 정보를 제공

심사 프로그램(들)은 관련 운영의 환경적 중요성 및 이전의 심사 결과를 고려하여 계획, 수립, 실행 및 유지되어야 한다.

심사 절차(서)는 수립, 실행 및 유지되어야 하며 다음 사항을 다루어야 한다.

- 심사의 기획과 심사수행, 결과의 보고 및 기록의 보유지에 대한 책임 및 요구사항
- 심사 기준, 적용범위, 주기 및 방법의 결정

심사원의 선정 및 심사의 수행시 심사 프로세스의 객관성과 공정성이 보장되어야 한다.

KS I ISO 14001 : 2009 부속서 A

환경경영시스템 내부심사는 조직의 내부인원 또는 조직을 대신하여 업무를 수

행하도록 조직에 의해 선정된 외부인원에 의해 수행될 수 있다. 어느 경우나 심사를 수행하는 인원은 적격하여야 할 것이며, 공정하고 객관적으로 심사할 수 있는 위치에 있어야 한다. 소규모 조직의 경우 심사원의 독립성은 심사 대상 업무에 책임이 없다는 것으로 실증될 수 있다.

비 고 1 만일 어느 조직이 환경경영시스템 심사와 환경준수 심사를 통합하여 실시하고자 할 경우에는 각 심사의 목적 및 범위를 명확하게 정하여야 한다. 이 규격에 의한 심사는 환경준수 심사를 다루지 않는다.

비 고 2 환경경영시스템 심사에 대한 지침은 KS A ISO 19011에 제시되어 있다.

해 설 ☞

1. 내부심사는 조직 스스로 환경경영시스템의 운영실태 및 운영성과를 평가해 봄으로써 환경경영시스템의 전반적인 효과성과 장, 단점을 파악하여 지속적인 개선을 달성하기 위한 절차이다.

내부심사는 조직이 자율적으로 수행하는 것이니만큼 조직 스스로 적격한 인원을 심사원으로 선정하여 실시해야 하며, 조직 구성원들은 내부심사에서 좋은 평가를 받기 위해 심사기간 동안만 임시방편으로 하는 활동들이 결국 환경경영시스템에 치명적인 결함이 된다는 것을 인식하고, 평상시의 운영상태 그대로를 심사하여 개선방향을 찾아내는 것이 매우 중요하다.

2. 내부심사는 환경경영시스템이 이 규격의 요구사항을 만족하며, 적절하게 운영되고 있는지를 평가하여 평가한 결과를 경영자에게 제공하기 위한 목적으로 수행한다. 또한 이러한 평가 결과는 기록으로 남겨야 한다.

- '환경친화적산업구조로의전환촉진에관한법률' 시행규칙 운영요령 [별표2] '인증기관 세부지정기준 및 인증절차'에서는 인증신청자가 인증기관에 제출할 서류의 일부로서 '내부심사결과 보고서(또는 요약보고서)'를 규정하고 있고, "환경경영시스템을 구축한 이후 문서화된 절차와 방법에 따라 조직의 활동을 최소한 3개월 이상 시행/유지하고 내부환경심사(와 경영검토)를 최소한 1회 이상 수행하였을 경우에만 인증기관의 인증심사가 가능"하도록 하고 있음

3. 내부심사는 조직이 마련한 내부심사 프로그램에 따라 진행해야 한다. 내부심사 프로그램은 조직의 환경경영시스템을 효과적으로 진단할 수 있도록 작성하고, 수행해야 한다. 이 프로그램은 준수평가(4.5.2)와 통합해 같이 수행할 수 있다.

내부 환경심사는 기업이 다음 사항을 파악할 수 있도록 지원한다.

- 환경경영시스템의 적합성
- 환경경영시스템의 효과성
- 환경경영시스템의 문제점
- 환경경영시스템의 개선 및 시정조치의 필요성

4. 심사주관 부서의 주요 업무 사례는 다음과 같다.

- 연간 심사계획 수립
- 심사팀 구성, 심사 실시
- 심사결과의 보고
- 심사결과의 사후관리
- 내부심사원 양성교육 실시 등

5. 내부심사 프로그램을 마련할 때에는 다음 사항들을 고려한다.

(1) 내부심사의 목적

내부심사의 주된 목적은 우선 환경경영시스템이 기준에 맞게 운영되고 있는지를 검토하는 것이고, 또한 환경경영시스템의 개선사항을 파악하고자 하는 목적도 있다.

(2) 내부심사의 범위

기본적으로 내부심사는 조직이 설정한 환경경영시스템 범위 내의 모든 제품, 활동 및 서비스에 대해 수행되어야 하며, 계획-실행-점검-조치(PDCA)의 모든 절차에 대해 수행해야 한다.

(3) 내부심사의 주기

조직은 환경경영시스템의 운영상태와 변동사항 등을 감안하여 적절한 내부심사 주기를 결정해야 한다.

- 통상 시스템 구축 초기에는 연 2회 정도, 그 후 안정기에 접어들면 연 1회 정도 실시하는 것이 좋다.

(4) 내부심사의 기준

내부심사의 기준이 되는 것은 환경방침, 목표 및 세부목표, 환경경영시스템 매뉴얼, 각종 절차서 등의 내부 기준들과, KS Q ISO 14001 : 200X 규격 요구사항, 법규 및 기타 요구사항 등의 외부 기준들이 있다.

(5) 내부심사의 방법

· 내부심사 수행인원 선정

내부심사는 조직 내부 또는 외부 인원이 수행할 수 있다. 내부 인원이 수행할 경우에는 심사 대상이 되는 업무와 관련이 없는 인원을 확보하여, 내부심사의 객관성과 공정성을 확보해야 한다. 또한 심사를 수행하는 인원이 해당 심사를 수행할 수 있는 능력을 갖추었는지에 대한 적격성을 평가해야 한다.

· 내부심사 수행절차

심사절차는 기획, 심사수행, 결과보고, 기록유지의 순으로 구성되며, 각 절차에 대한 책임을 갖는 담당자와 각 절차의 요구사항을 규정해야 한다.

(6) 내부심사 결과보고

내부심사를 수행한 인원은 심사결과를 최고경영자에게 보고해야 한다. 일반적으로 이러한 결과는 보고서 형식으로 제출하게 된다.

6. 내부심사 프로그램의 수행결과는 부적합사항을 파악하고 시정하기 위한 근거로 사용하는 동시에 경영검토의 자료로도 활용할 수 있다.

7. 내부심사원의 적격성은 다음의 기준을 근거로 부여할 수 있다.

(1) 학력 :

(2) 경력 : X년 이상 근무경력자, 팀장급

(3) 경험 : 생산/QC/환경안전관리업무 등 - 근무경험

(4) 교육훈련 - 환경경영시스템 요구사항에 대한 이해, 내부심사 스킬에 대한 교육훈련

8. 환경경영시스템 및 품질경영시스템의 심사 기법 등에 대한 구체적인 사항은 KS A ISO 19011 : 2002 규격에서 지세히 디루고 있다.

심사 초점

① 내부심사 프로그램

② 내부심사 수행기록

③ 내부심사 결과기록

④ 내부심사 결과를(경영검토 등으로) 보고한 기록

■ 내부심사 실행사례

1. 내부심사 실행(품의)

문서번호/일자 :
발신(품의부서) : 환경안전팀(기안자 : 홍길동)
수신(실행부서) : 전부서
제 목 : 환경경영시스템 내부심사 실행 품의
내 용 : 201X년 환경경영시스템 내부심사를 다음과 같이 실행하고자 품의드립니다.

내 용 :
1. 관련 근거 : 1) 품질/환경경영매뉴얼 제XX장 - 내부심사
2) 품질환경내부심사절차서 제X항 - 내부심사 실행

2. 위 근거에 의해 다음과 같이 내부심사를 실행, 일정을 통보하오니 준비에 만전을 기하기 바랍니다.

------- 다 음 -------

1. 심사팀 구성 및 심사부서/과

구분	성 명	심사팀	심사일정
심사팀장	이 X X 개발부장	품질관리부 관리부	X월/XX일 10 : 00-12 : 00 X월/XX일 13 : 00-15 : 00
심사팀원	김 X X 생산과장 박 X X QC과장 송 X X 영업과장	영업부 생산부 환경안전팀 개발부	X월/00일 10 : 00-12 : 00 X월/00일 13 : 00-15 : 00 X월/00일 15 : 00-17 : 00 X월/0X일 10 : 00-12 : 00

2. 첨부
(1) 내부심사 체크리스트 : 1부 XX매

2. 내부심사 실행결과(보고)

문서번호/일자 :
발신(보고부서) : 환경안전팀(기안자 : 홍길동)
수신(실행부서) : 전부서
제 목 : 환경경영시스템 내부심사 결과 보고
내 용 : 200X년 환경경영시스템 내부심사 결과를 다음과 같이 보고합니다.

내 용 :

1. 관련 근거 : 1) 문서번호 : (품의문서번호를 인용)

2. 위 근거에 의해 실행한 내부심사 결과를 다음과 같이 보고합니다.

------- 다 음 -------

1. 심사팀 구성 및 심사부서/과
   - 내부심사 실행 품의 내용과 동일함

2. 내부심사 결과(요약)

구분	부적합사항	개선권고사항	계
품질관리부	1	2	3
관리부		3	3
생산부	1	2	3
영업부		1	1
환경안전팀	2	4	6
계	3	12	15

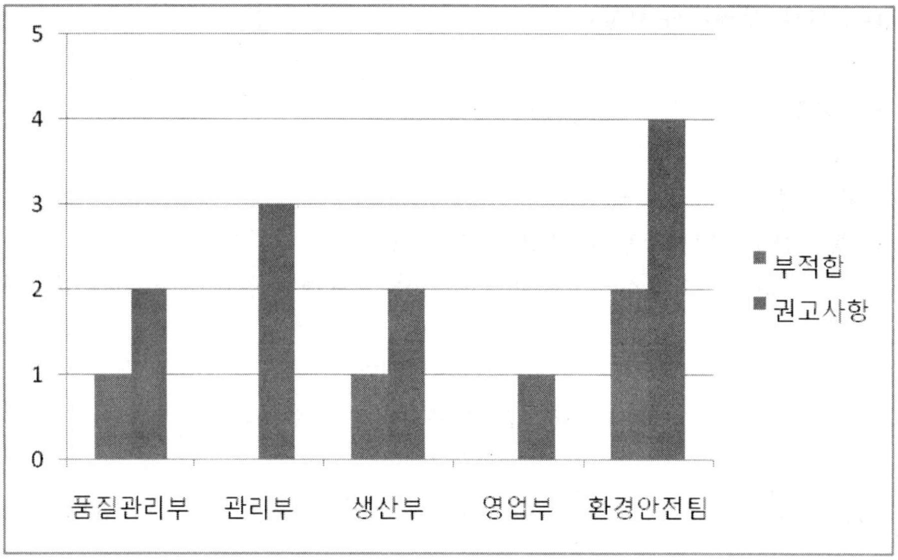

(1) 환경운영관리 측면에서 폐기물 분리수거는 전부서 실행상태가 현저히 개선되었으나 일부 부서에서는 아직도 지정폐기물이 일반폐기물과 혼재되어 있는 경우가 발견됨

(2) 환경운영성과지표 중 에너지(전력) 원단위는 전년대비(생산량 기준) 약 12% 증대됨

(3) 공업용수 절약을 위한 전사적인 캠페인 전개를 제안합니다.

3. 첨 부

(1) 부적합보고서(시정조치요구서) : 1부 4매

(2) 개선 권고 : 1부 1매

3. 부적합 사항 기술방법(사례)

- 양식은 회사의 표준문서에서 정한 양식을 사용한다.

(1) 당사 환경운영관리절차서(EP-460) 및 폐기물관리지침서(EWI-460-10)의 4.5항에 의하면 지정폐기물은 별도로 종류와 성질, 상태별로 분리 수거토록 되어 있으나, 생산부(XX공정)에서는 일부 지정폐기물(기름걸레 등)이 분리수거되지 아니함

(2) 당사 소각장 운영관리지침서(EWI-460-20)의 4.2항에 의하면 소각로의 운전

중 내부온도가 2시간마다 기록토록 되어 있으나, 201X년 XX 월 XX 일 작업일지에 의하면 2시간마다 기록이 되어 있지 아니함.

(3) 경영검토절차서(EP-410)의 4.3항에 의하면 경영검토 입력사항에는 환경경영시스템관련 변경사항이 포함되도록 되어 있으나, 200X년 상반기 경영검토사항에는 부서 업무조정 결과가 포함되지 아니함. 예, 환경안전팀에서 폐수처리장 운영관리업무를 201X.XX.XX 부로 생산부로 이관함

4.6 Management Review

Top management shall review the organization's environmental management system, at planned intervals, to ensure its continuing suitability, adequacy and effectiveness.

Review shall include assessing opportunities for improvement and the need for changes to the environmental policy and environmental objectives and targets.

Records of the management reviews shall be retained.

Input to management reviews shall include

a) results of internal audits and evaluations of compliance with legal requirements and other requirements to which the organization subscribes,
b) communication(s) from external interested parties, including complaints,
c) the environmental performance of the organization
d) the extent to which objectives and targets have been met,
e) status of corrective and preventive actions,
f) follow-up actions from previous management reviews,
g) changing circumstances, including developments in legal and other requirements related to its environmental aspects, and
h) recommendations for improvement

The outputs from management review shall include any decisions and actions related to possible changes to environmental policy, objectives, target and other elements of the environmental management system, consistent with the commitment to continual improvement.

4.6 경영검토

최고경영자는 지속적인 적절성, 충족성 및 효과성을 보장하기 위하여 계획된 주기로 환경경영시스템을 검토하여야 한다. 이 검토에는 개선을 위한 기회 평가 그리고 환경방침과 환경목표, 세부목표를 포함한 환경경영시스템에 대한 변경 필요성을 포함하여야 한다.

경영검토의 기록은 보유되어야 한다.

경영검토의 입력사항은 다음을 포함하여야 한다.

a) 내부심사 결과와 법규 요구사항 및 조직이 동의한 그 밖의 요구사항에 대한 준수평가의 결과
b) 불만사항을 포함하여 외부 이해관계자(들)와의 의사소통(사항 들)
c) 조직의 환경성과
d) 목표 및 세부목표의 달성 정도
e) 시정조치와 예방조치의 현황
f) 이전 경영검토의 후속 조치
g) 조직의 환경측면과 관련된 법규 및 그 밖의 요구사항의 변경을 포함하여 변화하는 주변여건
h) 개선을 위한 제언(권고사항)

경영검토의 출력에는 지속적 개선에 대한 의지와 일관성이 있도록 환경방침, 목표 및 환경경영시스템의 기타 요소의 변경(개정)에 관련된 결정과 조치를 포함하여야 한다.

KS I ISO 14001 : 2009 부속서 A

비록 모든 환경경영시스템 요소들을 한 번에 다 검토할 필요는 없다고 하여도 경영검토는 환경경영시스템의 적용범위를 다루어야 하며, 또한 이 검토 프로세스는 일정기간에 걸쳐 실시될 수 있다.

해 설 ☞

1. 경영검토는 최고경영자가 환경경영시스템을 수립하고 운영한 성과를 판단하고, 개선점을 찾아내기 위해 최종적으로 점검하는 중요한 절차이다. 경영검토에는 조직의 경영시스템을 변경하거나 개선하고 필요한 자원을 제공할 수 있도록 의사결정할 수 있는 인원들이 참여하여야 한다. 조직은 정해진 주기에 따라 정기적으로 경영검토를 실시하고 관련 기록을 남겨야 한다.

이러한 경영검토의 결과는 환경경영시스템의 지속적인 개선을 위한 자료로 활용하여야 한다.

2. 이 요구사항에서 말하는 적절성, 충족성, 효과성이란 다음과 같다.

(1) 적절성(Suitability) : ISO 9000에 정의되지 않음. 특정목적을 위해서 올바른 품질/환경을 갖추는 정도. 조직의 규모 및 형태에 알맞은 품질/환경경영시스템을 구축, 운영하는 정도

(2) 충족성(Adequacy) : ISO 9000에 정의되지 않음. 질과 양 정도에서 충분한 정도. 품질/환경방침 및 목표 그리고 이해관계자 요구사항을 만족시키는 정도

(3) 효과성(Effectiveness) : (ISO 9000/3.2.14)계획된 활동이 실현되어 계획된 결과가 달성되는 정도. 특정한 조직목적과 목표의 성취여부, 해야 할 일을 하는 것, 올바른 일을 하는 것(do the right things)

(4) 효율성(Efficiency) : (ISO 9000/3.2.15) 달성된 결과와 사용된 자원과의 관계, 투입에 대한 산출 비율, 일을 올바르게 하는 것(do the things right)

3. 경영검토에서는 환경경영시스템의 범위 내에 속한 계획-실행-검토-조치(PDCA)의 모든 단계, 모든 부분을 검토해야 한다.

4. 환경경영시스템의 모든 부분을 단 한 번의 경영검토를 통해 검토할 필요는 없다. 이럴 경우 경영검토를 일정 기간 내 수행하여 모든 범위를 다루어야 한다.

5. 경영검토는 단순히 보고서의 결재 등을 통한 서면 검토보다는, 경영진과 환경 관련 담당자들이 참여하는 회의를 통해 검토하는 것이 바람직하다.

- 경영검토 보고서가 경영자 대리인에 의해 작성되었다 하여도 최고경영자(Top Management) 또는 경영위원회나 간부회의에서 보고/검토되어야 함

6. 경영검토에 누가 참석할 것인지는 조직이 스스로 결정해야 한다. 일반적으로 경영검토에는 다음 인원들이 참석할 수 있다.

(1) 최고경영자를 포함한 경영진

· 환경경영시스템의 운영성과를 평가하고, 개선 우선순위를 파악하며, 자원을 제공하고, 효과적인 사후관리를 보장할 수 있는 인원

(2) 주요 단위조직의 책임자

· 중대한 환경측면이 관련된 업무를 관리하는 인원, 교육 및 기록을 담당하는 인원 등 환경경영시스템에서 핵심적인 분야를 책임지는 인원

(3) 환경관련 정보 담당자

· 환경경영시스템과 관련된 정보를 수집하고 관리하며 제공하는 인원

7. 경영검토에서 다루어야 할 사항들을 자세히 보면 다음과 같다.
(1) 내부심사(4.5.5), 준수평가(4.5.2)의 결과 및 제2자, 3자 심사 결과
(2) 외부 이해관계자들과의 의사소통 내용(요구사항, 민원 및 불만사항 등)
(3) 환경경영시스템을 운영하여 달성한 조직의 환경성과
(4) 목표 및 세부목표의 달성도
(5) 시정조치 및 예방조치 실태
(6) 이전에 했던 경영검토의 사후조치 결과
(7) 주변 여건의 변화
· 조직의 제품, 활동 및 서비스의 변화
· 개발계획 및 신규 개발에 대한 환경측면 평가결과
· 법규 요구사항 및 조직이 동의한 그 밖의 요구사항의 변화
· 이해관계자들의 관심사항 변화
· 과학기술의 발전
· 비상사태 및 사고로부터의 교훈
(8) 개선을 위한 제안

8. 경영검토를 통해 결정해야 할 사항은 다음과 같다.
(1) 환경경영시스템이 요구사항에 적합하고, 정해진 절차대로 정확하게 운영되는지, 그리고 수립한 환경경영시스템이 효과적인지의 여부를 판단
(2) 조직의 자원 변화(물질 자원, 인적 자원, 재정 등의 추가 투여 및 삭감 등)를 고려
(3) 환경경영시스템의 변경사항(환경방침, 목표 및 세부목표, 기타 환경경영시스템 요소들의 변경 필요성 등)을 검토
- 지속적 개선은 반드시 활동의 모든 영역에서 동시에(simultaneously) 개선이 이루어져야 한다는 것을 의미하는 것은 아니다.

9. 문서로 남겨야 하는 경영검토 기록에는 회의 자료, 참석자 명단, 발표 자료 및 배포물, 결정사항의 기록 등이 있다. 경영검토 기록은 보고서, 회의록, 컴퓨터 파일 등의 형태로 작성할 수 있다.

10. 이러한 경영검토에서는 환경경영시스템의 지속적인 개선점을 파악해야 하는데, 이러한 검토를 위해 참고할 수 있는 자료들에는 다음과 같은 것들이 있다.

(1) 시정조치 및 예방조치로부터 얻은 경험
(2) 외부 사례의 벤치마킹
(3) 법규 요구사항 및 조직이 동의한 그 밖의 요구사항의 변화
(4) 내부심사 및 준수평가의 결과
(5) 운영의 핵심사항에 대한 모니터링 자료
(6) 목표 및 세부목표의 달성을 위한 프로세스의 결과
(7) 임직원, 고객 및 공급자를 포함한, 이해관계자들의 관심사항

11. 지속적인 개선점을 파악했다면 그 우선순위를 검토하여 시급한 부분부터 도입해야 한다. 경영검토를 통해 도입할 수 있는 지속적인 개선의 사례에는 다음과 같은 것들이 있다.

· 유해물질이 적거나 없는 원자재로의 대체
· 법규 요구사항 파악 프로세스를 개선하여 새로운 법규 요구사항을 시기적절하게 도입
· 폐기물 저감을 위해, 원자재 및 원자재 취급방법에 대한 교육훈련을 개선
· 수자원의 재사용을 위한 폐수처리공정 도입
· 사무실 복사기의 기본 설정을 양면복사로 하여 종이 절약
· 자동차 연료 절약을 위해 수송 루트 재검토
· 분진 저감을 위해 보일러 연료를 대체 등

12. 경영검토에서의 최고경영자의 역할은 매우 중요하다. 다음 사항들을 수행해야 할 것이다.

· 경영검토주기 결정
· 경영검토회의 개최 및 참여
· 변경이 필요한 환경경영시스템 요소에 어떤 변경을 어떻게 도입할 것인지를 결정
· 결정사항을 환경경영시스템에 반영토록 함(환경방침, 목표, 세부목표 및 추진계획, 각종 절차 등의 변경 포함)
· 결정사항이 환경경영시스템에 적절하게 반영되었는가를 검토

13. '환경친화적산업구조로의전환촉진에관한법률' 시행규칙 운영요령 [별표2] '인증기관 세부지정기준 및 인증절차'에서는 인증신청자가 인증기관에 제출할 서류의 일부로서 '경영검토결과서(시정 및 예방조치결과 포함)'를 규정하고 있고, "환경경영시스템을 구축한 이후 문서화된 절차와 방법에 따라 조직의 활동을 최

소한 3개월 이상 시행, 유지하고 (내부환경심사와) 경영검토를 최소한 1회 이상 수행하였을 경우에만 인증기관의 인증심사가 가능"하도록 하고 있다.

심사 초점

① 경영검토결과를 기록하고 있는가?
 · 환경경영시스템의 변경과 관련된 결정 기록
 · 환경경영시스템의 변경 조치 기록
② 경영검토 결과를 환경경영시스템에 반영

■ 경영검토 실행 사례

1. 경영검토 주기 및 빈도(frequency)

요구사항에서는 경영검토의 주기는 구체적으로 명시하지는 않고 있으나 일반적으로 경영시스템의 표준문서에서는 연 1~2 회 등으로 정한 경우가 많다.

그러나 이는 요구사항에 대한 소극적 해석이라 볼 수 있다.

물론 각 프로세스의 핵심성과지표의 종류에 따라 그 모니터링 및 측정 주기는 다를 수 있으나 가능한 한 매월 모니터링 및 측정하는 것이 현대의 스피드 경영시대에 적합하다 할 것이다.

2. 경영검토에 대한 책임부서(Process Owner)

환경경영시스템에 대한 경영검토를 주관하는 부서가 반드시 별도로 있어야만 하는 것은 아니지만 환경경영시스템 성과에 대한 업무를 종합, 주관하는 부서가 있는 경우는 그 부서(과/팀)이 책임부서가 될 것이다.

그러나 경영검토 입력 사항에 대한 내용에 따라 해당 부서를 지정하여 성과를 종합, 모니터링 및 측정하는 것이 바람직하다. 즉, 생산부서는 폐기물관리, 유틸리티 등의 책임이 클 것이므로 이에 대한 핵심 성과지표를 매월 모니터링 및 측정하여 경영검토 입력사항으로 활용하는 경우라면 생산부서가 책임부서가 되는 것이다.

3. 경영검토 양식의 적용

(1) 경영검토회의록을 작성하여 서명을 받고, 실제 경영검토 내용은 첨부하는 방법

조직에 따라 환경경영검토 회의록을 연 1~2회 작성하여 입력사항을 첨부로 유지하는 방법을 적용하는 경우가 있는데 이는 남에게 보여주기 위한 것을 의도하는 경우로 해석될 소지도 있다.

(2) 매월 특정한 환경성과지표에 대해 모니터링 및 측정하고 피드백하는 방법

경영검토 입력사항에 따라 즉, 핵심 성과지표에 따라 모니터링 및 측정 주기를 정하여 그 지표에 대한 책임부서가 경영검토 자료를 작성해나가는 방법으로, 이는 최고경영자의 신속한 의사결정에 매우 유익할 것이다.

KPI	단위	모니터링 주기	담당팀	201X년 실적							
				1	2	3	----	10	11	12	계(평균)

제3절 심사 체크리스트(사례)

<table>
<tr><th>요구사항</th><th>심사초점</th><th>체 크 내 용</th></tr>
<tr><td rowspan="2">4.1
일반요구사항</td><td rowspan="2">EMS를 수립, 유지</td><td>1. 환경경영의 의미를 알고 있는가?</td></tr>
<tr><td>2. 환경경영시스템은 구축되어 있는가?</td></tr>
<tr><td rowspan="8">4.2
환경방침</td><td rowspan="8">환경방침을 수립, 유지</td><td>1. 현재의 환경 문제점은 무엇인가?</td></tr>
<tr><td>2. 조직의 활동, 제품, 서비스는 정확히 파악되었는가?</td></tr>
<tr><td>3. 환경영향은 파악되었는가?</td></tr>
<tr><td>4. 지속적인 개선과 오염방지에 대한 결의는 있는가?</td></tr>
<tr><td>5. 환경법규는 파악되고, 준수하려는 의지는 있는가?</td></tr>
<tr><td>6. 목표 및 세부목표를 수립하고 유지할 수 있는 내용인가?</td></tr>
<tr><td>7. 모든 종업원이 이해하고, 수행할 수 있는 내용인가?</td></tr>
<tr><td>8. 일반인은 이용가능한가?</td></tr>
<tr><td colspan="3">4.3 기획</td></tr>
<tr><td rowspan="5">4.3.1
환경측면</td><td rowspan="5">1. 제품, 서비스, 활동의 환경 측면을 파악하는 절차 수립 및 유지
2. 중요환경 측면이 환경목표 설정시 고려</td><td>1. 환경측면을 파악하기 위한 ISO 요건별 주관부서는 설정되었는가?</td></tr>
<tr><td>2. 환경측면을 파악하기 위한 체크리스트는 기능별로 정리되어 있는가?</td></tr>
<tr><td>3. 환경측면을 파악하기 위한 제품, 서비스, 활동 영역은 결정되었는가?</td></tr>
<tr><td>4. 중요환경 측면을 결정하기 위한 기준은 설정되었는가?
- 대기, 수질, 유독물, 소음진동 등
- 민원, 사고, 위험률, 공해단속 정도 등</td></tr>
<tr><td>5. 중요환경 측면은 우선적으로 개선할 수 있도록 경영층에 보고되었는가?</td></tr>
<tr><td rowspan="4">4.3.2
법규 및 기타 요구사항</td><td rowspan="4">1. 적용되는 법규 및 기타 요구사항 파악, 등록
2. 준수평가 여부</td><td>1. 적용되는 환경법규는 등록되어 있는가?</td></tr>
<tr><td>2. 현재의 설비는 파악되어 있는가?
- 각부서별 설비대장 목록표 정리</td></tr>
<tr><td>3. 설비는 법규에서 정한 기준대로 인허가를 받았는가?
- 대기, 수질, 소음진동, 유독물, 폐기물 등</td></tr>
<tr><td>4. 배출시설과 방지시설의 유기적인 관계는 정리돼 있는가?
- 배출시설 규모 파악
- 방지시설 규모 파악 근거</td></tr>
</table>

요구사항	심사초점	체 크 내 용
4.3.3 목표, 세부목표 및 추진계획	1. 환경목표 및 세부목표를 수립하고 유지 2. 법규, 요구사항, 환경 요인, 기술, 재정, 운영 및 이해관계자의 의견 반영 3. 환경 방침과 일치 4. 오염방지에 대한 결의 포함	1. 환경목표 및 세부 목표가 수립되어 있는가?
		2. 환경목표 및 세부목표는 실현가능성이 있는가?
		3. 세부목표는 측정가능하고 예방적인 사항을 고려하였는가?
		4. 세부목표는 구체적으로 수립되어 있는가?
		5. 관련법규 요구 사항은 반영되었는가?
		6. 환경측면은 반영되었는가?
		7. 중요한 환경요인은 우선적으로 해결하도록 목표가 수립 되어 있는가?
		8. 기술적으로 실현가능한가?
		9. 재정적인 지원은 가능한가?
		10. 사업상의 요구 사항은 모두 반영되었는가?
		11. 이해관계자의 의견을 반영하였는가?
		12. 환경방침을 기초로 하여 목표가 수립되었는가? (일관성)
		13. 오염방지에 대한 결의가 포함되어 있는가?
	5. 목표 및 세부목표를 달성하기 위한 추진계획을 수립/유지 - 목표 달성을 위한 책임을 지정 - 수단 및 시간계획 6. 신개발, 신규 또는 변경된 활동, 제품 및 서비스에 관련된 프로젝트에 적용	1. 목표 및 세부목표를 수행하기 위한 조직은 갖추어졌는가?
		2. 추진 계획은 일정 및 시간 배정이 구체적이고 합리적으로 되어 있는가?
		3. 추진계획은 책임자 및 담당자가 지정되어 있는가?
		4. 추진을 위한 수단은 구체적으로 되어 있는가?
		5. 신제품 개발에 따라 추진계획은 적절히 변경되는가?
4.4 실행 및 운영		
4.4.1 자원, 역할 책임 및 권한	1. 환경경영을 위한 역할, 책임, 권한 결정/문서화/전달 2. 경영자는 필요자원을 제공 - 인적자원, 특수기능과 기술, 재정자원을 포함 3. 경영자 대리인 지정	1. 환경경영을 위한 역할, 책임, 권한이 정해져 있는가?
		2. 환경경영과 관련된 책임과 권한이 관련자에게 전달되고 있는가?
		3. 경영자는 필요한 자원을 제공하는가? - 자원은 인적 자원, 특수기능과 기술, 재정 자원을 포함
		4. 경영대리인은 지정되어 있는가?
		5. 경영 대리인은 대리인의 역할을 숙지하고 있는가?

요구사항	심사초점	체 크 내 용
4.4.2 적격성 교육훈련 및 인식	1. 교육의 필요성 파악 2. 환경에 영향을 미치는 사람에 대한 훈련 3. 종업원이나 구성원에 대한 교육절차 수립/유지 4. 중대한 환경영향을 일으킬 수 있는 사람은 교육훈련, 경험면에서 자격부여	1. 교육 필요성 파악, 교육계획은 수립되어 있는가?
		2. 환경에 영향을 미치는 모든 인원에 대하여 교육훈련을 시키고 있는가?
		3. 교육을 실시하는 절차는 수립되어 있는가?
		4. 종업원들에 대하여 환경경영과 관련된 교육절차를 수립하고 있는가?
		6. 교육/훈련의 결과는 **F/UP**되고 있는가?
		7. 중대한 환경영향을 일으킬 수 있는 업무를 수행하는 사람은 적절한 자격을 갖추고 있는가? - 환경설비(오염방지시설, 폐수처리시설, 소각로 등) 운영담당자 등
4.4.3 의사소통	1. 조직의 여러 계층간 내부 의사소통	1. 내/외부 이해관계자의 범위는 정해져 있는가?
		2. 조직의 여러 계층간 내부 의사소통은 원활하게 이루어지고 있는가?
		3. 외부 이해관계자들로부터 의사소통에 관한 접수 대장은 있는가?
	2.외부 이해관계자로부터의 의사소통에 관한 절차수립	4. 접수된 내용은 적절하게 시정조치가 되고 있는가?
		5. 시정 조치후 이해관계자들에게 통보되고 있는가?
4.4.4 문서화	1. 환경경영시스템과 관련된 문서화	1. 표준 작성, 관리 절차는 있는가?
		2. 전자문서관리는 절차를 준수하는가?
		3. 환경경영규격의 내용은 문서에 반영되었는가? - 환경경영시스템의 핵심요소와 관련표준 비교표는 만들어져 있는가?
		4. 표준양식을 적용하는가?
4.4.5 문서관리	1. 규격에서 요구한 모든 문서를 관리하기 위한 절차를 수립/유지 2. 문서 작성과 개정의 절차와 책임을 수립/유지	1. 문서 관리 주관부서가 결정되어 있는가?
		2. 문서의 검토, 승인권자는 지정되어 있는가?
		3. 최신판을 확인할 수 있는 등록대장 및 개정번호/개정일자는 기록되어 있는가?
		4. 문서가 필요한 부서에 적절한 문서가 배포되어 있는가?
		5. 폐지된 문서는 즉시 폐기 혹은 적절한 표시를 하고 보관하고 있는가?
		6. 문서 보관 방법은 설정되어 있는가?
		7. 문서의 개정절차는 수립되어 있는가?

요구사항	심사초점	체 크 내 용
4.4.6 운영관리	1. 환경에 영향을 미치는 운영 및 활동을 파악 2. 규정된 요구사항을 만족하기 위한 계획수립	1. 환경에 영향을 미치는 운영 및 활동은 파악되어 있는가? - 각부서별/공정별/제품별 구분 필요
		2. 환경 운영과 관련된 절차는 준비되어 있는가?
		3. 절차에 운영기준은 설정되어 있는가?
		4. 사용하는 상품 및 서비스의 환경 요인에 관련된 절차를 수립하고 있는가?
		5. 공급자와 계약자에게 관련된 요구사항을 전달하는 절차는 마련되어 있는가?
4.4.7 비상시 대비 및 대응	1. 비상사태에 대비한 절차 수립 및 유지 2. 비상시 환경영향을 방지하고 완화하는 절차수립 3. 비상사태를 주기적으로 점검/절차 개정	1. 사고와 비상사태는 구분할 수 있는가?
		2. 사고와 비상사태에 대한 절차는 수립되어 있는가?
		3. 절차는 환경 영향을 감소하도록 수립되어 있는가?
		4. 절차에 의거 교육 및 훈련은 실시하고 있는가?
		5. 사고나 긴급상황 후에 그 원인을 조사하고 재발방지 대책을 수립하여 실시하고 있는가?
		6. 비상사태 발생 후에 그 절차를 검토하고 절차를 개정하고 있는가?
		7. 비상사태는 주기적으로 점검하고 있는가?
4.5 점검		
4.5.1 모니터링 및 측정	1. 중요 특성을 모니터링하고 측정하는 문서화된 절차 수립/유지 2. 목표와 세부목표 확인 3. 모니터링 장비는 교정/기록 유지	1. 중요 환경특성은 무엇인가? - 대기, 수질, 소음진동, 유독물, 폐기물, 공정 중 항목
		2. 중요환경 특성의 평가 주기는 어느 정도인가?
		3. 중요한 환경특성 평가 기준은 만족하고 있는가?
		4. 중요환경 특성은 누가 측정/평가하고 있는가?
		5. 중요환경 특성 측정자의 자격은 인정되어 있는가?
		6. 목표와 세부목표의 달성여부는 주기적으로 확인하고 있는가?
		7. 목표 달성이 되지 않았을 경우 그 원인은 조사하였는가?
		8. 모니터링 장비 종류와 측정범위는 파악되었는가? - 모니터링장비 리스트 파악
		9. 모니터링장비의 검교정 주기와 허용오차는 결정되어 있는가?
4.5.2 준수평가	주기적으로 법규와 규정 준수를 평가	1. 법규 등록부는 최신본으로 관리되고 있는가?
		2. 관리해야 할 법규는 정확히 파악되고 있는가?
		3. 법적 기준은 만족하고 있으며, 준수하는가? - 허가 및 배출허용기준 준수 여부 - 분야 : 대기, 수질, 소음진동, 유독물, 폐기물, 악취 등

요구사항	심사초점	체 크 내 용
4.5.3 부적합, 시정조치 및 예방조치	1. 다음에 관한 책임과 권한 절차 수립/유지 - 부적합 사항 취급 및 조사 - 시정 및 예방조치의 책임과 권한을 정함 2. 시정 및 예방조치 결과에 다른 절차의 변경	1. 부적합 유형은 파악되고 있는가?
		2. 부적합 유형별 책임자가 결정되어 있는가?
		3. 부적합 유형은 중/경부적합으로 구분되어 있는가?
		4. 부적합은 적절하게 처리되고 **F/UP**되고 있는가?
		5. 시정조치 대상은 적절한가?
		6. 시정조치 처리절차는 수립되어 있고 합리적인가? 조치- 원인조사- 대책실시- 수평전개- 유효성확인
		7. 시정조치의 책임권자는 지정되어 있는가?
		8. 시정조치는 환경영향에 대응하는 적절한 수준인가?
		9. 예방조치 절차는 수립되어 있고 합리적인가?
		10. 시정 및 예방조치 결과에 따라 적절히 절차는 변경하는가?
		11. 시정 및 예방조치 결과에 따라 절차를 변경하고 있는가?
4.5.4 기록관리	1. 환경기록의 식별, 유지, 폐기에 대한 절차 수립 및 유지 2. 환경기록은 손상, 열화 및 손실을 방지토록 보관, 유지 3. 보존기간 설정	1. 환경기록의 종류는 정해져 있는가?
		2. 환경기록목록표는 만들어져 있는가?
		3. 환경기록 보관을 위한 파일링시스템은 유지되고 있는가?
		4. 환경기록의 보관 및 보존 기간은 설정되어 있는가?
		5. 환경기록 목록표에 보존기간 및 환경기록 유무는 표시되어 있는가?
4.5.5 내부심사	1. 정기적인 환경경영시스템 심사 프로그램 및 절차를 수립 유지 2. 심사결과를 경영자에게 제공	1. 심사주기는 결정되어 있는가? - 분기/반기/년간
		2. 심사 체크리스트는 준비되어 있는가?
		3. 심사 범위 및 방법은 결정되어 있는가? - 부문별, 공장/본사, 부분/전체심사 등
		4. 심사 시행에 대한 책임자는 누구인가?
		5. 심사 지적 사항은 피심사자에게 적절하게 통보되고 시정조치 되었는가?
		6. 심사 지적사항은 문서화 되었는가?
		7. 시정조치 사항은 효율적이고 근본원인이 제거되었는가?
		8. 심사원의 자격은 인정되었는가? - 학력, 경력, 지식, 자격증 등
		9. 환경심사 결과는 경영검토안건으로 상정되어 검토되었는가?
4.6 경영검토	1. 주기적으로 환경경영 시스템 검토 2. 경영검토는 방침, 목표 및 절차를 변경할 수 있다.	1. 경영검토 주기는 결정되어 있는가? - 월별, 분기별, 반기별, 연도별
		2. 경영검토 안건은 합리적으로 결정되었는가? - 부서별, 부문별, 팀별
		3. 경영검토 방법은 결정되어 있는가? - 보고 혹은 회의, 게시, 공고
		4. 경영검토 결과는 적절하게 시정조치되고 있는가? - 표준문서의 개정, 지속적 개선 성과의 분석 등

연 습 문 제

1. 다음 (   ) 안을 채우시오.

(1) 환경측면이란 환경과 상호작용을 하는 조직의 (   ), 제품 및 서비스 요소를 말한다.

(2) 조직의 환경방침에 따라 전반적인 환경성과의 개선을 달성하기 위해 환경경영시스템을 강화하는 과정을 (   ) 이라 한다.

(3) 조직과 제품의 새로운 이미지를 창출해내고 사회적 인지도를 제고시킴으로써 기존 시장에서의 전략적인 경쟁우위를 차지하는 환경 패밀리 규격으로는 DfE, LCA, (   ) 등이 있다

(4) 환경경영시스템 요구사항에 의하면 조직은 활동, 제품 및 서비스의 환경측면에 직접 적용 가능한 (   ) 및 그 밖의 요구사항을 확인하고 활용하기 위한 절차를 수립하고 유지하여야 한다.

(5) 환경경영시스템 요구사항에 의하면 조직은 외부 (   )로부터 관련의견(민원사항 등)을 접수, 문서화 및 회신하여야 한다.

(6) 환경경영시스템 요구사항에 의하면 (   )는 즉시 모든 발행문서 및 사용장소에서 신속히 제거되거나, 달리 사용되지 않음을 보장하여야 한다.

(7) 조직은 사고 및 비상사태의 잠재적 발생가능성을 파악하고 이에 대한 (   ) 및 (   ) 절차를 수립하고 유지하여야 한다.

(8). 조직은 환경 기록의 (   ), (   ) 및 처분에 관한 절차를 수립, 유지하여야 한다.

(9) 품질/환경경영시스템의 심사를 대상 조직별로 분류하면 (   ), (   ) 가 있다.

(10) 환경경영시스템 요구사항에 있어서 문서화된 절차서가 있어야 하는 요구사항은 (   ), (   ) 이다. (요구사항의 번호를 기입할 것)

2. 다음을 요약 설명하시오.

(1) 환경방침(Environmental Policy)을 설정하는 데 요구되는 사항을 4가지 이상을 열거하시오

(2) 환경관련 기록의 예를 5가지 이상 드시오.

(3) 환경성과지표의 예를 3가지 이상 들어보시오

(4) 품질경영시스템과 환경경영시스템의 요구사항 중 통합이 가능한 요구사항을 세 가지 이상 열거하시오.

(5) 경영검토에 반영해야 할 사항의 예를 드시오.

제 3 장

ISO 14000 환경경영시스템 Family

제1절 환경라벨링(EL)
제2절 전과정평가(LCA)
제3절 환경을 고려한 설계(DfE)
제4절 환경성과평가(EPE)

(표 3-1) ISO 14000 Family 규격 종합 비교표

구 분	규격번호	규 격 명	KS
EMS	ISO 14001 : 2004	Environmental management systems - Specification with guidance for use	'05.
	ISO 14004 : 2004	Environmental management systems-General guideline on principles, systems and supporting technique.	'05.
EA	ISO 19011 : 2002	Guidelines for quality and/or environmental management systems auditing	
EL	ISO 14020 : 2000	Environmental labels and declarations - General principles	
	ISO 14021 : 1999	Environmental labels and declarations -Self-declared environmental claims(Type II environmental labeling)	
	ISO 14024 : 1999	Environmental labels and declarations - Type I environmental labeling - principles and procedures	
	ISO 14025 : 2006	Environmental labels and declarations - Type III environmental labeling	
EPE	ISO 14031 : 1999	Environmental management -Environmental performance evaluation - Guidelines	
	ISO/TR 14032 : 1999	Environmental management - Examples of environmental performance evaluation(EPE)	
LCA	ISO 14040 : 2006	Environmental management - Life cycle assessment -principles and framework	
	ISO 14041 : 1998	Environmental management - Life cycle assessment -goals and scope definition and inventory analysis	
	ISO 14042 : 2000	Environmental management - Life cycle assessment - Life cycle impact assessment	
	ISO 14043 : 2000	Environmental management - Life cycle assessment - Life cycle interpretation	
	ISO/TR 14047 : 2003	Environmental management - LCA - examples of application of ISO 14042	
	ISO/TS 14048 : 2002	Environmental management - Life cycle assessment - data documentation format	
	ISO/TR 14049 : 2000	Environmental management - LCA - examples of application of ISO 14041 to goal and scope definition and inventory analysis	
공통	ISO 14043 : 2000	Environmental management - Vocabulary	
	ISO Guide 64 : 2008	Guide for the inclusion of environmental aspects in product standards	
TR : Technical Report, TS : Technical Specification			

제1절 환경라벨링(EL)

1. 환경라벨링 제도

환경라벨이 부착된 제품이 그렇지 않은 제품보다 우수한 환경성을 지니고 있음을 소비자에게 알림으로써 해당 제품의 소비를 촉진함과 동시에 환경적 경쟁우위를 바탕으로 환경비용의 내부화를 도모하고자 하는 제도이다. 이 제도의 시행으로 환경친화적 제품의 수요를 증대시킴으로써 모든 산업계가 자발적으로 제품의 환경성을 제고하도록 유도하고자 함이다.

2. 환경라벨링의 무역효과

원칙적으로 환경라벨링(Environmental Labelling : EL)은 구속력 있는 요건을 수반하지 않고 소비자의 구매의사 결정에 의존하는 시장경제원리에 입각한 제도이므로 직접적인 규제조치라고 보기는 어려움. 환경라벨링은 제품의 전과정에 걸쳐, 즉 LCA에 기초하여 환경부하가 적은 제품에 규정된 표지를 부착하여 소비자로 하여금 차별적 선택을 가능하게 함으로써 환경친화적 생산과 소비를 유도하는 자발적 제도이므로, 수출기업이 수입국의 환경라벨링을 반드시 획득하여야 하는 것은 아님. 그러나 환경라벨링의 부착 여부가 소비자의 구매의사 결정에 큰 영향을 미치는 경우, 라벨링 부여기준을 충족시키기 위한 추가적인 비용부담이 발생하므로 궁극적으로 제품의 시장접근에 영향을 미치게 됨. 또한, 제조공정상의 환경오염 여부가 환경라벨링 부여기준의 하나가 될 경우 제품관련 PPMs를 포함하게 되며, 이 점이 무역장벽 요인으로 작용하게 된다는 것이 WTO 무역환경위원회(CTE)의 입장임.

3. 환경라벨링의 기능

대부분의 환경라벨은 제3자 인증 프로그램으로 운영되고 있지만, 제품을 생산하는 개별 기업이 자사 제품의 환경친화성을 스스로 공표하는 자체적인 환경라벨링도 있음. 환경라벨링이 한 국가의 정책도구로 활용될 경우에는, ① 다른 제품의 시장진입이나 자국시장에 다른 나라 제품의 접근을 막는 등 시장활동에 영향을 줄 수가 있고, ② 광고를 통하여 환경친화적 제품을 구매하도록 소비자를 유도할 수도 있으며, ③ 이러한 여러 가지 인센티브를 통하여 생산자를 환경친화적 공공정책 목표 달성에 동참하도록 유인하는 기능을 할 수도 있음. 기업의 환경경영 조직에 대한 평가는 환경경영체제에 대한 인증으로 나타나며, 제품의 환경성과에 대한 평가는 직접적으로 환경라벨링 인증과 연결됨.

4. 평가방법

환경라벨링 부여기준을 설정하는 데 있어 일반적으로 전과정평가(LCA) 기법이 사용됨. 즉, 원료의 조달에서부터 제품처리에 이르기까지의 모든 환경영향을 고려하여 총체적으로 환경부하가 적은 제품에 환경라벨링을 부여하게 됨(예 : 캐나다 'Environmental Choice Program'에서의 복사기에 대한 평가요소는 ① 제조과정 중 CFCs 사용금지, ② 사용과정에서 VOCs, 오존, 먼지 방출량 기준 준수, ③ 인쇄중 에너지 사용량 및 소음 방출치 등).

5. 환경라벨링의 유형

(1) GATT의 분류

- 자발적 라벨(voluntary label) : 생분해성과 같이 제품의 환경적 특성을 자발적으로 표시
- 강제적 라벨(mandatory label) : 제품의 위험성이나 유해성 등 부정적인 측면을 경고

(2) OECD의 분류

- 단일주제 자발적 라벨(single - issue voluntary label) : 하나의 특정한 환경성을 기준으로 하여 자발적으로 라벨을 부여하는 경우 [예 : 유기농 재배

(Organically - Grown), 에너지 효율적인(Energy Efficient), CFC를 포함하지 않은(CFC - Free), 재생지(Recycled Paper) 등]

- 단일주제 강제적 라벨(single - issue mandatory label) : 하나의 특정한 환경성을 기준으로 하여 강제적으로 라벨을 부여하는 경우(예 : 가연성(Flammable), 유독성(Toxic) 등과 같은 부정적인 라벨이 대부분이지만 생분해성(Biodegradable)과 같은 긍정적인 라벨도 있음)
- 복합주제 자발적 라벨(Multi - Issue Voluntary Label) : 제품의 종합적인 환경관련 특성을 표시하는 것으로 보통 에코라벨이라 불리고 있음.

(3) ISO의 분류

① 타입Ⅰ 환경라벨 : 제3자 기관의 인증에 의거하여 부착하게 되는 라벨로서, 보통 '에코라벨'로 부르고 있으며, OECD에서 분류하고 있는 복합주제 자발적 라벨과 같은 유형임. 일반적으로 제품의 전과정에 걸친 환경부하를 평가하고 이를 기준으로 이 라벨을 부여하게 됨.

② 타입Ⅱ 환경라벨 : '자기선언 라벨'이라고도 하며, 제3자의 인증과 상관없이 기업 스스로 선언하는 환경성에 대한 자기주장 및 환경광고가 이 범주에 해당됨. 그러나 이 경우 '환경친화적', '무공해', '그린' 등 포괄적인 용어의 무분별한 사용으로 소비자의 혼란을 일으키는 행위는 인정하지 않고 있음.

③ 타입Ⅲ 환경라벨 : '정보제공 라벨'이라고도 하며, 제품의 전과정에서 발생하는 환경정보(Environmental Information), 즉 환경관련 자료를 정량화된 제품정보(Quantified Product Information : QPI)의 형태로 소비자에게 제시하는 것임. 따라서, 이 유형의 환경라벨링은 전과정평가(LCA) 및 환경성과평가(EPE)와도 밀접한 관련을 가짐. 타입Ⅰ 환경라벨이 일정한 기준을 만족하는 경우에만 부여되는 것과는 달리 이 프로그램에서는 환경관련 자료만을 제공하고 최종적인 판단은 소비자에게 맡기게 됨. 현재 실시되고 있는 환경라벨 가운데 미국의 과학적 인증시스템(Scientific Certification System : SCS)에 의한 '환경리포트 카드'나 자동차 회사인 볼보사의 '환경사양서' 등이 이에 해당함. 타입Ⅲ 환경라벨은 제3자 인증으로 운영할 수도 있고, 자기선언 방식으로 운영할 수도 있음.

6. 환경라벨링 제도운영의 일반원칙(ISO 14020)

원칙 1 환경라벨 및 환경선언은 정확하고, 검증가능하며 관련성이 있고 오인을 일으키지 않아야 한다.

원칙 2 국제무역에 대한 불필요한 장애를 초래하거나 또는 그러한 효과를 가질 목적으로 환경라벨 및 환경선언의 절차와 요건을 준비, 채택 또는 적용되어서는 안 된다.

원칙 3 환경라벨 및 환경선언은 그 주장을 지지할 수 있을 만큼 충분히 철저하고 포괄적이며, 정확하고 재현성 있는 결과를 산출할 수 있는 과학적 방법에 근거해야 한다.

원칙 4 환경라벨 및 환경선언을 지지하기 위해 사용하는 절차, 방법 및 모든 기준과 관련된 정보는 모든 이해관계자가 이용할 수 있어야 하며, 요청시 제공되어야 한다.

원칙 5 환경라벨 및 환경선언을 개발할 때는 제품 전과정의 모든 관련 측면을 고려해야 한다.

원칙 6 환경라벨 및 환경선언은 환경성과를 유지 또는 개선시킬 가능성이 있는 기술혁신을 방해해서는 안 된다.

원칙 7 환경라벨 및 환경선언과 관련된 모든 행정상의 요건 또는 정보 요청은 레이블 및 선언의 해당 기준 및 표준에 대한 적합성을 수립하는 데 필요한 것으로 한정되어야 한다.

원칙 8 환경라벨 및 환경선언을 개발하는 과정은 이해 관계자와의 공개적이고 적극적인 협의를 포함한다. 그 과정 전반에 걸쳐서, 합의에 이르기 위한 합리적인 노력을 한다.

원칙 9 환경라벨 또는 환경선언과 관련된 제품 및 서비스의 환경 측면에 대한 정보는 환경라벨 또는 환경선언을 하는 당사자로부터 구매자와 잠재 구매자가 이용할 수 있어야 한다.

(표 3-2) 각국의 환경라벨링 제도의 예

국 가	제 도 명	도입연도
독 일	Blue Angel	1977
일 본	EcoMark	1989
북 구 제 국	White Swan	1989
캐 나 다	Environmental Choice	1990
미 국	Green Seal	1991
스 웨 덴	Good Environmental Choice	1990
뉴 질 랜 드	Environmental Choice	1990
인 도	EcoMark	1991
오 스 트 리 아	Austrian Eco-Label	1991
호 주	Environmental Choice	1991
한 국	환경마크	1992
싱 가 포 르	Green Label Singapore	1992
프 랑 스	NF-Environment	1992
네 덜 란 드	Stichting Milieukeur	1992
E U	European Flower	1992
크 로 아 티 아	Environmentally Friendly	1993

* 추가 내용은 www.globalecolabelling.net 및 www.keiti.re.kr(한국환경산업기술원)을 참고한다.

제2절 전과정평가(LCA)

1. 전과정평가(Life Cycle Assessment : LCA)의 역사

(표 3-3) 전과정평가의 역사

시 기	내 용	비 고
1960년대	LCA의 태동	포장재료의 에너지 소비량 비교
1969	코카콜라사가 MRI1)에 의뢰하여 수행한 음료용기에 관한 전과정 연구	천연자원에 대한 환경영향을 최소화하기 위한 용기의 차이점을 비교할 목적
1970 ~ 75	MRI에서 REPA2) 연구를 계속함. 스웨덴의 Sundstrom 및 영국의 Boustead에 의한 LCA 모형 개발	미국에서 약 15개의 REPA 연구가 진행됨
1973 ~ 74	제1차 석유파동	에너지 사용 절감을 목적으로 한 분석
1970년대 후반	REPA 및 LCA에 대한 흥미 격감, SETAC3) 설립(1979)	제2차 석유파동 이후 에너지 절감 분위기 소멸
1980년대 초반	EMPA4)가 전과정평가의 초기 계산 체계를 개발	
1980년대 후반	Öko-Institut가 제품 LCA 작업수행	주로 방법론에 관한 연구가 진행됨
1990	P&G와 WWF 등의 공동연구 추진	WWF의 참여로 여타 환경단체들의 참여가 확산됨
	프랑스의 Ecobilan사 설립	본격적인 LCA 연구 수행
	LCA에 관한 SETAC 회의 개최	LCA의 3단계 확인 : 목록, 영향평가, 개선
1992	SPOLD5) 설립	LCA 연구 및 보급의 확산
	3차례에 걸친 SETAC 회의	영향평가, LCA의 응용, 자료의 질 등에 관한 논의
1993	2차례에 걸친 SETAC 회의	영향분류에 대한 논의, LCA 지침서 개발
	SPOLD 등이 LCA 자료집 6) 발간	
1993년 이후	ISO/TC 207의 SC5에서 LCA를 국제 표준화 대상으로 선정하고 본격적인 작업을 진행	LCA에 대한 연구가 전세계적으로 확산되고 있으며, 국가, 산업 또는 기업 단위의 연구가 진행되고 있음

(1) MRI : Midwest Research Institute
(2) REPA : Resource and Environmental Profile Analysis
(3) SETAC : Society for Environmental Toxicology and Chemistry
(4) EMPA : Swiss Federal Laboratories for Material Testing and Research
(5) SPOLD : Society for the Promotion of LCA Development
(6) SustainAbility, SPOLD and Business in the Environment, The LCA Sourcebook (London, 1993)

2. 정 의

원료 획득에서부터 제조, 사용 및 처리에 이르기까지의 제품의 전과정(즉, 요람에서 무덤까지)에 관련된 환경측면 및 잠재적인 환경영향을 제품이나 시스템과 관련된 투입물과 산출물의 목록화 및 영향평가, 그 결과의 해석 등을 통하여 파악하는 것. 즉, 어떤 제품이나 공정, 활동의 전과정에 걸쳐 소모되고 배출되는 에너지 및 물질의 양을 정량화하여, 이들이 환경에 미치는 영향을 평가하고 이를 통하여 환경개선의 방안을 모색하고자 하는 객관적인 환경영향 평가기법.

3. 실시목적

(1) 제품의 환경측면과 그 영향에 관한 정보를 소비자에게 제공함으로써 소비자의 제품구매 의사결정에 도움을 주고, 궁극적으로는 환경친화적 소비풍토를 정착시키고자 함.
(2) 기업이 자사 제품의 환경영향을 전과정에 걸쳐 평가함으로써 환경측면 개선의 기회 및 우선순위를 파악하고, 궁극적으로는 제품의 환경성 향상을 통한 경쟁력 제고를 도모함.
(3) 정부나 공공기관의 정책적 의사결정에 필요한 자료를 제공함으로써 관련 정책의 실효성을 제고함.

4. 용 도

(표3-4) LCA의 용도

구 분	정 부	기 업	환경단체
기존의 용도	- 법적 규제 수단 (예 : 환경라벨링, 포장폐기물 등)	- 제품, 서비스, 기능, 시스템 등과 관련된 환경부하의 정의 및 비교 - 마케팅 활동 - 소비자에게 대한 정보제공 (예 : 환경라벨링)	- 정부와 기업에 대한 비판 근거 - 기업의 평가결과에 대한 반박 수단 - 제품 및 공정에 대한 정보원
새로운 용도	- 법적 규제의 우선순위 결정 - 표준 설정	- 구매규격 결정 및 공급업체 선정 - 제품/공정의 설계와 최적화 - 전략적 계획 및 우선순위 결정	- 환경라벨링에 관한 의견제시의 근거 - 현안과제에 대한 입장 정립 - 캠페인의 우선과제 선정
잠재적 용도	- 정책 수립 - 경제적 유인책에 의거한 정책수단의 선택 - 공공 교육	- 환경경영전략 수립 - 공공교육 - 성과평가의 척도 - 제품의 환경성 제고	- 다수의 환경단체가 참여하여 제품평가에 대한 기반 구축

5. 전과정평가의 구조

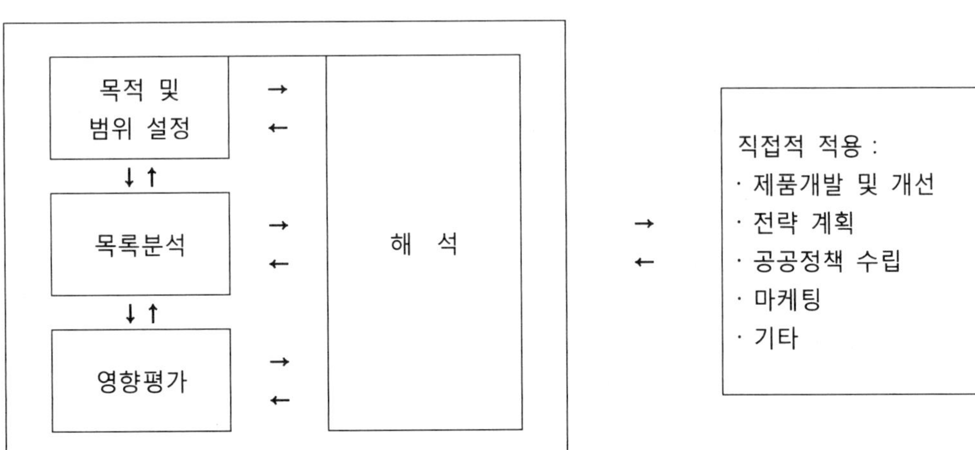

[그림 3-1] 전과정평가의 구조

(1) 목적 및 범위 설정(Goal and Scope Definition)

평가의 목적이 무엇이며 평가결과를 어디에 활용할 것인가를 구체화하는 단계로서, 적용대상과 분석의 깊이, 주제, 기능 단위 등을 설정함. 전과정평가는 사용목적에 따라 수집하는 자료의 내용이나 분석방법, 결과 등이 달라지기 때문에 먼저 평가 결과를 어떤 목적으로 사용할 것인가를 명확히 해야 함.

① 평가의 목적

전과정평가를 실시하고자 하는 주체의 의도에 따라 결정되며, 대상 품목의 특성, 평가 결과의 용도 및 공개여부 등에 따라 달라질 수 있음.

② 평가의 범위

시스템의 기능 및 범위, 기능단위(Functional Unit), 관련흐름(Reference Flow), 영향평가 방법, 자료의 요구조건, 연구의 가정 및 제한요인 등이 포함됨. 연구범위의 폭과 깊이는 평가 목적을 충분히 달성할 수 있도록 설정해야 하며, 모든 가정과 전제조건은 근거를 제시하여 투명성이 보장될 수 있도록 해야 함. 범위 설정시 고려해야 할 항목은 다음과 같음(ISO 14040).

- 제품이나 시스템의 기능, 비교연구일 경우에는 해당 시스템들의 기능
- 기능단위(Functional Unit)
- 연구하고자 하는 제품 시스템
- 제품 시스템 경계
- 배분 절차(Allocation Procedures)
- 환경영향의 유형 및 평가방법과 그에 대한 해석 과정
- 자료의 요건(Data Requirements)
- 가정 및 한계(Assumptions And Limitations)
- 초기 자료의 질에 대한 요건
- 필수적 검토대상 유형(필요시)
- 평가 결과에 대한 보고 유형 및 양식

(2) 목록분석(Inventory Analysis)

선정된 시스템을 대상으로 해당 시스템에 투입되는 에너지 및 원료, 그리고 산출되는 제품, 부산물, 오염물질 등의 종류와 양을 파악하여 정량화하는 일련의 과정임. 목록분석의 목적은 대상 시스템의 전과정에서 나타나는 물질의 흐름과

환경 부하를 계산하기 위한 것이며, 환경 부하를 산출하기 위해서는 CO_2, NOx, SOx, COD, BOD, 각종 중금속 함유량 등의 오염도 지수와 화석연료 소비량, 폐기물 발생량, 소음 수준 등 광범위한 자료가 필요함. 목록분석 과정은 반복적이라는 속성이 있음. 즉, 목적 및 범위 설정 단계에서 제시된 평가 목적과 시스템 경계, 그리고 자료의 질에 대한 요건 등과 목록분석을 통하여 얻어지는 추가정보가 일치하는지를 지속적으로 검토해야 함. 수집된 자료가 평가 목적에 부적합하다고 판단될 경우에는 자료수집을 중단하고 자료수집 절차를 변경할 수 있으며, 자료수정이 불가능하다고 판단될 경우에는 목적과 범위를 수정하게 됨. 목록분석은 일반적으로 흐름도 작성, 자료수집, 환경부하 계산 및 목록분석 결과에 대한 해석 등의 단계로 진행됨.

① 흐름도 작성

전과정의 흐름도를 작성하는 과정으로서, 이 단계에서는 우선 대상 시스템의 분석 단위별 경계를 명확히 해야 함. 이는 전과정평가에 포함시켜야 할 단위공정을 결정하기 위한 것으로, 평가목적, 설정된 가정, 정산기준, 자료와 비용부담, 보고대상 등에 따라 달라짐.

② 자료수집

일반적으로 가장 많은 인력과 시간이 소요되는 과정이며, 전과정평가의 목록에 수록할 정량적 또는 정성적 자료는 시스템 경계 내에 해당하는 단위공정마다 수집해야 함. 입력자료의 질은 평가 결과의 신뢰도에 결정적 영향을 미치므로 자료 수집 과정의 오류를 최소화하는 노력이 절대적으로 필요함. 외부로부터 자료를 수집하는 경우에는 공개된 데이터베이스(Database) 또는 타 회사나 기관의 분석결과를 활용할 수 있음. 특히, 자료 수집의 어려움 때문에 상세한 전과정평가(Detailed LCA)에 앞서 간략한 전과정평가, 즉 Screening LCA를 실시하게 되는데 이 경우에는 실제 측정치, 면담자료, 문헌자료, 이론적 모형, 데이터베이스, 또는 법적 기준치 등으로부터 자료를 수집하게 됨.

③ 환경부하 및 목록분석 결과 산출

수집된 자료를 근거로 투입물과 산출물의 환경부하를 계산하게 됨. 이 과정에서 특히 중요하게 검토해야 할 사항은 배분절차와 에너지 흐름에 대한 계산임.

- 배분절차(Allocation Procedures) : 다기능 공정(Multi-Funtional Process)이나 복합 제품 공정(Multi-Products Process)의 경우 또는 어떤 자원이나 산출물이

하나 이상의 시스템에 관련될 경우에 물질과 에너지, 그리고 배출물 등을 일정한 절차에 의해 각 기능이나 제품에 배분해야 하며, 그 절차는 타당성이 명확히 입증되어야 하고 문서화되어야 함.

- 에너지 흐름(Energy Flow) : 에너지 흐름을 계산하기 위해서는 사용된 연료와 전력원, 에너지의 변환 및 공급체계의 효율성, 그리고 제조 및 사용 과정상의 투입·산출물 등을 종합적으로 고려해야 함.

(3) 영향평가(Impact Assessment)

목록분석 단계에서 규명된 에너지 및 자원의 소요와 배출물이 환경에 미치는 잠재적 영향을 기술적, 정량적, 경우에 따라서는 정성적으로 파악하고 평가하는 과정임. 이 과정에서 환경적 연관성이나 중요성을 보다 정확히 규명하기 위해서는 적절한 모형을 사용하거나 환경영향의 중요도에 따라 가중치를 부여하는 방법이 사용되고 있음. 일반적으로 영향평가는 전과정평가의 목적과 범위에 맞추어 환경영향의 범주별로 목록분석 결과를 분류하는 분류화, 분류된 항목들이 해당 범주에 미치는 영향의 정도를 정량화하는 특성화, 그리고 환경영향의 범주별 중요도를 결정하는 가치평가 등 세단계로 이루어짐.

① 분류화(Classification)

목록분석에서 산출한 투입물과 산출물의 환경부하에 대한 자료를 전과정평가의 목적과 범위를 고려하여 기술적으로 적절하고 실질적인 방법으로 설정된 환경영향의 범주(Impact Catagory)별로 분류하는 단계임. 이 작업의 목적은 목록분석에서 도출되는 다양한 항목들의 환경영향을 단순화하기 위한 것이며, 예상되는 환경영향의 형태를 토대로 목록분석에서 도출된 항목 가운데 유사한 환경영향을 나타내는 항목들을 하나의 환경영향 범주로 모으는 과정임. 일반적으로 영향범주는 천연자원 고갈, 자연환경 파괴, 인간의 건강에 대한 피해 등의 가지로 대별할 수 있으나, 이러한 대분류만으로 항목들을 분류하여 그 영향을 정량화하는 것은 객관성이나 정확성을 보장하기가 현실적으로 거의 불가능하므로, 각 영향범주를 보다 세분하여 세부 영향범주로 나누고, 이를 근거로 각 항목들을 분류하는 것이 바람직함.

② 특성화(Characterization)

분류화 과정에서 세부 영향범주별로 구분된 항목들이 야기하는 환경영향을 합산하여 세부 영향범주별 환경영향을 정량적으로 산출하는 과정임. 이 과정에서는 일반적으로 각 항목의 환경부하와 그것이 환경에 미치는 영향간의 상관관계를 나타내는 특성화 모형이 사용되며, 다음은 이러한 모형을 개발하거나 선택할 때 고려해야 할 사항임.

- 환경영향에 대한 정의의 적절성
- 특성화 방법의 과학적 타당성
- 특성화 방법의 실용성과 투명성
- 가치평가와의 연계성

③ 가치평가(Valuation)

각각의 영향범주들이 환경에 미치는 영향을 종합적으로 고려하여 영향범주별로 상대적 중요도를 결정하는 과정임. 가치평가는 주로 주관적인 판단에 의존하게 되므로, 과학적인 사실보다는 환경영향에 대한 사회적 · 문화적 · 윤리적 · 정치적 · 경제적 관점에 따라 가중치를 부여하는 경우가 많음. 이러한 주관성을 극복하기 위하여 환경영향의 중요도에 대한 기술적 분석(Technical Analysis of Significance)을 실시하기도 하며, 이 과정에서 일반적으로 활용되고 있는 가중치 부여 기준은 다음과 같음.

- 가역성(Reversibility) : 재생 불가능한 자원의 사용이나 복구가 어려운 환경오염이 그렇지 않은 경우보다 더 중요도가 높음.
- 시간(Time) : 장기간에 걸쳐 영향을 미치는 경우가 단기적인 것보다 더 중요함.
- 지역(Area) : 전세계 또는 여러 나라에 영향을 미치는 환경문제가 특정 국가 또는 일부 지방에만 영향을 미치는 환경문제보다 더 중요도가 높음.
- 예방기준(Precautionary Criterion) : 과학적인 증거나 기술부족으로 인하여 발생원인이나 대비책이 분명하게 제시되지 못하고 있는 환경문제일수록 중요도가 높음.

(4) 해석(Interpretation)

영향평가의 결과만으로는 특정 제품 또는 시스템이 다른 제품이나 시스템보다 환경성이 우수하다는 비교주장(Comparative Assertion)을 하기가 어려우므로, 목록분석과 영향평가의 결과들이 정리 · 검토되어 설정된 전과정평가의 목적에 적합한 결정을 내리기 위해서는 각 단계에 대한 해석이 필요함. 전과정평가에 대한 해석은 목적 및 범위와 일치해야 하며, 일관성 및 완전성이 보장되어야 하고, 이해하기 쉬워야 함. 전과정평가의 목적에 대한 해석은 평가 결과와 비교하여 신뢰성과 유효성을 검토하게 되며, 목록분석 결과로는 다른 제품 또는 시스템과의 정성적인 비교가 가능함. 영향분석에 대한 해석에는 환경영향의 정량적 평가, 각 환경문제의 상대적 중요성에 대한 단일지표에 의한 상대평가, 제품 시스템의 개선에 대한 검토 등이 포함될 수 있음. 이러한 해석 단계는 일반적으로 다음과 같은 5단계로 이루어짐.

① 가장 중요한 투입물, 산출물, 잠재적 영향의 규명(Identification of Most IMportant Inputs, Outputs, and Potential Impacts)

적절한 기준하에서 목록분석이나 영향평가 결과를 대상으로 상대적인 중요도를 평가하여 가장 중요하게 다루어야 할 투입물, 산출물, 그리고 잠재적인 영향을 식별함.

② 평가(Evaluation)

평가 결과를 이해하기 쉽게 하여 이해관계자들에게 제공하려면 목적과 범위, 용도 등을 고려한 평가가 이루어져야 하며, 이 단계에서는 다음과 같은 검토가 이루어짐.

- 완성도 점검(Completeness Check)
- 민감도 분석(Sensitivity Analysis)
- 일관성 점검(Consistency Check)

③ 결론(Conclusions)

최고경영자 등 의사결정권자에게 보고하기 위해 전과정평가의 결과를 바탕으로 최종적인 결론을 도출함.

④ 건의(Recommendations)

환경영향이나 자원 또는 에너지 사용을 줄이기 위한 대안을 모색하여 건의함.

⑤ 보고(Report)

전과정평가의 최종적인 결과를 초기에 설정한 목적 및 범위에 적합하도록 해석하여 보고함.

6. 전과정평가에 대한 일반기준(ISO)

(1) 완전성(completeness)

경제활동이 모든 환경영역에 영향을 미친다는 관점에서 볼 때, 엄밀한 의미에서의 전과정평가는 경제활동이 환경영역에 미치는 광범위한 영향을 모두 고려해야 함. 그러나 이러한 작업은 현실적으로 불가능하기 때문에 일정한 기준을 근거로 고려해야 할 범위를 선택하는 것임. ISO에서는 보다 완전한 전과정평가를 실시하기 위해서 자료의 범위를 어떻게 설정할 것인가를 중점적으로 검토한 결과, 전과정평가의 목적에 적합한 수준으로 자료를 수집할 필요가 있으며 반드시 모든 단계를 대상으로 전과정평가를 해야 하는 것은 아니라는 입장을 제시하고 있음.

(2) 투명성(transparency)

전과정평가에 대한 표준화 내용 가운데 가장 중요시되고 있으며, 의무적인 측면이 강한 부분이 바로 투명성에 관한 것임. 특히, 평가의 목적에 따라 그 결과를 일반에게 공표할 경우에는 제3자에 의한 정밀검토(critical review)를 거칠 필요가 있음. 이 경우에는 특히 평가방법의 과학적 타당성과 기술적 유효성, 그리고 목표에 따른 자료의 적절성, 해석의 적합성, 평가과정의 투명성 등을 집중적으로 검토하게 됨. ISO에서는 다음과 같이 전과정평가의 각 단계별로 투명성에 대한 내용을 포함시키고 있음.

- 목표 : 전과정평가의 목표에서는 평가 결과의 적용 예, 평가가 필요한 이유, 평가 결과에 대한 정보를 제공받을 대상자 등을 분명히 하도록 하고 있음. 단, 평가에 소요되는 자금을 제공한 조직 등에 대해서는 별도로 언급하지 않고 있음.
- 범위 : 전과정평가의 범위는 대상 시스템의 기능을 지정하고, 기능단위를 측정가능한 형태로 정의하는 것이 필요함. 물질 및 에너지의 영향, 그리고 가정(assumption)에 대해서도 명확히 기술 하도록 하고 있음.
- 자료수집 : 자료의 질에 관한 요건을 구체적으로 언급하고 있음.
- 계산방법 : 물질 및 에너지의 흐름을 복수의 제품에 배분하는 방법에 대해서 순서에 입각하여 명시하도록 하고 있으며, 모든 계산과정을 문서화하도록 하고 있음.

- 영향평가 : 영향평가의 단계에서 가장 중요한 요건은 투명성이므로, 영향평가에서 사용하고 있는 가정은 명확히 기술하여 보고해야 함.
- 해석 : 전과정평가의 결과, 자료, 계산방법, 그리고 사용된 가정과 그 한계는 투명하게 해석되고 보고되어야 함.

(3) 일관성(consistency)

전과정평가는 그 목표와 적용영역이 적절하게 조화되어야 하므로 다음과 같이 모든 평가과정은 일관성을 유지해야 함.

- 목적 및 범위 : 평가의 목적과 범위는 적용 대상과 처음부터 끝까지 일관성이 있어야 함. 특히, 기능단위의 상세한 정의에 대한 일관성은 매우 중요함.
- 자료 : 수집 또는 계산되어야 할 자료의 대상과 모형화에 포함되는 자료의 범주는 평가의 목적과 연계하여 정당성이 입증되어야 함.
- 모형화 및 계산방법 : 투입물과 산출물의 선택, 자료 범주 내에서의 집약정도, 시스템의 모형화는 연구의 목적과 일관성을 가져야 함.
- 결과의 표현방법 : 평가결과, 자료, 분석방법, 그리고 가정 및 한계는 평가의 목적에 적합한 형태로 해석되어 가급적 충분하고 상세히 보고되어야 함.

7. 전과정평가의 한계

전과정평가가 지니는 방법론적 합리성과 높은 효용가치에도 불구하고, 현실적으로는 많은 한계를 지니고 있음이 국제 표준화 작업 또는 구체적 적용 과정에서 제기되고 있음. 지금까지 지적되어 온 전과정평가의 몇 가지 한계점들을 살펴보면 다음과 같음.

- 시스템 경계의 설정, 자료 출처 및 영향범주의 선정과 같은 전과정평가의 핵심적 사항들과 평가과정에서 설정하게 되는 가정들이 대부분 주관적으로 결정되고 있음.
- 목록 분석 또는 환경영향 평가시에 사용되는 모형은 여러 가정에 의해 설정되므로, 모든 잠재적인 환경영향을 충분히 반영하지 못하게 됨.
- 범지구적 또는 지역적 환경문제에 초점을 맞추어 설정되고 있는 각종 평가기준과 자료 또는 평가 결과는 각 국가나 기업 단위에서 적용하기에 적합하

지 않을 수 있음.
- 평가 결과의 정확성은 관련 자료의 활용 가능성, 접근 가능성, 자료의 질 등에 따라 달라질 수 있음.
- 영향평가에 사용하는 목록 자료는 공간적, 시간적 차이를 고려하지 않음으로써 영향평가 결과에 대한 부정확성을 초래할 수 있음.
- 기업의 입장에서는 무엇보다도 전과정평가의 경제성에 대해 많은 의문을 제기하고 있음.

8. 전과정평가의 전망

현재, 전과정 평가에 대한 ISO의 표준화 작업은 목록분석까지의 표준화와 영향평가 및 해석의 표준화 등 두 가지로 크게 나눌 수 있음. 목록분석에 대해서는 다소의 기술적 문제가 있더라도 국제표준이 합의에 의해 제정된다면 동일한 자료로부터 동일한 목록결과가 산출될 수 있으므로, 표준화의 의미와 역할이 비교적 크다고 볼 수 있으나, 영향평가와 해석 단계는 주관적인 판단 요소가 상당 부분 포함될 수밖에 없으므로, 표준화가 되더라도 평가의 주체나 목적, 그리고 대상이 달라질 경우 그 결과는 많은 차이를 보일 것임. 따라서 다양한 평가 결과를 비교할 수 있는 절차나 투입물 및 산출물에 관련되는 용어의 국제 표준화가 필요하며, 동일한 공정에 적용할 수 있는 표준화된 자료의 데이터베이스가 구축된다면 전과정평가 결과의 효용성 제고는 물론 평가에 소용되는 비용과 시간을 크게 줄일 수 있을 것임. 현재 이러한 작업은 ISO의 표준화 작업과는 별도로 각 국가별 또는 국제 산업단체별로 활발하게 진행되고 있어 향후 전과정평가의 실용성이 크게 높아질 것으로 전망됨.

► 추가 자료는 www.lcarc.re.kr 등을 참고한다.

제3절 환경을 고려한 설계(DfE)

환경친화적 제품설계(DfE : Design for Environment)는 제품을 환경친화적으로 생산하기 위하여 필수적으로 요구되는 기업의 제품개발과정으로써, 제품설계 단계에서부터 제품의 품질 및 비용측면과 함께 환경성을 고려하여 설계토록 하는 제도이다. 즉 원료의 채취, 제조, 사용 및 폐기단계(전과정)에서 자연자원 소비 및 오염물질 배출 최소화, 재활용 촉진 등으로 환경친화적인 제품 생산을 유도하기 위한 것이다.

유럽 및 미국 등 선진국에서는 환경오염의 책임을 소비자와 생산자의 공동책임으로 규정하고, 사용 이후의 폐기물을 회수하여 재활용하도록 하는 등 생산자의 책임범위를 확장하는 행정규제가 신설되고 있으며, 기업체에서도 자발적으로 폐기물을 회수하여 재활용하는 프로그램을 활발히 도입하고 있다. 현재까지는 이러한 제도가 국가 내에서 도입/운영되는 경향이 있으나 OECD 등 국제기구의 동향으로 볼 때 국가간의 무역규제(환경규제)로 작용할 가능성은 점차 증대될 것이다.

환경부에서도 환경친화적 제품설계를 지원하기 위하여 환경기술의개발및지원에관한법률을 개정(2000.2.3.)한 바 있다.

1. 정 의

DfE에 대한 정의는 다양하다. 일반적으로 제품과 공정의 전과정에 걸쳐 환경, 안전, 보건의 목적을 위한 측면에서 디자인을 수행하는 시스템적 고려라고 정의한다. 또한 제품과 디자인 절차의 프로세스 엔지니어링에 환경적 고려를 통합시키는 활동이라고도 말할 수 있다. 여기서 DfE(Design for Environment) 활동이란 제품의 가격과 성능 및 품질의 기준을 만족시키면서 환경적으로도 적합한 제품을 개발하는 것을 의미한다. 다시 말해 DfE는 안전하고 환경효율적인(Eco-efficient) 제품의 설계를 말한다.

DfE는 공학적인 디자인 접근방법이다. 선진국에서는 DFX(Design for X)라고 해서 다양한 설계 접근방법들이 시도되어 왔다. 여기서 X는 'M(Manufacture)'이 되어 DFM, 즉 생산을 위한 디자인이 될 수도 있고, 'R(Reliability)'이 되어 DFR

즉 신뢰성을 위한 디자인이 될 수도 있다.

우리가 관심을 갖는 것은 'E(Environment)'로 DfE, 즉 환경을 위한 디자인이라고 할 수 있다. 여기서 'M', 'R', 'E'는 각기 제품 디자인에 있어서 기업들이 극대화하고자 하는 제품들의 특성이다. 이러한 접근방법을 채택하고 있는 기업 중 AT&T 같은 기업에서는 DfE를 글자 그대로 디자인 절차에 환경적 문제들을 통합시키는 것이라 정의하고 있다. DfE는 기업의 필요에 따라서 다양하게 변환되며, 그 다양성은 기업의 환경적 목표에 달려있다. 예를 들어 Hitachi사는 재활용을 위한 설계(DFR : Design for Recycling), 제품의 재활용을 높이고 용이하게 하기 위한 설계와 분해를 위한 설계(DFD : Design for Disassembly), 제품의 단순화를 통한 분해의 용이성을 추구하는 설계에 초점을 맞추고 있다. DfE는 재생과 재사용을 위한 설계(Design for Recover and Reuse), 자원의 재생과 부품의 재사용을 촉진시키기 위한 설계, 또 폐기물 최소화를 위한 설계(Design for Waste Minimization), 자원 사용 감소, 분류의 용이성 등을 위한 설계, 그리고 에너지 보존을 위한 설계(Design for Energy Conservation), 에너지 사용 감소 등을 위한 설계, 자원 보존을 위한 설계(Design for Material Conservation), 보건 및 안전을 위한 설계가 있다.

DfE는 또한 전략적인 메시지를 담고 있다. 즉, 환경적인 목표들을 기업의 제품 개발 과정에 통합시킨다는 것이다. 이러한 과정은 관례적으로 제품 개발 전략, 제품 개념화, 제품 개발, 제조, 유지, 폐기 등 제품 전과정을 포함하고 있다. DfE를 수행하기 위해서 기업들은 디자인 단계에서부터 제품 전과정 계획에 따른 환경적 목표를 부가해야 한다. 예를 들어 Xerox사는 제품 전과정의 마지막 단계에서 제품 재생과 재활용 전략에 DfE의 개념을 사용하고 있다. 이와 유사하게 AT&T에서도 DfE는 '그린제품 실현'의 한 부분으로써 제품의 전과정에 걸쳐 환경적 수행을 증진시키는 과정으로써 정의하고 있다.

2. 도입 배경 및 현황

제품의 환경성에 대한 인식의 전환으로 기업들은 의사결정 과정에 있어서 성능, 품질 및 비용 같은 기존의 디자인 기준과는 달리 환경적 업무성과 기준에 따라서 경영활동을 수행하는 접근방식을 필요로 하게 되었다. 이러한 필요성에 의해 탄생하게 된 것이 환경친화적 설계(DfE)이다. DfE 개념은 새로운 것이 아니다. 이미 1970년대와 1980년대에 재생산과 재활용을 위한 디자인과 같은 아이디어가 기술 잡지와 회의를 통해서 소개되었다. 그 당시 이러한 개념은 정책결정자들이나 대중으로부터 그다지 큰 관심을 받지 못하였으나, DfE는 최근 몇 년 동안에 르네상스 시대를 맞게 되었다.

1992년에 미국의 전자회사들은 그들의 제품개발 노력에 환경적 인식을 포함시키고자 하는 시도로 DfE의 개념이 본격적으로 거론되기 시작하였으며, Brad Allenby의 주도로 미국 전자협회는 DfE 추진팀을 결성하고, 회원사들의 이익을 위해 입문서를 개발하였다. 이를 통해 DfE라는 용어는 환경관리나 환경오염 예방프로그램을 상호 조화시키는 적당한 도구로서 널리 알려지게 되었다.

국제적으로 볼 때 보다 그린화된 유럽 국가들(특히, 독일, 네덜란드, 북유럽 국가)은 점점 더 국가적 차원에서 제품의 환경적 특성에 초점을 맞추고 있으며, 미국은 계속적으로 산업폐기물 배출 규제에 초점을 맞추고 있다. 약간의 차이는 있으나 선진국가에서는 환경의 중요성을 강조하며 날로 새로운 환경규제 법규를 시행하려하고 있고, 동시에 경제적 인센티브 제공으로 기업을 적극 유도하고 있다. 그리고 AT&T, 3M 등과 같은 선진기업들은 이러한 법규도 준수하고 경제적 인센티브도 노리며, 전략적 활용 방안을 적극적으로 모색하고 있다. 이러한 과정에서 문제해결의 열쇄로 등장하게 된 것이 환경친화적 설계이다.

우리는 DfE를 환경적으로 효율적인 제품과 공정을 창조하는 데 도움을 주는 디자인 행위의 특별한 선택으로서 바라보게 되었다.

대기업 또한 장기적 성장을 위해 환경적 책임의 중요성을 인식하고 있기 때문에 DfE의 수행은 오늘날 산업환경에 있어서 필수적이다. DfE는 제품 단순화로의 혁신, 폐기물 관리, 제품 원가 절감, 새로운 구매자의 창출 등으로 기업이 경쟁우위를 확보할 수 있도록 해준다. EPA(Environmental Protection Agency : 미환경보호청)는 자연의 오염 저감을 위하여 몇몇 DfE 창립단체를 설립하였다. 또한 전 세계 산업체와 디자인 협의체들이 이 분야에 보다 많은 관심을 보이고 있다는 사실은 관련 도서들의 출판, 회보, 그리고 그 주제에 관한 논문들에서 잘 알 수 있다. 그리고 스텐포드 대학과 같은 학계에서도 정부나 기업의 노력에 못지않게 연구에 몰두하고 있다.

3. DfE의 필요성

무엇이 이러한 변화를 이끌고 있는가? 하나는 소비자들이 물건을 구매할 때 환경친화적 제품을 고려하는 경향이 점점 두드러지고 있고, 다른 하나는 제품과 공정 디자인이 갖는 환경적 의미를 좀더 잘 인식하기 위하여 산업의 공급자들에게 강제적으로 적용하려고 하는 많은 국제적 논의들이 있기 때문이다. 이들 두 주체들은 앞으로도 지속적으로 주장을 강화시켜나갈 것이며, 이의 대비를 위해 환경친화적 설계의 도입이 강력히 요구된다.

환경적 부담을 감소시키는 제품 또는 프로세스의 디자인을 새롭게 하는 것에 덧붙여 DfE의 필요성은 무엇일까?

첫째, DfE는 환경적 목표들을 공식적으로 제품개발 프로세스에 통합시킨다. 그리고 활동적이며 지속적이고 시스템적인 제품 환경성과평가를 제공해주기도 한다. 그러므로 DfE는 지속적인 환경적 개선을 유도하며, 변화하는 정부규제나 과학적인 근거 등을 조정해 줄 수 있다.

둘째, DfE는 제품의 전과정에 걸쳐 환경적 관심들을 포함하므로 단순히 생산공정단계를 고려하는 전통적인 사전 예방의 개념을 확장시켜 준다. 즉, DfE는 제품시스템의 환경성과를 전반적으로 향상시킨다. 그러므로 사전예방, 청정기술, 최적에너지 사용, 제품 재활용 등과 같은 여러 다양한 개념을 포함한다.

셋째, DfE는 문제가 되거나 또는 유해한 제품뿐 아니라 제조되는 모든 제품으로 그 범위를 확장시킨다. 예를 들어 화학산업에서는 DfE 개념이 청정기술과 같은 것으로 수년 동안 사용되어져 왔다. 제품 품질의 엄격성과 사업장의 안전 및 경쟁적인 가격 결정은 디자인의 변수로서 여전히 남아 있고, 아울러 환경적 고려도 제품 디자인 단계에서부터 부가되어진다.

4. DfE의 개념에 관한 이론

DfE는 앞에서도 언급한 바와 같이 공학적인 접근방법으로 간단하게 설명할 수 있는 성질의 것이 아니다. 그러나 DfE에서 가장 중요한 것은 환경성과 경제성을 동시에 만족하고자 한다는 것이다.

이 환경성과 경제성을 동시에 고려하는 데 있어 중요한 용어 중에 하나가 환경효율(Eco-efficiency)이다. 환경효율은 아직 사전에 나오는 용어는 아니나, 이미 선진기업에서 환경정책과 실행을 형성하는 데 중요한 힘을 얻게 되었다. 환경효율의 개념은 자연의 효율(생산성과 이익)과 환경적 책임 사이의 중요한 관계를 설정해 준다. 즉 환경효율은 사업감각을 살려준다고 할 수 있다. 쓰레기 제거와 자원의 사용을 좀더 현명하게 추진하고자 하는 환경효율적 회사는 기존의 시장에서 점유율을 높이고, 새로운 시장을 창출하는 이점을 얻을 것이다.

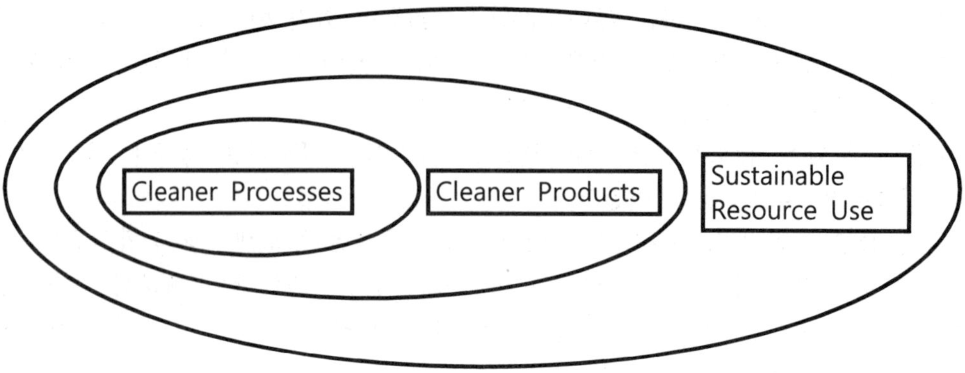

[그림 3-2] 환경효율성 전략

그렇다면 어떻게 환경효율을 성취할 것인가? 이 대답을 위해 위에 제안되어진 리스트와 위 그림처럼 접근법들을 묶어 단계적으로 접근하는 것이 도움이 될 것이다.

① 청정 공정(Cleaner Processes)

생산 공정과 기술을 변경함으로써 오염과 폐기물을 덜 발생시키는 데 목적이 있다. 이것은 제품에 대한 정의가 이미 확정된 이후라고 가정한 접근접이다.

② 청정 제품(Cleaner Products)

제품의 설계와 원료의 조성을 변경함으로써 제품의 전과정에 걸쳐 오염과 폐기물을 덜 발생시키는 데 목적이 있다. 이러한 접근은 '청정 공정' 개발을 포함한다. 그러나 제품 자체의 보다 기본적인 변화를 고려하여야 한다.

③ 지속가능한 자원 사용(Sustainable Resource Use)

생산자와 소비자를 포함한 생산시스템 전체를 변경함으로써 생산 가치기준으로 자원과 에너지 자원을 덜 소비하고자 하는 데 목적이 있다. 오염과 폐기물의 저감이 '지속가능한 자원 사용'의 유일한 목적은 아니다. 이 접근법은 '청정 공정 및 제품'을 포함한다. 그러나 산업생태학으로서 설명되어져 왔던 보다 넓은 기술적 경제적 혁신을 고려하여야 한다.

5. DfE의 적용

DfE를 기업에 효과적으로 적용하기 위해서는 시스템을 도입하고 운용할 조직이 체계적으로 구성되어야 하며, 이 조직은 DfE의 성취도를 높이기 위해 여러 지원 도구들을 필요로 한다.

먼저 조직적 측면에서의 DfE 적용은 관련 조직에 DfE를 통합시키는 것이 가장 중요하다. 제품개발 시스템과 생산조직 그리고 의사결정 조직 등 관련 조직에 DfE를 통합함으로써 제품개발의 모든 단계에서 환경을 효과적으로 고려할 수 있다. 그리고 DfE 원칙이나 전략을 개발하는 주요 기능그룹과 운영그룹의 책임자가 참여한 위원회를 구성 및 활용하여야 하고, 부서 상호간 제품개발팀을 연결시켜 상호 협조가 잘 이루어지도록 한다.

성공적으로 DfE를 정착시키기 위해서는 디자인 스태프와 경영자들에게 DfE 원칙과 원리에 대한 교육을 실시하고, 아울러 DfE의 개념과 수행기법을 테스트하기 위해서 전시 프로젝트를 수행할 필요가 있다. 아울러 경험을 공유하고 사전경쟁적인 DfE 개념과 분석기법을 개발하기 위해서 산업계와 전문가 그룹이 참여한다.

효과적인 그룹 내 정착을 이룰 수 있도록 DfE의 적용방안을 활용도구를 중심으로 살펴보면 다음과 같다.

<u>첫째</u>, 교육은 DfE 초기 단계에서 가장 중요하다. DfE는 몇몇 소수의 계몽이나, 잘 숙련된 스태프들에 의해 성취되지는 않는다. 제품의 환경적 성과를 증진시키기 위해선 실제로 제품에 대한 의사결정이 이루어지는 기업의 기능 및 기업단위 전역에 걸친 교육이 필요하다.

<u>둘째</u>, 일반적인 DfE 프로그램의 대부분은 디자인 스태프들의 의사결정을 지도해 주거나 정보를 제공해 줄 수 있는 DfE 디자인 매뉴얼을 개발하는 것이다. 이 매뉴얼은 DfE를 수행하는 기업에게 기업정책과 법적 영향 및 일반적인 디자인 가이드라인을 제공해 준다.

<u>셋째</u>, 어떤 기업들은 디자인 엔지니어들에게 기업운영에 사용되거나 재료 구매시에 고려되는 재료의 사용에 대한 제한 및 수용 리스트를 제공한다. 이때 재료의 분류는 법적인 제한과 유해성 및 재활용 가능성 등을 근거로 이루어진다.

<u>넷째</u>, 어떤 기업들은 공식적인 제품개발 프로세스의 한 부분으로서 표준화된 환경적 체크리스트들의 작성을 필요로 하기도 한다. 일반적으로 체크리스트는 제품개발 부문에 대한 적절한 설문의 형태로 되어 있다. “고객이 원하는 것은 무엇입니까?” 또는 “제품을 만드는 데 금지된 화학물질을 사용하고 계십니까?”와 같

은 설문은 상대적으로 제품 디자인이나 계획 단계에서 적용될 수 있을 것이다.

<u>다섯째</u>, 디자인에 대한 검토와 더불어 제품 계획 기록에는 환경적인 영향평가와 재활용 계획을 포함한다.

<u>여섯째</u>, 전과정평가(LCA), 그린점수 시스템, 전과정 원가계산 등 몇몇 분석도구들이 디자인에 대한 의사결정을 지원하고 제품 전과정의 성과를 측정하기 위해 개발되었고, 이미 활용되고 있다.

<u>일곱째</u>, 제품개발 의사결정에 환경적 요소와 제품 전과정 비용 문제를 고려하기 위하여 LCC 기업에서 도입하는 등과 같은 지원도구들이 소프트웨어화되고 있다.

<u>여덟째</u>, 기업들은 그들의 공급업체와 더불어 기업의 원칙과 운영에 환경적 성과에 대한 표준화된 커뮤니케이션 수단을 사용하고 있다. 예로서 LCA와 같은 도구를 표준화된 도구로 사용한다면 의사결정에서 영향평가, 커뮤니케이션 등 많은 조건들이 해결될 수 있을 것으로 확신한다. 그러나 LCA가 DfE를 위한 전제조건이 되는 것은 아니다.

DfE의 비용은 다음의 두 가지 영역으로 구분할 수 있다. 기본적으로 인적자원에 대한 투자에 근거한 프로그램의 개발과 수행에 관계된 비용이 하나요, R&D 비용과 시장조사, 자본장비 구입과 관련된 제품과 프로세스의 개발에 관계된 비용이 그것이다. 디자인을 바꾸는 데 드는 비용은 광범위하다. 어떤 것들은 명목상의 비용일 수도 있지만 중요한 R&D 비용이나 자본 장비 비용도 요구된다. 그러나 이러한 비용을 투자비용으로 볼 때 미래에 주어질 그 혜택은 매우 엄청날 것이다.

그러나 이러한 많은 혜택에도 불구하고 DfE를 기업에 적용하는 데 있어 적지 않은 장애가 있을 것으로 예상된다. 환경상품 개발에 대한 비전이 부족하고, 미래 정부시책에 대한 예측이 불가능하며, 착수하고자 하는 의지가 낮다.

또한 환경상품 개발을 위한 경영지원이 부족하고, DfE가 기업활동에 통합되어 있지 못한 현실에서 설계과정에 DfE 개념과 환경정보를 채택하는 것이 사실상 어려움이 있다. 아울러, DfE의 적용에 따른 비용과 이익의 이해가 부족하고, 현재 시장경제가 환경보다는 가격과 같은 속성에 높은 우선권을 부여하고 있다는 사실이다.

6. 기대효과

이러한 어려움에도 불구하고 우리가 환경친화적 설계를 적극적으로 도입하고 효과적으로 활용한다면 다음과 같은 효과를 얻을 수 있을 것이다.

첫째, 폐기물 억제, 유해 화학물질 사용 저감, 재활용 및 재사용 극대화, 제품 수명 연장 등으로 전체적인 환경성 제고에 이바지한다.

둘째, 제조, 재고, 원재료, 폐기물 처리비용과 관련된 비용을 줄여 준다. 예를 들어 디자인의 변화는 자원 사용량과 원재료, 에너지나 폐기물을 줄이고 재사용이 가능하게 해줌으로써 비용을 줄일 수 있다.

셋째, 환경 규제의 완화와 화학적 사용 및 폐기물 발생의 감소는 기업에 대해 규제와 세금의 부담과 부채를 줄여준다.

넷째, 고객만족과 신뢰성을 향상시킬 수 있다. 공급업체들과 마찬가지로 고객들도 비용과 규제의 부담을 줄이고자 한다. 따라서 더 효율적이고 폐기물을 많이 배출하지 않는 제품만이 고객의 비용을 줄여줄 것이며, 고객들로 하여금 호의적인 반응을 얻을 수 있을 것이다.

7. 기업의 대응

지금까지 살펴보았듯이 DfE는 환경적 영향을 최소화시키는 가장 경제적인 방법이다. 그렇다면 우리 기업은 어떻게 대응해야 할 것인가? 이러한 물음에 대한 대답으로서 WICE(World Industry Council for the Environment)의 대응방안을 소개하고자 한다.

먼저 대내적 대응방안으로는 다음 4가지를 제시하고 있다.

첫째, 오늘 실행하라. 완전한 DfE 프로그램은 행동을 위한 선결조건을 요구하지 않는다. 당신의 현재 상품과 포장을 주시하고, 그 상품들의 전과정을 생각하라. 그것들은 당신이 오늘 당장 시작할 수 있을 정도로 쉬울 것이며, 비용부담이 되지 않는 행동이 될 것이다. 역시 어떤 다른 회사들을 찾아 봐도 당신의 회사 운영에 전이시킬 수 있는 행동이다. 그들의 경험을 배워라. DfE가 'Win/Win' 상황인 회사에서는 의사결정자들에게 재정적인 이익이 명확하게 보이는 상품과 공정에서부터 시작하라.

둘째, 엄격한 전과정 평가가 반드시 필요한 것은 아니다.

DEF와 관련하여 오늘날 관심을 끌고 있는 부분은 LCA이다. 엄격한 평가가 환경을 위한 상품개선의 선결조건은 아니다. 많은 기업들은 좋은 결과를 실현하기 위한 실행의 지표로서의 상식에 기초한 규칙을 이용한다. 환경마크의 기준은 기업이 공식적인 프로그램에 참여는 하지 않는다 하더라도, 기업의 환경활동 시작을 위한 좋은 방향을 제공할 수 있다.

셋째, 공급업체들의 도움을 리스트로 만들어라.

원재료나 부품 공급업체의 기술적인 전문의견을 경청하라. 그리고 가능하면 당신 회사의 환경목표를 향해 나가게 될 디자인(예를 들어 재활용, 독극물의 사용배제) 과정에서 그들과 함께 일하라. 공급업체들은 재제조 디자인, 상품의 재활용, 혹은 부품의 재활용 가능성과 관계된 부가된 정보를 제공할 수 있다. 구입계약이나 상품의 규격을 통하여 이러한 협정을 공식화할 수 있다. 중소기업들은 그들의 공급업체들과 마찰을 일으키지 않으면서, 그들의 요구에 필요한 새로운 제품과 서비스를 공급업체들이 스스로 준비하도록 할 수도 있다.

넷째, 전문가와 경제기구의 자료를 활용하라.

DfE 프로그램 대부분의 작업은 전문가와 경제기구에 의해서 이루어지고 있다. 이러한 조직에 의해서 소집된 회의들은 상품 디자인 변경과 DfE 프로그램 개발에 관한 풍부한 자료를 제공해 준다.

다음으로 대외적인 대응 방안은 다음 4가지를 제시하고 있다.

첫째, 정부기구와 적절한 정책을 개발하기 위하여 적극적으로 활동하라.

DfE에 관한 정부관료와 일반시민들과의 의사소통은 미래에 매우 중요한 것이다. 의사소통 과정에서 어떤 형태의 환경개선이 성취되어야 하며 어떤 DfE가 성취될 수 있는 지를 파악한다. 정부기구와의 협력과 대화는 궁극적으로 시장 접근방식의 해결책을 도출하는 것을 목표로 해야 한다.

둘째, 소비자와 공급업체에 교육을 실시하라.

디자인 변화는 오직 소비자와 공급업체의 협력하에서만 환경적 업무개선을 가져올 수 있다. 예를 들어, 재활용이 가능한 제품에 있어서 디자인의 변화와 실제 재활용 가능성은 매우 중요하다. 환경적으로 친화된 공급업체를 육성하기 위해서 구매기업들은 그들의 환경문제와 요구내용들을 공급업체와 상의해야 하며, 아울러 공급업체를 위한 여러 형태의 교육도 매우 필수적이다.

셋째, 산업계 또는 소비자와 협동하라.

일부 환경문제는 산업계 또는 소비자 협동을 통해서만이 가장 잘 실천될 수 있다. 예컨대 원자재 공급업체들에게 매우 의미심장한 투자를 요구하는 디자인의 변화는 사용자들의 협동적 노력을 통해서 쉽게 해결될 수도 있다. 사용자 그룹들이 파워가 생기면, 공급업체에게는 위험이 되며 어쩔 수 없이 그 변화에 따를 수밖에 없다. 그리고 공급업체들은 그들 스스로 조합을 통하여 공동 투자하여 대응할 수도 있다.

넷째, 기업의 DfE 목표를 설정하라.

개별기업뿐 아니라 산업계도 측정 가능한 DfE의 목표를 설정한다. 이러한 DfE의 목표는 산업계 내의 기업에게 위협이 될 수 있으나, 동시에 기업활동에의 믿음과 미래 진행에 대한 작극이 되기도 한다.

"위기는 또 하나의 기회이다"라는 말이 있다. 21세기 무한경쟁의 시대를 슬기롭게 극복하고 제2의 도약의 계기를 맞이하기 위하여 환경이라는 문제를 단지 넘어야 할 과제 혹은 치명적인 약점으로 인식하고 소극적으로 대처하기보다는, 보다 적극적으로 대처하여 도약의 계기로 삼아야 한다.

우리의 목표는 산업 경쟁력과 환경의 질을 향상시키는 것이며, DfE는 환경적 영향을 최소화시키는 가장 경제적인 방법이다. 따라서 환경을 위한 디자인은 기업 및 소비자들에게 'Win/Win' 상황이 될 수 있으며, 재정적 이익과 기업 환경목표 달성을 동시에 실현시키는 잠재성을 가지고 있다.

문제해결의 열쇄는 환경적 관심을 디자인 과정의 첫 단계로 가져오는 것이다. 그리고 중요한 포인트는 제품의 성능, 생활의 편의성, 기능성 등의 손실을 최소화하면서 환경친화적 설계라는 환경적인 목표와 융합시키는 것이다.

DfE를 촉진시키기 위해서는 정부와 기업, 소비자가 모두 적극적으로 노력해야 한다. 특히 정부는 그린디자인촉진법, 환경규제법, 한경라벨제도, 경제적 인센티브 등을 잘 활용하여 기업을 잘 이끌어야 하다. 그리고 기업은 DfE의 적극적인 사내 적용을 통해 산업의 경쟁력과 환경의 질 향상이라는 목표를 동시에 만족시킴으로써 21세기 초일류기업으로 성장하여야 할 것이다.

제4절 환경성과평가(EPE)

1. 정 의

지표의 선정, 자료의 수집, 분석, 환경성과 기준에 대비한 정보의 평가, 보고 및 의사소통, 그리고 이러한 과정의 정기적 검토와 개선 등을 통하여 조직의 환경성과에 관련된 경영의사결정을 지원하는 과정을 의미한다.

☞ 기업은 환경경영시스템의 도입 여부와는 별도로 환경법규에서 요구하는 수준 이상으로 자발적인 환경관리 기준을 설정하고, 이를 근거로 환경성과를 지속적으로 평가해 나가야 할 것이며, 이에 필요한 평가체계를 제공하는 것이 바로 환경성과평가(Environmental Performance Evaluation : EPE)라 할 수 있다.

2. 환경성과평가의 목적

(1) 다양한 이해관계자(stakeholders)들의 알 권리(right to know) 충족

- 자연생태계의 지속가능성 : 기업은 지구 환경문제의 해결에 필요한 제반조치를 취해야 할 것이며, 그 결과를 환경성과평가를 통해 분석, 평가함으로써 지속적인 환경개선을 도모해야 함.
- 재무적 이해관계자에 대한 수익성 보장 : 기업의 환경관리 수준이 이들의 수익성 확보에 큰 위험 요인이 되지 않고 있음을 환경성과평가를 통해 보여줄 필요가 있음.
- 비재무적 이해관계자에 대한 신뢰성 확보 : 정부기관, 환경단체, 지역사회 등 비재무적 이해관계자들의 기대에 부응하지 못할 경우 여러 가지 불이익을 당할 수 있으므로 기업의 환경성과를 평가하여 공표함으로써 기업의 신뢰도를 제고해 나가야 함.
- 고객에 대한 효용가치 제공 : 기업은 기존 제품의 환경성 개선은 물론 새로운 제품개발을 통하여 고객이 기대하는 효용가치를 충족시킬 수 있도록 해야 하며, 환경성과평가를 통해 이에 관련되는 각종 정보를 제공할 수 있음.
- 기업이윤의 실현과 조화 : 성공적인 환경경영을 위해서는 환경성과평가를 통

해 기업의 이윤실현에 필요한 각종 정보가 제공되어야 하며, 제공된 정보는 철저한 분석을 거쳐 전략적 의사결정에 최대한 반영되어야 함.

(2) 이외에도 기업은 환경성과평가를 통하여
- 환경성과를 개선할 수 있는 기회를 식별하고
- 환경성과에 대한 자료를 전략적 의사결정에 필요한 정보로 가공하여 제공
- 경영활동의 환경적 효율성을 제고하고
- 새로운 사업기회를 발굴해 나가야 할 것임.

3. 환경성과평가의 실행단계

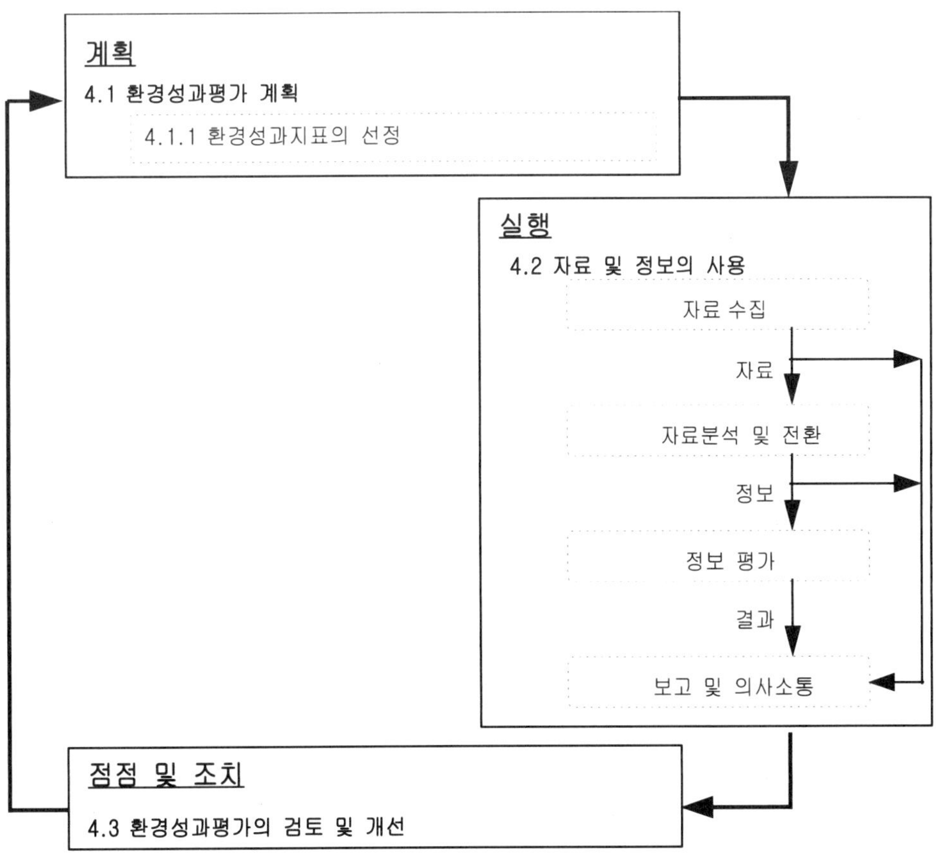

[그림 3-3) 환경성과평가의 실행단계

① 계 획
- 현황분석 → 평가대상의 구체화 → 환경성과지표의 선정 → 목표설정

② 실 행
- 자료수집 → 수집자료의 분석 → 평가 및 보고

③ 검토 및 개선
- 실행결과의 검토 및 개선

4. 환경성과지표의 유형

(1) 경영성과지표(management performance indicators : MPIs)

기업 내 모든 계층의 인력 및 업무절차와 의사결정 및 제반 활동과 관련된 환경성과를 나타내는 지표들을 포함하게 되며, 교육훈련, 법규요건, 자원배분, 문서화 및 시정조치 등이 주된 내용임. 이러한 경영부문의 지표에 포함되는 내용은 결국 운영부문에 많은 영향을 미치게 되며, 궁극적으로 기업의 환경성과를 결정짓는 핵심적 요인이라 할 수 있음.

☞ 경영성과지표의 예

◎ 환경방침과 추진계획의 실행(Implementation of Policies and Programs)
- 달성된 목표와 세부목표의 수
- 목표와 세부목표를 달성한 단위조직의 수
- 경영 또는 운영활동에서 특정 규범의 실행 정도
- 선도적으로 실행된 오염예방 활동의 수
- 직무기술서에 환경적 요건이 포함되어 있는 종업원의 수
- 구체적인 환경적 책임을 지고 있는 경영자의 수
- 환경경영 활동(제안, 재활용, 청정화 작업, 보상과 인식 등)에 참여하고 있는 종업원의 수
- 훈련이 필요한 종업원 수 대비 훈련을 받은 종업원 수
- 훈련 참가자의 성적
- 종업원들의 환경개선 제안 수
- 조직의 환경문제에 대한 종업원의 지식조사 결과
- 환경문제에 대해 문의해온 공급자와 계약자의 수
- 환경경영체제를 갖추고 있는 계약에 의한 서비스 제공자 수

- 명시적으로 '제품책임주의'를 표방하고 있는 제품의 수
- 분해, 재활용 또는 재사용을 감안하여 설계된 제품의 수

◎ 적합성(Conformity)
- 법규준수의 정도
- 계약에 의한 서비스 제공자의 법규준수 정도
- 환경사고에 대응하거나 시정하는 데 걸리는 시간
- 해결된 또는 해결되지 않은 시정조치의 횟수
- 벌금 및 처벌의 횟수 또는 비용
- (심사와 같은) 특정 활동의 횟수 및 빈도
- 계획된 심사 횟수 대비 완료된 심사 횟수
- 일정 기간 동안 감사/심사에 의한 지적사항의 수
- 운영절차에 대한 검토 빈도
- 비상훈련 실시 횟수
- 비상대책 대비 준비상황을 보여주는 비상훈련의 비율

◎ 재무적 성과(Financial Performance)
- 제품 또는 공정의 환경측면과 관련된 수익적, 자본적 비용
- 환경개선 프로젝트의 투자수익
- 폐기물 재활용, 자원 사용의 감축 또는 오염예방 등으로부터의 절감
- 환경성과나 설계목적에 맞도록 설계된 신제품이나 부산물로부터 얻은 판매 수입
- 환경적 중요성을 지닌 사업에 투입된 연구개발 자금
- 조직의 재무상태에 중대한 영향을 미치는 환경 의무

◎ 지역사회와의 관계(Community Relations)
- 환경관련 사안에 대한 민원의 횟수
- 조직의 환경성과에 대한 언론보도 횟수
- 지역사회에 제공된 환경교육 프로그램 및 자료의 수
- 지역사회의 환경 프로그램 지원에 투입한 자원
- 환경보고서를 발간하는 사업장 수
- 야생생물 보호 프로그램을 시행하는 사업장 수
- 지역 환경치유 활동의 진척도
- 지역 청소 및 재활용 활동의 수(후원 또는 자체실행을 구분)

- 지역사회를 대상으로 한 조사에 의해 평가된 호의도

(2) 운영성과지표(Operational Performance Indicators : OPIs)

기업이 제품이나 서비스를 생산, 공급하는 데 필요한 각종 설비, 원자재, 에너지 등의 설계, 운전 및 사용과정에서 발생하는 환경인자들이 포함됨. 이 영역에 해당되는 지표는 주로 기존의 환경관리 대상에 포함되어 배출물 관련 지표들이며, 단지 그 범위가 기업 활동의 전과정으로 확대된다는 차이점이 있음.

☞ 운영성과지표의 예

◎ 원재료(materials)
- 제품단위당 사용된 원재료의 양
- 가공, 재활용 또는 재사용된 원재료의 양
- 제품단위당 폐기 또는 재사용된 포장재의 양
- 재활용 또는 재사용된 보조 재료의 양
- 생산공정에서 재사용된 원재료의 양
- 제품단위당 사용된 용수의 양
- 재사용된 용수의 양
- 생산공정에서 사용된 유해물질의 양

◎ 에너지(Energy)
- 연간 또는 제품단위당 사용된 에너지량
- 서비스 또는 고객에 대한 에너지 원단위
- 에너지 유형별 사용량
- 부산물 또는 공정으로부터 재생 또는 회수된 에너지량
- 에너지보전 프로그램에 따라 절감된 에너지량

◎ 조직운영 지원 서비스(Services Supporting the Organization's Operation)
- 계약에 의한 서비스 제공자가 사용한 유해물질의 양
- 계약에 의한 서비스 제공자가 사용한 정화제의 양
- 계약에 의한 서비스 제공자가 사용한 재생 또는 재사용 재료의 양
- 계약에 의한 서비스 제공자가 배출한 폐기물의 유형과 양

◎ 시설 및 장비(physical facilities and equipment; supply and delivery)
- 운송장비의 평균 연료 소비량
- 운송유형별 일일 화물수송 횟수
- 오염저감 기술을 도입한 운송장비의 수
- 여타 통신수단을 통하여 감소된 운송 횟수
- 운송유형별 운송 횟수
- 생산 목적으로 사용된 총 대지면적
- 에너지 한 단위생산에 소요된 대지면적

◎ 제품 및 부산물(products and by-products)
- 유해성을 줄여서 출시한 제품의 수
- 재사용 또는 재활용될 수 있는 제품의 수
- 재사용 또는 재활용될 수 있는 제품 성분비
- 제품의 불량률
- 단위생산당 발생하는 부산물의 양
- 제품의 사용기간 동안 소비되는 에너지 양
- 제품의 사용기간
- 환경라벨링이 부착된 제품의 수

◎ 조직에 의해 제공되는 서비스(sErvices Provided by the Organization)
- 단위면적당 사용되는 청정제의 양
- 연료 수비량(운송업체의 경우)
- 향상된 공정기술의 제공 건수(기술제공 업체의 경우)
- 제품의 사후 서비스(after service)에 소요된 자재의 양

◎ 폐기물(Wastes)
- 연간 또는 제품단위당 발생 폐기물의 양
- 유독성, 재활용 또는 재사용 가능한 폐기물의 연간 발생량
- 처분되는 폐기물의 총량
- 사업장에 보관된 폐기물의 양
- 허가에 의해 통제되는 폐기물의 양
- 재사용 물질로 전환되는 폐기물의 양

◎ 배출물(Emissions)
- 특정 물질의 연간 배출량
- 제품단위당 특정 물질 배출량
- 대기로 방출되는 폐에너지의 양
- 대기 배출물의 오존층 파괴 잠재성
- 대기 배출물의 지구온난화 잠재성

◎ 토양, 수질, 소음・진동, 방사선(Land, Water, Noise・Vibration, Radiation)
- 연간 버려지는 특정 물질의 양
- 제품단위당 수계로 버려지는 특정 물질의 양
- 수중으로 방출되는 폐에너지의 양
- 제품단위당 매립되는 물질의 양
- 서비스 또는 고객 단위당 유출되는 용수의 양
- 특정 지점에서의 소음 측정치
- 방출되는 방사선의 양
- 방출되는 열, 진동 또는 빛의 양

(3) 환경여건지표(Environmental Condition Indicators : ECIs)

환경법규에서 제시하고 있는 환경기준과 유사한 내용이라 할 수 있으며, 이에는 대기, 수질, 토양, 동식물의 서식, 인류의 건강 및 천연자원 등에 관련되는 사항들이 포함됨. 환경여건지표를 통하여 범지구적, 국가별, 지역별 환경상태에 관한 정보를 제공할 수 있으며, 과학적 연구, 법규에 의한 환경관리기준의 개발 또는 지역사회와의 의사소통에도 활용할 수 있음.

☞ 환경여건지표의 예

◎ 대기(Air)
- 선정된 감시지역 인근의 대기에 포함된 특정 오염물질의 농도
- 조직의 시설로부터 일정 거리 내에 있는 지역의 온도
- 풍향에 따른 조직시설의 투명도
- 특정지역 내에서 광화학 스모그 현상이 발생하는 빈도
- 조직의 시설로부터 일정거리 내에서 측정되는 악취

◎ 물(Water)
- 지하수 또는 지표수에 포함된 특정 오염물질의 농도
- 폐수배출 지점의 전·후방 시설에 인접한 수계의 혼탁도(Turbidity)
- 유입용수의 용존산소
- 조직의 시설에 인접한 저장 지표수의 온도
- 지하수층의 변화
- 물 1리터당 대장균 수

◎ 토지(Land)
- 조직의 시설 주변에 위치한 측정 지점의 토양에 포함되어 있는 특정 오염물질의 농도
- 조직의 시설에 인근한 토양에 포함된 특정 성분의 농도
- 설정된 구역 내에서 복구된 토지의 크기
- 설정된 구역 내에서 매립지, 관광지, 또는 습지로 지정된 토지의 크기
- 설정된 구역 내에서 포장된 또는 경작이 불가능한 토지의 크기
- 설정된 구역 내의 보호구역
- 표토층의 침식 정도

◎ 식물계(flora)
- 해당지역에 있는 특정 식물 종의 조직 내에 포함된 특정 오염물질의 농도
- 주변지역의 곡물 수확량 변화
- 조직의 시설로부터 일정 거리 내에 있는 특정 식물 종의 수
- 설정된 지역 내에 있는 식물 종의 총수
- 설정된 지역 내에 있는 농작물 종의 수와 다양성
- 지역에 서식하는 특정 종의 식생(植生) 질에 대한 척도
- 지역 내의 삼림 벌채율

◎ 동물(fauna)
- 해당 지역에 있는 특정 동물 종의 조직 내에 포함된 특정 오염물질의 농도
- 조직의 시설로부터 일정거리 내에 있는 특정 동물 종의 수
- 지역 내 특정 종의 서식 질에 대한 척도
- 설정된 지역 내에 있는 식물 종의 총수

◎ 인간(humans)
- 특정 인구의 수명에 대한 자료
- 지역 내 특정 전염병의 발병률
- 지역 내의 인구성장률
- 지역 내의 인구밀도
- 지역 내 어린이들의 혈중 납 함유량

◎ 미관, 유산 및 문화(aesthetics, heritage and culture)
- 지역 내 역사적 건물의 외형 보존도
- 민감한 구조물의 보존 상태
- 조직의 시설에 인근한 신성시되는 장소의 보존 상태
- 조직의 시설 주변 소음 수준의 가중평균치

5. 환경성과지표의 선정기준

1) 환경관련 법규에서 지정하고 있는 오염물질 관련 지표는 필수적으로 포함

우리나라의 경우 대기환경보전법 및 수질환경보전법에서 각각 규정하고 있는 대기오염물질 및 특정대기 유해물질과 수질오염물질 및 특정수질 유해물질, 폐기물관리법상의 지정폐기물 등에 포함되는 오염물질이나 폐기물이 해당 사업장에서 발생할 경우 이에 관련된 지표는 필수적인 관리대상이 되고 있음.

2) 지표의 적합성(relevance) 여부에 대한 검토 필요

해당 지표가 지니는 의미가 명확한 것인지, 그 지표를 관리함으로써 기업의 환경성과 개선에 도움이 되는 것인지, 가용한 자료를 최대한 활용한 최선의 방법인지, 환경성과지표의 설정이 기업이 제정한 환경방침이나 지향하는 방향에 부합되는 내용인지 등에 대한 종합적인 판단이 필요함.

3) 측정가능성(measurability) 및 투명성(transparency) 고려

환경성과지표는 그 평가가 가능하여야 하며, 그 방법의 객관성이 보장되어야 한다. 특히, 외부 이해관계자의 정보욕구를 충족시키기 위한 경우에는 그 투명성이 절대적으로 중요하게 다루어져야 함. 아무리 개념적으로 훌륭한 지표가 개발되었다 하더라도 객관적으로 측정이 불가능하다면 채택할 수 없게 됨.

4) 측정에 소요되는 비용(costs) 고려

완벽한 환경성과지표의 개발과 실행에는 많은 예산이 소요되므로, 해당 기업의 환경경영이 지향하는 목적에 적합한 수준의 환경성과지표를 선별적으로 적용하는 방법이 바람직함. 일반적으로 대부분의 환경성과지표는 새로운 자료를 수집하여 만들기보다는 회사가 이미 보유하고 있는 기존의 자료를 근거로 새로운 각도에서 체계화하는 것이 효과적일 수 있음.

5) 비교가능성(comparability)에 대한 고려 필요

환경성과평가를 통하여 환경성과의 지속적인 개선을 도모하기 위해서는 시차적 평가 결과에 대한 객관적인 비교·검토가 필요하다. 또한, 산업계 평균치나 경쟁회사의 평가 결과와 비교할 수 있도록 함으로써 회사의 환경성과에 대한 상대적 수준을 가늠할 수 있도록 해야 할 것임.

6) 이해관계자 지향적(stakeholders-oriented)인 환경성과지표 선정

환경성과지표는 궁극적으로 다양한 환경적 이해관계자들의 정보욕구를 충족시키는 데 그 목적이 있으므로, 환경성과지표를 개발하고 선정하는 과정에서 이해관계자들이 중요시하는 환경성과가 어떠한 것인지를 파악하여 지표에 반영해야 할 것임.

★ GRI(www.globalreporting.org) 소개

구분 : 연구기관, 설립년도 : 1997년, 소재지 : 네덜란드 암스테르담
설립목적 : '지속가능성보고서'의 가이드라인 입안
주요 활동 : 'GRI 보고서' 간행

GRI는 'Global Reporting Initiative' 머리글자를 딴 것이다. 1997년 세리즈(CERES) 원칙을 제정한 미국의 NGO 국제비정부기구)인 세리즈(환경에 책임을 지는 경제를 위한 연합)와 국제연합환경계획(UNEP) 등이 중심이 되어 설립한 기구이다. GRI의 참가자는 세계각국의 기업, NGO, 컨설턴트, 회계사 단체, 사업자 단체 등으로, 환경보고서 작성에 관여하고 있는 단체와 개인이 모두 망라되어 있었다.

1999년 3월 가이드라인의 초안을 발표하고, 사전 점검과정을 거친 후 2000년 6월 제1판을 발표하였다. 그러나 사회 전체가 급속히 변화해 가는 현실을 감안해

서 가이드라인도 정기적으로 수정할 필요가 있다는 점에서 2년 내지 3년마다 이를 개정하기로 방침을 세웠다. 이에 따라 2002년 5월 2002년판 초안을 공표하여 관계자의 의견을 수렴하였다.

그러다 가이드라인 책정과는 별도로 정기적으로 이를 검토하기 위해서 상설 모체기관이 필요하다는 의견이 제기되었다. 이에 따라 1999년 5월의 토론토의 운영위원회 회의에서 이 회의의 상설기관화가 결정되고, 이를 위한 위원회가 설치되었다. 2002년 4월 상설기관으로서의 GRI가 정식으로 발족되어, 4월 4일 국제연합본부에서 이사 취임식이 거행되었다.

지속적으로 가이드 라인은 개정되고 있다.

연습문제

1. 다음 중 성격이 다른 규격서는 어느 것인가?
① ISO 14011 ② ISO 14012 ③ ISO 14015 ④ ISO 14031

2. 환경라벨링이 한 국가의 정책도구로 활용될 경우 영향을 주는 기능이 아닌 것은?
① 시장활동에 영향을 준다.
② 광고를 통하여 환경친화적 제품을 구매하도록 소비자를 유도할 수도 있다.
③ 여러 가지 인센티브를 통하여 생산자를 환경친화적 공공정책 목표 달성에 동참하도록 유인하는 기능을 할 수도 있음
④ 환경성과에 역행한다.

3. 환경라벨링 제도운영의 일반원칙(ISO 14020)을 잘못 표현한 것은?
① 환경라벨 및 환경선언은 그 주장을 지지할 수 있을 만큼 충분히 철저하고 포괄적일 필요는 없다.
② 환경라벨 및 환경선언을 지지하기 위해 사용하는 절차, 방법 및 모든 기준과 관련된 정보는 모든 이해관계자가 이용할 수 있어야 하며 요청시 제공되어야 한다.
③ 국제 무역에 대한 불필요한 장애를 초래하거나 또는 그러한 효과를 가질 목적으로 환경라벨 및 환경선언의 절차와 요건을 준비, 채택 또는 적용되어서는 안 된다
④ 환경라벨 및 환경선언은 정확하고, 검증가능하며 관련성이 있고 오인을 일으키지 않아야 한다.

4. 전과정 평가의 일반적 기준이 아닌 것은?
① 완전성(completeness) ② 일관성(consistency)

③ 가역성(reversibility) ④ 투명성(transparency)

5. 다음 중 특성이 다른 성과지수는?
① 환경개선 프로젝트의 투자수익 ② 특정 물질의 연간 배출량
③ 제품단위당 특정 물질 배출량 ④ 대기로 방출되는 폐에너지의 양

6. 환경을 고려한 제품설계의 필요성이 아닌 것은?
① 환경적 목표들을 공식적으로 제품개발 프로세스에 통합시킨다.
② 제품의 전과정에 걸쳐 환경적 관심들을 포함하므로 단순히 생산공정단계를 고려하는 전통적인 사전 예방의 개념을 확장시켜 준다.
③ 문제가 되거나 또는 유해한 제품뿐 아니라 제조되는 모든 제품으로 그 범위를 확장시킨다.
④ 자원을 효율적으로 활용하는 기법은 아니므로 창의적으로 적용해야 한다.

제 4 장

환경경영시스템 구축과 심사

제1절 환경경영시스템 구축

제2절 환경경영시스템 표준문서 사례

제3절 인증기관심사 대비 및 대응

제1절 환경경영시스템 구축

1. 사내표준화 일반

오늘날 전 산업부문에서 품질/환경경영은 설계에서부터 서비스에 이르기까지 기업이 생존하기 위해서는 시장을 넓히고 이해관계자가 요구하는 사항을 구체적이며, 명확하게 파악하여야 하고 또한 시장에 알려진 정보를 신속하고도 정확하게 입수하여 활용할 수 있는 능력을 갖추어야 급변하는 생존경쟁에서 살아남을 수 있는 위치를 선점하게 된다.

그것은 기업 밖에서 행해지고 있는 많은 요소 중에 표준화가 절실히 요구됨을 의미하는 것이다.

표준화에 대한 정의를 알아보면 다음과 같이 구분할 수 있다.

(1) 한국산업규격(KS A 3001, 품질관리용어)

'표준'이란 관계되는 사람들끼리 이익이나 편리가 공정하게 얻어지도록 통일, 단순화를 꾀할 목적으로 물체, 성능, 능력, 배치, 상태, 동작, 절차, 방법, 수속, 책임, 권한, 의무, 사고방식, 개념 등에 대해 정한 결정을 말하며, 표준화란 표준을 설정하고 이를 활용하는 조직적인 행위이다.

(2) 한국산업규격(KS A 3019, 생산관리용어)

① 표준을 설정하고 이것을 활용하는 조직적인 행위를 말한다.

비 고 : 표준화(standardization), 전문화(specialization), 단순화(simplification)를 통칭하여 3S라 할 때가 있다.

② 이 경우 표준화는 주로 물품의 종류, 등급, 모양, 치수, 품질, 설계방법, 제조방법, 시험방법, 포장방법 등 물품에 직접, 간접적으로 관계되는 기술적 사항에 대하여 정한 표준, 즉 규격(technical standard)을 기초로 한 것을 의미한다.

(3) ISO 표준화원리위원회에서 정의한 표준화(standardization)란?

① 생산교역에 있어 인력, 자재, 동력 등에 대한 전체적인 경제성이 확보되고
② 재화의 행위가 타당하고 일관성 있는 품질에 의한 소비자의 이익을 보호할 수 있으며
③ 안전, 건강 및 인명의 보호
④ 관계되는 사람들 사이에서 표현과 전달수단을 제공하는 것

(4) 한국산업규격(KS A 3001, 품질관리용어)

사내표준이란 “회사나 공장 등에서 재료, 부품, 제품 및 조직 또는 구매, 제조, 검사, 관리 등의 일에 적용시킴을 목적으로 하여 규정한 표준”이다

일반적으로 “사내표준화란 광공업제품의 제조와 관계자들이 전체 이익을 목적으로 하여 과학, 기술, 경험 등을 근본으로 하여 합리적으로 제정하고, 이를 조직적으로 활용하는 것”이라고 정의하며, 이 정의에서 합리적 제정이란

- 표준을 정하고(전사적 참여)
- 표준을 준수하고(일상적인 업무에 적용하고)
- 표준을 개정하는 것(지속적으로 업무를 개선하는 것) 등을 의미한다.

그리고 사내표준을 설정할 때 가능한 국제적, 국가적인 규모에서의 표준이나, 여러 전문단체에서의 표준 등과 같이 공공 표준을 도입해야 한다.

여기서 사내표준화의 특징을 살펴보면 다음과 같이 요약할 수 있다.

- 하나의 조직 내에서 실행하는 활동이다.
- 조직 내의 모든 부문과 계층에서 실행해야 하는 활동이다.
- 조직 내 관계자의 의사소통을 통한 다음에 실행해야 하는 활동이다.
- 사내표준을 지키는 것이 의무화 되어있는 활동이다.

사내표준은 적용되는 기능과 계층, 업무의 특성 등에 따라 수준(Level)이 정해질 수 있는데 이는 국가의 법체계가 법, 시행령, 시행규칙 등으로 세분되는 것과 같다.

Level I (매뉴얼, Manual) : 조직의 가장 상위개념의 표준으로 전 조직 및 계층에 영향을 미친다.

Level II (규정, 절차서, Procedure) : 조직 내 업무/활동의 내용, 순서, 절차(수

속), 방법 등에 관한 사항에 대해 정한 기준

Level Ⅲ (지침, Work Instruction) : 규정, 절차서의 범위 중에서 제품/서비스에 직접, 간접으로 연계되는 기술적 사항에 대하여 규정된 기준.

Level Ⅳ (규격, 표준, 시방, 양식 등) : 제품, 재료, 치공구, 설비 등에 관하여 요구하는 특정한 현상, 구조, 치수, 성분, 능력, 정밀도, 성능, 제조방법 및 시험방법 등에 관하여 정한 기준

- 위와 같은 분류는 절대적인 것은 아니며 조직에 따라 더 세분화, 단순화되는 경우도 있다.

이상과 같은 정의를 종합해볼 때 사내표준화라는 것은, 하나의 조직내부에서 그 조직활동을 효율적, 투명하고 동시적으로 원활하게 실행하기 위한 수단으로서 조직의 기술과 경험을 결집해, 조직 관계자의 충분한 의사소통에 의해 반복해서 적용할 수 있도록 조직의 표준을 설정, 그것을 활용해 가는 조직적인 행위로 최근 들어 가장 기본적인 경영 수단의 하나로 활용하고 있는 조직이 점차 증가하고 있다.

2. 사내표준화의 의의

기업활동의 목적은 일반적으로 시장(market)에서 요구하는 제품(서비스를 포함함)을 개발하고 생산하여 공급하고, 적당한 이익을 확보함으로써 기업을 존속시키고 사회의 안정과 발전에 공헌하는 일이라고 할 수 있다.

이 목적을 달성하기 위해서는 시장의 요구를 정확하게 파악하고 , 사내의 고유기술을 활용하여 제품의 시방을 결정하여 고객의 요구(needs)에 맞는 제품을 실현(realization)하여 시장에 제공하는 활동이 필요해진다.

이러한 조직의 활동은 보통 시장조사, 연구, 개발, 설계, 계약, 구매, 제조, 유통, 판매, 서비스, 모니터링 및 측정 등의 분야별로 분화한 기능 부문에서 실시되고 있다. 그리고 이러한 각 부문의 활동은 몇 개의 계층 혹은 관리자에 의하여 관리(계획과 조정, planning & control)되고 있는 것이 보통이다.

조직 내에서 업무의 전문화는 광범위한 부문간에 걸친 업무를 세분화하여 인간의 활동이나 기계설비의 기능을 한정된 특정분야에 집중시킴으로써 업무 전체를 효율적(efficiency)으로 실행시키려고 하는 것이다.

그러나 전체를 단순히 세분화하는 것만으로는 개개의 단위가 독자적인 목적만

을 주장하고 따로따로 행동하려는 의식이 강하기 때문에 효율화를 실현시키기가 곤란하다.

조직의 목적을 효율적으로 달성하기 위해서는 개개의 기능부문이나 계층이 서로 긴밀한 연계를 계속 유지하고 조직으로서 총력을 발휘할 수 있는 상태를 만들어내지 않으면 안 된다. 조직 내에서 개개의 기능부문이나 계층이 각각 책임과 권한을 올바르게 인식하고, 부문간이나 각 계층간에 적절하고 신속한 의사소통이 이루어지고, 항상 전사적인 입장에서 의사결정을 하는 상태가 아니면 안 된다.

그래서 사내 표준을 추진하고, 조직 내의 모든 활동에 대하여 표준을 설정하여 모든 부문과 계층에서 표준을 활용하도록 하는 것이 필요할 것이다. 사내 표준이 없다면 책임과 권한은 불명확해 지고 정보전달도 부정확해질 것이다. 이러한 상태하에서는 조직에 소속되는 개인이 아무리 유능하다 할지라도 조직 전체로서는 총력을 발휘하지 못할 것이다. 그렇기 때문에 표준화는 조직 내에서 책임과 권한, 의사소통(Internal Communication)을 명확하게 하고, 정보를 전달하며, 전체적인 입장에서 의사결정(Making Decision)을 하기 위한 기초라는 데서 그 의의를 찾아야 할 것이다.

3. 사내표준화의 효과

업무의 표준화(Standardization), 제품의 전문화(Specialization), 작업의 단순화(Simplification)를 통하여 고유기술을 축적하고, 업무의 효율화를 통한 품질경영과 원가절감으로 기업의 경영방침과 목표를 달성하고 나아가 고객만족(Customer Satisfaction)을 달성함으로써 조직은 지속적으로 발전하게 되어 있다는 데서 사내 표준화의 실행은 선택의 여지가 없다.

또한, 사내표준화를 하게 되면 조직은 제품실현의 표준화를 통해 합리적인 제품실현 활동을 전개할 수 있어 경제적 제품실현이 가능하며, 좋은 품질의 제품(서비스)을 저렴한 비용으로 제공할 수 있을 뿐만 아니라 상거래의 단순화와 공정화를 기할 수 있어 소비자 및 사회에 대한 봉사와 이익을 도모할 수 있다. 문서화는 활동의 의도 및 일관성에 대한 의사소통을 가능하게 한다.

조직 내에서 표준화(문서화)를 추진하면 다음과 같은 효과가 있다.

(1) 경영방침과 목표를 구체화하는 데 도움을 준다

표준화는 간략하게 기술된 경영방침(policy)이나 목표(objectives)를 구체적으로 실행하게 하는 역할을 한다. 방침이나 목표에서 품질수준, 생산량의 다소, 납기의 장단, 관리의 강약 등의 상관관계를 고려하여 이의 달성 수준을 정하면 부문별, 계층별로 이의 달성을 위한 가이드가 되는 것이 사내 표준이라고 할 수 있다.

말하자면 제품 및 재료의 시방, 작업조건, 작업방법, 모니터링 및 측정방법, 업무의 책임과 권한 등을 구체적으로 규정한 사내 표준을 이용하여 방침과 목표를 달성하기 위한 실행을 옮기게 되는 것이다.

목표관리(Management by Objectives)를 전개하기 위해서는 설정된 목표 및 세부목표를 주기적으로 모니터링 및 측정하여야 하는데, 이러한 업무를 실행하는 데 용이해진다.

(2) 책임과 권한의 명확화

표준화는 직무내용이나 책임, 권한관계를 명확하게 하는 역할을 한다. 기업이나 공장의 조직의 업무상 혼란, 마찰, 오해, 오류, 편중 등을 일으키거나 업무지연을 일으키는 것과 같은 폐단을 조직규정, 업무분장규정, 직무규정 등과 같은 관리규정(절차서)에 의해 책임과 권한을 확립시키고, 이울러 기술표준에 의해서 구체적으로 책임을 규명할 수 있다.

(3) 관리의 기준 및 제품실현의 합리화

사내표준화는 품질관리, 공정관리, 원가관리, 제품관리, 영업관리 등 여러 가지 관리의 기준이다.

관리에서 말하는 Plan(기획), Do(실행), Check(점검), Action(조치) 관리의 사이클을 표준화와 연계시켜 전개하는데 도움을 준다.

표준은 그 작성기준으로 인해서 경영활동이 목표치와 같은 관리기준이 되며 통계적인 수법을 활용할 수 있는 바탕이 된다.

품질관리에서 통계적 기법 등과 같은 수법을 효과적으로 적용하는 데는 사내표준화가 전제요건이 된다. 여러 생산자원과 제품실현 공정이 표준화가 되어 있으면 품질의 산포는 일정한 규칙성을 이루기 때문에 통계적 데이터 분석이론이 효과적으로 적용될 수 있는 것이다.

(4) 고유기술, 관리기술의 축적 및 기술력 향상

사내표준에 규정된 내용들은 경영활동 과정에서 얻은 경험의 축적이라고 할 수 있다. 오랜 경영활동에서 얻어진 자료나 정보들을 담당자 개인의 소유가 아닌 그 조직의 자산으로서 보존할 가치가 있는 정보나 자료들을 사내표준으로 분류, 보존할 필요가 잇는 것이다. 사내표준화는 개인, 조직의 기술축적과 이것을 기반으로 한 기술력 향상을 가능하게 하는 효과가 있으며, 기업의 기술을 보다 광범위하게 활용하여 기술이전 또는 기술전개를 추진할 수 있다.

(5) 적절한 교육훈련을 제공하는 데 용이하다

개인의 기능도 표준으로 보존될 수 있으므로 숙련공이나 선임자가 자리를 옮겨도 후임자는 표준을 통해 기술이나 기능을 쉽게 터득할 수 있다.

사내표준이 있는 경우 상사나 전임자는 사내표준문서를 이용하여 일관성 있는 교육훈련을 제공할 수 있으며, 이에 대해 지속적으로 적절성과 효율성을 검토하여 개정한다면 보다 살아 있는 자원이 될 것이다.

(6) 의사소통(정보전달) 도구로 유용하다

사내표준에 의하여 조직의 방침, 계획, 지표 등을 이해관계자에게 전달하여 이를 이해시키고 준수토록 하는 효과가 있다.

① 구매하려는 사람에 대해 파는 사람의 정보를 확실히 전달된다(카탈로그, 시방서, 한도견본 등)

② 조직의 방침, 목표 등을 주지시킬 수 있다(매뉴얼, 홈페이지 등)

③ 부문 내 및 부문간의 업무처리 방법이 명확하게 되고, 정보의 전달, 업무의 통일화, 단순화, 전문화를 도모할 수 있다.

(7) 품질의 안정, 향상에 기여한다

사내표준화는 품질의 안정과 산포의 감소를 가져와 품질의 향상이나 개선에 도움을 준다.

① 4M(Man, Machine, Material, Method, 사람, 설비, 재료, 작업방법)에 기인하는 산포를 관리하고, 그 산포를 감소시키는 것에 의해, 품질의 안정, 향상을 꾀할 수 있다.

② 평상시 반복생산에 의해 다량으로 생산되어 많은 실적을 갖고 있는 표준품이 신뢰성 보증면에서 최근에 높게 평가받고 있다.

(8) 이해관계자(interested party)의 이익에 공헌한다

사내표준화는 이해관계자(종업원, 고객, 지역사회 및 주민, 관련 학회 등)의 이익에 합치되는 제품 공급을 지향한다.

① 제품규격, 부품규격 등에 이해서 안전성, 신뢰성이 풍부한 제품을 계속적으로 공급하고, 고객 등 이해관계자의 이익에 공헌한다.

② 수질오염, 대기오염, 소음 및 진동 등 지역사회에 미치는 악영향을 방지하는 사내표준의 확립에 의해서 사회의 환경보호를 도모한다.

(9) 호환성 확보에 용이하며 코스트(비용)를 절감하는 데 기여한다

사내표준화에 의해 물건(재료, 부품, 중간부품, 제조, 제조설비, 치공구, 모니터링 및 측정 설비 등)의 표준화는 부품이나 제품의 호환성을 높인다.

① 부품이나 제품의 호환성이 향상되어 사내 코스트 절감에 기여하는 것만이 아니라, 일반 사회의 일상생활에도 편리함이 높아진다.

② 치수의 호환성은 물론, 성능의 호환성, 그 위에 시스템의 적합성 등의 효과로 파급된다.

③ 재료, 부품, 제품 등의 단순화(종류의 감소)로 로트의 크기를 늘려 코스트 절감을 기할 수 있다.

④ 제품이 표준화에 의해서 영업이나 판매활동으로부터 설계의 합리화, 재료, 부품의 구입가격 절감, 재고의 감소 등 사내 전반에 걸치는 업무나 코스트가 절감된다.

현실적으로 조직의 환경은 항상 변화하고 있으며, 조직은 변화를 받아들이면서 변화에 대응해 나아가야 한다. 기업 활동의 출력물(Outputs)인 제품(서비스), 제품 실현방법 등도 시간의 경과에 따라 변화해 나간다. 따라서 사내표준화도 이러한 변화에 대비(Preparedness)나 대응(Response)할 수 있는 활동이어야 한다. 그러기 위해서는 사내표준화에 있어서도 사내표준의 설정, 실시상황의 확인, 개정과 같은 관리가 지속적으로 필요하다.

사내표준은 모두가 영구적인 것이 아니며, 변화에 대응하지 못하는 표준은 쓸모가 없는 것이다. 사내표준의 효과를 극대화시키기 위해서는 지속적으로 개정하여 성과(Performance)가 향상되도록 하여야 할 것이다.

또한, 표준화를 추진할 경우에는 표준화의 마이너스 작용(자유로운 선택을 제한하거나 획일화, 고정화와 같은 것)을 가능한 한 억제하고 효과를 올리도록 해야 한다.

이러한 마이너스 작용은 물품의 성능이나 구조, 업무의 수행방법을 일정기간 고정시킴으로써 변화에 적응할 수 없는 결과를 가져오기도 한다.

4. 사내표준화의 일반원칙

사내표준화에 의해서 얻은 성과에 비하여 투입된 노력이 더 크다면 비효율적이라고 할 수 있다. 필요 이상으로 상세한 규격은 그의 실행과 규격유지에 엄청난 노력과 비용이 소요된다. 반대로 내용이 빈약하거나 형식적으로 작성된 규격이나 규정으로는 그 성과조차 기대하기 힘든 것이므로 경제성이 있고 현실에 맞는 사내표준이 제정되고 적용 실행되어야 한다.

사내표준은 조직 내 전임직원 공용의 것이므로 이해하기 쉽고, 명쾌하며, 또한 올바르게 받아들여 질 수 있을 뿐만 아니라, 항상 새롭고, 도움이 되는 것이 아니면 안 된다.

사내표준의 일반원칙은 다음과 같다.

① 사내 표준 제정시에는 전원이 참여해야 한다.

표준을 사용할 조직 내 이해관계자들이 자신들의 의견을 충분히 반영하고 직접 제정한 규격이라야 배포 이후 적극적으로 실행에 참여하게 되고, 사내표준화의 실시 효과도 기대할 수 있으며, 실행하면서 개정도 용이하게 될 수 있다

특히, 본사, 핵심부서나 고급관리자가 참여하지 않는 표준은 아무리 많은 비용을 들인다 해도 실행에는 어려움이 많을 것이다.

② 사내표준은 실행 가능한 것이고, 항상 사용 가능한 상태이어야 한다.

사내표준은 처음 제정한 것이 완벽할 수는 없는 것이며, 시대의 변화, 제조방법이나 기술의 변천, 담당 구성원의 처리방법, 설비나 시설의 개조, 신규 도입 등에 따라서 달라져야 하기 때문에 수시로 개정하여 구성원이 실행 가능하여야 한다.

③ 객관적인 데이터나 사실(facts)에 근거한 표준이어야 한다.

사내표준은 의사소통 수단으로 업무나 작업의 기준 또는 방법을 규정한 것이므로 그것을 사용하는 사람에 따라 그 내용에 구체성이나 객관성이 결여되어서는 안 된다.

④ 사내표준은 상호간에 모순이 없고, 국제규격, 지역규격, 국가규격, 단체규격

등과 서로 조화되어 모순이 없어야 한다.

사내표준은 상호간에 관련된 것이 많으며, 예를 들면 원부재료 규격은 수입검증과 구매 시방서 등과 서로 관련을 갖고 있기 때문에, 이런 경우에 서로 모순되지 않도록 주의하여야 한다. 특히 관련된 표준의 제/개정시에는 지속적으로 해당 사항이 반영되도록 노력해야 한다.

▶ 단체규격의 예

ASME(American Society of Mechanical Engineers, 미국기계학회)
ASTM(American Society of Testing and Material, 미국재료시험협회)
SAE(Society of Automotive Engineers, 자동차협회)
UL(Underwriters Laboratories Inc, 미국보험협회안전시험소)
NEMA(National Electrical Manufacturer Association, 국립 전기제조업체 협회)
CE(Communaut' Europeen, 유럽공동체마크)

▶ 국가규격(National standards)의 예

KS(Korean Industrial Standards)
JIS(Japan Industrial Standards)
DIN(Deutsche Industrial Norman)
BS(British Standards)
ASTM(American National Standard Institute)
AS(Australian Standard)

▶ 지역규격(Regional standards)의 예

GEN(Committee European de Normalization, 유럽표준화위원회)
CEE(International Commission on rules for the approval of Electrical Equipment, 유럽전기기기통일안전규격위원회)
PSAC(Pacific Area Standards Congress, 태평양지역표준화회의)

▶ 국제규격(International standards)의 예

ISO(International Organization for Standardization, 국제표준화기구)
IEC(International Electrotechnical Commission, 국제전기기술위원회)
IECQ(Quality Assurance System for Electronic Components, IEC 전자부품품질 인증제도)
IECEE(IEC System for Conformity Testing for Safety of Electrical Equipment,

IEC 전기기계인증제도)

⑤ 사내표준은 지속적으로 적절성이나 효과성이 검토되어야 한다.

최초 제정한 사내표준이 가장 조직에 효율적인 것으로 반영되었다고 할지라도, 혹은 이의 제정에 참여한 담당자들이 우수한 인재들이라 할지라도 사내표준은 지속적으로 적절한지, 조직 내에서 효과나 효율면에서는 우수한지를 지속적으로 내부심사나 경영검토의 과정을 통해 검토해야 한다.

⑥ 사내표준은 문장 등으로 성문화된 형태(Paper=Hard Copy)로 혹은 Magnetic (자기매체), Electronic or Optical Computer Disc(전자식 또는 광학식 컴퓨터 디스크), Photograph(사진), Master Sample(마스터 샘플) 등으로 구체적이고 실제적으로 규정되어야 한다.

특히, 최근 증가하는 외국인 근로자와 의사소통 문제 등을 고려하여 그림이나 한도견본 등을 적극 활용하는 것이 좋을 것이다.

⑦ 사내표준은 조직 내의 모든 관련된 계층이나 부문에서 실제 실행해야 한다.

외부 인증기관과의 의사소통을 주관하는 부서나 담당자, 환경경영시스템이니 환경관리부서가 명칭이 유사하니까 환경관리부서만이 관심을 가져야 하는 것으로 문화가 형성되어 있다면 거의 실패로 끝날 확률이 높다 할 것이다.

5. 사내표준화 추진

사내표준화의 추진방법은 다음과 같이 구분할 수 있을 것이다.

(1) 내부 인적자원을 활용하는 방안

(2) 컨설턴트 등과 같은 외부 인적자원을 활용하는 방안

(3) 외부 인적자원과 내부 인적 자원을 적절히 통합하여 활용하는 방안

조직의 규모나 업종 및 내부 인적자원의 수준 등에 따라 다를 수 있으나 소규모 조직에서는 외부 인적자원에 의존하는 비중이 높을 것이며, 대규모 조직일수록 내부 인적자원을 활용할 수 있을 것이다.

그러나 아무리 외부 인적자원이 유능하다 할지라도 조직의 특성을 고려하여 내부 인적자원이 적절히 참여함으로써 조직의 특성에 적합한 표준화가 이루어질 수 있을 것이다.

(1) 사내표준화의 절차

사내표준화가 이루어지는 과정은 다음 단계와 같다.

1) 단계 1 : 표준화의 체제 만들기

최고경영자를 중심으로 사내표준화의 필요성을 인식하여 사내표준화를 추진할 부문을 결정하고, 이 활동에 전원이 참여할 수 있도록 표준화 도입에 걸맞은 체계를 세우는 작업이다.

2) 단계 2 : 표준화 계획

기업의 표준화 활동 목적을 결정하고 표준화 대상의 개요와 세부 항목에 대해 설계를 한 후 실시순서를 결정한다. 그리고 표준화 시스템의 요소를 구성하는 데 표준화 시스템의 요소로는 표준화 목적과 사무처리 방법, 표준화의 체계 및 교육절차 그리고 사내표준의 체계 등이 포함된다.

3) 단계 3 : 표준화의 운영

표준화의 운영단계에서는 표준화의 운영계획과 표준작성상의 주의점 그리고 사용상의 주의점 등이 고려되는 단계이다. 표준화의 운영계획은 기업의 다양한 활동을 분류하고 표준을 근거로 분류하고 이에 적합한 표준을 제정・개정하는 작업이다. 표준을 제정・개정하기 위해서는 표준 자체를 하나의 시스템으로 파악하고 비용의 관점에서 표준을 작성한다. 이러한 운영계획을 통해 사내표준화가 운영될 수 있으며, 이 과정에서 사내표준화 활동이 표준에 근거하여 실시될 수 있도록 표준의 사용방법을 연구하고 그 결과를 교육과 종합후련을 통해 전원에게 알린다.

4) 단계 4 : 표준화의 평가

각 부문별로 그리고 종합적으로 운영상의 문제점을 파악하고 이를 평가한다.

위의 사내표준화 구축과정은 조직적이 활동을 통해 효율적으로 이루어질 수 있다. 이러한 활동은 기업의 규모와 표준화의 적용범위에 따라 다양하게 나타날 수 있으나 일반적으로는 표준화 활동의 기획, 관리, 서비스 등을 담당하는 표준화 추진스태프(보통 QM 추진사무국에서 담당)와 일상적인 기업활동 속에서 표준화 성과를 올리는 부문을 담당하는 표준화 실시부문 그리고 표준화를 계획・심의 및 표준화 활동의 전반적인 촉진을 검토하는 사내표준화 추진위원회에 의해 수행된다. 이러한 조직은 전사적 체제로 운영되며, 라인부문을 담당하는 표준화 실시부문이 주체가 되어서 시행되어야 한다.

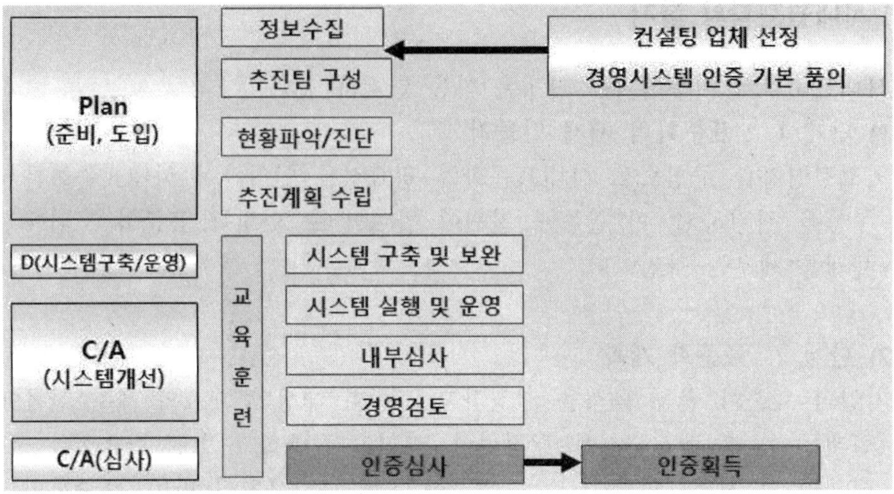

[그림 4-1] 경영시스템 구축 Flow

(2) 사내표준화 추진시 계층별 역할

(표 4-1) 사내표준화시 계층별 역할

구분	최고경영자	추진책임자	부서(팀)책임자	TFT구성원
업무분장	1) 방침 설정 2) 조직구성, 자원제공 3) 내부심사 승인 4) 표준 승인 5) 업무진도 확인 등	1) 추진팀 구성 2) 기능, 부서업무 계획승인 3) 업무분장 조정 4) 표준 검토 등 5) 추진팀 활동지원 6) 추진팀 활동성과 보고 및 조치 7) 내부심사 주관 8) 외부인증기관과 의사소통 9) 교육계획 수립	1) 추진팀 인원 추천 2) 표준 검토 3) 내부심사 수검 4) 해당업무 성과지표 관리 5) 교육훈련	1) 표준문서 작성 2) 문서관리 3) 추진계획 수립 및 실행 4) 기능조직 교육
책임과 권한	- 방침 및 목표의 수립 및 교육(주지) - 사내표준의 최종승인(상위문서) - 내부심사, 경영검토에 대한 자원제공, 지시 - 핵심성과지표(KPI)에 대한 지속적 피드백	- 표준팀 구성 및 품의 - 기능부서별 업무계획 승인 및 실행 확인 - 사내표준의 적합성 검토 - 표준문서 검토 - 팀활동 지원 - 내부심사 결과 보고, 피드백 - 외부인증기관과 의사소통	- 표준팀 구성 지원(인원선정 추천) - 담당부서 업무계획 수립, 실행 - 핵심성과지표의 종합, 분석, 보고 - 관련 부서간 업무 협조 - 해당부서(팀)의 사원에 대한 교육	- 시스템, 표준문서의 이해, 숙지 - 표준문서 작성의 책임 - 문서의 보관, 유지 배포 등 실시 - 업무 진도 점검 및 대책 수립 - 관련부서(팀)과의 의사소통

(3) 사내표준화 추진단계

전사적인 표준화 계획을 추진할 때, 표준화에 대한 조직의 기본이념과 방침을 충분히 이해하고 또 사내표준화의 현황도 충분히 파악하여 조직의 표준화의 필요성이 어디에 있는지를 인식한 다음에 구체적인 추진계획을 작성해야 한다.

제품에 대한 표준화인지, 시스템에 대한 표준화인지, 강제제도인지 임의제도인지 등도 고려되어야 할 것이다.

1) 사내표준화 계획의 수립(Plan)

사내표준화의 추진계획은 표준화 추진 전담조직인 추진사무국이나 추진위원화가 중심이 되어 원안을 작성하고, 사내 각 부문의 협조를 얻어 이러한 안을 정리하여 검토, 승인을 거친 후 최종적으로 결정한다. 훌륭한 계획안은 실행단계를 원만하게 하는 역할을 한다.

사내표준화의 현황을 충분히 인식하고 현재의 문제점, 개선해야 할 점, 어떠한 부문의 표준화를 먼저 다룰 것인가를 조사한 다음, 표준화의 주제, 일정, 우선순위 등을 결정한다.

또한 계획을 입안할 때에는 사내표준화의 전체적인 진척도와 업무의 부하량, 균형 등을 고려하면서 추진해야 하기 때문에 사내표준의 분류체계에서의 위치와 상호관계도 파악해야 한다.

계획단계에서의 내용으로는 사내표준의 명칭과 내용을 체계적으로 정리하여 열거하고, 표준화 착수의 우선순위를 결정하고 각 표준에 대해 표준의 원안을 작성하며, 심의, 결재, 인쇄 배포, 교육 및 홍보 등의 진행은 일정계획으로 전개한다.

일반적으로 표준화의 추진체계에 있어서 표준의 정상적인 제정, 개정, 폐기나 부분적인 검토 계획은 연도계획에 많으며, 표준화 체제를 최소로 수립하거나 추진하는 경우, 또는 표준 분류체계의 각 표준들을 대폭적으로 검토하는 경우는 2-3년의 장기계획을 입안해야 한다.

일반적으로는 사내표준으로 확립하고 정비하여, 실행에 옮기는 데는 2-3년 또는 그 이상의 기간이 소요되므로 그 동안의 기업환경의 변화와 기술진보를 감안하여 장기적인 전망에 입각하여 계획을 입안하여야 한다.

2) 사내표준화 추진계획의 실행(Do)

사내표준화 계획을 바탕으로 표준화를 추진하고 사내표준을 작성, 준수해 나가는 것이 표준화 추진계획의 실행단계이다.

사내표준을 작성할 때에는 다음 사항을 유의해야 한다.

- 사내표준은 실행할 수 있어야 한다.
- 사내표준의 내용은 구체적으로 성문화되어야 한다.
- 사내표준은 사용할 사람을 포함한 관계자들의 합의에 의해 결정되고 준수할 만한 가치를 가진 것이라야 한다.
- 사내표준은 필요에 따라서 개폐가 이루어져 언제나 최신의 상태로 유지, 관리되어야 한다.

표준화의 실행단계에서 유의할 사항으로는 사내표준 작성 일정의 관리, 표준의 원활한 실시, 철저히 인식시키는 방법, 제정된 사내표준의 유지, 관리 방법 등이 있다. 또 사내표준을 제정할 때의 순서와 유의점 들을 살펴보면 다음과 같다.

① 입안 담당

표준 분류체계에 대한 입안 담당부서는 해당 규격 및 기준에 정해진 부서를 우선적으로 하고, 입안 담당부서가 복수일 때에는 업무분장 규정에 기초하여 가장 관계가 깊은 업무를 행하는 부서가 입안 담당부서가 되며, 표준의 입안, 협의를 통하여 표준을 제정하고, 실시상 책임을 진다. 또한 표준의 적절성과 유효성 검토를 통하여 필요시 개정 및 폐지에 대한 업무를 처리한다.

② 원안의 작성

사내표준의 제정 계획 또는 표준화 제안을 바탕으로 하여 원안을 작성하게 되는 데 원안의 입안은 표준의 제정을 필요로 하며, 그것을 실시하는 라인 부문에서 하는 경우와 사내표준화를 추진하는 스태프 부문에서 하는 경우가 있다.

하지만 대개의 경우 라인과 직접적인 관계가 있는 구체적 표준은 각 부문에서 작성하며 기본적, 공통적 표준은 표준화 시스템 스태프 부문에서 작성한다. 사내표준은 기여도가 큰 것부터 또는 상호 의견충돌이 발생하는 것부터 표준으로 작성하는 것이 좋다.

구체적인 실시방법으로는 입안 부서장은 우선 표준화 담당 실무자를 선정하고 효율적인 표준이 만들어지도록 월별, 분기별, 반기별 추진계획을 세우도록 하여 그 진척사항을 주기적으로 피드백(Feed Back)하도록 한다.

발의한 사항에 대해서는 원안을 작성하고 관련 표준과의 검토 및 표준의 시행상 관계가 있는 부서와의 협의를 통하여 내용상의 실시 가능성, 문장의 적합성, 용어나 표현의 타당성, 오/탈자, 중복 및 누락 사항 등을 검토하도록 한다. 특히,

- 누구든지 요점을 분명히 알 수 있도록 간단명료한 단어나 문장을 사용한다.
- 작업표준 등은 이루어질 결과를 달성하기 위한 방법을 쓸 것.
- 서식에 반드시 맞출 필요는 없으나 가급적이면 통일화를 기하여 누구든지

알기 쉽도록 한다.

- 제정, 개정, 폐기, 원본보관, 교육훈련 등의 책임부서를 확실하게 밝혀 둔다.
- 업무개선에 최대한 활용토록 한다.

ISO 14001 : 2004/4.4.5에서는 "문서가 읽기 쉽도록 유지되고, 쉽게 식별됨을 보장"할 것을 요구하고 있다

③ 검토(심의)와 승인

사내 표준의 검토(심의)는 위원회 형식으로 하는 것과 직제를 통해서 하는 경우가 있다.

여러 곳의 공장이 있는 경우에는 공장별 공통적인 주제나 업무에 대해서는 본사 차원에서 검토(심의)하지만, 그렇지 않은 경우에는 공장별로 각 위원회나 실무추진 주관부서에서 검토한다. 규모가 아주 작은 소기업에서는 경영자 중에서 전체 업무를 총괄하고 있는 직책을 맡고 있는, 예를 들면 품질/환경경영대리인 (Quality/Environmental Management Representatives) 등이 검토한다.

검토(심의)가 끝난 표준안은 사내표준화 책임자(의사결정권자)의 승인을 득하게 된다.

사내표준의 제정, 개정, 폐기에 있어서는 그 합리적 운영을 도모하기 위하여 표준의 내용이나 실시 수준에 따라 하위 책임자에게 위임하는 경우도 있다.

ISO 14001 : 2004/4.4.5에서는 "문서는 발행 전에 적절함을 승인"받도록 요구하고 있다.

④ 제징, 개징, 페기

승인된 사내표준은 소정의 양식에 따라 작성되는데 그것이 원본(관리본)이 된다. 최근에는 컴퓨터 디스켓, CD, 그룹웨어, 홈페이지 등에 보관하는 경우도 있다.

ISO 14001 : 2000/4.4.5에서는 "필요시 문서의 검토 및 갱신, 그리고 재승인"받도록 요구하고 있다.

⑤ 등록 및 공포

입안 담당부서(추진 총괄부서)는 제공된 부서에 대한 원본 1부를 등록한다. 사무국은 내용을 검토하여 전사적 활용이 충분하다고 판단되는 표준에 대해서는 분류체계에 의한 등록번호와 문서번호를 부여한 다음 표준문서등록대장에 등록하고 경영자의 승인을 득한 후 총괄부서장이 공포한다.

ISO 14001 : 2000/4.4.5에서는 "문서의 변경 및 최신 개정 상태의 식별을 보장"

하고, "적용되는 문서의 해당본이 사용되는 장소에서 이용 가능함을 보장"할 것을 요구한다.

⑥ 배 포

공포된 표준문서는 인쇄, 배포 기준에 따라 사내 전부서 또는 관계부서에 배포되는데, 배포시에는 표준문서배포대장을 작성하여 확인해 두어야 한다. 또 배포할 때 관계부서의 관리책임자도 명확히 해두는 것이 바람직하다.

표준은 전부서에 배포하는 일반배포와 특히, 비밀유지의 필요가 있어 특정부서에 한하여 배포하는 특정배포로 구분한다.

⑦ 이의 조정, 개정 및 폐기

표준의 적용에 있어 해석상의 이의가 발생하는 경우나 개정, 폐기가 필요한 경우에는 총괄부서 혹은 입안부서에 개정, 폐기를 제안할 수 있다.

총괄부서는 입안부서로 그 내용을 통보하여 조정, 개정 및 폐기를 의뢰하며, 입안부서는 표준의 내용에 대해 검토 후 제정시와 동일한 과정을 거쳐 개정한다.

⑧ 효력의 발생 및 소멸

표준의 효력은 해당 표준에 실시시기를 명시하거나 승인한 기일로부터 발생하고, 특별히 실시일이 명기되지 아니한 경우에는 제정 및 개정일(공포일)로부터 효력을 발휘한다.

또한 표준 효력의 소멸은 제/개정시 폐기일을 이미 정한 경우에는 그 시한이 되면 당연히 잃게 되며, 다음의 경우에도 효력을 소멸한 것으로 본다.

- 기존의 표준이 신규 제정된 표준에 저촉이 될 때에는 신규 표준이 우선한다.
- 관련 표준을 인용한 표준에 대해서는 관련 표준이 폐기됨과 동시에 효력을 상실하며 내용은 재검토되어야 한다.

ISO 14001 : 2004/4.4.5에서는 "효력이 상실된 문서의 의도되지 않은 사용을 방지하며, 어떤 목적을 위해 보유할 경우에는 적절한 식별의 적용"할 것을 요구하고 있다.

⑨ 보존연한

총괄부서는 표준이 폐기되었다 할지라도 그 내용은 회사 고유 기술의 축적 과정이며 신규표준에서 발생할 수 있는 문제점에 대한 중요한 자료이므로 폐기된 표준의 일부를 별도로 식별하여 장기간 혹은 영구 보존하는 것이 좋다.

⑩ 교육훈련, 홍보

사내표준이 제정되면 관계부문이나 계층별로 이러한 내용을 이해시키기 위해 필요한 교육훈련이나 설명회를 실행하는 것이 필요하다.

표준의 내용을 완전히 암기하는 수준이 되지는 않더라도 내용의 전개나 포함 사항 등을 충분히 이해하고 있어야 실행에 도움을 주게 될 것이다.

3) 사내표준의 점검(Check)

사내표준을 제정, 배포하고 나면 그것을 준수하는 것은 실시하는 부문의 책임이다.

사내표준을 잘 준수하고 있는가를 조사할 때 그 부문 자체의 점검이나 내외부 심사를 통해서 이루어지는 경우가 있다. 이러한 기회를 이용하여,

- 표준의 정비 상황
- 표준의 부문별, 계층별 준수 상태
- 표준의 부적합이나 미비점 유무
- 실시부문의 의견 청취와 앞으로의 개선점 추출
- 고객불만(Claim)이나 고객만족(Customer Satisfaction) 모니터링에 관한 사항 등 내외부 점검(심사)는 미비점을 지적하는 것이 목적이 아니며 문제점, 개선점을 찾아내 다음에 해야 할 개선의 발판을 마련하고자 하는 것이다.

4) 사내표준의 조치(Action)

내부심사나 경영검토과정을 거쳐 이미 실행중인 사내표준에 대해 다음과 같은 현상이 발견되는 경우 세・개정, 교육훈련 등의 조치를 취하는 단계이다.

- 완성된 제품실현에 대해 고객/이해관계자가 만족하지 않는 경우
- 고객에게 인도된 제품(서비스 포함)에 대해 고객/이해관계자 불만이 현저하게 증가하는 경우
- 고객/이해관계자 만족 모니터링 및 측정결과에 대해 개선점이 발견된 경우
- 기술수준이 향상된 경우.
- 관련(작업)자가 표준대로 업무를 실행하지 않는 경우
- 제품(서비스 포함)에 대해 환경관련법/PL법(제조물책임법), 소비자보호관련법 등 법적인 문제가 대두된 경우
- 표준대로 하고 있으나 부적합 발생이 감소하지 않는 경우 등

6. [환경경영]매뉴얼 작성에 관한 가이드

매뉴얼은 조직 내에서 품질에 관한 문서 중 가장 상위의 문서로서 품질/환경에 영향을 미치는 활동에 대한 전반적인 계획, 관리를 위한 경영시스템 절차서로 구성하거나 언급해야 한다.

매뉴얼은 조직에 필요한 경영시스템규격의 해당 모든 요소들을 다루어야 하며, 항상 업무추진 시스템이 생생하게 살아있어야 하고, 누구나 쉽게 활용 가능해야 한다.

(1) 매뉴얼의 정의

▶ ISO 9000 : 2000/3.7.4에서는 (품질)매뉴얼은 "조직의 품질경영시스템을 규정한 문서"로 정의한다.

비 고 품질매뉴얼은 개별 조직의 규모 및 복잡성에 맞도록 세부사항 및 형식이 달라질 수밖에 없다.

▶ (ISO 9000 : 2000, 3.3.1 조직, Organization)

책임, 권한 및 상호 관계의 체계(Arrangement)를 갖춘 인원 및 시설의 집단

보 기 회사, 법인, 업체, 기업, 학회, 자선단체, 개인 사업자, 협회 또는 이들의 일부 또는 조합

비고 1 체계는 일반적으로 질서가 있다.

비고 2 조직은 공적 또는 사적일 수 있다.

비고 3 이 정의는 품질경영시스템(3.2.3) 규격의 목적에만 유효하다. 조직이라는 용어가 ISO/ IEC Guide 2에는 다르게 정의되어 있다.

▶ (ISO 9000 : 2000, 3.2.3 품질경영시스템) 품질에 관하여 조직을 지휘하고 관리하는 경영시스템

▶ (ISO 9000 : 2000, 3.7.2 문서, Document) 정보(3.7.1) 및 정보 지원 매체

보 기 기록(3.7.6), 시방서(3.7.3), 절차서, 도면, 보고서 및 규격

비고 1 매체는 종이, 자기, 전자 또는 광학 컴퓨터 디스크, 사진, 견본 또는 그 조합이 될 수 있다.

비고 2 보기를 들면, 시방서 및 기록과 같은 문서의 집합을 영어권에서는 'Documentation'이라고도 한다.

비고 3 몇몇 요구사항(3.1.2)(보기 : 읽기 쉽도록 하는 요구사항)은 모든 형태의 문서에 관련되지만, 시방서(보기 : 개정관리의 요구사항) 및 기록(검색이 가능하도록 하는 요구사항)에 대한 요구사항은 서로 다를

수 있다.

(2) 경영매뉴얼의 목적

① 조직의 품질/환경방침, 절차 및 요건을 전달
② 효과적인 품질/환경시스템을 기술하고 실행
③ 관리수단의 제공, 관행의 관리개선과 보증활동의 원활화
④ 품질/환경시스템 심사를 위한 문서화된 기준을 제공
⑤ 환경의 변화 속에서 품질/환경시스템과 그 요건의 지속성 유지
⑥ 품질/환경시스템 요구사항과 준수방법, 충족방법에 대한 직원의 교육훈련
⑦ ISO 9001 & 14001을 만족시키고 있음을 입증하는 등 외부에 입증해 보이기 위한 품질/환경시스템 제시
⑧ 계약상 요구된 품질/환경규격을 그들의 품질/환경경영시스템에 효과적으로 적용하고 있다는 신뢰 제공

(3) 구조 및 서식

① 품질/환경경영 매뉴얼에 대한 특정 구조나 서식은 정해져 있지 않으나, 조직의 품질/환경방침, 목표 및 절차서 관리를 정확하고 철저하고 간략하게 전달할 수 있는 구조나 서식이어야 한다.
② 다루고자 하는 주제가 적절하게 언급되고 배열되도록 보증하는 한 가지 방법이 품질/환경경영 매뉴얼의 핵심 장(Section)에서 품질/환경시스템 규격의 품질/환경요소들을 다루는 것이다.
조직의 성격을 반영하여 품질/환경경영 매뉴얼을 구조화하는 등의 접근법도 채택된다.

(4) 경영매뉴얼의 파생

품질/환경경영 매뉴얼은 다음과 같을 수 있다
① 품질/환경경영 매뉴얼 절차서를 직접 편집한 것
② 품질/환경경영 매뉴얼 절차서를 그룹별이나 각 장(Section)별로 모은 것
③ 특정 시설/적용에 관한 절차서를 시리즈화한 것
④ 하나의 문서 또는 동등 이상인 것
⑤ 공통적인 핵심사항은 그대로 두고 부속서의 내용만을 수정한 것
⑥ 단독으로 또는 달리 있는 것

⑦ 조직의 필요성에 근거하여 수많은 파생을 거쳐 만든 것

(5) 경영매뉴얼 작성과정

① 작성 책임

작성업무를 위임받은 능력 있는 조직 자체 내에서, 또는 여러 개의 개별 기능을 수행하는 단위들 자체 내에서 수행하고 관리한다(검토, 수정 필요시 용이).

- 매뉴얼 작성책임자를 임명한다.
- 품질/환경경영 매뉴얼의 목적을 해당 팀원에게 전달한다.
- 협력을 얻기 위해 팀원에게 동기부여도 하여야 한다.
- 일반적인 동기부여는 작성 주관부서에 의해 기획된 교육이나 사내 초빙교육 등을 통하여 실시된다.

▶ 가능한 작성팀은 해당 업무의 3년 이상 경험자를 우선 구성한다.

▶ 팀원의 업무를 원활하게 하기 위하여 한시적으로 인사발령을 내는 방법이 있다.

② 작성업무 조직의 업무

- 현재 적용 가능한 품질시스템 방침, 목표 및 절차서를 규정하고 목록화
- 설문서와 면담 등 다양한 방법을 통하여 데이터 수집
- 작성하고자 하는 매뉴얼의 구조와 형태를 결정함
- 계획한 구조와 형태에 따라 현행문서를 분류함

③ 관련 정보의 입수

- 해당 요구사항(ISO, KS, PL법 등)에 해당되는 사내, 외 모든 항목의 자료 수집
- 수집된 서류들을 요구사항별로 분류한다.
- 관련업무 절차내용 및 양식내용과 요구사항과의 대비표를 작성한다.
- 요건대비표에 의거 규정, 조직 및 사용양식 등의 신규, 개정, 보완 유무를 검토한다.
- 이 과정에서 거의 대부분 경우 기존양식이나 표준(절차서) 내용이 요구사항을 충족시키지 못하므로 관련규정의 개정은 불가피하게 발생된다.

▶ 사내 수집자료 : 회사 조직, 업무분장표, 회사표준서(절차서), 품질관련 검사서류, 각종 라벨 등 표시사항, 기존 업무처리 양식류 등

▶ 사외 수집자료 : 타사의 추진사례, 고객의 요구사항, 외주업체의 실태, 법규 관련 내용

④ 매뉴얼의 작성
- 매뉴얼의 각 장별 조항은 회사 내의 모든 관련부문과 협력해서 작성해야 한다.
- 초안이 정확하고 완전하게 작성되도록, 문서의 연속성과 내용을 보증할 책임이 있음.
- 조직에서 사용하는 S/W의 고려(한글, MS Word, Excel, Powerpoint 등)
- 작성된 초안은 소속 관리책임자의 1차 검토를 받아야 한다.
- 1차 검토를 받은 초안은 관련부서장과의 2차 협의 조정이 되어야 한다.
- 포함할 사항의 예 : 문서번호. 장번호(Document No.), 개정번호(Rev. No.), 제정 및 개정일자(Date), 페이지(Page No.), 요구사항과의 연계성(matrix) 표현방식 '…한다', 기록(record)은 장별로 기록 또는 품질/환경기록에서 일괄 기록, 양식은 첨부 안함. 전체 분량이 너무 많아지지 않도록 한다.

(5) 경영매뉴얼의 승인·발행 및 관리절차

① 최종 검토 및 승인
- 매뉴얼을 발행하기 전에 문서의 정확성, 명확성, 적합성 및 구조의 적절성을 보장하기 위하여 책임자가 검토한다.
- 활용할 사용자에게도 문서의 사용가능성을 평가하고, 이에 대한 의견을 제시할 수 있는 기회를 부여해야 한다.
- 승인된 매뉴얼을 사내 주관 부서에서 발행하며, 전자메일, 기타 방법으로 발행 가능하다.

② 배포
- 매뉴얼은 이에 따라 업무를 수행해야 할 모든 부문에 배포한다.
- 매뉴얼은 등록되고 배포기록은 보관, 유지되어야 한다.
- 개정에 따른 배포도 상기 절차와 동일하게 이루어져야 한다.
- 구입자 또는 고객이 요구할 때에는 사외에 배포한다.
- 일반적으로 사외 배포처에서 분명한 요구가 없을 때에는 개정작업 내용은 재배포되지 않아도 무방하다(비관리본).
- 고객으로부터 분명한 요구가 있더라도 기간은 제한되어야 한다.
  일반적으로 주문사항이 완료된 즉, 제품실현이 완료되기까지는 계속된다.
- 어떠한 상황에서도 품질매뉴얼은 언제, 어디로 배포되었는가를 기록해야 한다.
- 전체로 또는 섹션별로 배포 가능하며, 사본에 일련번호를 붙여 배포한다.

③ 관리방법
- 매뉴얼 변경을 제안, 개발, 검토, 관리 및 통합하는 방법을 제시해야 한다.
- 전체적으로 관리하거나, 장별로 관리하거나 어떤 방법으로도 가능하다.
- 배포시 일련번호와 배포처를 명시하여 통제한다.
- 개정시에도 최초와 동일한 방법으로 처리하며, 개정시 편의상 낱장 변경 방법도 가능
- 최신판 보증을 위해 목차도 개정한다.
- 관리가 불가능한 매뉴얼은 '비관리본' 표시하며, 변경관리가 불필요한 제안용, 고객참고용 및 기타 매뉴얼 배포용으로 사용되고, 배포된 매뉴얼에는 비관리본임을 명확하게 표시해야 한다.

(6) 경영매뉴얼에 수록해야 할 사항의 예

① 겉표지(Cover)
- 제목, 관리번호
- 관리본, 비관리본 식별
- 조직명칭, 주소, 전화, 팩스, 홈페이지 등 의사소통 채널 식별

② 목차
- 제목, 개정번호, 제/개정일자 등

③ 요구사항에 대한 사내표준의 연관성
- 매뉴얼 및 절차서(규정)의 Matrix
- 업무 프로세스 개요(Process diagram)
- 조직의 연혁(History)
- 사업영역(Business field)
- 품질/환경경영 방침 및 목표(Policy & Objectives)
- 품질/환경경영 대리인의 지명

④ 용어의 정의(Terms and definition)
- 표준문서에 적용되는 관리 및 기술 용어의 연관성
- 법령, 코드 및 표준용어와의 합치성 표시
- 필요시 약어 수록
- 최신 문서, 도서 등과 연계가능

⑤ 조직 및 업무분장
- 조직, 책임 및 권한에 대한 기술

⑥ 요구사항에 대한 조직의 업무절차 전개

- 요구사항의 순서대로 전개시 : 심사에 편리
- 업무내용별 전개시 : 작성에 편리
- 적용범위
- 목적
- 책임과 권한
- 업무절차
- 관련 표준, 기록 등 열거

7. (품질/환경)절차서 작성 가이드

언제부터인지 우리나라에서는 부지런한 사람을 가리켜 '일을 잘하는 사람'으로 평가하는 관습이 전해오고 있다. 그러나 사람들 눈에는 부지런한 일꾼으로 비치는 사람이 반드시 '일의 성과가 좋은 사람' 또는 '일 잘하는 사람'이란 뜻은 아니다

구미 각국에서는 결코 그렇게 보지를 않는다. 겉보기야 어떻든 그런 것은 상관없이 그 사람의 일한 성과만으로 평가한다. 외관상 일꾼인 것처럼 보이더라도 그 성과가 낮으면 그 사람은 칭찬을 못 받는다. 일의 성과가 좋으면 비록 게으름뱅이처럼 보이더라도 칭찬을 받는다.

이러한 관습의 차이가 우리나라에서는 '일을 잘하고 못하는' 것보다는 "일하는 태도를 좋게 보이자"는 관습을 낳았고, 구미에서는 "겉모양보다는 일을 잘하여 성과를 올리는 데 힘쓴다"는 관습을 낳았다고 하겠나. 이 차이는 결코 무시할 수 없을 만큼 큰 것이다

우리나라에서는 한 사람 한 사람에게 일을 할당하고 나면 그 뒤로는 되도록 각자의 연구와 노력에 맡겨, 일하는 방법을 아주 자세하게 지시하지는 않는 경향이 있다. 너무 세세하게 지시를 하면 당사자가 일할 의욕을 잃는다고 생각하기 때문이다. 사실 일을 하는 쪽에서는 그와 같은 세세한 지시를 하면 너무 잔소리를 하는 것으로 받아들여 좋아하지 않는다.

한편, 구미에서는 작업원의 일하는 방법을 회사가 세부까지 표준으로 정하여 그대로 시키는 것으로 되어 있다. 작업원 쪽에서도 일하는 방법을 자기 자신이 생각한다는 것은 잘못이며 세부에 이르기까지 지도를 받아야 하는 것으로 생각한다.

이 차이는 우리나라와 구미간의 고용에 관한 관습 차이와도 깊은 관계가 있는

셈인데 어쨌든 이 차이가 일의 성과에서 차이를 내는 원인인 것은 부인할 수 없다.

구미에서는 철저관리형, 합리주의형 인데 반해 우리나라에서는 방임자주형, 비합리주의형에 가깝다고 할 수 있다. 긴 안목으로 볼 때 어느 쪽이 좋은가 하는 것은 여러 가지로 문제가 있을 것이나 당면한 표준화, 생산성에 국한시켜 본다면 확실히 구미형이 더 효과적인 것이 틀림이 없다.

영미산업의 개념으로는 이러한 용어는 관습적으로 사용하며, 세부계획을 문서화하여 업무를 수행하며, "절차서 없이 어떻게 업무를 수행하는가?"라는 질문을 한다.

국내의 현실로는 업무계획서, 일정표만 작성하며, 업무수행방법을 기술하지 않는 것이 현실이며, "절차서 가지고 일하는가?", '감(感)과 경험(經驗)으로 하는 것'라는 개념이 있다.

'절차서(규정, Procedure)'는 이러한 성과를 측정하기에 용이한 도구이며, 이를 다음과 같이 정의한다.

(1) 절차서의 정의

① KS A 9000 : 2001/ISO 9000 : 2000의 3.4.5 절차(Procedure)
활동 또는 프로세스(3,4,1)을 수행하기 위하여 규정된 방식

비고 1 절차는 문서화될 수도 있고 문서화되지 않을 수도 있다.

비고 2 절차가 문서화되면 '작성된 절차(written procedure)' 혹은 '문서화된 절차(Documented Procedure)'라는 용어가 흔히 사용된다. 절차를 포함하고 있는 문서는 '절차서(Procedure Document)'라고 할 수 있다

② '절차서'란 활동/작업의 범위 및 목적을 규정하고, 그 활동/작업이 어떤 방법으로 수행되는지를 업무의 흐름에 따라 기술한 문서로서,

- 품질/환경관련 활동의 전반적인 계획, 통제를 위한 문서
- 업무수행의 방법 및 순서를 기술한 품질문서
- 품질/환경경영 시스템 요건의 실행을 위한 실행문서를 의미한다.

(2) 기존 문서화된 절차서의 문제점

① 절차서는 있으나 프로세스(Process)는 파악하기 힘듦.

② 개정관리가 안 되며, 개정 내용을 사용자가 모르고 있음.

③ 사업성과 향상에 별로 영향을 미치지 않음.

④ 실제 업무와 잘 맞지 않음.
⑤ 발생 가능한 상황을 표현하기 힘듦.
⑥ 경영자, 본사, 핵심부서가 사용하지 않음.
⑦ Key Business의 결정에 도움이 안 됨.

(3) 절차서의 규정 내용

- 무엇을 하여야 하며(프로세스의 대상 : 영업 및 판매, 구매, 설계 및 개발, 공정/운영관리 등)
- 누가 하여야 하며(주 대상 작업자)
- 언제, 어디서, 어떤 방법으로 그 작업이 이루어져야 하며
- 어떤 재료(자재, Material), 설비(장비, Machine) 및 문서가 필요하며
- 어떤 방법으로 그 프로세스를 관리하며, 기록되어야 하는지를 규정하여야 한다(품질/환경시스템절차서는 ISO 9001/ISO 14001 요구사항을 포함하여야 할 것이다)

위 내용을 종합하면, 절차서는 일반적으로 활동의 목적과 범위를 정하며, 어떤 프로세스(무엇, What)가 누구(Who)에 의해 행해져야 하는가와 언제(When), 어디서(Where), 어떻게(How) 프로세스가 행해져야 하는지를 원재료, 설비 및 치공구(게이지 등 포함), 표준 등을 활용하여 어떻게 관리하여야 하며, 그 실행해진 결과에 대한 기록(Record)을 어떤 방식으로 작성하여야 하는지를 규정한 문서라고 할 수 있다.

(4) 절차서의 문서화 추진 순서 및 유의점

전사적인 문서화(표준화) 계획을 추진할 때, 문서화에 대한 기업의 품질/환경방침 및 목표, 고객의 요구 사항을 충분히 이해하고 또 기존의 표준화 현황도 충분히 파악하여 문서화의 필요성이 어디에 있는지를 인식한 다음에 구체적인 추진 계획을 수립하여 추진하여야 효율성을 제고할 수 있으며, 절차의 문서화 추진 순서는 다음과 같다.

① 문서화 대상 프로세스(업무)의 선정

구축하고자 하는 시스템 요구사항에서, 고객의 요구사항 및 방침, 목표를 만족시키기 위해 문서화 대상업무를 가장 먼저 선정하여야 한다. 그리고 선정된 대상 업무에 대해서 문서화의 범위 결정, 즉 문서화의 정도를 설정하여 표준(문서)

의 명칭을 확정한다.

② 문서화 분류체계의 결정

문서의 분류체계는 조직의 규모에 따라 달라질 수 있으므로 간단하고 사용에 편리하도록 설정하여야 하며, 분류체계 설정시 기존의 표준도 포함시켜야 한다. 또 일반적으로 절차서/지침서는 관리표준과 기술표준(공사표준)으로 분류하는 것이 좋으며, 회사명 약자(영어 혹은 한글 등) 등을 사용하여 정한다.

③ 문서화 계획 수립

문서화 추진계획은 추진팀이나 또는 품질/환경 관련부서에서 원안을 작성하고 사내 각 부문(부서, 팀)의 협의를 거쳐 계획안을 검토하며, 최고경영자(대표이사, 사업본부장, 부문장, 공장장 등)의 승인을 득하여 확정한다.

또 추진계획의 내용은 표준문서의 명칭, 번호, 작성주관담당자, 제/개정 여부, 추진일정표, 검토 및 승인, 배포일정, 사내교육 계획 및 실시 등의 과정을 일정계획표에 정리한다.

④ 문서화의 추진 실시

문서화 계획에 의거하여 문서화를 추진하고 사내문서(회사 표준)를 작성, 검토, 승인 및 준수해나가는 것이 실시단계라고 할 수 있으며, 사내문서의 작성시에는 다음 사항을 유의하여야 한다.

- 적용범위를 명확하게 한다.
- 책임/권한 명확히 한다.
- 실행 가능하여야 하며, 사무량 증가를 최대한 억제한다.
- 업무 스피드 영향을 고려한다.
- 상위문서와 내용 해석차(상충)가 발생하지 않도록 명확화 한다.
- 프로세스 플로(Process Flow), 도표 등을 사용하여 간결하고 한눈에 알아보도록 한다.
- 4C(Correct, Concise, Clear, Complete, 정확, 간결, 분명, 완벽)원칙을 준수한다.
- 발행 - 운영 - 유통경로 등 명료하고, 제/개정이 용이하여야 한다.
- 예외규정과 이상시 조치사항 등을 포함한다.

⑤ 문서의 검토 및 승인

문서의 검토는 관련부문(부서, 팀)이 참여하여야 한다.

또한 전문가의 검토를 구할 수도 있으며, 문서의 승인은 업무의 성격을 파악하여 적절하도록 정한다. 특히 지침서의 경우에는 해당 업무와 밀접한 관련이 있는 해당부문의 장이 승인권자로 하여 개정의 시점을 적절하게 하는 것이 중요하다.

⑥ 문서의 등록 및 발행

문서 주관부서 또는 품질관련 주관부서(표준화 부서)에서 관리하는 것이 좋다.

원본을 전자매체나 디스켓으로 관리할 경우에는 임의 수정되지 않도록 구분 보관한다.

⑦ 문서(표준)의 배포

관리본과 비관리본으로 구분하여 배포한다.

- 승인된 문서는 배포기준에 의거 해당 부서에 배포하며, 배포처를 작성하여 확인을 받아 유효본 관리에 노력한다.
- 표준문서의 수준(Level)을 구분하여 관리한다.
- 문서의 개정시에는 최초 제정시와 동일한 과정을 거친다.
- 사외 배포시에는 비관리본으로 식별하여 배포한다.

⑧ 문서의 효력발생(적용시점)

효력발생 시점을 명확하게 명시하여 혼돈이 발생하지 않도록 한다. 보통 제정, 개정일자와 동일하게 적용한다.

⑨ 문서의 이해 및 실시

문서가 제/개정되면 관련 부문에 통지하고 이를 충분히 숙시한 후에 실시하도록 한다. 전체적으로 집합시키거나 해당 부서(팀)장이 독립적으로 실행하는 방법이 있다.

(5) 절차서 형식

절차서의 사용목적은 특정 업무를 효과적인 방법으로 요건에 맞게 수행하기 위한 것으로, 목적을 만족시키기 위해서는 절차서의 형식 내용을 고려하여야 한다.

① 절차서의 형식은 이에 포함되어야 할 요소들에 대한 목록과 내용을 문서화하기 위한 양식으로 표현할 수 있다.

② 절차서의 형식에 대한 요구사항은 없으므로 조직의 특성에 따라 정한다.

③ 절차서 목록이나 개정내용은 절차서 앞부분에 포함시켜 한눈에 알 수 있도록 하는 것이 좋다.

(표 4-2) 절차서 내용의 예

모델 1	모델 2	모델 3
1. 적용범위 및 목적 2. 책임과 권한 3. 용어 및 정의 4. 업무 프로세스 5. 기록 및 보존 6. 관련 표준 7. 프로세스 차트	1. 목적 2. 적용범위 3. 용어의 정의 4. 책임사항 5. 절차 6. 부칙 7. 붙임	1. 제목 2. 적용범위 3. 용어의 정의 4. 선행조건 5. 업무절차 6. 기록 7. 업무흐름도

- 목적 및 적용범위 : 절차서를 작성하는 목적과 의도, 적용대상 업무/활동분야, 부서 또는 특정 부서의 담당사원에 대하여 명확히 기술한다.
- 책임과 권한 : 해당 절차서의 규정된 업무/활동을 달성하기 위한 절차의 수행 책임을 누가 가지는가를 명확히 기술한다. 통상적으로 조직의 규모에 따라 부서(팀)장급까지 전개한다.
- 용어 및 정의 : 해당 절차서 내에서 사용되는 특정한 뜻을 가진 용어, 약어, 특정활동, 공정명칭 등에 대한 의미(뜻)를 간단히 기술한다. 관련 법규나, 도서, 규격서, 조직의 활동과 관련된 협회 등의 용어가 있는 경우 이와 연계성을 표시하여 두는 경우도 있을 것이다.
- 업무 프로세스(절차, 요건 등) : 해당 시스템 요구사항을 달성하기 위한 절차를 기술한다. 수행되어야 하는 업무의 상세사항을 단계적이고 체계적으로 서술하며, 활동 단위별로 담당자, 방법, 순서에 따라 업무가 어떻게 수행되는지를 명기한다. 문장 서술형식은 서술형이 일반적이며, 논리적인 연결에 주의하여야 한다. 필요한 경우에는 도표, 업무 흐름도, 그림, 만화, 차트, 한도견본, 도표, 사진 등이 추가되는 경우도 있을 것이다. 예외사항이나 특정분야를 반드시 기술하여야 한다.

  또한, 각 프로세스의 단계별로 핵심 성과지표(KPI, Key Performance Index)의 정의, 산출방법, 모니터링 주기 등을 정의하여 두는 것이 좋다.
- 기록 및 보존 : 해당 절차서에서 규정된 업무실행결과 발생되는 문서 중 법적, 고객/이해관계자 요구사항이나 조직에서 스스로 정한 기록의 종류, 보관(또는 보존)방법 및 기간, 보관부서 등을 명기한다.
- 관련 표준 : 작성되는 절차서의 업무/활동과 가장 관련이 깊은 표준이나 규격 등의 연계성을 명기한다.
- 업무 프로세스(흐름도) : 업무 프로세스의 전개에 있어 본문에 표현하는 적이 부적당한 경우 별도 페이지에 계통이나 전개도를 첨부하는 경우가 있다.

제2절 환경경영시스템 표준문서 사례

환 경 경 영 매 뉴 얼

(Environmental Manual)

KS I ISO 14001 : 2009/ISO 14001 : 2004

■ 관리본【관리 No : 1】

표준번호 : ABC-EM-100

ABC(주)
경기도 XX시 XX면 XX리 1234번지
TEL : (031) 123-1234~5
FAX : (031) 123-1236
Home Page : www.abc.co.kr

목 차

1. 회사소개

2. 환경방침/개정이력

3. 요구사항과 표준문서 Matrix

4. 환경경영시스템의 요구사항

4.1 일반요구사항

4.2 환경방침

4.3 기 획

4.4 실행 및 운영

4.5 점 검

4.6 경영검토

1. 회사소개(Introduction)

■ 연혁(History)

■ 생산제품(Products)

■ 제조공정(Process diagram)

■ 조직도(Organization chart) 및 비상시 Network

1-1. 적용범위

이 환경경영매뉴얼은 ABC(주)(이하 '당사'이라 한다)의 환경경영과 관련된 모든 활동, 제품 및 서비스에 대하여 적용한다.

1-2. 목 적

환경경영에 관한 임직원의 권리 및 책무와 당 사업장의 책임을 명확히 하고 환경경영의 기본이 되는 사항을 정함으로써 환경오염으로 인한 위해를 예방하고 환경관리를 지속적으로 개선하여 기업의 사회적 책임을 다함과 동시에 지구 환경보전에 기여함을 목적으로 한다.

1-3. 승 인

이 환경경영매뉴얼은 ISO I 14001 : 2009/ISO 14001 : 2004 규격을 근거로 작성하였다.

이 환경경영매뉴얼은 이해관계자의 욕구를 충족시킬 수 있는 환경을 보증하기 위하여 부문간 정해진 요건과 책임에 대한 기준을 설정하고 이를 실행하기 위함이다.

모든 조직과 구성원은 이 환경경영매뉴얼의 올바른 실행을 위해 이 환경경영매뉴얼을 쉽게 찾아볼 수 있어야 하며, 이 환경경영매뉴얼에 상세하게 명시되지 아니한 사항은 해당 환경경영시스템 문서에 따라 업무를 수행한다.

이 환경경영매뉴얼은 당사의 환경담당부서장이 작성하고, 총무이사가 검토하여 대표이사가 승인한다.

작성자 : ______________ 날 짜 :

환경담당(부서장)

검토자 : ______________ 날 짜 :

총 무 이 사

승인자 : ______________ 날 짜 :

대 표 이 사

2. 환경방침/개정이력

2-1 환경방침

ABC(주)는 대표이사의 경영이념에 따라 환경보전의 중요성과 환경경영의 필요성을 깊이 인식하고 생산적인 환경경영시스템을 수립, 운영함으로써 지구환경 시대에 기업의 사회적 역할을 다하기 위하여 노력한다.

당 사업장은 생산성에 기여하는 모범적인 환경경영으로 고객의 신뢰를 받는 회사가 되기 위하여 다음과 같은 세부방침을 정하고 이를 최고 경영자의 경영과 종업원의 업무지표로 삼는다.

1. 환경영향의 지속적 개선

제품과 서비스를 포함한 모든 사업활동과 관련된 환경측면을 정확히 파악하고 그 영향을 지속적으로 개선하기 위하여 노력한다.

2. 환경기술 개발

생산공정에서 환경보전과 종업원의 안전에 적합한 기술과 프로세스의 개발, 도입 및 적용을 적극 추진한다.

3. 법규 및 그 밖의 요건 준수

법규와 제절차서를 포함하여 환경보전을 위해 준수해야 할 그 밖의 요건들을 적극 수용하고 준수한다.

4. 오염방지 및 자원절약

폐기물을 포함한 모든 환경오염 물질의 배출을 경제적, 기술적으로 가능한 한 최소화하고 자원과 에너지를 절약하여 생산성 향상을 추구한다.

5. 환경품질의 보증

환경을 고려한 품질개선을 통하여 지구환경과 사회 및 고객을 위하여 당사가 생산한 제품의 환경품질을 보증할 수 있도록 노력한다.

201X. XX. XX
ABC(주)
대표이사

2-2 개정이력

개정번호	개정년월	개 정 내 용

3. 요구사항과 표준문서 Matrix

ISO 14001 : 2004		ABC(주)의 표준문서(매뉴얼/절차서)		ABC(주)의 표준문서(지침서)	
번호	요구사항	표준번호	표준명	표준번호	표준명
1	적용범위	ABC-EM-100	환경경영매뉴얼		
2	참조규격				
3	용어의 정의				
4	환경경영시스템요구사항				
4.1	일반요구사항				
4.2	환경방침	ABC-EM-100	환경경영매뉴얼		
4.3	기획				
4.3.1	환경측면	ABC-EP-100	환경영향평가		
4.3.2	법규 및 그 밖의 요구사항	ABC-EP-200	법규관리 및 준수평가		
4.3.3	목표, 세부목표 및 추진계획	ABC-EP-300	방침 및 목표관리		
4.4	실행 및 운영				
4.4.1	자원, 역할, 책임 및 권한	ABC-EM-100	환경경영매뉴얼		
4.4.2	적격성, 교육훈련 및 인식	ABC-EP-400	교육훈련		
4.4.3	의사소통	ABC-EP-500	의사소통관리절차서		
4.4.4	문서화				
4.4.5	문서관리	ABC-EP-600	문서관리		
4.4.6	운영관리	ABC-EP-700	운영관리	ABC-WI-100	수질관리
				ABC-WI-200	대기관리
				ABC-WI-300	폐기물관리
4.4.7	비상시 대비 및 대응	ABC-EP-800	비상시 대비 및 대응		
4.5	점검				
4.5.1	모니터링 및 측정	ABC-EP-900	모니터링 및 측정		
4.5.2	준수평가	ABC-EP-200	법규관리 및 준수평가		
4.5.3	부적합, 시정조치 및 예방조치	ABC-EP-1000	시정조치 및 예방조치		
4.5.4	기록관리	ABC-EP-1100	기록관리		
4.5.5	내부심사	ABC-EP-1200	내부심사		
4.6	경영검토	ABC-EP-300	방침 및 목표관리		

4. 환경경영시스템의 요구사항

4-1 일반요구사항

1. 일반요건

당사는 KS I ISO 14001 : 2009/ISO 14001 : 2004 규격에 따라 환경경영시스템을 수립한다.

기본적인 문서는 이 환경경영매뉴얼과 관련 문서(절차서류)들로 이루어져 있다.

2. 용어의 정의

환경경영시스템에서 일반적으로 사용하는 용어는 다음과 같다.

2.1 지속적 개선(Continual Improvement)

조직의 환경방침에 따라 전반적인 환경성과의 개선을 달성하기 위해 환경경영시스템을 강화하는 과정. 단, 이 과정이 모든 활동분야에서 동시에 이루어질 필요는 없다.

2.2 환경(Environment)

공기, 물, 토양, 천연자원, 식물군, 동물군, 인간 및 이들 요소간의 상호관계 등을 포함하여 당사업장이 활동하고 있는 주변여건으로 자연환경과 사업장 환경이 있다. 주변여건이란, 당사업장의 내부에서부터 지구 규모의 시스템에까지 확대된다.

2.3 환경측면(Environmental Aspects)

환경과 상호작용을 하는 조직의 활동, 제품 및 서비스 요소. 중요한 환경측면이란 중요한 환경영향을 미치거나 미칠 수 있는 측면을 말한다.

2.4 환경영향(Environmental Impact)

조직의 활동, 제품 및 서비스가 전체적 또는 부분적으로 환경에 좋은 영향을 미치거나 또는 나쁜 영향을 미칠 수 있는 환경변화를 말한다.

2.5 환경경영시스템(Environmental Management System)

환경방침을 개발, 실행, 달성, 검토 및 유지 관리를 위한 당 사업장의 조직구조, 계획활동, 책임, 관행, 절차, 공정 및 자원 등을 포함하는 전체 경영시스템의 일부분을 말한다.

2.6 환경경영시스템 심사(Environmental Management System Audit)

조직의 환경경영시스템이 조직에 의해 설정된 환경경영시스템 심사기준과 부합하는지를 결정하기 위해 증거를 객관적으로 획득하고 평가하며, 경영자에게 이러한 과정의 결과를 전달하기 위한 시스템적이고 문서화된 검증과정을 말한다.

2.7 환경목표(Environmental Objective)

환경방침에 근거하여 조직이 스스로 달성할 수 있도록 가능한 한 정량화하여 설정한 환경목표를 말한다.

2.8 환경성과(Environmental Performance)

조직의 환경방침, 목표, 세부목표를 기초로 한 조직의 환경측면 관리와 관련된 환경경영시스템의 측정 가능한 결과를 말한다.

2.9 환경방침(Environmental Policy)

조직의 환경목표와 세부목표의 설정 및 활동을 위한 틀을 제공하는 전반적인 환경성과와 관련된 조직의 의지 및 원칙을 기술한 성명을 말한다.

2.10 환경 세부목표(Environmental Targets)

환경목표에 따라 그것의 달성을 위해 설정하고 만족시킬 필요가 있는 가능한 한 정량화한 조직의 전체 또는 일부에 적용 가능한 세부적인 환경성과 요건

2.11 이해관계자(Interested Party)

조직의 환경성과에 의해 영향을 받거나 그 성과와 관련된 개인 또는 단체로서 정부기관, 지역사회 및 주민, 협력업체 등 관련 기업, 고객 등을 말한다.

2.12 조 직

법인이든 비법인이든, 공공기관이든 민간기관이든 자체적인 기능과 행정을 갖춘 회사, 법인체, 상사, 기업, 연구소, 또는 그러한 집단의 일부분이나 연합체를 말한다.

2.13 오염방지

오염을 막고 감소시키며 통제하는 공정, 관행, 자재 또는 제품의 사용. 여기에는 재생, 처리, 공정변경, 통제 시스템, 자원의 효율적 사용 및 자재 대체 등의 활동이 포함될 수 있다.

2.14 자연환경

환경 중 지표(해양을 포함한다) 및 지상의 모든 생물과 이들을 둘러싸고 있는 비생물적인 것을 포함한 자연의 상태. 일반적으로 지구환경이라고 한다.

2.15 비상사태(Emergency)

화재, 폭발, 풍수해, 중대한 사고 등 천재지변이나 인위적인 요인에 의하여 중대한 또는 예상치 못한 문제가 발생하여 특별한 조치가 필요한 상태를 말한다.

4-2 환경방침

1. 적용범위

이 장은 당사의 환경방침을 정하고 이행하는 등 환경방침의 관리에 대하여 적용한다.

2. 목 적

환경경영 기본이념, 원칙과 방향을 명문화한 환경방침을 수립, 유지, 이행 및 개선하는 절차를 구체화함으로써 환경경영시스템의 일관성을 유지하는 데 그 목적이 있다.

3. 책임과 권한

(1) 대표이사는 환경방침을 승인하고 이행정도 및 적합성 등을 검토하며 필요한 책임과 권한 및 자원을 제공한다.

(2) 환경담당(부서장)은 환경방침을 작성하고 환경방침 이행을 위한 환경경영을 총괄하며, 이에 관련된 환경정보를 수집, 분석하여 대표이사에게 보고한다.

(3) 전 임직원은 환경방침을 숙지, 이해하고 이의 준수를 위해 노력하여야 한다.

4. 환경방침의 수립

환경방침은 환경담당(부서장)이 작성하고 대표이사가 승인하며 작성시 다음과 같은 요건을 만족하도록 한다.

(1) 조직의 활동, 제품 및 서비스의 특성, 규모, 환경영향에의 적합할 것

(2) 지속적인 개선과 오염방지에 대한 의지를 포함할 것

(3) 조직과 관련된 환경 법규 및 절차서, 조직이 설정한 다른 요건을 준수하겠다는 의지를 포함할 것

(4) 환경목표 및 세부 목표를 설정하고 검토하기 위한 틀을 제공할 것

(5) 문서화되어 실행되고 유지되며 모든 종업원에게 전달될 것

(6) 필요시 일반대중이 열람 가능할 것

5. 환경방침 검토 및 개정

(1) 환경담당(부서장)은 환경방침의 적합성을 연 1회 이상 검토하고 필요시 개정한다.

(2) 환경방침의 개정시 절차는 제정시의 절차와 동일하며 승인일자를 기재한다.
(3) 환경방침의 효력발생은 별도로 시행일이 명시되어 있지 않는 한 승인권자의 승인일로부터 효력을 발생한다.

6. 환경방침의 이행

(1) 환경방침은 전 임직원 및 필요 이해관계자가 내용을 이해할 수 있도록 교육되고 준수되어야 한다.
(2) 환경목표 및 세부목표는 환경방침을 토대로 설정한다.
(3) 환경방침은 적절한 장소에 게시 및 보관하여 필요시 누구나 쉽게 볼 수 있도록 한다.

7. 기록 및 보관

환경방침은 본 매뉴얼에 명시하고 사내에 게시한다.

4.3 기 획

4.3.1 환경측면

1. 적용범위

이 절차서는 당사의 활동, 제품 및 서비스가 환경에 영향을 주거나 줄 수 있는 환경측면의 파악과 환경영향 평가, 중요한 환경측면의 등록 및 관리설자에 대하여 적용한다.

2. 목 적

당사의 활동, 제품 및 서비스로 인하여 환경에 영향을 미치는 모든 환경측면을 파악하고 환경영향을 평가하여, 중요한 환경측면에 대하여 환경목표 및 세부목표를 수립함으로써 그 영향을 지속적으로 개선하는 데 그 목적이 있다.

3. 업무처리 절차 및 방법

3.1 환경측면 파악의 주기

환경담당(부서장)은 매년 업무계획 수립시 환경측면 파악 계획을 수립한다. 이때 환경측면 파악의 주기는 2년으로 한다.

3.2 관리대상 환경측면의 선정

당사에서 관리대상 환경측면은 다음과 같다.

(1) 대기로의 배출
(2) 수계로의 배출
(3) 폐기물 관리
(4) 토양오염
(5) 지역사회에 미치는 영향
(6) 원자재 및 천연자원의 과도한 사용
(7) 에너지의 사용
(8) 용수의 사용
(9) 소음, 진동의 발생
(10) 기타

3.3 환경측면의 파악

(1) 환경담당(부서장)은 환경측면파악표에 따라 환경측면을 파악한다.

3.4 환경영향의 평가

(1) 환경담당(부서장)은 환경측면파악표에서 환경영향평가 대상으로 선정된 내용이 환경영향평가가 이루어지도록 한다.

3.5 환경측면 검토

환경담당부서에서는 중대성(법규, 안전, 환경, 자원, 기타), 발생가능성, 상태(정상, 비정상, 비상사태), 방출량, 방출기간, 법적 요구치, 직간접 영향 등을 고려하여 최종 검토 후 사업본부장의 승인 후 관련부서로 통보한다.

3.6 사후관리

환경측면 파악 및 환경영향 평가를 실시한 결과, 중대한 환경영향을 갖는 환경측면은 지속적 개선의 개념으로 관리되어야 하며, 정해진 평가주기에 따라 재평가 후 관리한다.

4. 관련절차서

ABC-EP-100 환경영향평가절차서

4.3.2 법규 및 그 밖의 요구사항

1. 적용범위

이 절차서는 당사의 활동, 제품 및 서비스에 직·간접적으로 적용 또는 영향을 미치는 환경관련 법규 및 그 밖의 요건의 준수와 입수, 검토, 등록, 배포 등 관리 업무에 대하여 규정한다.

2. 목 적

당사와 관련된 환경관련 법규 및 그 밖의 요건을 파악하고, 영향을 검토하여 적용여부를 결정하고 지속적으로 관리함으로써 이와 관련한 리스크(Risk)를 예방하고 효율적인 환경경영시스템을 유지, 개선하는 데 그 목적이 있다.

3. 업무처리절차 및 방법

3.1 법규관리담당자 선임

환경담당(부서장)은 법규 및 그 밖의 요건의 효율적인 관리를 위하여 법규관리 담당자를 선임하여야 한다.

3.2 환경관련 법규 및 그 밖의 요건의 파악, 입수, 검토

법규관리 담당자는 초기 환경성 검토 및 환경영향평가 또는 별도의 조사를 통하여 당사의 활동, 제품 및 서비스에 직·간접적으로 적용 또는 영향이 있거나 향후 영향이 있을 수 있는 환경법규 및 그 밖의 요건을 파악한다.

3.3 법규 및 그 밖의 요건의 등록

법규관리 담당자는 검토 결과 당사의 적용 또는 준수하여야 할 필요가 있다고 판단되는 환경법규 및 그 밖의 요건에 대해 환경 법규 등 등록부를 작성하고 필요시 관련부서와 협의를 거쳐 사업본부장에게 승인을 의뢰한다.

3.4 등록법규의 배포, 교육 및 관리

법규관리 담당자는 승인된 법규 등 등록부를 해낭부서에 배포하고, 각 부서는 이를 항상 최신의 것으로 유지하고 관리하며 준수하여야 한다.

3.5 변경법규 등의 파악

법규관리 담당자는 환경법규 및 그 밖의 요건의 제·개정 또는 사업장의 활동, 제품 및 서비스의 변경 등 그 적용조건이나 영향이 변화할 경우 이를 가능한 한 조속히 파악할 수 있도록 관련 이해관계자와의 의사소통 수단을 확보하여야 한다.

3.6 변경법규 등의 검토 및 보고

법규관리 담당자는 환경법규 및 그 밖의 요건의 변경 또는 적용조건의 변화에 대한 당사의 영향을 검토하고, 그 결과를 사업본부장에게 보고하고 필요시 관련부서에 통보하여야 한다.

3.7 환경·안전법규 및 그 밖의 요건의 준수 및 점검

모든 임직원은 등록된 환경법규 및 그 밖의 요건을 성실히 준수하여야 한다.

4. 관련절차서

ABC-EP-200 법규관리 및 준수평가절차서

4.3.3 목표, 세부목표 및 추진계획

1. 적용범위

이 절차서는 당사의 환경방침을 이행하고 환경경영성과를 지속적으로 개선하기 위해 달성하고자 하는 환경목표 및 세부목표, 환경경영 추진계획 등의 수립, 추진, 검토 및 개선에 대하여 적용한다.

2. 목 적

환경방침, 목표 및 세부목표의 수립과 그 달성을 위해 효율적인 이행방안 즉 각 목표 및 세부목표의 실행단계별 추진일정, 자원 및 책임을 명확히 하여 환경경영성과를 지속적으로 개선하는 데 그 목적이 있다.

3. 업무처리 절차 및 방법

3.1 계획의 수립

(1) 환경담당(부서장)은 각 부서별로 환경목표 및 세부목표를 수립하여 이를 달성하기 위한 환경 경영추진계획을 수립할 것을 요청하여 그에 따라 회사 전체의 환경경영추진계획을 수립한다.

(2) 환경경영추진계획에는 다음과 같은 내용이 포함되어야 한다.

① 환경목표 및 세부목표 달성을 위한 단계별 추진일정

② 책임자 및 담당자

③ 구체적인 달성방법 등

(3) 환경목표를 수립하고 검토할 때에는 관련법규 및 그 밖의 요건, 회사의 중요한 환경 측면, 회사의 기술적 대안, 회사의 재정, 생산 및 영업상의 요건과 이해관계자의 견해를 검토하여야 한다.

3.2 환경경영추진계획의 변경

추진계획의 수립 또는 시행시 환경기준, 환경목표, 세부목표, 환경경영 추진계획 등을 수정 또는 변경할 필요가 있을 경우 해당 부서장은 환경담당(부서장)에게 추진계획 변경을 요청할 수 있다.

3.3 환경경영추진계획의 점검 및 사후관리

(1) 각 부서장은 소속 부서의 환경경영추진 계획 대비 실적을 매 분기가 끝난 후 환경담당부서로 통보한다.

(2) 사업본부장은 추진계획의 달성을 위하여 각 부서를 지원하고 점검하며 분기별 추진실적을 검토하여 대표이사에게 보고한다.

4. 관련절차서

ABC-EP-300 방침 및 목표관리절차서

4.4 실행 및 운영

4.4.1 자원, 역할, 책임 및 권한

1. 목 적

당사의 환경경영에 관련된 모든 부서 및 임직원의 기본적인 책임과 권한 및 이들 상호관계를 명확히 하고 필요한 자원의 제공을 통하여 환경경영시스템을 효율적으로 운영하고 지속적으로 개선하는 데 그 목적이 있다.

2. 임직원의 권리와 의무

전임직원은 안전하고 쾌적한 환경에서 일할 수 있는 권리를 가지며 당 사업장의 환경경영에 참여, 맡은바 직무를 다하고 직장과 사회, 가정에서 환경보전을 위해 노력하여야 한다.

3. 환경위해에 대한 책임

(1) 당 사업장은 모든 활동, 제품 및 서비스에 수반하여 발생되는 환경오염으로 인하여 임직원 또는 제3자에게 피해를 준 사실과 책임이 명백할 경우에는 그 피해에 상응하는 보상을 하여야 한다.

(2) 환경위해에 대한 책임은 무과실 책임을 원칙으로 하며 보상의 정도 및 범위 등은 발생시 관련법규에 따른다.

(3) (1)항의 환경위해 발생시 그 원인이 임직원이나 이해관계자의 고의이거나, 착오 등의 과실이 명백할 경우 회사는 그 원인자에 대하여 책임을 물을 수 있다.

4. 책임과 권한

4.1 대표이사

당 사업장의 최고 경영자로서 다음과 같은 책임과 권한을 갖는다.

(1) 환경방침 및 환경경영매뉴얼의 승인
(2) 필요한 자원의 제공

4.2 사업본부장

사업본부장은 환경경영대리인으로 다음과 같은 책임과 권한을 갖는다.

(1) 환경방침 검토 및 환경경영매뉴얼의 작성
(2) 환경경영시스템 수립, 실행, 유지 및 개선
(3) 환경과 관련한 효율적인 의사소통 시스템 구축
(4) 환경경영시스템의 성과보고(내부환경심사, 환경점검, 경영검토 등)
(5) 환경경영추진계획의 수립 및 이행, 실적관리
(6) 환경경영 관련 사내표준 및 문서의 검토, 심의, 등록 및 배포
(7) 환경경영과 관련한 각 부서 지원, 점검 및 경영검토
(8) 중요 환경문제 발생 및 환경 부적합사항 발생시 원인 및 개선대책의 사후 관리
(9) 환경관련 교육/홍보 계획의 입안 및 실적관리
(10)환경관련 대내·외 기관의 의사소통시 대표창구 역할

4.3 환경담당 부서장

환경담당 부서장은 품질담당팀장으로 하며, 다음과 같은 책임과 권한을 갖는다.

(1) 환경관련 인·허가 등 대관청 업무
(2) 사업장 환경·안전관리 절차의 수립 및 관리
(3) 오염물질 위탁처리, 측정, 공사 등 계약관련 업무
(4) 사내 방지시설의 설치지원 및 유지보수 관리
(5) 건축물, 설비를 포함한 사업장 부지의 환경영향 평가 및 개선
(6) 오염물질, 폐기물, 에너지, 위험물 관리 절차 수립 및 이행
(7) 비상시 대비 및 대응
(8) 환경·안전교육의 지원 등 기타 사업장 환경관리 업무

4.5 전 부서장

(1) 환경방침의 이해, 준수 및 부서원에 대한 교육
(2) 환경관련 법규 및 그 밖의 요건의 파악, 준수 및 각 부서원에 대한 교육
(3) 부서별 환경측면의 파악 및 환경영향평가의 실시
(4) 부서별 환경측면의 관리와 환경영향의 지속적 개선

(5) 부서별 환경목표, 세부목표 및 추진 계획의 수립과 이행
(6) 승인, 배포된 환경경영관련 문서 및 환경기록의 관리
(7) 환경 부적합사항의 원인파악 및 개선대책 수립, 실시
(8) 기타 환경경영과 관련한 그룹 및 경영자 대리인의 지시, 협조사항 이행

5. 권한의 위임

각 부서장은 부여된 권한을 범위 내에서 해당 부서원에게 위임할 수 있으나 그 결과에 대한 모든 책임은 원칙적으로 직무를 위임한 각 부서의 부서장에게 있다.

6. 사업장 조직 및 환경/안전 조직

당사의 조직 및 회사의 현황은 이 매뉴얼에 별첨한다.

4.4.2 적격성, 교육훈련 및 인식

1. 적용범위

이 절차서는 당사의 임직원에게 환경방침을 포함한 환경관련 교육훈련, 인식 및 적격성 부여 등 환경관련 인적자원의 관리업무에 대하여 적용한다.

2. 목 적

환경경영시스템에 중요한 영향을 미치는 인원의 적정한 자격기준과 연계된 시스템적이고 효과적인 환경교육을 지속적으로 시행하여 환경의식을 고취하고 필요한 능력을 배양하여 사업장 환경경영시스템의 효율성과 성과를 지속적으로 향상시키는데 그 목적이 있다.

3. 업무처리절차 및 방법

3.1 환경교육의 필요성 파악

(1) 환경담당부서에서는 매년 환경교육 계획의 수립을 위하여 필요한 부서별 환경교육을 교육계획서에 의해 파악한다.
(2) 교육의 필요성 파악시 중요한 환경영향을 갖는 직무의 자격과 연계되도록 하여야 하며, 다음과 같은 사항이 인식되도록 한다.
① 환경방침 및 환경경영시스템 요건을 준수하는 일의 중요성
② 실제적이든 잠재적이든 자신들의 업무활동이 환경에 미치는 중요한 영향과

개선된 개인의 성과에 따른 환경적 이득

③ 환경방침 및 절차, 환경경영시스템 요건을 준수하기 위하여 필요한 역할과 책임. 여기에는 비상시 대비와 대응요건이 포함된다.

④ 절차서된 운영절차로부터 벗어남으로 인해 발생될 수 있는 잠재적인 결과

3.2 환경교육 과정의 개발

환경담당부서에서는 파악된 환경교육의 시급성, 효율성 및 경제성과 예산 및 업무일정 등을 검토하여 필수적인 교육과정을 선정하여 외부교육을 실시하거나 자체적으로 교육을 시킬 경우에는 교육과정을 개발한다.

3.3 환경교육 계획의 수립

환경담당부서에서는 매년 교육과정별 방법, 대상자, 교육일정, 예산 등을 검토하여 회사 전체의 환경교육 계획을 수립한다.

3.4 환경교육의 시행

환경담당부서에서는 확정된 교육계획을 관련부서에 통보하고 교육이 실시되도록 한다.

3.5 자격부여

환경업무와 밀접한 관계를 갖고 중대한 환경영향을 일으킬 수 있는 자격이 필요한 인원에게는 적격성을 부여한다.

4. 관련절차서

ABC-EP-400 교육훈련절차서

4.4.3 의사소통

1. 적용범위

이 절차서는 환경경영시스템 운영에 영향을 미치는 내부, 외부 이해관계자와의 정보 전달시스템 및 조직 내부 의사전달 절차에 대하여 적용한다.

2. 목 적

당사의 환경경영시스템과 관련한 사내·외 의사소통의 접수, 문서화, 대응방법 및 기록 유지 등 관리절차 등을 명확히 하여 환경경영이 효율적으로 운영되도록 하는 데 목적이 있다.

3. 업무처리 절차 및 방법

3.1 내부 의사소통

(1) 환경과 관련한 사내문서 의사소통의 기본단위는 부서 단위(팀)로 한다.

(2) 사내문서 의사소통의 방법은 사내표준, 지시, 협조, 보고, 통보, 제안, 게시 등의 방법이 있다.

3.2 외부 의사소통

(1) 중요한 환경과 관련한 사외문서 의사소통시 그 일관성의 확보를 위하여 창구는 환경담당(부서장)으로 하며 외부 의사소통 관리 대장에 기록 관리한다.

(2) 만일 외부 의사소통 중 구두로 접수되는 내용이 있을 경우에는 구두의사소통처리 내역에 기록하여 처리한다.

4. 관련절차서

ABC-EP-500　의사소통관리절차서

4.4.4 문서화

1. 적용범위

이 장은 당사의 환경경영시스템 문서화에 대하여 적용한다.

2. 목　적

당사의 환경경영시스템의 핵심적인 요소들과 그 상호관계 등 필요한 절차에 대한 문서화 방향 및 기준을 명확히 함으로써 환경경영시스템의 일관성, 방향성 및 범용성을 확보하는 데 그 목적이 있다.

3. 환경경영시스템의 문서시스템

3.1 사내문서

(1) 환경경영매뉴얼

환경방침과 환경경영시스템의 핵심요건별 목적, 적용범위, 책임과 권한 및 기본적인 절차를 기술하며, 당사의 환경경영시스템의 가장 기본이 되는 문서이다.

(2) 관리표준 및 기술표준

환경경영시스템과 관련된 세부적인 업무절차 및 기술적 사항 등을 절차서한 문서로 절차서 등의 관리표준과 규격, 표준, 지도서, 기준서를 총칭하는 기술표준이 있다.

(3) 기타 환경문서

법규등록부, 환경측면 등록부 및 도면, 데이터 등과 같이 환경경영시스템의 운영과 관련하여 문서화하고 관리하는 모든 것

3.2 사외문서

(1) 환경법규

환경과 관련한 국내 법규, 협약, 고시, 조례 등에 대하여 당사가 준수하기로 결정한 문서로서 당사의 모든 문서 및 관행에 우선한다.

(2) KS I ISO 14001 규격

환경경영시스템의 기초가 되는 KS I ISO 14001 규격도 문서화하여 관리한다.

4. 환경경영시스템 문서화 절차

(1) 당사의 문서화 기준은 KS I ISO 14001 규격을 기초로 한다.

(2) 문서화가 가능한 모든 환경경영 절차는 문서화하는 것을 원칙으로 하나 문서화가 곤란하거나 문서화하는 것이 비효율적일 경우 업무관행 등으로 대신할 수도 있다.

(3) 환경방침과 환경경영시스템의 기본적인 절차는 환경경영매뉴얼을 제정하여 명문화하고, 더욱 상세한 업무절차에 대하여 문서화가 필요할 경우 관련 사내표준을 제정하여 기술한다.

(4) 환경경영시스템과 관련되어 사용되는 사외 문서들도 그 필요성이 인정될 경우 문서로 등록 관리한다.

5. 기록 및 보관

환경경영시스템과 관련된 환경문서 및 기록은 해당 승인권자의 승인을 득하여 관련 절차서에 따라 환경문서 및 기록으로 유지, 관리하여야 한다.

4.4.5 문서관리

1. 적용범위

이 절차서는 당사에서 수행되는 문서관리절차 및 방법에 대하여 적용한다.

2. 목 적

이 절차서는 당사에서 수행되는 문서관리의 제반사항을 절차서함으로써 업무의 효과적인 기획, 운영 및 관리를 보장함을 목적으로 한다.

3. 업무처리절차 및 방법

3.1 문서번호 부여방법

사내 일반문서는 일반적으로 회사명의 약호에 일련번호를 붙여서 사용하며 문서에는 날짜를 기입하여야 한다.

3.2 문서의 승인

해당부서에서는 문서의 검토가 완료되면 표준신청/검토서와 함께 승인권자의 승인을 받는다.

3.3 문서의 사용

모든 문서는 업무에 관련되는 자가 읽기 쉽도록 유지되고 해당 문서가 사용되는 장소에서 최신판의 이용이 가능하여야 한다.

3.4 발행 및 배포

(1) 환경담당부서에서는 승인권자의 최종승인이 완료된 문서를 필요한 수량만큼 확보한 후 표준관리대장에 기록한 후 '관리본' 확인을 하여 배포한다. 이때 개정 경우에는 구본은 회수하여 폐기한다.

(2) 법규에 의하여 또는 지식보존 목적으로 구본을 보유하여야 할 경우에는 '구문서' 표시를 한 후 보유하도록 한다.

(3) 사내에서 사용되는 문서는 반드시 '관리본'으로 관리되어야 하며, 비관리본을 사용해서는 안 된다.

3.5 문서의 사용

모든 문서는 업무에 관련되는 자가 읽기 쉽도록 유지되고 해당 문서가 사용되는 장소에서 최신판의 이용이 가능하여야 한다.

3.6 문서의 보관

문서는 문서가 가지는 수명기간 동안 보관되어야 한다.

3.7 문서의 폐기

문서의 폐기는 개정요인이 발생되어 개정본이 등록되고 문서 제·개정 이력이 기록된 후 개정분의 배포와 동시에 회수하여 폐기한다.

4. 관련절차서

ABC-EP-600 문서관리절차서

4.4.6 운영관리

1. 적용범위

이장은 당사의 환경경영시스템의 운영관리절차 및 방법에 대하여 적용한다.

2. 목 적

식별된 중요한 환경측면을 포함하여 환경경영시스템과 관련한 활동과 운영 등을 파악하고 이러한 운영 및 활동이 절차서된 절차 및 조건하에서 적정하게 수행됨을 보증하는 데 그 목적이 있다.

3. 운영관리 절차

(1) 각 부서장은 해당 부서의 업무, 공정 중 중요한 환경측면과 관련한 기능, 활동을 파악하고 관련 절차를 수립한다.
(2) 각 부서장은 파악된 기능, 활동에서 장비의 운영에 이르기까지 관리절차, 범위, 한계 등의 관리기준을 정하고 필요한 사항에 대하여 문서화한다.
(3) 각 부서장은 승인, 배포된 관련 표준에 따라 각 담당자가 적정하게 업무를 수행하도록 한다.
(4) 각 부서장은 환경에 중대한 영향을 미치는 공정설비나 작업이 환경방침 및 환경목표의 달성에 적합하도록 감시, 조정 및 통제하여야 하며, 이상발생시 쉽게 발견되고 조치될 수 있도록 절차를 수립하고, 해당업무 담당자가 이를 숙지하여야 한다.
(5) 각 부서장은 업무 및 공정 등이 변경되었을 경우 새로운 절차의 수립, 문서화를 포함한 적절한 대응조치를 취하여야 한다.
(6) 각 부서장은 당 사업장 임직원뿐만 아니라 당 사업장 환경측면의 환경영향에 관련이 있는 이해관계자에게 당 사업장의 운영관리 절차를 적절한 방법을 통하여 전달하고, 그에 따라 운영될 수 있도록 보장하여야 한다.
(7) 환경 경영대리인은 환경방침과 목표 및 세부목표를 달성하기 위하여 관련 표준에 따라 각 운영관리 절차가 환경경영시스템에 적합하고 유효한지를 주기적으로 검토하여 대표이사에게 보고한다.

4. 기록 및 보관

환경운영관리에 관련되는 모든 기록은 관련 표준에서 정한 바에 따라 유지, 관리하여야 한다.

5. 관련절차서

(1) Abc-Ep-700 운영관리절차서
(2) ABC-WI-100 수질관리지침서
(3) ABC-WI-200 대기관리지침서
(4) ABC-WI-300 폐기물관리지침서

4.4.7 비상시 대비 및 대응

1. 적용범위

이 절차서는 당사의 각종 시설, 설비, 건축물 등에서 발생하는 화재, 폭발, 중대한 사고 또는 풍수해 등 비상상황 발생시 긴급사태 대응조치, 비상훈련 등 비상사태와 관련한 전반적인 업무절차에 대해 적용한다.

2. 목 적

비상사태를 사전에 예방하고 비상사태 발생시 대책기구를 신속히 운용하여 인명 및 재산의 피해를 최소화하는 등 비상사태에 적절하게 대응하는 데 목적이 있다.

3. 업무처리 절차 및 방법

3.1 비상대책본부 구성

환경담당(부서장)은 비상사태 발생시를 대비하여 비상대책본부 조직을 구성하고, 전부서의 임무 및 역할을 부여한다.

3.2 접수 및 보고

환경담당(부서장)은 접수된 비상사태를 비상대책본부장(사업본부장)에게 신속히 보고하고, 비상대책본부장의 지시에 따른다.

3.3 비상 처리, 복구 및 보고

3.3.1 비상 처리

지휘팀장은 비상사태 상황을 파악, 보고하며 비상대책본부의 지침에 따라 훈련 및 경계를 발동하며, 비상사태 지역에 인원이 신속히 대피할 수 있도록 한다.

3.3.2 비상 복구

복구팀장은 발생지역 주위의 청소, 정돈, 오염제거 및 피해 정도에 따라 비상복구가 가능하도록 조치한다.

3.4 사후관리

관련부서는 해당시 발생된 비상사태에 대한 원인분석, 검토를 실시하여 재발방지 대책을 수립, 보고하고 관련부서에 통보한다.

3.5 비상사태의 예방

환경담당(부서장)은 비상사태를 예방하기 위한 비상훈련계획을 수립하여 각 부서에 통보한다.

3.6 훈 련

환경담당(부서장)은 비상사태 발생시를 대비하여 훈련계획을 수립하고 모의훈련을 연 1회 이상 실시한다.

4. 관련절차서

ABC-EP-800 비상시 대비 및 대응절차서

4.5 점 검

4.5.1 모니터링 및 측정

1. 적용범위

이 절차서는 당사의 환경에 중요한 영향을 미칠 수 있는 운영과 활동의 주요 특성을 정기적으로 모니터링하고 측정하기 위한 업무의 처리절차 및 방법에 대하여 적용한다.

2. 목 적

환경방침, 환경목표 및 세부목표, 법규 및 그 밖의 요건, 그리고 사내표준의 준수와 운영관리 등 환경경영시스템의 적합성은 물론 유효성 및 효율성에 대한 주기적 모니터링 및 측정을 제도화하여 발생 가능한 환경 리스크를 사전에 예방하고 각종 문제점을 조기에 발견, 개선하는 데 그 목적이 있다.

3. 업무처리 절차 및 방법

3.1 환경점검

(1) 관련 부서장은 업무 및 운용, 관리중인 장비/시설/구조물/물질 등에 대한 환경점검을 실시한다.

(2) 환경점검은 임직원이 자율적으로 매일 편리한 시간에 육안검사 등 방법으로 실시하며, 특이사항이 없는 한 별도의 기록 및 보고를 하지 않아도 된다.

3.2 환경 월별점검

환경담당(부서장)은 매월 마지막 주 금요일(이때 시행이 어려울 경우 일자 조정)에 해당 월에 대한 환경점검을 실시하여 한다.

3.3 시정조치 및 사후관리

환경담당(부서장)은 사업장 환경점검 결과 발견, 보고된 부적합에 대해 환경 시정조치 및 예방조치 관리절차서에 따라 지속적으로 점검, 확인하여 부적합사항이 재발하지 않도록 예방조치하여야 한다.

3.4 모니터링 장비의 관리

모니터링 장비 중 교정대상 장비는 교정되고 관리되도록 한다.

3.5 환경법규 및 절차서의 준수

환경담당(부서장)은 월별 환경 점검시 환경법규 및 관련절차서를 준수하고 있는지 관련 점검항목에 따라 점검한다.

4. 관련절차서

ABC-EP-900 모니터링 및 측정 관리절차서

4.5.2 준수평가

1. 적용범위

이 절차서는 당사의 환경경영시스템관련 법규 및 기타 요구사항의 준수평가에 대하여 적용한다.

2. 목 적

2.1 준수에 대한 조직의 의지와 일관되게 조직은 적용되는 법적 요구사항의 준수를 주기적으로 평가하기 위한 절차를 수립, 실행 및 유지하여야 하며, 주기적 평가의 결과에 대한 기록을 유지하는 데 있다.

2.2 조직은 조직이 동의한 그 밖의 요구사항에 대한 준수여부를 평가해야 하며 4.5.2에서 언급한 법적 준수 여부에 대한 평가와 통합하거나 별도의 절차들을 수립하여 평가할 수도 있으며, 주기적 평가의 결과에 대한 기록을 유지해야 한다.

3. 용어의 정의

3.1 준수평가

조직의 활동, 제품 및 서비스에 적용되는 법규 요구사항 및 조직이 동의한 그 밖의 요구사항들을 잘 준수하고 있는지를 주기적으로 평가하는 것을 말한다. 조직은 이러한 준수평가를 주기적으로 수행하기 위한 절차를 마련하고, 그 절차에 따라 준수평가를 수행하여야 하며, 평가결과를 기록으로 남겨야 한다.

4. 업무처리 절차 및 방법

4.1 조직은 최고경영자가 환경방침에서 선언한 법규준수의 의지를 실현할 수 있도록 환경경영시스템을 수립, 운영 및 유지하여야 하며, 또한 법규준수가 잘 이루어지고 있는지 준수평가를 통해 평가해야 한다.

4.2 준수평가 방법은 심사수행, 문서 및 기록검토, 시설/장비 및 설비조사, 관련 업무 담당자와의 인터뷰, 프로젝트 및 업무 검토, 일상적인 샘플분석 테스트 결과 및 샘플링 테스트, 시설의 직접적인 시찰 또는 현장 관찰 등이 있다.

4.3 준수평가 시행주기는 조직의 규모나 특정에 맞추어 결정해야 하며, 이때 법규위반 기록이나 과징금 납부기록 등 과거의 준수성과 자료와 함께 특정법규에서 요구하는 준수평가 시행빈도 등이 중요한 판단근거가 될 수 있다.

4.4 준수평가는 내부심사, 품질검사 등의 다른 심사활동과 함께 시행할 수 있다.

5. 관련절차서

ABC-EP-900 법규관리 및 준수평가절차서

4.5.3 부적합, 시정조치 및 예방조치

1. 적용범위

이 절차서는 당사의 모든 활동, 제품 및 서비스와 관련된 환경 부적합의 모니터링, 시정조치 및 예방조치의 관리방법 및 절차에 대하여 적용한다.

2. 목 적

사업장의 모든 활동, 제품 및 서비스와 관련된 환경 부적합의 시정조치 및 예방조치와 재발방지를 통하여 환경 부적합으로 인한 환경 악영향을 예방 또는 최소화하는 데 목적이 있다.

3. 업무처리 절차 및 방법

3.1 환경 부적합의 발견

(1) 각 부서는 환경 부적합과 그로 인한 환경영향을 파악하고, 환경 부적합이 발생되지 않도록 노력하여야 한다.

(2) 각 부서는 환경 부적합에 대하여 신속한 시정조치가 이루어질 수 있도록 주기적 자체점검을 포함한 모니터링, 측정 및 의사소통 절차에 따라 발생된 환경 부적합을 가능한 즉시 발견할 수 있도록 노력하여야 한다.

(3) 환경 부적합을 발견하기 위한 기본적인 감시활동으로는 내부 환경심사와 모니터링 및 측정 업무절차서에서 정한 사업장 환경점검을 활용한다.

(4) 관련 부서에서는 상기 (3)항 이외의 업무수행중 발생된 기준의 초과, 비효율적인 관리방법 등 일상적적인 업무수행 및 의사소통 과정에서 환경 부적합이 발견되면 환경 부적합 발생보고서에 작성하여 환경담당부서로 조사를 의뢰한다.

(5) 환경담당부서에서는 환경 부적합 발생보고서를 접수한 후 환경 부적합 관리대장에 기록한 후 조사를 실시한다.

(6) 환경담당부서에서는 부적합의 원인 및 대책을 수립하여 관련부서로 시정조치 및 예방조치를 의뢰한다.

(7) 조사 완료된 환경 부적합 발생보고서에는 시정조치 및 예방조치에 대한 시작일, 완료일과 함께 책임자가 명시되어야 한다.

3.2 환경 부적합 시정조치

실제적 및 잠재적 부적합 사항의 원인을 제거하기 위한 시정조치 및 예방조치는 환경 부적합의 문제의 크기와 발생한 환경영향에 대응하는 적절한 수순이어야 한다.

4. 관련절차서

ABC-EP-1000 시정조치 및 예방조치관리절차서

4.5.4 기록관리

1. 적용범위

이 절차서는 당사 환경기록의 관리절차 및 방법에 대하여 적용한다.

2. 목 적

이 절차서는 당사의 환경기록이 환경경영시스템 요구사항에 적합하다는 증거와 환경경영시스템의 효과적인 운영에 대한 증거를 제공하기 위한 기록의 식별, 유지, 처분, 보관기간 등 기록을 효율적으로 관리하는 데 목적이 있다

3. 업무처리 절차 및 방법

3.1 기록의 파악

당사에서 관리되는 환경기록은 환경교육, 환경심사, 경영검토 및 환경 시스템 운영과정에서 발생된 기록들이다.

3.2 기록의 보존

(1) 보존 중에 있는 기록은 쉽게 검색할 수 있어야 한다.

(2) 법적으로 보존 연한의 의무가 있는 것은 그 보존 연한에 따르고, 그 외의 사내 기록은 중요도에 따라 영구보존, 10년, 7년, 5년, 3년, 1년 등의 기간으로 분류하여 그 기간 동안 보존한다.

(3) 각 환경기록에 대한 보존 연한은 해당 절차서의 보존 연한에 따른다.

(4) 기록을 보존할 때는 열화나 손상 및 분실을 방지하기 위해 문서박스 또는 파일보관 책장 등에 보존한다.

4. 관련절차서

ABC-EP-1100 기록관리절차서

4.5.5 내부심사

1. 적용범위

이 절차서는 당사의 환경경영활동을 평가하여 환경경영시스템 요구사항에 적합한지를 확인하고 시스템 개선을 위하여 실시하는 내부 환경심사의 실시방법 및 절차에 대하여 적용한다.

2. 목 적

내부 환경심사를 통하여 환경시스템이 절차에 따라 수행되고 있는지를 확인, 개선·조치함으로써 환경경영시스템의 지속적 개선을 추진하는 데 목적이 있다.

3. 업무처리 절차 및 방법

3.1 환경심사의 목적

(1) 환경경영시스템이 다음사항을 만족하는지 결정

① 이 규격(ISO 14001)의 요건을 포함하여 환경경영을 위해 수립된 계획과의 적합성

② 실행과 유지의 적절성

(2) 경영자에게 심사결과에 대한 정보 제공

3.2 내부 환경시스템 심사계획의 수립

(1) 내부 환경시스템 심사 주관 부서장은 매년 초 내부 환경시스템 심사 계획을 수립하여 대표이사의 승인을 받는다.

(2) 심사의 주기는 연 1회 이상으로 실시하는 것을 원칙으로 하고 특별한 사유가 발생한 경우 특별심사를 실시할 수 있다.

3.3 내부 환경심사원

3.3.1 자격기준

(1) 경력은 당사 근무경력 1년 이상인 자로 한다.

(2) 교육훈련은 사내 환경심사원 양성과정을 이수하였거나 이에 준하는 사외 교육을 이수한 자 중에서 임명권자의 임명을 받은 자로 한다.

3.3.2 심사원의 독립성

선임된 내부 환경심사원은 심사의 독립성이 보장되어야 한다.

3.4 내부 환경시스템 심사의 실시

심사원은 내부 환경시스템 심사 계획, 내부심사 체크리스트 및 전회 심사결과 등을 활용하여 심사를 실시한다.

3.5 내부심사 결과보고

(1) 심사원은 심사가 완료되면 부적합 보고서 등을 심사 주관부서에 제출한다.

(2) 내부심사 주관부서장은 심사가 완료되면 심사결과를 종합하여 내부환경시스템 심사 결과에 작성하여 대표이사의 승인을 득한다.

3.6 시정조치

피심사부서는 소속부서의 부적합 보고서에 따라 시정조치를 실시한다.

4. 관련절차서

ABC-EP-1200 내부 (환경)심사절차서

4.6 경영검토

1. 적용범위

이 절차서는 당사의 경영검토와 관련된 업무의 처리절차 및 방법에 대하여 적용한다.

2. 목적

회사의 환경경영시스템의 지속적인 적합성과 타당성 및 효과성을 보증하기 위하여 경영자가 환경경영시스템의 개발 및 실행 그리고 환경경영시스템을 지속적으로 개선하기 위한 의지를 제시하는 데 목적이 있다.

3. 업무처리절차 및 방법

3.1 경영검토의 주기

최고경영자는 품질경영시스템의 지속적인 적절성, 충족성 및 효과성을 보장하기 위하여 연 1회 이상 경영검토를 실시한다.

3.2 경영검토의 내용

경영검토의 내용은 다음과 같으며, 경영검토보고서에 의하여 보고한다.

① 환경방침, 환경목표, 환경경영시스템에 대한 개선기회의 평가, 변경결과
② 환경측면 파악, 환경영향평가 결과
③ 내부 환경시스템 심사결과
④ 외부 의사소통 결과
⑤ 환경성과 및 문제점
⑥ 시정조치 및 예방조치 실적
⑦ 전회의 경영검토에 대한 후속조치
⑧ 환경경영시스템에 영향을 줄 수 있는 변경
⑨ 개선을 위한 제안
⑩ 환경 부적합 처리 결과

3.3 경영검토 출력에는 다음과 같은 사항이 포함되도록 한다.

① 환경방침의 변경 필요 가능성
② 환경목표의 변경 필요 가능성
③ 환경경영시스템 요소의 변경 필요 가능성

4. 관련절차서

ABC-EP-300 방침 및 목표관리절차서

제3절 인증기관심사 대비 및 대응

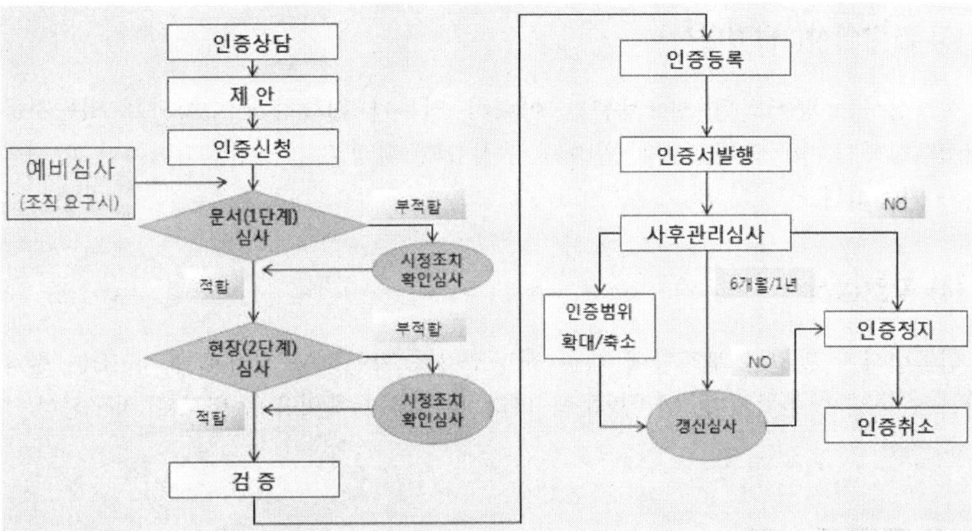

[그림 4-2] 인증심사 Process

1. 심사계획 통보

- 계약이 체결되면 인증기관은 심사반을 구성하여 신청업체에 통보한다.
- 이때 신청업체의 의견을 고려하여 심사반 구성에 반영할 수 있다.
- 심사반이 구성되면 신청업체에 통보한다.

2. 인증심사

(1) 예비심사

예비심사는 고객이 원할 경우 수행하며, 본 심사에 앞서 시스템의 적합성을 확인하는 심사로 심사 일수는 신청업체와 상호 협의하에 결정한다.

(2) 문서심사(1단계심사)

현장심사에 앞서 고객의 품질・환경・안전시스템 문서 등을 중심으로 규격과의 적합성을 심사하며, 현장 심사를 효과적으로 실시하기 위해 가급적 고객을 방문하여 심사하는 것을 원칙으로 한다.

(3) 현장심사(2단계심사)

현장심사는 문서화된 시스템뿐만 아니라 업무가 적합하게 수행되고 있는지를 기업현장에서 심사하며, 이때 발견된 부적합의 시정조치가 완료되어야만 인증심의가 가능하다.

(4) 확인심사

인증심사시 발견된 부적합에 대한 시정조치를 확인하는 심사로 문서 또는 현장방문을 통해 이루어지며, 현장방문에 따라 발생하는 제비용은 별도로 청구된다.

3. 인증등록 심의

심사에 따른 시정 조치가 모두 완료되면 심사가 적절하게 수행되었는지 심사과정 전체를 검증하고, 적합한 경우 심의위원회를 개최하여 인증 여부를 결정하게 된다.

4. 인증서 발행 및 등록

심의위원회에서 인증이 결정되면 고객에게 통보하고 인증서를 발급한다.

5. 사후관리 심사

1) 인증받은 업체가 인증을 유지하기 위해서는 6개월~1년을 주기로 사후관리 심사를 실시하며, 이를 통해 품질・환경・안전 경영 시스템을 지속적으로 개선할 수 있다.

2) 심사 주요 내용
- 내부심사, 경영검토 기록
- 품질 · 환경 · 안전 시스템 변경 사항
- 인증표시 사용의 적절성
- 전회심사 부적합 사항에 대한 후속 조치 내용 등

6. 갱신심사

인증은 3년을 주기로 갱신해야 하며, 최초 인증심사 절차에 준하여 인증심사가 진행된다.

7. 특별 사후관리 심사

1) 인증받은 업체에 다음과 같은 중요한 사유가 발생하면, 정기 사후관리 심사와는 별도로 특별 사후관리 심사가 시행된다.
2) 인증받은 업체에 다음과 같은 중요한 사유가 발생하면, 정기 사후관리 심사와는 별도로 특별 사후관리 심사가 시행된다.
- 품질 · 환경 · 안전 경영시스템이 인증 요건에 중대한 영향을 미칠 수 있는 변경이 있는 경우
- 고객으로부터 중요한 클레임이 발생하거나 인증요건을 더 이상 만족하고 있지 않은 경우

8. 심사일수 및 비용

- 조직의 규모, 종업원수, 제품의 특성을 고려하여 심사 Man Day를 결정한다.

제 5 장

사업장 환경오염 방지시설 실무

제1절 수질 및 수생태계 부문
제2절 대기오염 부문
제3절 폐기물관리 부문

제1절 수질 및 수생태계 부문

1. 수질오염물질 구분

(수질 및 수생태계보전에 관한 시행규칙 최신본 참조)

시행규칙 3조 관련 별표 2	시행규칙 4조 관련 별표 3
1. 구리와 그 화합물	1. 구리와 그 화합물
2. 납과 그 화합물	2. 납과 그 화합물
3. 니켈과 그 화합물	
4. 총 대장균군	
5. 망간과 그 화합물	
6. 바륨화합물	
7. 부유물질	
8. 브롬화합물	
9. 비소와 그 화합물	3. 비소와 그 화합물
10. 산과 알칼리류	
11. 색소	
12. 세제류	
13. 셀레늄과 그 화합물	13. 셀레늄과 그 화합물
14. 수은과 그 화합물	4. 수은과 그 화합물
15. 시안화합물	5. 시안화합물
16. 아연과 그 화합물	
17. 염소화합물	
18. 유기물질	
19. 유기용제류	
20. 유류(동·식물성을 포함한다)	6. 유기인 화합물
21. 인화합물	
22. 주석과 그 화합물	
23. 질소화합물	
24. 철과 그 화합물	
25. 카드뮴과 그 화합물	8. 카드뮴과 그 화합물
26. 크롬과 그 화합물	
27. 불소화합물	

시행규칙 3조 관련 별표 2	시행규칙 4조 관련 별표 3
28. 페놀류	11. 페놀류
29. 황과 그 화합물	
30. 유기인 화합물	
31. 6가크롬 화합물	7. 6가크롬 화합물
32. 테트라클로로에틸렌	9. 테트라클로로에틸렌
33. 트리클로로에틸렌	10. 트리클로로에틸렌
34. 폴리클로리네이티드바이페닐	12. 폴리클로리네이티드바이페닐
35. 벤젠	14. 벤젠
36. 사염화탄소	15. 사염화탄소
37. 디클로로메탄	16. 디클로로메탄
38. 1, 1-디클로로에틸렌	17. 1, 1-디클로로에틸렌
39. 1, 2-디클로로에탄	18. 1, 2-디클로로에탄
40. 클로로폼	19. 클로로폼
41. 생태독성물질(물벼룩에 대한 독성을 나타내는 물질만 해당한다)	

☞ 수질오염물질의 배출허용기준은 수질 및 수생태계보전에 관한 시행규칙 제34조와 관련된 [별표 13]을 참조한다.

☞ 행정처분기준은 수질 및 수생태계보전에 관한 시행규칙 제105조제1항과 관련된 [별표 22]를 참조한다

2. 사업장의 규모별 구분

(수질 및 수생태계보전에 관한 시행령 최신본 참조)

[별표 13]

사업장의 규모별 구분(시행령 제44조제2항 관련)

종 류	배출규모
제1종사업장	1일 폐수배출량이 2,000㎥ 이상인 사업장
제2종사업장	1일 폐수배출량이 700㎥ 이상, 2,000㎥ 미만인 사업장
제3종사업장	1일 폐수배출량이 200㎥ 이상, 700㎥ 미만인 사업장
제4종사업장	1일 폐수배출량이 50㎥ 이상, 200㎥ 미만인 사업장
제5종사업장	위 제1종부터 제4종까지의 사업장에 해당하지 아니하는 배출시설

비 고

1. 사업장의 규모별 구분은 1년 중 가장 많이 배출한 날을 기준으로 정한다.
2. 폐수배출량은 그 사업장의 용수사용량(수돗물・공업용수・지하수・하천수 및 해수 등 그 사업장에서 사용하는 모든 물을 포함한다)을 기준으로 다음 산식에 따라 산정한다. 다만, 생산공정에 사용되는 물이나 방지시설의 최종 방류구에 방류되기 전에 일정 관로를 통하여 생산공정에 재이용되는 물은 제외하되, 희석수, 생활용수, 간접냉각수, 사업장 내 청소용 물, 원료야적장 침출수 등을 방지시설에 유입하여 처리하는 물은 포함한다.

   폐수배출량=용수사용량-(생활용수량+간접냉각수량+보일러용수량+제품함유수량+공정 중 증발량+그 밖의 방류구로 배출되지 아니한다고 인정되는 물의 양)+공정 중 발생량
3. 최초 배출시설 설치 허가시의 폐수배출량은 사업계획에 따른 예상 용수사용량을 기준으로 산정한다.

3. 사업장별 환경기술인의 자격 기준 구분

(수질 및 수생태계보전에 관한 시행령 최신본 참조)

[별표 17]

사업장별 환경기술인의 자격기준(시행령 제59조제2항 관련)

구 분	환경기술인
제1종사업장	수질환경기사 1명 이상
제2종사업장	수질환경산업기사 1명 이상
제3종사업장	수질환경산업기사, 환경기능사 또는 3년 이상 수질분야 환경관련 업무에 직접 종사한 자 1명 이상
제4종사업장・제5종사업장	배출시설 설치허가를 받거나 배출시설 설치신고가 수리된 사업자 또는 배출시설 설치허가를 받거나 배출시설 설치신고가 수리된 사업자가 그 사업장의 배출시설 및 방지시설업무에 종사하는 피고용인 중에서 임명하는 자 1명 이상

비 고

1. 사업장의 규모별 구분은 별표 13에 따른다.
2. 특정수질유해물질이 포함된 수질오염물질을 배출하는 제4종 또는 제5종사업장은 제3종사업장에 해당하는 환경기술인을 두어야 한다. 다만, 특정수질유해물질이 포함된 1일 10㎥ 이하의 폐수를 배출하는 사업장의 경우에는 그러하지 아니하다.
3. 제1종 또는 제2종사업장 중 1개월간 실제 작업한 날만을 계산하여 1일 평균 17시간 이상 작업하는 경우 그 사업장은 환경기술인을 각각 2명 이상 두어야 한다. 이 경우 각각 1명을 제외한 나머지 인원은 제3종사업장에 해당하는 환경기술인으로 대체할 수 있다.

4. 공동방지시설의 경우에는 폐수배출량이 제4종 또는 제5종사업장의 규모에 해당하면 제3종사업장에 해당하는 환경기술인을 두어야 한다.
5. 법 제48조에 따른 폐수종말처리시설에 폐수를 유입시켜 처리하는 제1종 또는 제2종 사업장은 제3종사업장에 해당하는 환경기술인을, 제3종사업장은 제4종사업장・제5종사업장에 해당하는 환경기술인을 둘 수 있다.
6. 방지시설 설치면제 대상인 사업장과 배출시설에서 배출되는 수질오염물질 등을 공동방지시설에서 처리하게 하는 사업장은 제4종사업장・제5종사업장에 해당하는 환경기술인을 둘 수 있다.
7. 연간 90일 미만 조업하는 제1종부터 제3종까지의 사업장은 제4종사업장・제5종사업장에 해당하는 환경기술인을 선임할 수 있다.
8. '대기환경보전법' 제40조제1항에 따라 대기환경기술인으로 임명된 자가 수질환경기술인의 자격을 함께 갖춘 경우에는 수질환경기술인을 겸임할 수 있다.
9. 환경산업기사 이상의 자격이 있는 자를 임명하여야 하는 사업장에서 환경기술인을 바꾸어 임명하는 경우로서 자격이 있는 구직자를 찾기 어려운 경우 등 부득이한 사유가 있는 경우에는 잠정적으로 30일 이내의 범위에서는 제4종사업장・제5종사업장의 환경기술인 자격에 준하는 자를 그 자격을 갖춘 자로 보아 제59조제1항제2호에 따른 신고를 할 수 있다.

4. 폐수 배출시설

(수질 및 수생태계보전에 관한 시행규칙 별표 4 최신본 참조)

(1) 폐수배출시설의 적용기준

가. 폐수배출시설은 다음의 구분에 따른 시설로 한다.

1) 특정수질유해물질・중금속이 포함된 폐수를 배출하는 시설의 경우 : 1일 최대 폐수량이 0.01세제곱미터 이상인 시설. 다만, 출판・인쇄시설, 자동식 사진처리시설, X-Ray시설과 귀금속 장신구 및 관련 제품 제조시설은 모두 폐수배출시설로 하고, 제2호의 2) 금속광업시설과 82) 그 밖의 폐수배출시설은 시간당 최대 폐수량이 0.1세제곱미터 이상('수도법' 제7조에 따른 상수원보호구역이나 이에 인접한 지역으로서 환경부장관이 고시하는 지역에서는 1일 최대 폐수량이 0.2세제곱미터 이상)인 시설을 폐수배출시설로 한다.
2) 특정수질유해물질・중금속이 포함되지 아니하는 폐수를 배출하는 시설의 경우 : 1일 최대 폐수량이 0.1세제곱미터 이상인 시설. 다만, 제2호의 2) 금속광업시설 및 82) 그 밖의 폐수배출시설은 시간당 최대 폐수량이 1세제곱미터 이상('수도법' 제7조에 따른 상수원보호구역이나 이에 인접한 지역으로서 환

경부장관이 고시하는 지역에서는 1일 최대 폐수량이 2세제곱미터 이상)인 시설을 폐수배출시설로 하되, 다음의 경우에는 폐수배출시설에서 제외한다.

가) 1일 최대 폐수량이 20세제곱미터 이하로서 광유류(鑛油類)가 포함되지 아니한 폐수를 공공하수처리시설로 유입하는 경우

나) 1일 최대 폐수량이 20세제곱미터 이하로서 원폐수의 농도가 항상 그 시설에서 방류하는 하천의 환경기준('환경정책기본법' 제10조에 따른 환경기준을 말한다) 이내로 유지된다고 허가·신고기관이 인정하는 경우

다) 1일 최대 폐수량이 10세제곱미터 이하로서 원폐수 중 수질오염물질이 '하수도법 시행규칙' 별표 1에 따른 공공하수처리시설의 방류수 수질기준(이하 "공공하수처리시설의 방류수 수질기준"이라 한다) 항목의 수질오염물질만 배출되고, 그 수질오염물질의 농도가 항상 공공하수처리시설의 방류수 수질기준 이하에 해당하는 것으로 허가·신고기관에서 인정하는 경우

나. 가목에서 '1일 최대 폐수량'은 연중 폐수가 가장 많이 발생되는 날을 기준으로 사업장의 모든 시설에서 배출되는 폐수를 합산하여 산정하고, 위탁처리·재이용하거나 폐수배출공정 중의 방지시설에서 처리되는 폐수를 모두 포함하여 산정한다. 다만, 두부제조시설에서 발생되는 폐수를 하수종말처리시설로 유입시키는 경우에는 두부제품을 식히거나 담근 폐수를 1일 최대 폐수량에서 제외한다.

다. 가목 1)에서 '특정수질유해물질·중금속이 포함된 폐수를 배출하는 시설'이란 특정수질유해물질 또는 중금속이 포함된 원료(용수를 포함한다. 이하 같다), 부원료 또는 첨가물을 사용하는 시설로서 특정수질유해물질 또는 중금속이 '환경분야 시험·검사 등에 관한 법률' 제6조에 따른 환경오염공정시험기준에 따른 검출한계 이상의 폐수를 배출하는 시설을 말한다. 다만, 원료로 사용되거나 생산공정에서 사용되는 용수에만 특정수질유해물질 또는 중금속이 포함되어 있는 경우로서 그 용수에 포함되어 있는 특정수질유해물질 또는 중금속이 '먹는물 수질기준 및 검사 등에 관한 규칙' 별표 1에 따른 먹는물의 수질기준 중 수돗물의 수질기준 이하인 폐수배출시설은 가목에 따른 특정수질유해물질·중금속이 포함된 폐수를 배출하는 시설에서 제외한다.

(2) 폐수배출시설의 분류

폐수배출시설	표준산업 분류	포함 또는 제외시설
1) 석탄 광업시설	101	○채탄능력 8천 톤/월 미만의 시설은 제외한다.
2) 금속 광업시설(채광된 광물의 가공처리시설)	11	○103 우라늄 및 토륨광업시설을 포함한다.
3) 비금속 광물 광업시설	12	○달리 분류되지 아니하는 광업 및 채석업 시설을 포함한다. ○연료용 광물 광업시설과 121 토사석 광업(채취·가공)시설로서 폐수를 해당 채취지점 또는 가공시설의 외부로 유출하지 아니하는 시설은 제외한다.
4) 도축, 고기·수산물가공 및 저장·처리시설	1511 1512	○1511 각종 육지동물을 자영 또는 임가공 방식으로 도축하여 신선·냉장 또는 냉동상태의 고기를 생산하는 시설로서 가축·가금·조류·고래 및 수렵물 등의 도축시설을 포함한다. ○1512 수산물 가공·처리시설 중 해상에서 작업하는 시설과 별표 1에 따른 기타 수질오염원에 해당되는 시설을 제외한다.
5) 과실·채소 가공 및 저장·처리시설	1513	○단순 물세척만 하거나 수송·보관을 위하여 소금절임만 하는 시설은 제외한다.
6) 동·식물성 유지제조시설	1514	
7) 낙농제품 및 아이스크림 제조시설	1520	○조류의 알 세척시설은 제외한다.
8) 곡물 가공품 제조시설	1531	
9) 전분 및 당류 제조시설	1532	
10) 사료 제조시설	1533	
11) 설탕 제조시설	1542	
12) 조미료 및 식품첨가물 제조시설	1545	

폐수배출시설	표준산업 분류	포함 또는 제외시설
13) 기타 식품 제조시설	1541 1543 1544 1549	○두부 및 그 유사식품, 빵, 곡분과자, 국수 및 그 유사식품, 코코아 및 설탕과자제품, 커피·차류 및 조제 스프, 인삼제품, 건강식품, 달리 분류되지 아니하는 식료품제조시설을 포함한다. ○국수 및 유사식품제조시설 중 자체 조리판매용시설은 제외한다. ○1541 빵 및 곡분과자 제조시설 중 100제곱미터 미만의 제과점·방앗간은 제외한다.
14) 주정제조 및 주조시설	1551 1552 1553	○증류주·합성주, 발효주, 맥아 및 맥주 제조시설을 포함한다.
15) 비알콜성 음료 및 얼음 제조시설	1554	
16) 담배 제조시설	16	
17) 제사 및 방적시설	171 172 173	○직물직조 및 편조시설을 포함한다.
18) 섬유염색 및 가공시설	174	
19) 기타 섬유제품 제조시설	179	
20) 가죽·모피가공 및 제품제조시설	182 191 192	○18201, 19101 원모피·원피가공시설을 포함한다.
21) 신발 제조시설	193	
22) 목재 및 나무제품 제조시설	20	○202 가구제조시설, 코르크 제조시설을 포함한다.
23) 펄프·종이 및 종이제품 제조시설	21	
24) 출판·인쇄·사진처리 및 기록매체 복제시설	22 7491	○치과용 X-Ray, 수표촬영용 마이크로필름 처리시설 및 별표 1에 따른 기타 수질오염원에 해당하는 시설은 제외한다.
25) 코크스 및 관련제품 제조시설	231	

폐수배출시설	표준산업 분류	포함 또는 제외시설
26) 석유정제품 제조시설	232	○석유저장, 석유증류(상압·감압), 석유전화(분해·개질) 석유정제, 윤활유 및 그리스제조, 달리 분류되지 아니하는 석유정제 및 석유정제 부산물 재처리시설을 포함한다. ○석유저장시설은 석유정제·저유소로 한정한다. ○가스회수·탈염·탈황·탈납·스트리핑·스테빌라이즈·개질·접촉분해·수첨분해·이성화·알킬화·중합시설을 포함한다.
27) 석유화학계 기초화합물 제조시설	24111	○에틸렌 및 프로필렌계, 부틸렌계, 부타디엔계, 사이크로펜타디엔계, 이소프렌계, 방향족탄화수소계, 사이크로헥산계, 아세틸렌계, 달리 분류되지 아니하는 석유화학계, 기초화학물질 제조시설을 포함한다.
28) 석탄화합물 제조시설	24112	
29) 천연수지 및 나무화합물 제조시설	24113	
30) 기타 기초유기화합물 제조시설	24119	
31) 기초무기화합물 제조시설	2412	○황산, 질산, 염산, 소다회, 가성소다 및 알칼리, 암모니아 합성 및 유도제품, 무기안료, 금속의 산화물, 수산화물 및 염, 화학원소 단체물질, 인산, 비금속의 산화물, 황화물, 할로겐화합물, 달리 분류되지 아니하는 기초무기화학물질 제조시설을 포함한다.
32) 산업용가스 제조시설	24121	○4020 가스 제조시설을 포함한다.
33) 합성염료유연제 및 기타 착색제 제조시설	24132	○식물성 염료엑기스 제조시설을 포함한다.
34) 비료 및 질소화합물 제조시설	2414	
35) 합성고무 제조시설	24151	○재생섬유소 및 그 유도체 제조시설을 포함한다.
36) 합성수지 및 기타 플라스틱물질 제조시설	24152 24153	○재생섬유소 및 그 유도체 제조시설을 포함한다.

폐수배출시설	표준산업분류	포함 또는 제외시설
37) 의약품 제조시설	242	○의료용 화합물 및 생약제제 제조시설을 포함한다
38) 살충제 및 기타 농약 제조시설	2431	
39) 도료·인쇄잉크 및 유사제품 제조시설	2432	
40) 계면활성제·치약·비누 및 기타 세제 제조시설	24331 24332	
41) 화장품 제조시설	24333	
42) 표면광택제 및 실내가향제 제조시설	24334	○왁스 제조시설을 포함한다.
43) 비감광성 기록용 매체, 사진용 화학제품 및 감광재료 제조시설	24341 24342	○32195 전자카드 제조시설을 포함한다.
44) 가공염 및 정제염 제조시설	24391	
45) 방향유 및 관련제품 제조시설	24392	
46) 접착제 및 젤라틴 제조시설	24393	
47) 화약 및 불꽃제품 제조시설	24394	
48) 기타 분류되지 아니한 화학제품 제조시설	24399	
49) 화학섬유 제조시설	244	
50) 고무 및 플라스틱제품 제조시설	25	
51) 유리 및 유리제품 제조시설	261	
52) 도자기 및 기타 요업제품 제조시설	262	
53) 시멘트·석회·플라스터 및 그 제품 제조시설	263	○ 레미콘차량은 관련 시설로 포함한다. ○ 수증기 양생공정만 있는 경우는 제외한다.

폐수배출시설	표준산업분류	포함 또는 제외시설
54) 기타 비금속 광물제품 제조시설	269	○석제품, 달리 분류되지 아니하는 비금속 광물 제조시설을 포함한다.
55) 제1차 철강산업시설	271	○제철, 제강, 열간압연, 냉간압연, 압출 및 인발제품, 철강선, 강관, 철강압연, 주철강관, 연신 및 제관시설을 포함한다.
56) 합금철 제조시설	27112	
57) 비철금속 제련, 정련 및 합금 제조시설	2721	○구리·알루미늄·납·아연과 달리 분류되지 아니하는 비철금속 제련 및 정련시설을 포함한다.
58) 동 압연·압출 및 연신제품 제조시설	27221	
59) 알루미늄 압연·압출 및 연신제품 제조시설	27222	
60) 기타 비철금속 압연, 압출 및 연신제품 제조시설	27229	
61) 기타 제1차 비철금속 산업시설	2729	
62) 금속주조시설	273	
63) 조립금속제품 제조시설(달리 분류되지 아니하는 표준산업분류 28부터 35까지의 제조시설)	28	○주된 공정의 일부로서 공통시설의 도금시설에 포함되지 아니하는 경우를 포함한다.
64) 절연선 및 케이블 제조시설	313	
65) 축전지 및 1차 전지 제조시설	314	
66) 전구 및 조명장치 제조시설	315	
67) 반도체 및 기타 전자부품 제조시설	321	○32195 전자카드 제조시설은 제외한다.
68) 방송수신기 및 기타 영상·음향기기 제조시설	323	

폐수배출시설	표준산업 분류	포함 또는 제외시설
69) 기타 제품 제조시설	36	○가구, 악기, 운동 및 경기용구, 귀금속(별표 1 제6호에 해당하는 금은 판매점의 세공시설은 제외한다)·장신구 및 관련 제품, 달리 분류되지 아니하는 장난감, 장식품 및 일용품 제조시설을 포함한다.
70) 발전시설	4011	○화력발전시설로 한정한다. ○10만 킬로와트/시간 미만의 시설을 제외한다.
71) 수도사업시설	410	○역세(逆洗)를 하지 아니하고 물리적으로만 처리하는 수도사업시설은 제외한다. ○정수능력 1천 세제곱미터/일 미만의 시설은 제외한다.
72) 먹는샘물 제조시설	410	○세병 및 세척시설이 없는 먹는샘물 제조시설은 제외한다. ○취수능력 10세제곱미터/일 미만의 시설은 제외한다.
73) 수산물 판매장(면적 700제곱미터 이상)	51313 52213	○건어물·젓갈류를 판매하는 곳이 별도로 구획된 경우 또는 활어를 판매하는 시설, 수산물 소매시설로서 발생되는 폐수를 「하수도법」 제2조제13호에 따른 개인하수처리시설로 유입하는 경우에는 제외한다.
74) 병원시설(병상의 수가 「의료법」에 따른 종합병원 규모 이상인 시설)	8511	○수술실·처치실 및 병리실이 없는 병원과 한약을 끓이는 시설이 없는 한방병원은 제외한다.
75) 폐수처리업의 폐수저장시설 및 폐기물처리업의 폐수발생시설	9021 9022	○폐기물처리업의 폐수발생시설의 경우에는 당해 폐기물처리시설로 유입처리하는 경우는 제외한다.
76) 세탁시설(용적 2세제곱미터 이상 또는 용수 시간당 1세제곱미터 이상)	9391	○당해 사업장에서 발생하는 세탁물을 처리하기 위하여 사업장 안에 설치한 시설로서 특정수질유해물질이 함유되지 아니한 폐수를 오수처리시설로 유입시키는 시설은 제외한다.

폐수배출시설	표준산업분류	포함 또는 제외시설
77) 산업시설의 폐가스·분진, 세정·응축시설(분무량 또는 응축량이 시간당 0.01세제곱미터 이상)	공통시설	○「하수도법」 제2조제9호, 제10호 및 제13호에 따른 공공하수처리시설, 분뇨처리시설 및 개인하수처리시설과 「가축분뇨의 관리 및 이용에 관한 법률」 제2조제8호에 따른 처리시설, 폐수종말처리시설, 폐기물처리업소의 시설로서 세정·응축수를 당해 처리시설로 유입처리하는 경우는 제외한다.
78) 산업시설의 정수시설(정수능력이 1일 당 100세제곱미터 이상)	공통시설	○역세를 하지 아니하고 물리적으로만 처리하는 시설은 제외한다. ○수영장의 정수시설은 제외한다.
79) 이화학 시험시설(면적이 100제곱미터 이상)	공통시설	○「하수도법」 제2조제9호, 제10호 및 제13호에 따른 공공하수처리시설, 분뇨처리시설 및 개인하수처리시설과 「가축분뇨의 관리 및 이용에 관한 법률」 제2조제8호에 따른 처리시설, 폐수종말처리시설, 폐기물처리업소의 시설로서 실험폐수를 당해 처리시설로 유입처리하는 경우와 초등학교·중학교의 실험실은 제외한다. ○실험생산시설을 포함한다.
80) 도금시설	공통시설	○주공정이 도금공정인 시설을 말하며 다른 공정의 일부로서 28에 해당하는 경우는 제외한다.
81) 운수장비 수선 및 세차 또는 세척시설	공통시설	○자동차·건설기계·열차·항공기 등 운송장비를 수선·세차 또는 세척하는 시설을 포함한다. ○별표 1의 기타 수질오염원과 「하수도법」 제2조제9호, 제10호 및 제13호에 따른 공공하수처리시설, 분뇨처리시설 및 개인하수처리시설과 「가축분뇨의 관리 및 이용에 관한 법률」 제2조제8호에 따른 처리시설, 폐수종말처리시설 및 폐기물처리업소에서 분뇨 및 폐기물 등을 운반하는 차량의 세척 과정 중 배출되는 폐수를 당해 처리시설에 유입·처리하는 경우는 제외한다. ○건설현장에 한시적으로 설치되는 세륜(洗輪)시설은 제외한다.
82) 제1호부터 제81호까지의 분류에 속하지 아니하는 시설	공통시설	○임가공시설과 37 재생용 가공원료 생산시설은 원생산 제품제조시설 분류와 같이 분류하되 별표 1의 기타 수질오염원에 해당되는 경우는 제외한다.

비 고: 포함 또는 제외시설란의 숫자는 특별한 설명이 없는 경우 표준산업분류에 따른 분류번호를 말한다.

5. 수질오염 방지시설

(수질 및 수생태계보전에 관한 시행규칙 7조관련 별표 5 최신본 참조)

물리적 처리시설	화학적 처리시설	생물화학적 처리시설
가. 스크린 나. 분쇄기 다. 침사(沈砂)시설 라. 유수분리시설 마. 유량조정시설(집수조) 바. 혼합시설 사. 응집시설 아. 침전시설 자. 부상시설 차. 여과시설 카. 탈수시설 타. 건조시설 파. 증류시설 하. 농축시설	가. 화학적 침강시설 나. 중화시설 다. 흡착시설 라. 살균시설 마. 이온교환시설 바. 소각시설 사. 산화시설 아. 환원시설 자. 침전물 개량시설	가. 살수여과상 나. 폭기(瀑氣)시설 다. 산화시설(산화조(酸化槽) 또는 산화지(酸化池)를 말한다) 라. 혐기성·호기성 소화시설 마. 접촉조 바. 안정조 사. 돈사톱밥발효시설
4. 제1호부터 제3호까지의 시설과 같거나 그 이상의 방지효율을 가진 시설로서 환경부장관이 인정하는 시설 5. 별표 6에 따른 비점오염저감시설		
비 고 : 제1호 다목부터 마목까지의 시설은 해당 시설에 유입되는 수질오염물질을 더 이상 처리하지 아니하고 직접 최종방류구에 유입시키거나 최종방류구를 거치지 아니하고 배출하는 경우에는 이를 수질오염방지시설로 보지 아니한다. 다만, 그 시설이 최종처리시설인 경우에는 수질오염방지시설로 본다.		

6. 폐수처리 계통도(사례)

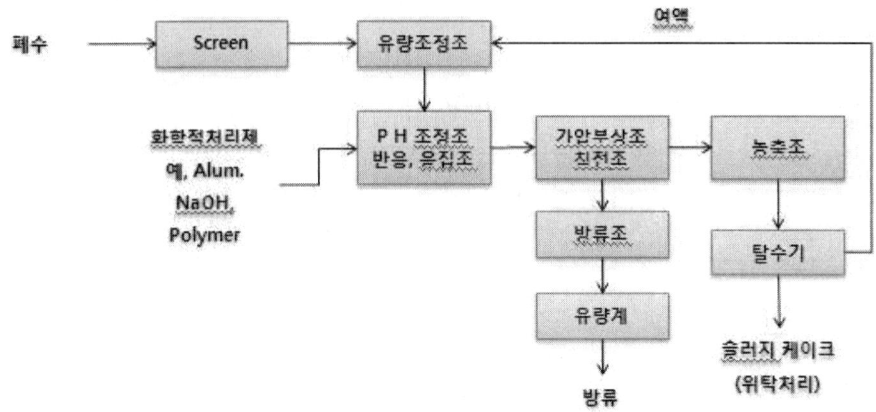

[그림 5-1] 폐수처리 계통도(사례)

7. 수질오염 측정기기 부착 대상 및 종류

(수질 및 수생태계보전에 관한 시행령 35조 1항 관련 별표 7 최신본 참조)

<table>
<tr><th colspan="2">측정기기의 종류</th><th>부착 대상</th></tr>
<tr><td rowspan="5">1. 수질자동 측정기기</td><td>수소이온농도(pH)</td><td rowspan="7">가. 법 제35조제4항에 따른 공동방지시설 설치·운영사업장으로서 1일 처리용량이 200세제곱미터 이상인 사업장과 별표 13에 따른 제1종부터 제3종까지의 사업장
나. 법 제48조제1항에 따른 폐수종말처리시설로서 연간 1일 평균방류량(전년도 폐수방류량 기준)이 700세제곱미터 이상인 시설
다. 「하수도법」 제2조제9호에 따른 공공하수처리시설로서 처리용량(시설용량)이 1일 2천세제곱미터 이상인 시설</td></tr>
<tr><td>생물화학적 산소요구량(BOD) 또는 화학적 산소요구량(COD)</td></tr>
<tr><td>부유물질량(SS)</td></tr>
<tr><td>총 질소(T-N)</td></tr>
<tr><td>총 인(T-P)</td></tr>
<tr><td rowspan="2">2. 부대 시설</td><td>자동시료채취기</td></tr>
<tr><td>자료수집기(Data Logger)</td></tr>
<tr><td colspan="2">3. 적산전력계</td><td rowspan="2">법 제35조제4항에 따른 공동방지시설 설치·운영 사업장과 영 별표 13에 따른 제1종~제5종까지 사업장</td></tr>
<tr><td rowspan="2">4. 적산 유량계</td><td>용수적산유량계</td></tr>
<tr><td>하수·폐수적산유량계</td><td>가. 법 제35조제4항에 따른 공동방지시설 설치·운영사업장, 별표 13에 따른 제1종부터 제4종까지의 사업장과 제5종 사업장 중 특정수질유해물질 폐수배출량이 1일 30세제곱미터 이상인 사업장 및 법 제62조에 따른 폐수처리업으로 등록한 사업장
나. 법 제48조제1항에 따른 폐수종말처리시설
다. 제1호에 따른 수질자동측정기기 부착 대상 공공하수처리시설</td></tr>
</table>

비 고

1. 다음 각 목의 어느 하나에 해당하는 시설에는 수질자동측정기기 및 부대시설을 모두 부착하지 아니할 수 있다.

가. 폐수가 최종 방류구를 거치기 전에 일정한 관로를 통하여 생산공정에 폐수를 순환시키거나 재이용하는 등의 경우로서 최대 폐수배출량이 1일 200m^3 미만인 사업장 또는 공동방지시설

나. 사업장에서 배출되는 폐수를 법 제35조제4항에 따른 공동방지시설에 모두 유입시키는 사업장

다. 법 제48조제1항에 따른 폐수종말처리시설 또는 「하수도법」 제2조제9호에 따른 공공하수처리시설에 폐수를 모두 유입시키거나 대부분의 폐수를 유입시키고 1일 200세제곱미터 미만의 폐수를 공공수역에 직접 방류하는 사업장 또는 공동방지시설(기본계획의 승인을 받거나 공공하수도 설치인가를 받은 폐수종말처리시설이나 공공하수처리시설에 배수설비를 연결하여 처리할 예정인 시설을 포함한다)

라. 제33조에 따른 방지시설설치의 면제기준에 해당되는 사업장

마. 배출시설의 폐쇄가 확정 · 승인 · 통보된 시설 또는 시 · 도지사가 1년 이내에 폐쇄할 배출시설로 인정한 시설

바. 연간 조업일수가 90일 미만인 사업장

사. 사업장에서 배출하는 폐수를 회분식(Batch type, 2개 이상 회분식 처리시설을 설치 · 운영하는 경우에는 제외한다)으로 처리하는 수질오염방지시설을 설치 · 운영하고 있는 사업장

아. 그 밖에 자동측정기기에 의한 배출량 등의 측정이 어려워 부착을 면제할 필요가 있다고 환경부장관이 인정하는 시설

2. 원폐수에서 생물화학적 산소요구량, 화학적 산소요구량, 부유물질량, 총 질소, 총 인의 수질오염물질이 배출되지 아니하거나 원폐수의 농도가 항상 폐수종말처리시설의 방류수수질기준 이하로 배출되는 경우에는 해당 수질오염물질의 수질자동측정기기를 부착하지 아니할 수 있다.

3. 비고 2에 따라 생물화학적 산소요구량, 화학적 산소요구량, 부유물질량, 총 질소, 총 인 항목의 수질자동측정기기를 모두 부착하지 아니하는 경우에는 부대시설을 설치하지 아니할 수 있다.

4. 비고 1부터 비고 3까지의 규정에 따라 수질자동측정기기 또는 부대시설의 부착면제를 받은 사업장이나 공동방지시설이 면제 대상에 해당되지 아니하게 된 경우에는 그 사유가 발생한 날부터 9개월 이내에 해당 수질자동측정기기 또는 부대시설을 부착하여야 한다.

5. 시 · 도지사 등은 수질자동측정기기 부착 대상 사업장에 대하여 배출시설 설치허가 신청서, 신고서, 이 영 시행 전 1년 동안의 오염도 검사기관 측정결과와 기본부과금 확정 배출량 자료를 확인하여 생물화학적 산소요구량과 화학적 산소요구량 중 배출허용기준 또는 방류수수질기준에 대한 배출농도의 비율이 높은 항목의 수질자동측정기기를 부착하게 하여야 한다. 다만, 다음 각 목의 어느 하나에 해당하는 경우에는 화학적 산소요구량 항목의 측정기기를 부착하게 할 수 있다.

가. 이 영 시행 전에 화학적 산소요구량 항목의 측정기기를 설치 · 운영 중인 경우

나. 염소 소독 공정으로 인한 잔류 염소, 염분, 중금속 또는 시안 등 독성물질이나 방해물질로 식종미생물이 없어질 우려가 있거나 사업자등이 생물화학적 산소요구량을 정상적으로 측정하기 어렵다고 판단하여 제출한 자료가 타당성이 있다고 시·도지사등이 인정한 경우

다. 방지시설을 간헐적으로 운전하여 1일 1회 이상 또는 주 3회 이상 처리수를 연속 3시간 이상 방류하지 못하여 측정기기를 정상적으로 운영하기 어려운 경우

라. 배출되는 생물화학적 산소요구량의 농도가 일 평균값의 3배 이상 변화되어 측정기기를 정상적으로 운영하기 어려운 경우

마. 그 밖에 처리공정의 특성이나 하수·폐수의 성질과 상태에 따라 생물화학적산소 요구량을 정상적으로 측정하기 어렵다고 환경부장관이 인정한 경우

6. 다음 각 목의 구분에 따라 적산전력계 및 적산유량계를 부착하지 아니할 수 있다.

가. 폐수를 최종 방류구를 거치기 전에 일정한 관로를 통하여 생산공정에 전량 순환하거나 재이용하여 실질적으로 폐수가 배출되지 아니하는 경우 : 하수·폐수 적산유량계의 부착 면제

나. 제33조에 따른 방지시설 설치의 면제기준에 해당되는 사업장인 경우 : 적산전력계 및 하수·폐수 적산유량계 부착 면제. 다만, 제33조제1호에 해당하는 경우(폐수종말처리시설이나 공공하수처리시설에 폐수를 유입하는 사업장은 제외한다)로서 1종부터 4종까지의 사업장인 경우에는 하수·폐수 적산유량계를 설치하여야 한다.

7. 측정기기 부착 유예

가. 이 영 시행 이후 폐수배출량이 증가하여 4종 또는 5종 사업장이 3종 사업장으로 변경되는 경우에는 2010년 10월 1일 이후 법 제32조에 따른 배출허용기준 초과 통보를 받은 날부터 9개월 이내에 측정기기를 부착하여야 한다.

나. 3종사업장이나 시설용량이 일일 200세제곱미터 이상 700m^3 미만인 공동방지시설로서 이 영 시행 당시 폐수배출시설을 설치·운영 중인 사업장은 2010년 10월 1일 이후 법 제32조에 따른 배출허용기준을 초과하여 배출할 때까지, 이 영 시행 이후 설치하는 경우에는 2008년 10월 1일 이후 법 제32조에 따른 배출허용기준을 초과하여 배출할 때까지 측정기기의 부착을 유예한다. 이 경우 배출허용기준 초과 통보를 받은 날부터 9개월 이내에 측정기기를 부착하여 한다.

다. 폐수배출시설의 이전계획이 확정·승인 또는 통보된 시설 또는 시·도지사가 1년 이내에 배출시설을 이전할 시설로 인정한 시설은 이전설치가 끝날 때까지 측정기기의 부착을 유예한다.

라. 가목부터 다목까지 외에 측정기기의 부착 유예가 필요하다고 환경부장관이 인정하는 경우에는 측정기기의 부착시기를 유예할 수 있다.

8. 환경부장관은 측정기기 부착 대상이 아닌 사업장 등에서 측정기기를 부착하고, 시·도지사나 유역(지방)환경청에 부착완료 신고를 한 경우에는 측정기기를 수질원격감시체계 관제센터에 연결하여 운영할 수 있다. 이 경우 측정기기를 부착한 사업장등은 법 제38조의2 및 이 영 제35조제1항에 따른 측정기기 부착 대상 사업장 등으로 본다.

8. 수질오염방지시설 운영일지

(수질 및 수생태계보전에 관한 시행규칙 별지 18호서식 참조)

폐수배출시설 및 수질오염방지시설 운영일지

결재	환경기술인	부서장	공장장	대표자

년 월 일 요일 날씨 : 온도 :

1. 폐수배출시설 가동(조업)시간대

구분 \ 시간대	1	2	3	4	5	6	7	8	9	10	11	12	13	14	15	16	17	18	19	20	21	22	23	24

2. 수질오염방지시설 가동시간대(처리방법 :)

구분 \ 시간대	1	2	3	4	5	6	7	8	9	10	11	12	13	14	15	16	17	18	19	20	21	22	23	24
시간대별 근무자 직·성명	※ 시간대 표시는 검은색																							

3. 용수 공급원별 사용량과 폐수배출량

구분 \ 항목		전일지침 (m^3)	금일지침 (m^3)	사용량 (m^3/일)	검침 시간대	구분 \ 항목	전일 지침 (m^3)	금일 지침 (m^3)	배출량 및 사용량 (m^3/일)
계						폐수발생량			
상수도	1호					폐수배출량			
	2호								
공업용수	1호					냉각수량			
	2호								
지하수	1호					소모 (증발량)			
	2호								
하천수	1호					재사용량			
	2호								
해수등 기타	1호					생활용수량			
	2호								

4. 슬러지의 발생량 및 처리량

슬러지발생량(m^3)	처리량(m^3)	보관량(m^3)	함수율(%)	보관장소

※ 슬러지를 스스로 처리하는 경우 그 처리장소 :
※ 위탁처리를 하는 경우 위탁처리업소명 :

210㎜×297㎜[일반용지 60g/㎡(재활용품)]

5. 원료 또는 첨가제 등의 사용량

원료 또는 첨가제 등								
사용량(kg)								

※ 일반적으로 사용되는 용어 또는 공통어로 기재합니다.

6. 전력사용량

가동시간	사용량 (kWh)	금일 폐수 1㎥당 소모전력량(kWh/㎥)	검침시간	적산전력계 지침	참고사항

7. 약품사용량

약품명	구입량	약품 소모량	잔고량	비고	약품명	구입량	약품 소모량	잔고량	비고

8. 폭기조 운전상태(생물화학적 처리시설의 경우)

pH	수온	DO	SV30	MLSS	SVI	폭기시간	주미생물상태

※ 미생물 관찰 : 현미경 보유(600배율 이상), 주미생물상태는 양호 또는 불량으로 적습니다.

9. 수질오염방지시설 고장 유무 및 특기사항

10. 수질오염물질 측정내용

구분 \ 항목	pH	BOD	COD	SS	n-Hex	CN	Cu						분석일
원폐수													
방류수													

※ 사업장에서 분석하는 경우 분석자명 :
※ 분석을 위탁하는 경우 측정대행업소명 :

11. 수질자동측정기기 등의 측정항목별 점검내용

구분 \ 항목	pH	BOD	COD	SS	TN	TP	유량계	시료 채취조
청소상태								
시료도입(튜빙류) 상태								
시약류 주입상태								
센서류 작동여부								
소모품 교체								

12. 지도·점검을 받은 사항

※ 제1호부터 제4호까지는 폐수처리방법 등 사업장 특성을 고려하여 해당 부분을 반드시 적어야 하며, 제5호부터 제12호까지는 사업자의 판단에 따라 선택적으로 적을 수 있습니다.

제2절 대기오염 부문

1. 대기오염물질 구분

(대기보전에 관한 시행규칙 최신본 참조)

대기오염물질(시행규칙 제2조관련 별표 1) : 61종 ★ 특정대기유해물질(시행규칙 제4조관련 별표 2) : 35종	
1. 입자상물질	32. 시안화물 ★
2. 브롬 및 그 화합물	33. 납 및 그 화합물 ★
3. 알루미늄 및 그 화합물	34. 크롬 및 그 화합물 ★
4. 바나듐 및 그 화합물	35. 비소 및 그 화합물 ★
5. 망간화합물	36. 수은 및 그 화합물 ★
6. 철 및 그 화합물	37. 구리 및 그 화합물
7. 아연 및 그 화합물	38. 염소 및 그 화합물 ★
8. 셀렌 및 그 화합물	39. 불소화물 ★
9. 안티몬 및 그 화합물	40. 석면 ★
10. 주석 및 그 화합물	41. 니켈 및 그 화합물 ★
11. 텔루륨 및 그 화합물	42. 염화비닐 ★
12. 바륨 및 그 화합물	43. 다이옥신 ★
13. 일산화탄소	44. 페놀 및 그 화합물 ★
14. 암모니아	45. 베릴륨 및 그 화합물 ★
15. 질소산화물	46. 프로필렌옥사이드 ★
16. 황산화물	47. 폴리염화비페닐 ★
17. 황화수소	48. 클로로포름 ★
18. 황화메틸	49. 포름알데히드 ★
19. 이황화메틸 ★	50. 아세트알데히드 ★
20. 메르캅탄류	51. 벤지딘 ★
21. 아민류	52. 1,3-부타디엔 ★
22. 사염화탄소 ★	53. 다환 방향족 탄화수소류 ★
23. 이황화탄소	54. 에틸렌옥사이드 ★
24. 탄화수소	55. 디클로로메탄 ★
25. 인 및 그 화합물	56. 테트라클로로에틸렌 ★
26. 붕소화합물	57. 1,2-디클로로에탄 ★
27. 아닐린 ★	58. 에틸벤젠 ★
28. 벤젠 ★	59. 트리클로로에틸렌 ★
29. 스틸렌 ★	60. 아크릴로니트릴 ★
30. 아크롤레인	61. 히드라진 ★
31. 카드뮴 및 그 화합물★	

2. 대기오염배출시설의 구분

(대기보전에 관한 시행규칙 제5조, 별표 3 최신본 참조)

(1) 배출시설 적용기준(2010년 1월 1일부터 적용)

1) 배출시설은 각각의 원료(부원료와 첨가제를 포함한다)나 연료가 투입되는 지점부터 해당 공정이 끝나는 지점까지의 단위공정 전체를 말한다.
2) 배출시설의 규모는 그 시설의 중량·면적·용적·열량·마력 등의 규모로 하되, 동일 사업장에 그 규모 미만의 동종시설이 2개 이상 설치된 경우로서 그 시설의 총규모가 나목의 대상 배출시설란에서 규정하고 있는 규모 이상인 경우에는 그 시설들을 배출시설에 포함한다. 다만, 하나의 동력원에 2개 이상의 배출시설이 연결되어 동시에 가동되는 경우에는 각 배출시설의 동력 소요량에 비례하여 배출시설의 규모를 산출하고, 그 외의 경우에는 각각 연결된 동력원의 최대규모로 시설의 규모를 산출한다.
3) 대기오염물질배출시설은 나목의 대상 배출시설난에서 규정하고 있는 규모의 배출시설에 해당하는 배출시설난의 배출시설로서 적용범위난에서 규정하고 있는 산업의 배출시설로 한다.
4) 나목에도 불구하고 다음의 시설은 대기오염물질배출시설에서 제외한다.
   가) 가스류·전기 또는 경질유[경유·등유·부생연료유1호(등유형)·휘발유·나프타·정제연료유(「폐기물관리법 시행규칙」 별표 5의 열분해방법 또는 감압증류방법으로 재생처리한 정제연료유만 해당한다)]만을 사용하여 간접 가열하는 연소시설. 다만, 원유의 정제과정이나 금속의 용융·제련과정에서 부수적으로 발생하는 가스를 사용하는 석유정제시설의 연소시설과 금속의 용융·제련·열처리시설의 연소시설은 배출시설에 포함한다.
   나) 건조시설 중 옥내에서 태양열 등을 이용하여 자연 건조시키는 시설
   다) 용적규모가 5만 m3 이상인 도장시설
   라) 선박건조공정의 야외구조물 및 선체외판 도장시설
   마) 수상구조물 제작공정의 도장시설
   바) 액체여과기 제조업 중 해수담수화설비제조 도장시설
   사) 금속조립구조제 제조업 중 교량제조 등 대형 야외구조물 완성품을 부분적으로 도장하는 야외도장시설
   아) 제품의 길이가 100미터 이상인 야외도장시설 등

(2) 배출시설의 분류

☞ 대기보전에 관한 시행규칙 제5조, 별표 3 최신본을 참조한다.

3. 대기오염방지시설의 구분

(대기보전에 관한 시행규칙 제6조관련, 별표 4 최신본 참조)

1) 중력집진시설
2) 관성력집진시설
3) 원심력집진시설
4) 세정집진시설
5) 여과집진시설
6) 전기집진시설
7) 음파집진시설
8) 흡수에 의한 시설
9) 흡착에 의한 시설
10) 직접연소에 의한 시설
11) 촉매반응을 이용하는 시설
12) 응축에 의한 시설
13) 산화 · 환원에 의한 시설
14) 미생물을 이용한 처리시설
15) 위 제1호부터 제14호까지의 시설과 같은 방지효율 또는 그 이상의 방지효율을 가진 시설로서 환경부장관이 인정하는 시설

비 고 방지시설에는 대기오염물질을 포집하기 위한 장치(후드), 오염물질이 통과하는 관로(덕트), 오염물질을 이송하기 위한 송풍기 및 각종 펌프 등 방지시설에 딸린 기계 · 기구류 (예비용을 포함한다) 등을 포함한다.

4. 대기오염방지시설의 측정기기 운영, 관리기준

(대기보전에 관한 시행규칙 제37조관련, 별표 9 최신본 참조)

(1) 적산전력계의 운영 · 관리기준

가. 「계량에 관한 법률」 제12조에 따른 형식승인 및 같은 법 제20조에 따른 검정을 받은 적산전력계를 부착하여야 한다.

나. 적산전력계를 임의로 조작을 할 수 없도록 봉인을 하여야 한다.

(2) 굴뚝 자동측정기기의 운영 · 관리기준

가. 사업자는 굴뚝 자동측정기기의 구조 및 성능이 '환경분야 시험 · 검사 등에 관한 법률' 제6조제1항에 따른 환경오염공정시험기준에 맞도록 유지하여야 한다.

나. 사업자는 '환경분야 시험 · 검사 등에 관한 법률' 제9조제1항에 따른 형식승인을 받은 굴뚝 자동측정기기를 설치하고, 같은 법 제11조에 따른 정도검사를 받아야 하며, 정도검사 결과를 관제센터가 알 수 있도록 조치해야 한다. 다만, 같은 법 제6조제1항제1호에 따른 환경오염공정시험기준에 맞는 자료수집기 및 중간자료수집기의 경우 형식승인 또는 정도검사를 받은 것으로 본다.

다. 사업자는 굴뚝 자동측정기기에 의한 측정자료를 관제센터에 상시 전송한다.

라. 사업자는 굴뚝배출가스 온도측정기를 새로 설치하거나 교체하는 경우에는 '국가표준기본법'에 따른 교정을 받아야 하며, 그 기록을 3년 이상 보관하여야 한다. 다만, 영 별표 3 제1호의 비고 제3호에 따른 온도측정기 중 최종연소실출구 온도를 측정하는 온도측정기의 경우에는 KS규격품을 사용하여 교정을 갈음할 수 있다.

5. 대기오염사업장 분류 기준

(대기보전에 관한 시행령 제13조, 별표 1 최신본 참조)

종 별	오염물질발생량 구분
1종사업장	대기오염물질발생량의 합계가 연간 80톤 이상인 사업장
2종사업장	대기오염물질발생량의 합계가 연간 20톤 이상 80톤 미만인 사업장
3종사업장	대기오염물질발생량의 합계가 연간 10톤 이상 20톤 미만인 사업장
4종사업장	대기오염물질발생량의 합계가 연간 2톤 이상 10톤 미만인 사업장
5종사업장	대기오염물질발생량의 합계가 연간 2톤 미만인 사업장

6. 대기오염부문 환경기술인 자격기준

(대기보전에 관한 시행령 제39조제2항관련, 별표 10 최신본 참조)

<table>
<tr><th>구 분</th><th>환경기술인의 자격기준</th></tr>
<tr><td>1종사업장(대기오염물질발생량의 합계가 연간 80톤 이상인 사업장)</td><td>대기환경기사 이상의 기술자격 소지자 1명 이상</td></tr>
<tr><td>2종사업장(대기오염물질발생량의 합계가 연간 20톤 이상 80톤 미만인 사업장)</td><td>대기환경산업기사 이상의 기술자격 소지자 1명 이상</td></tr>
<tr><td>3종사업장(대기오염물질발생량의 합계가 연간 10톤 이상 20톤 미만인 사업장)</td><td>대기환경산업기사 이상의 기술자격 소지자, 환경기능사 또는 3년 이상 대기분야 환경관련 업무에 종사한 자 1명 이상</td></tr>
<tr><td>4종사업장(대기오염물질발생량의 합계가 연간 2톤 이상 10톤 미만인 사업장)</td><td rowspan="2">배출시설 설치허가를 받거나 배출시설 설치신고가 수리된 자 또는 배출시설 설치허가를 받거나 수리된 자가 해당 사업장의 배출시설 및 방지시설 업무에 종사하는 피고용인 중에서 임명하는 자 1명 이상</td></tr>
<tr><td>5종사업장(1종사업장부터 4종사업장까지에 속하지 아니하는 사업장)</td></tr>
</table>

비 고

1. 4종사업장과 5종사업장 중 특정대기유해물질이 포함된 오염물질을 배출하는 경우에는 3종사업장에 해당하는 기술인을 두어야 한다.
2. 1종사업장과 2종사업장 중 1개월 동안 실제 작업한 날만을 계산하여 1일 평균 17시간 이상 작업하는 경우에는 해당 사업장의 기술인을 각각 2명 이상 두어야 한다. 이 경우, 1명을 제외한 나머지 인원은 3종사업장에 해당하는 기술인 또는 환경기능사로 대체할 수 있다.
3. 공동방지시설에서 각 사업장의 대기오염물질 발생량의 합계가 4종사업장과 5종사업장의 규모에 해당하는 경우에는 3종사업장에 해당하는 기술인을 두어야 한다.
4. 전체 배출시설에 대하여 방지시설 설치 면제를 받은 사업장과 배출시설에서 배출되는 오염물질 등을 공동방지시설에서 처리하는 사업장은 5종사업장에 해당하는 기술인을 둘 수 있다.
5. 대기환경기술인이 「수질환경보전법」에 따른 수질환경기술인의 자격을 갖춘 경우에는 수질환경기술인을 겸임할 수 있으며, 대기환경기술인이 「소음·진동규제법」에 따른 소음·진동환경기술인 자격을 갖춘 경우에는 소음·진동환경기술인을 겸임할 수 있다.
6. 법 제2조제11호에 따른 배출시설 중 일반보일러만 설치한 사업장과 대기 오염물질 중 먼지만 발생하는 사업장은 5종사업장에 해당하는 기술인을 둘 수 있다.
7. "대기오염물질발생량"이란 방지시설을 통과하기 전의 먼지, 황산화물 및 질소산화물의 발생량을 환경부령으로 정하는 방법에 따라 산정한 양을 말한다.

7. 대기오염방지시설의 자가측정 대상, 항목 및 방법

(대기보전에 관한 시행규칙 제52조 제3항관련, 별표 11 최신본 참조)

배출구별 규모	측정회수	측정항목
먼지・황산화물 및 질소산화물의 연간 발생량 합계가 80톤 이상인 시설	매주 1회 이상	별표 8에 따른 배출허용기준이 적용되는 대기오염물질. 다만, 비산먼지는 제외한다.
먼지・황산화물 및 질소산화물의 연간 발생량 합계가 20톤 이상 80톤 미만인 시설	매월 2회 이상	
먼지・황산화물 및 질소산화물의 연간 발생량 합계가 10톤 이상 20톤 미만인 시설	2월마다 1회 이상	
위에 규정된 시설 외의 시설	반기마다 1회 이상	

비 고

1. 2개월마다 1회 이하 측정하여야 할 시설 중 특정유해물질이 포함된 대기오염물질을 배출하는 경우에는 시설의 규모에 관계없이 월 2회 이상 측정하여야 한다.
2. 방지시설설치면제사업장은 해당 시설에 대한 자가측정을 생략할 수 있다.
3. 측정항목 중 황산화물에 대한 자가측정은 해당 측정대상시설이 중유 등 연료유만을 사용하는 시설인 경우에는 연료의 황함유분석표로 갈음할 수 있다.
4. 굴뚝 자동측정기기를 설치한 배출구에 대한 자가측정은 자동측정되는 해당 항목에 한정하여 자가측정을 한 것으로 본다. 다만, 굴뚝 자동측정기기를 설치하여 먼지항목에 대한 자동측정자료를 전송하는 배출구의 경우는 매연항목에 대하여도 자가측정을 한 것으로 본다.
5. 굴뚝 자동측정기기를 설치한 배출구의 경우 자동측정자료를 전송하는 그 항목에 한정하여 자동측정자료를 자가측정자료에 우선하여 활용하여야 한다.
6. 굴뚝 자동측정기기를 설치한 배출구에서 굴뚝 자동측정기기의 고장 등으로 배출구별 규모에 따른 측정횟수를 충족하지 못하는 경우에는 2개월마다 1회 이상 자가측정을 하여야 한다.
7. 대기오염물질 중 먼지만 배출되는 시설로서 별표 4 제5호에 따른 여과집진시설을 설치한 배출시설은 시설의 규모에 관계없이 반기마다 1회 이상, 여과집진시설 외의 방지시설을 설치한 사업장 중 월 2회 이상 측정하여야 하는 배출시설은 2개월마다 1회 이상 측정할 수 있다.

8. 대기배출시설 및 방지시설 운영기록부

대기배출시설 및 방지시설 운영기록부

담당	과장	부서장	공장장	결재

년 월 일 요일 날씨 : 온도 :

1. 배출구별 주요 배출시설 및 방지시설 가동(조업)시간

배 출 구	배 출 시 설	가 동 시 간	비 고
1	외 종		
2	외 종		
3	외 종		
4	외 종		
5	외 종		

* 비고란은 정상여부를 기재합니다.

2. 방지시설 운영사항

가. 방지시설 운전사항

방 지 시설명	설치 위치	전력 사용량 (㎾/h)	처리 용량 (㎥/min)	처리 오염 물질	처리농도 (ppm 또는 ㎎/S㎥)	처리효율 (%)	사용약품	
							약품명	사용량

나. 방지시설 보수사항

방지시설명	배출구별	보수기간	보수자	보수명세

3. 자가측정사항

<table>
<tr><td colspan="8">측정일 :</td></tr>
<tr><td colspan="3">① 기 상</td><td>② 기 온</td><td>③ 습 도</td><td>④ 기 압</td><td>⑤ 풍향</td><td>⑥ 풍속</td></tr>
<tr><td colspan="3">□ 맑음, □ 흐림, □ 구름,
□ 눈, □ 비</td><td>℃</td><td>%</td><td>mb</td><td>풍</td><td>m/sec</td></tr>
<tr><td>⑦
배출구
번 호</td><td>⑧
주요배출
시 설 명</td><td>⑨
측 정
항 목</td><td>⑩
측정농도
(ppm, /S㎥)</td><td>⑪
일일유량
(S㎥/일)</td><td>⑫
일일배출량
(㎏/일)</td><td>⑬
검 사
기기명</td><td>⑭
검 사
방 법</td></tr>
<tr><td></td><td></td><td></td><td></td><td></td><td></td><td></td><td></td></tr>
<tr><td colspan="3">⑮ 연료명 및 사용량
(일)</td><td colspan="5"></td></tr>
<tr><td colspan="3">⑯ 원료명 및 사용량
(특정대기유해물질 배출원 포함)</td><td colspan="5"></td></tr>
<tr><td colspan="3">⑰ 환경기술인의 의견</td><td colspan="5"></td></tr>
<tr><td colspan="3">⑱ 기 타</td><td colspan="5"></td></tr>
<tr><td colspan="8">환경기술인 직급 : 성명 : (인)</td></tr>
</table>

8. 대기배출시설 및 방지시설

[그림 5-2] 대기오염방지시설의 사례

제3절 폐기물관리 부문

1. 폐기물관리관련법의 종류

1) 폐기물관리법
2) 유해화학물질관리법
3) 자원절약과 재활용촉진에 관한 법률
4) 폐기물의 국가간 이동 및 그 처리에 관한 법률
5) 폐기물 처리시설 설치 촉진 및 그 주변지역지원등에 관한 법률
6) 한국환경자원공사법
7) 건설폐기물의 재활용 촉진에 관한 법률

2. 폐기물관리법의 체계

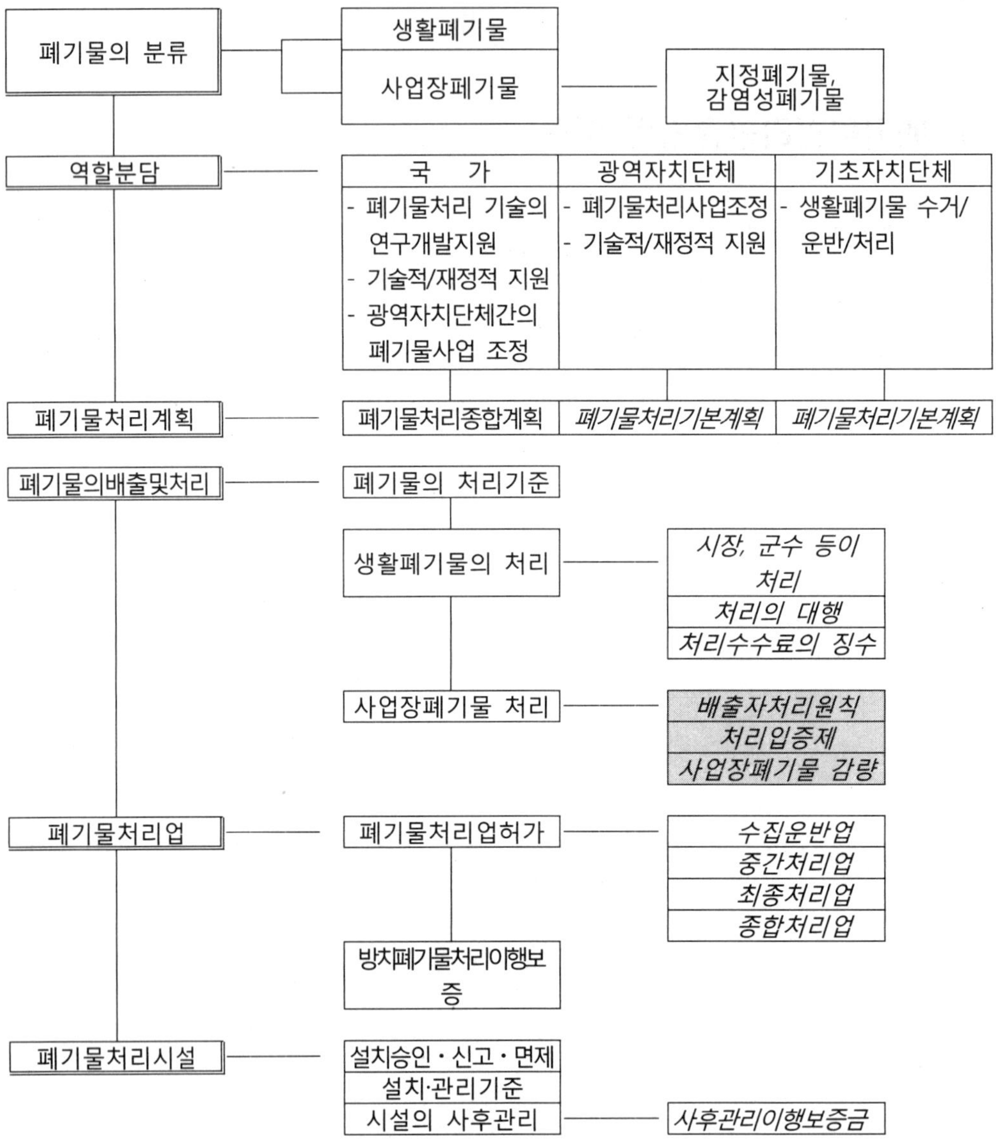
폐기물의 분류
생활폐기물
사업장폐기물
지정폐기물,
감염성폐기물
역할분담
국 가
광역자치단체
기초자치단체
- 폐기물처리 기술의 연구개발지원
- 기술적/재정적 지원
- 광역자치단체간의 폐기물사업 조정
- 폐기물처리사업조정
- 기술적/재정적 지원
- 생활폐기물 수거/운반/처리
폐기물처리계획
폐기물처리종합계획
폐기물처리기본계획
폐기물처리기본계획
폐기물의배출및처리
폐기물의 처리기준
생활폐기물의 처리
시장, 군수 등이 처리
처리의 대행
처리수수료의 징수
사업장폐기물 처리
배출자처리원칙
처리입증제
사업장폐기물 감량
폐기물처리업
폐기물처리업허가
수집운반업
중간처리업
최종처리업
종합처리업
방치폐기물처리이행보증
폐기물처리시설
설치승인・신고・면제
설치·관리기준
시설의 사후관리
사후관리이행보증금

3. 폐기물의 분류체계

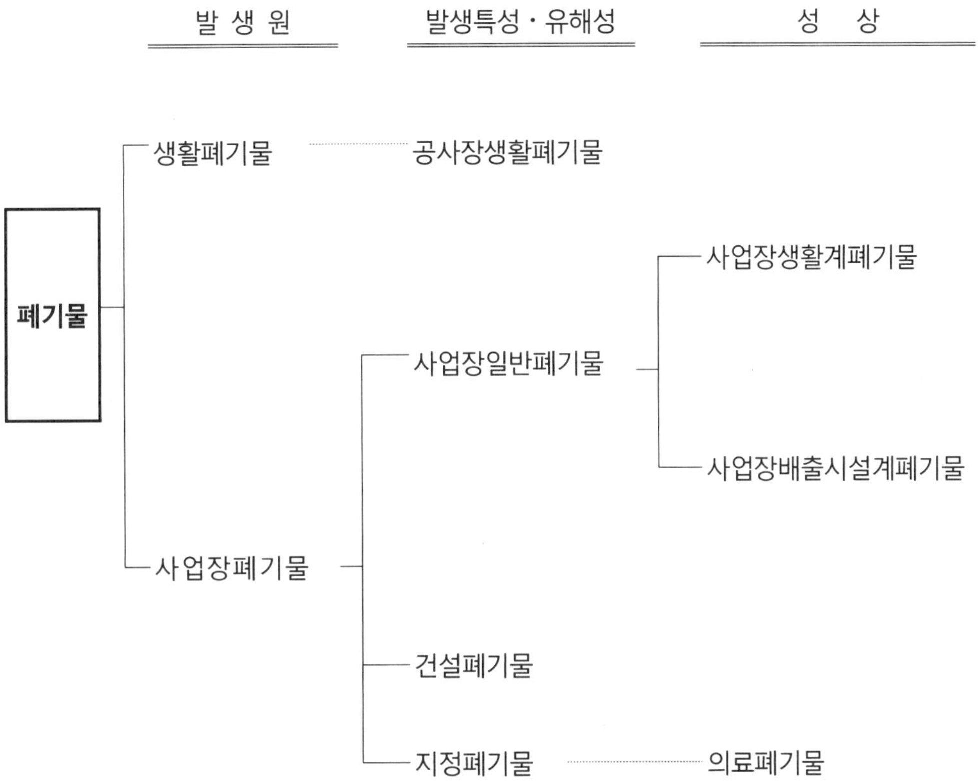

(1) 생활폐기물(법 제2조제2호)

생활폐기물은 사업장폐기물이외의 폐기물을 말하며, 배출자에게 처리책임이 있는 사업장폐기물과는 달리 시장 · 군수 · 구청장이 기본적인 처리책임을 진다.

(2) 사업장폐기물(법 제2조제3호, 영 제2조)

사업장폐기물은 대기환경보전법 · 수질환경보전법 또는 소음 · 진동규제법의 규정에 의하여 "배출시설을 설치 · 운영하는 사업장과 하수 · 폐수 · 분뇨 · 축산폐수 공공 · 폐기물처리시설을 설치 · 운영하는 사업장"(배출시설 등의 운영과 관련하여 배출되는 폐기물 : 사업장배출시설계폐기물), 지정폐기물을 배출하는 사업장(지정폐기물), 폐기물을 1일 평균 300kg 이상 배출하는 사업장과 일련의 작업으로 인하여 폐기물을 5톤 이상 배출하는 사업장(사업장생활계폐기물),건설공사로 인하여 폐기물을 5톤 이상 배출하는 사업장(건설폐기물)에서 발생하는 폐기물을 말한다.

다시 사업장폐기물중 지정폐기물(법 제2조제4호)은 폐유·폐산 등 주변환경을 오염시킬 수 있거나 감염성폐기물(법 제2조제4호의2) 등 인체에 위해를 줄 수 있는 유해한 물질을 함유하고 있는 폐기물로서 종전 규정에 의한 특정폐기물과 1999년 개정으로 보건복지부에서 환경부로 업무가 이관된 조직물류, 탈지면, 폐합성수지류 등 의료기관이나 시험·검사기관 등에서 배출되는 폐기물이 포함되며, 특별한 관리가 요하는 폐기물로서 그 대상을 대통령령인 시행령에서 직접 규정하고 있다.

● 지정폐기물의 종류(규칙 제3조 관련 별표 1)

1. 특정시설에서 발생되는 폐기물

가. 폐합성 고분자화합물

1) 폐합성 수지(고체상태의 것은 제외한다)

2) 폐합성 고무(고체상태의 것은 제외한다)

나. 오니류(수분함량이 95퍼센트 미만이거나 고형물함량이 5퍼센트 이상인 것으로 한정한다)

1) 폐수처리 오니(환경부령으로 정하는 물질을 함유한 것으로 환경부장관이 고시한 시설에서 발생되는 것으로 한정한다)

2) 공정 오니(환경부령으로 정하는 물질을 함유한 것으로 환경부장관이 고시한 시설에서 발생되는 것으로 한정한다)

다. 폐농약(농약의 제조·판매업소에서 발생되는 것으로 한정한다)

2. 부식성 폐기물

가. 폐산(액체상태의 폐기물로서 수소이온 농도지수가 2.0 이하인 것으로 한정한다)

나. 폐알칼리(액체상태의 폐기물로서 수소이온 농도지수가 12.5 이상인 것으로 한정하며, 수산화칼륨 및 수산화나트륨을 포함한다)

3. 유해물질함유 폐기물

(환경부령으로 정하는 물질을 함유한 것으로 한정한다)

가. 광재(鑛滓)[철광 원석의 사용으로 인한 고로(高爐)슬래그(slag)는 제외한다]

나. 분진(대기오염 방지시설에서 포집된 것으로 한정하되, 소각시설에서 발생되는 것은 제외한다)
다. 폐주물사 및 샌드블라스트 폐사(廢砂)
라. 폐내화물(廢耐火物) 및 재벌구이 전에 유약을 바른 도자기 조각
마. 소각재
바. 안정화 또는 고형화 처리물
사. 폐촉매
아. 폐흡착제 및 폐흡수제[광물유·동물유 및 식물유의 정제에 사용된 폐토사(廢土砂)를 포함한다]

4. 폐유기용제

가. 할로겐족(환경부령으로 정하는 물질 또는 이를 함유한 물질로 한정한다)
나. 그 밖의 폐유기용제(가목 외의 유기용제를 말한다)

5. 폐페인트 및 폐래커

(다음 각 목의 것을 포함한다)
가. 페인트 및 래커와 유기용제가 혼합된 것으로서 페인트 및 래커 제조업, 용적 5세제곱미터 이상 또는 동력 3마력 이상의 도장(塗裝)시설, 폐기물을 재활용하는 시설에서 발생되는 것
나. 페인트 보관용기에 남아 있는 페인트를 제거하기 위하여 유기용제와 혼합된 것
다. 폐페인트 용기(용기 안에 남아 있는 페인트가 건조되어 있고, 그 잔존량이 용기 바닥에서 6밀리미터를 넘지 아니하는 것은 제외한다)

6. 폐 유

(기름성분을 5퍼센트 이상 함유한 것을 포함하며, 폴리클로리네이티드비페닐(PCBs)함유 폐기물, 폐식용유, 폐흡착제 및 폐흡수제는 제외한다)

7. 폐석면

가. 건조고형물의 함량을 기준으로 하여 석면이 1퍼센트 이상 함유된 제품·설비(뿜칠로 사용된 것은 포함한다) 등의 해체·제거 시 발생되는 것
나. 슬레이트 등 고형화된 석면 제품 등의 연마·절단·가공 공정에서 발생된 부스러기 및 연마·절단·가공 시설의 집진기에서 모아진 분진
다. 석면의 제거작업에 사용된 바닥비닐시트(뿜칠로 사용된 석면의 해체·제거

작업에 사용된 경우에는 모든 비닐시트)·방진마스크·작업복 등

8. 폴리클로리네이티드비페닐 함유 폐기물

가. 액체상태의 것(1리터당 2mg 이상 함유한 것으로 한정한다)

나. 액체상태 외의 것(용출액 1ℓ당 0.003mg 이상 함유한 것으로 한정한다)

9. 폐유독물

(「유해화학물질관리법」 제2조제3호에 따른 유독물을 폐기하는 경우로 한정한다)

10. 의료폐기물

(환경부령으로 정하는 의료기관이나 시험·검사 기관 등에서 발생되는 것으로 한정한다)

11. 그 밖의 물질

그 밖에 주변환경을 오염시킬 수 있는 유해한 물질로서 환경부장관이 정하여 고시하는 물질

● 의료폐기물의 종류(규칙 제43조 관련 별표 2)

1. 격리의료폐기물

「전염병예방법」 제2조제1항에 따른 전염병으로부터 타인을 보호하기 위하여 격리된 사람에 대한 의료행위에서 발생한 일체의 폐기물

2. 위해의료폐기물

가. 조직물류폐기물 : 인체 또는 동물의 조직·장기·기관·신체의 일부, 동물의 사체, 혈액·고름 및 혈액생성물(혈청, 혈장, 혈액제제)

나. 병리계폐기물 : 시험·검사 등에 사용된 배양액, 배양용기, 보관균주, 폐시험관, 슬라이드, 커버글라스, 폐배지, 폐장갑

다. 손상성폐기물 : 주사/봉합바늘, 수술용 칼날, 한방침, 치과용침, 파손된 유리재질의 시험기구

라. 생물·화학폐기물 : 폐백신, 폐항암제, 폐화학치료제

마. 혈액오염폐기물 : 폐혈액백, 혈액투석시 사용된 폐기물, 그 밖에 혈액이 유

출될 정도로 포함되어 있어 특별한 관리가 필요한 폐기물

3. 일반의료폐기물

혈액 · 체액 · 분비물 · 배설물이 함유되어 있는 탈지면, 붕대, 거즈, 일회용 기저귀, 생리대, 일회용 주사기, 수액세트

비 고 : 의료폐기물이 아닌 폐기물로서 의료폐기물과 혼합되거나 접촉된 폐기물은 혼합되거나 접촉된 의료폐기물과 같은 폐기물로 본다.

4. 폐기물처리시설(dud 제5조관련, 별표 3)

발생된 폐기물은 환경적으로 적정 처리하여 그 오염이 최소화되어야 하며, 그러기 위하여 폐기물관리법에서는 폐기물을 폐기물처리시설에서 처리하도록 규정하고 있다. 이와 같은 폐기물처리시설은 처리방법에 따라 크게 폐기물의 이화학적 변화를 초래하여 최종처리의 효율성을 도모하거나 재활용을 할 수 있도록 하는 중간처리시설과 최종처리시설로 크게 대분된다.

그러나 압축시설, 파쇄 · 분쇄시설, 절단시설, 용융시설에 대하여는 대기환경보전법이나 소음 · 진동규제법상의 배출시설에 해당하는 규모로 폐기물처리시설에 포함되는 경우를 한정하여 규정하고, 시간당 폐기물 소각능력 25kg 미만인 소형소각시설은 폐기물관리법에 의한 폐기물처리시설의 관리범위에서 이를 제외하고 있다.

(1) 중간처리시설

가. 소각시설

1) 일반 소각시설

2) 고온 소각시설

3) 열 분해시설(가스화시설을 포함한다)

4) 고온 용융시설

5) 열처리 조합시설 [1) ~ 4) 중 둘 이상의 시설이 조합된 시설을 말한다]

6) 시멘트 소성로 및 용광로(폐기물을 처리하기 위한 투입설비 등을 갖춘 시설로서 법 제30조에 따른 검사기관으로부터 해당 폐기물처리시설과 동등하거나 그 이상의 성능이 있다고 인정을 받은 경우로 한정한다)

나. 기계적 처리시설

1) 압축시설(동력 10마력 이상인 시설로 한정한다)
2) 파쇄・분쇄 시설(동력 20마력 이상인 시설로 한정한다)
3) 절단시설(동력 10마력 이상인 시설로 한정한다)
4) 용융시설(동력 10마력 이상인 시설로 한정한다)
5) 연료화시설
6) 증발・농축 시설
7) 정제시설(분리・증류・추출・여과 등의 처리시설을 이용하여 폐기물을 처리하는 단위시설을 포함한다)
8) 유수 분리시설
9) 탈수・건조 시설
10) 멸균・분쇄 시설

다. 화학적 처리시설

1) 고형화・안정화 시설
2) 반응시설(중화・산화・환원・중합・축합・치환 등의 화학반응을 이용하여 폐기물을 처리하는 단위시설을 포함한다)
3) 응집・침전 시설

라. 생물학적 처리시설

1) 사료화・퇴비화・소멸화 시설(1일 처리능력 100킬로그램 이상인 시설로 한정하며, 건조에 의한 사료화・퇴비화 시설을 포함한다)
2) 호기성・혐기성 분해시설

마. 그 밖의 시설

그 밖에 환경부장관이 폐기물을 안전하게 중간처리할 수 있다고 인정하여 고0시하는 시설

(2) 최종 처리시설

가. 매립시설

1) 차단형 매립시설
2) 관리형 매립시설(침출수 처리시설, 가스 소각・발전・연료화 처리시설 등 부대시설을 포함한다)

나. 그 밖의 시설

그 밖에 환경부장관이 폐기물을 안전하게 최종 처리할 수 있다고 인정하여 고시하는 시설

5. 폐기물처리 등의 기준 및 방법

구 분	공통사항	수집·운반	보 관	처 리
생활폐기물	시·군·구의 조례로 정함			
음식물류 폐기물	-	- 전용차량 및 전용용기에 담아 운반	- 전용봉투(수거용기)에 분리보관	- 감량의무사업장은 우선적으로 재활용 - 직매립 금지
사업장일반 폐기물	- 사업장생활계폐기물은 생활폐기물과 성상이 유사하어 자치단체의 조례로 정한 경우 생활폐기물의 기준 및 방법으로 수집·운반·보관 및 처리 가능	- 수집·운반증 부착차량으로 운반 - 사업장배출시설계폐기물과 사업장생활계폐기물은 분리하여 운반	- 지붕과 벽면을 갖춘 보관창고에서 보관 - 90일을 초과하여 보관금지	- 재활용하지 아니하는 소각가능 배출시설계폐기물은 소각 - 폐기물 종류별로 기준 및 방법 준수 - 유기성오니는 직매립금지 - 폐가구류 등의 불연성은 15㎝이하로 파쇄·절단후 매립
건설 폐기물	- 철거시 폐기물을 우선 제거 - 국가계약법의 적용을 받는 기관의 경우 공사와 분리하여 발주	- 수집·운반증 부착차량으로 운반 - 수집·운반차량에는 인식표시 부착·표기	- 성상별·종류별 구분하고, 재활용 가능한 것은 별도 보관 - 90일 초과 금지 - 공사완료후 건설현장에 보관 금지	- 현장 재활용하는 경우 직경 100㎜이하, 이물질 함량 1퍼센트 이하 - 건설폐재류는 50㎝ 이하로, 열경화성 폐합성수지 등은 15㎝ 이하로 파쇄 후 매립

구 분	공통사항	수집·운반	보 관	처 리
지정 폐기물	-	- 입자상의 것은 포대에 담아 운반 - 수집·운반중 부착차량으로 운반 - 수집·운반차량은 황색으로 도색하고, 인식표시 부착·표기	- 폐유기용제는 밀폐용기에 보관 - 지붕과 벽면을 갖춘 보관창고에 보관 - 폐유·폐유기용제 등은 45일을, 그외의 것은 60일 초과금지 - 보관표지판 설치	- 폐기물 종류별 기준 및 방법 준수 - 할로겐족 유기용제는 소각시 고온소각 - 열경화성 폐합성수지 등은 매립시 15㎝ 이하로 파쇄 후 매립 - PCB는 고온소각·용융 - 유기성오니 직매립금지
의료 폐기물	- 인체조직물 또는 동물의 사체인 폐기물은 요구시 본인 등에 인도하고, 인도자는 기록을 3년간 유지	- 전용용기에 밀폐포장된 상태로 전용차량으로 수집·운반 - 운반차량은 냉동설비 설치하고, 운반중 가동 - 운반차량으로 백색 도색 - 차량양면에는 인식표시 부착·표기	- 검사기관에 인정한 전용용기(봉투형용기와 상자형용기)에 밀폐포장 - 용기는 재사용을 금지하고, 감염성폐기물 도형표시 - 배출자는 11일(소규모 배출자는 16일) 이상 보관 금지 - 부패 우려가 있는 것은 냉동시설에, 그외는 밀폐된 보관창고 - 보관창고 및 냉동시설에는 표지판 설치	- 소각 또는 멸균·분쇄하되, 액상 및 조직물류는 반드시 소각 - 용기에 담은 상태로 처리시설에 투입 - 소각후 잔재물은 매립, 멸균·분쇄한 후의 잔재물은 소각 - 멸균·분쇄는 원형이 알아 볼 수 없도로 분쇄

6. 사업장폐기물 배출자의 의무

(일부 조항은 2011.7.24 시행기준임)

(1) 사업장 배출자의 의무(법 제17조)

① 사업장폐기물을 배출하는 사업자(이하 "사업장폐기물배출자"라 한다)는 다음 사항을 지켜야 한다. <개정 2010.7.23>

1. 사업장에서 발생하는 모든 폐기물을 적정하게 처리하여야 한다.
2. 생산 공정(工程)에서는 폐기물감량화시설의 설치, 기술개발 및 재활용 등의 방법으로 사업장폐기물의 발생을 최대한으로 억제하여야 한다.
3. 제18조 제1항에 따라 폐기물의 처리를 위탁하려면 사업장폐기물 배출자는 수탁자가 제13조에 따른 폐기물의 처리 기준과 방법 또는 제13조의2에 따른 폐기물의 재활용 용도 또는 방법에 맞게 폐기물을 처리할 능력이 있는지를 환경부령으로 정하는 바에 따라 확인한 후 위탁하여야 한다. 다만, 제4조나 제5조에 따른 폐기물처리시설을 설치・운영하는 자에게 위탁하는 경우에는 그러하지 아니하다.

② 환경부령으로 정하는 사업장폐기물배출자는 사업장폐기물의 종류와 발생량 등을 환경부령으로 정하는 바에 따라 특별자치도지사, 시장・군수・구청장에게 신고하여야 한다. 신고한 사항 중 환경부령으로 정하는 사항을 변경할 때에도 또한 같다. <개정 2007.8.3>

③ 환경부령으로 정하는 지정폐기물을 배출하는 사업자는 그 지정폐기물을 제18조 제1항에 따라 처리하기 전에 다음 각 호의 서류를 환경부장관에게 제출하여 확인을 받아야 한다. 다만, 「자동차관리법」 제2조 제8호에 따른 자동차정비업을 하는 자 등 환경부령으로 정하는 자가 지정폐기물을 공동으로 수집・운반하는 경우에는 그 대표자가 환경부장관에게 제출하여 확인을 받아야 한다. <신설 2007.8.3>

1. 폐기물처리계획서
2. 환경부령으로 정하는 폐기물분석전문기관의 폐기물분석결과서
3. 지정폐기물의 처리를 위탁하는 경우에는 수탁처리자의 수탁확인서

④ 제3항에 따른 확인을 받은 자가 그 사항을 변경하려면 제3항 각 호의 서류

중 변경사항과 관련된 서류를 환경부장관에게 제출하여 변경확인을 받아야 한다. <신설 2007.8.3>

⑤ 대통령령으로 정하는 업종 및 규모 이상의 사업장폐기물배출자는 제1항 제2호에 따른 사업장폐기물의 발생 억제를 위하여 환경부장관과 관계 중앙행정기관의 장이 환경부령으로 정하는 기본 방침과 절차에 따라 통합하여 고시하는 지침을 지켜야 한다. <개정 2007.8.3>

⑥ 사업장폐기물배출자가 그 사업을 양도하거나 사망한 경우 또는 법인이 합병한 경우에는 그 양수인·상속인 또는 합병 후 존속하는 법인이나 합병에 의하여 설립되는 법인은 그 사업장폐기물과 관련한 권리와 의무를 승계한다. <개정 2007.8.3>

⑦ 「민사집행법」에 따른 경매, 「채무자 회생 및 파산에 관한 법률」에 따른 환가(換價)나 「국세징수법」·「관세법」 또는 「지방세기본법」에 따른 압류재산의 매각, 그 밖에 이에 준하는 절차에 따라 사업장폐기물배출자의 사업장 전부 또는 일부를 인수한 자는 그 사업장폐기물과 관련한 권리와 의무를 승계한다. <신설 2007.8.3, 2010.3.31, 2010.7.23> [시행일 : 2011.7.24]

(2) 사업장 폐기물의 처리

1) 사업장폐기물의 처리(법 제18조)

① 사업장폐기물배출자는 그의 사업장에서 발생하는 폐기물을 스스로 처리하거나 제25조제3항에 따른 폐기물처리업의 허가를 받은 자, 폐기물처리 신고자, 제4조나 제5조에 따른 폐기물처리시설을 설치·운영하는 자, 「건설폐기물의 재활용촉진에 관한 법률」 제21조에 따라 건설폐기물 처리업의 허가를 받은 자 또는 「해양환경관리법」 제70조제1항제1호에 따라 폐기물 해양 배출업의 등록을 한 자에게 위탁하여 처리하여야 한다. <개정 2010.7.23>

② 사업장폐기물을 제25조에 따른 폐기물처리업자에게 위탁하여 처리하려는 사업장폐기물배출자는 제24조에 따라 환경부장관이 고시하는 폐기물 처리 가격의 최저액보다 낮은 가격으로 폐기물 처리를 위탁하여서는 아니 된다.

③ 환경부령으로 정하는 사업장폐기물을 배출, 수집·운반, 재활용 또는 처분하는 자는 그 폐기물을 배출, 수집·운반, 재활용 또는 처분할 때마다 폐기물의 인계·인수에 관한 내용을 환경부령으로 정하는 바에 따라 제45조제2항에 따른 **전자정보처리프로그램**에 입력하여야 한다. 다만, 의료폐기물은 환경부령으로 정하는 바에 따라 무선주파수인식방법을 이용하여 그 내용을 제45조제2항에 따른 전자정보처리프로그램에 입력하여야 한다. <개정 2007.8.3, 2010.7.23>

④ 환경부장관은 제3항에 따라 입력된 폐기물 인계·인수 내용을 해당 폐기물을 배출하는 자, 수집·운반하는 자, 재활용하는 자 또는 처분하는 자가 확인·출력할 수 있도록 하여야 하며, 그 폐기물을 배출하는 자, 수집·운반하는 자, 재활용하는 자 또는 처분하는 자를 관할하는 시장·군수·구청장 또는 시·도지사가 그 폐기물의 배출, 수집·운반, 재활용 및 처분 과정을 검색·확인할 수 있도록 하여야 한다. <개정 2007.8.3, 2010.7.23>

⑤ 환경부령으로 정하는 둘 이상의 사업장폐기물배출자는 각각의 사업장에서 발생하는 폐기물을 환경부령으로 정하는 바에 따라 공동으로 수집, 운반, 재활용 또는 처분할 수 있다. 이 경우 사업장폐기물배출자는 공동 운영기구를 설치하고 그 중 1명을 공동 운영기구의 대표자로 선정하여야 하며, 폐기물처리시설을 공동으로 설치·운영할 수 있다. <개정 2010.7.23>

2) 사업장폐기물 처리자의 의무(법 제19조)

① 제18조제3항에 따른 사업장폐기물을 운반하는 자는 그 폐기물을 운반하는 중에 제45조제2항에 따른 전자정보처리프로그램에 입력된 폐기물 인계·인수 내용을 확인할 수 있도록 인계번호를 숙지하여야 하며, 관계 행정기관이나 그 소속 공무원이 요구하는 때에는 이를 알려주어야 한다. <개정 2010.7.23>

② 폐기물을 수탁하여 처리하는 자는 영업정지·휴업·폐업 또는 폐기물처리시설의 사용정지 등의 사유로 환경부령으로 정하는 사업장폐기물을 처리할 수 없는 경우에는 환경부령으로 정하는 바에 따라 지체 없이 그 사실을 사업장폐기물의 처리를 위탁한 배출자에게 통보하여야 한다.

☞ 폐기물의 수집·운반·보관·처리에 관한 구체적 기준 및 방법(시행규칙 제14조 관련)은 규칙 [별표 5]를 참고한다.

3) 사업장폐기물배출자의 신고(법 제17조, 시행규칙 제18조)

① 법 제17조제2항에서 “환경부령으로 정하는 사업장폐기물배출자”란 지정폐기물 외의 사업장폐기물[폐지와 고철(비철금속을 포함한다. 이하 같다)은 제외한다. 이하 이 조에서 같다]을 배출하는 자로서 다음 각 호의 어느 하나에 해당하는 자를 말한다. <개정 2010.6.30>

1. 「대기환경보전법」·「수질 및 수생태계 보전에 관한 법률」 또는 「소음·진동관리법」에 따른 배출시설(이하 ‘배출시설’이라 한다)을 설치·운영하는 자로서 폐기물을 1일 평균 100킬로그램 이상 배출하는 자
2. 영 제2조제1호부터 제5호까지의 시설을 설치·운영하는 자로서 폐기물을 1일 평균 100킬로그램 이상 배출하는 자
3. 폐기물을 1일 평균 300킬로그램 이상 배출하는 자
4. 영 제2조제8호의 건설공사 및 영 제2조제9호의 일련의 공사 또는 작업 등으로 인하여 폐기물을 5톤 이상 배출하는 자(공사의 경우에는 발주자로부터 최초로 공사의 전부를 도급받은 자를 포함한다)
5. 법 제18조제5항에 따라 사업장폐기물을 공동처리(이하 ‘공동처리’라 한다)하는 경우 운영기구의 대표자(제21조제1항제7호 및 제8호에 해당하는 자는 제외한다)

② 제1항 각 호의 어느 하나에 해당하는 자는 법 제17조제2항에 따라 다음 각 호와 같이 사업장폐기물의 발생지(공동처리의 경우에는 운영기구 대표자의 사업장 소재지)를 관할하는 특별자치도지사 또는 시장·군수·구청장에게 신고하여야 한다. <개정 2008.8.4>

1. 제1항제1호부터 제3호까지의 규정에 해당하는 자의 경우 : 사업 개시일 또는 폐기물을 배출한 날부터 1개월 이내에 별지 제6호서식에 따른 신고
2. 제1항제4호에 해당하는 자의 경우 : 폐기물의 배출 예정일(공사의 경우에는 착공일을 말한다)까지 별지 제7호서식에 따른 신고
3. 제1항제5호에 해당하는 자의 경우 : 사업 개시일부터 7일 이내에 별지 제8호서식에 따른 신고

③ 특별자치도지사 또는 시장·군수·구청장은 제2항에 따른 신고서를 받으면 별지 제9호서식 또는 별지 제10호서식의 사업장폐기물배출자 신고증명서를 신고인에게 내주어야 한다. <개정 2008.8.4>

④ 제2항에 따라 신고를 한 자는 다음 각 호의 어느 하나에 해당하는 사유가

발생하면 그 사유가 발생한 날부터 1개월 이내에(제1항제4호에 해당하는 자는 수집·운반 또는 처리하기 전까지) 별지 제6호서식, 별지 제7호서식 또는 별지 제8호서식의 변경신고서에 사업장폐기물배출자 신고증명서를 첨부하여 특별자치도지사 또는 시장·군수·구청장에게 제출하여야 한다. <개정 2008.8.4, 2010.1.15>

1. 신고한 사업장폐기물의 월 평균 배출량(전년도 1년간 배출량을 기준으로 산정한다)이 100분의50 이상 증가한 경우. 다만, 제1항제4호의 경우에는 총 배출량이 100분의 50 이상 증가한 경우만 해당한다.
2. 신고 당시에는 배출되지 아니한 사업장폐기물이 1일 평균 300킬로그램(제1항제1호 및 제2호의 경우에는 100킬로그램) 이상 추가로 배출되는 경우(제1항제4호의 경우는 제외한다)
3. 상호 또는 사업장의 소재지를 변경한 경우
4. 사업장폐기물의 종류별 처리계획을 변경한 경우(폐기물의 처리방법이 같은 경우로서 처리장소만을 변경한 경우는 제외한다)
5. 대상사업장의 수 및 대상폐기물의 종류가 변경된 경우(공동 처리하는 경우만 해당한다)
6. 폐기물이 발생되는 공사기간이 3개월 이상 연장되는 경우(제1항제4호의 경우만 해당한다)

7. 전자정보처리프로그램 - 올바로시스템(http : //www.allbaro.or.kr)

폐기물의 배출에서부터 운반, 최종처리까지의 전과정을 인터넷을 통해 실시간으로 투명하게 관리하는 시스템으로 폐기물의 발생억제(폐기물 감량), 재활용(순환골재 유통정보), 적정처리(적법처리, RFID시스템)를 통한 폐기물의 전 생애적 관리를 하나로 통합한 IT 기반의 폐기물종합관리시스템임

[그림 5-3] 올바로 시스템

(1) 법률근거

(1) 폐기물관리법 제18조(사업장폐기물의 처리)

③ 환경부령으로 정하는 사업장폐기물을 배출·운반 또는 처리하는 자는 그 폐기물을 배출·운반 또는 처리할 때마다 폐기물의 인계·인수에 관한 내용을 환경부령으로 정하는 바에 따라 제45조제2항에 따른 전자정보처리프로그램에 입력하여야 한다. 다만, 의료폐기물은 환경부령으로 정하는 바에 따라 무선주파수인식방법을 이용하여 그 내용을 제45조제2항에 따른 전자정보처리프로그램에 입력하여야 한다. <개정 2007.8.3>

(2) 폐기물관리법 제45조(폐기물 인계, 인수 내용 등의 전산처리 <개정 2007.8.3>)

① 환경부장관은 제18조제3항 및 제24조의3제2항에 따라 입력된 폐기물 인계·인수 내용과 제3항에 따라 입력된 기록(이하 “전산기록”이라 한다)을 관리할 수 있는 전산처리기구(이하 “전산처리기구”라 한다)를 설치·운영하여야 한다. <개정 2007.8.3>

② 전산처리기구의 장은 전자정보를 효율적으로 처리하기 위하여 전자정보처리프로그램(이하 “전자정보처리프로그램”이라 한다)을 구축·운영하여야 한다. 이 경우 그 전산처리에 필요한 비용의 일부 또는 전부를 전자정보처리

프로그램을 이용하는 자로부터 징수할 수 있다. <개정 2007.8.3>

(3) 폐기물관리법 제24조의 3(수입폐기물의 처리 등)

② 제24조의2제1항에 따른 수입신고를 한 자나 그 수입한 폐기물을 운반·처리하는 자는 그 폐기물을 수입·운반 또는 처리할 때마다 폐기물의 인계·인수에 관한 내용을 환경부령으로 정하는 바에 따라 제45조제2항에 따른 전자정보처리프로그램에 입력하여야 한다.

(4) 건설폐기물의 재활용촉진에 관한 법률 제18조(건설폐기물의 인계·인수 등)

① 건설폐기물을 배출·수집운반·처리를 하는 자는 건설폐기물을 배·수집운반·처리를 할 때마다 건설 폐기물의 인계·인수에 관한 내용을 제19조제1항에 따른 전자정보처리프로그램에 입력하여야 한다. 다만, 소량의 건설폐기물을 배출하는 등 환경부령으로 정하는 경우에는 건설폐기물 간이인계서의 작성으로 갈음할 수 있다.

(5) 폐기물 전자정보 처리프로그램 운영 및 사용 등에 관한 고시(환경부고시 제2010-05호)

(2) 작성대상 폐기물

1) 폐기물관리법

① 폐기물관리법시행령 제2조제8호에 의한 사업장의 폐기물

② 폐기물관리법시행령 제2조제9호에 따라 일련의 공사 또는 작업으로 발생하는 사업장의 폐기물

③ 아래 항목의 어느 하나에 해당하는 폐기물로서 지정폐기물이 아닌 폐기물

- 오니(월 평균 1톤 이상 배출되는 경우에만 해당)
- 광재(시멘트의 원료 등으로 재활용 되는 철강슬래그 제외), 분진, 폐사, 도자기조각, 소각재, 안정화 또는 고형화처리물, 폐촉매, 폐흡착제 및 폐흡수제(월 평균 500킬로그램 이상 배출되는 경우에만 해당)

④ 폐기물관리법시행규칙 제18조의2제1항 각호의 지정폐기물

- 오니(월평균 500킬로그램 이상 배출하는 경우에만 해당)
- 폐농약·광재·분진·폐주물사·폐사·폐내화물·도자기조각·소각재, 안정화 또는 고형화처리물, 폐촉매·폐흡착제·폐흡수제·폐유기용제 또는 폐유(각각 월평균 50킬로그램 또는 합계 월 평균 130킬로그램 이상 배출되는 경우에만 해당)
- 폐합성고분자화합물·폐산·폐알칼리·폐페인트·폐래커 또는 폐석면(각각 월평균 100킬로그램 또는 합계 월평균 200킬로그램 이상 배출되는 경우에

만 해당)
- 폴리클로리네이티드비페닐 함유 폐기물(PCB)
- 폐유독물
- 의료폐기물 (※ 무선주파수인식방법을 이용하여 인계·인수에 관한 내용을 올바로시스템에 입력)
- 폐기물관리법시행령 별표 1 제11호에 따라 고시된 지정폐기물(현재 고시된 폐기물 없음)

⑤ 폐기물관리법시행규칙 제21조제1항에 따라 사업장폐기물 공동처리 배출자가 배출하는 지정폐기물

⑥ 그 밖에 환경부장관이 정하여 고시하는 폐기물(현재 고시된 폐기물 없음)

2) 건설폐기물재활용촉진에관한법률

법 제2조제1호 및 시행령 별표 1에 따른 건설폐기물(10톤 이상 배출 현장 의무작성)

- 폐콘크리트, 폐아스팔트콘크리트, 폐벽돌, 폐블럭, 폐기와, 폐목재(나무의 뿌리, 가지 등 임목폐기물이 5톤 이상인 경우는 제외한다), 폐합성수지, 폐섬유, 폐벽지, 건설오니[준설공사, 굴착공사, 지하구조물공사 등 건설공사 과정에서 발생하거나 건설폐재류를 중간처리하는 과정 또는 건설 공사장 세륜(洗輪)시설에서 발생하는 무기성오니를 말한다], 폐금속류, 폐유리, 폐타일 및 폐도자기, 폐보드류, 폐판넬, 건설폐토석(건설공사시 건설폐기물과 혼합되어 발생되는 것 중 분리선별된 흙·모래·자갈 또는 건설폐기물을 중간처리하는 과정에서 발생된 흙·모래·자갈 등으로서 자연상태의 것을 제외한 것을 말한다), 혼합건설폐기물(제1호부터 제15호까지의 건설폐기물 중 둘 이상의 건설폐기물이 혼합된 것을 말하되, 다음 각 목의 기준에 맞게 혼합된 경우로 한정한다)

가. 불연성 건설폐기물(제1호부터 제5호까지 및 제10호부터 제13호까지의 건설폐기물을 말한다. 이하 같다)에 가연성 건설폐기물(제6호부터 제9호까지의 건설폐기물을 말한다. 이하 같다)과 그 밖의 건설폐기물(제14호 및 제15호의 건설폐기물을 말한다. 이하 같다)이 혼합된 상태로 불연성 건설폐기물을 제외한 건설폐기물의 함유량이 중량기준으로 5퍼센트 이하일 것

나. 불연성 건설폐기물을 제외한 가연성 건설폐기물과 그 밖의 건설폐기물이 혼합된 상태로 가연성 건설폐기물의 함유량이 중량기준으로 5퍼센트 이하일 것. 건설공사로 인하여 발생되는 그 밖의 폐기물(생활폐기물과 지정폐기물은 제외한다)

(3) 입력시기

1) 배출자

운반자에게 폐기물을 인계하기 전에 예약 또는 확정입력

예약입력의 경우 처리자가 폐기물을 인수한 후 1일 이내에 확정입력

2) 운반자

- 배출자로부터 폐기물을 인수받은 날부터 1일 이내
- 적재능력이 작은 차량으로 폐기물을 수집운반하여 적재능력이 큰 차량으로 옮겨 싣기 위하여 임시보관장소를 경유하여 운반하는 경우에는 처리자에게 인계한 후 1일 이내

※ 수도권매립지관리공사로 반입되는 폐기물중 성분검사를 실시하는 경우 30일 연장가능

3) 처리자 : 운반자로부터 폐기물을 인수한 날부터 1일 이내

※ 처리량 및 처리일자는 폐기물 처리 후 2일 이내임. 단, 처리기간 초과불가

4) 의료폐기물 배출 · 운반 · 처리자

RFID를 이용하여 올바로시스템에 입력

8. 폐기물처리시설의 관리(법 제31조)

① 폐기물처리시설을 설치 · 운영하는 자는 환경부령으로 정하는 관리기준에 따라 그 시설을 유지 · 관리하여야 한다.

② 대통령령으로 정하는 폐기물처리시설을 설치 · 운영하는 자는 그 처리시설에서 배출되는 오염물질을 측정하거나 환경부령으로 정하는 측정기관으로 하여금 측정하게 하고, 그 결과를 환경부장관에게 제출하여야 한다.

③ 대통령령으로 정하는 폐기물처리시설을 설치 · 운영하는 자는 그 폐기물처리시설의 설치 · 운영이 주변 지역에 미치는 영향을 3년마다 조사하고, 그 결과를 환경부장관에게 제출하여야 한다.

④ 환경부장관은 폐기물처리시설의 설치 또는 유지 · 관리가 제29조제1항에 따른 설치기준 또는 이 조 제1항에 따른 관리기준에 맞지 아니하거나 제30조제1항 또는 제2항에 따른 검사 결과 부적합 판정을 받은 경우에는 그 시설을 설치 · 운영하는 자에게 환경부령으로 정하는 바에 따라 기간을 정하여 그 시설의 개선을 명하거나 그 시설의 사용중지(제30조제1항 또는 제2항에 따른 검사 결과 부적합 판정을 받은 경우는 제외한다)를 명할 수 있다. <개

정 2010.7.23>

⑤ 환경부장관은 제4항에 따른 개선명령과 사용중지 명령을 받은 자가 이를 이행하지 아니하거나 그 이행이 불가능하다고 판단되면 해당 시설의 폐쇄를 명할 수 있다. <개정 2007.8.3>

⑥ 환경부장관은 폐기물처리시설을 설치·운영하는 자가 제2항에 따른 오염물질의 측정의무를 이행하지 아니하거나 제3항에 따라 주변지역에 미치는 영향을 조사하지 아니하면 환경부령으로 정하는 바에 따라 기간을 정하여 오염물질의 측정 또는 주변지역에 미치는 영향의 조사를 명령할 수 있다. <개정 2007.8.3>

⑦ 제2항에 따라 측정하여야 하는 오염물질, 측정주기, 측정결과의 보고, 그 밖에 필요한 사항은 환경부령으로 정한다.

⑧ 제3항에 따른 조사의 방법·범위, 결과 보고, 그 밖에 필요한 사항은 환경부령으로 정한다.

⑨ 환경부장관은 「공공기관의 정보 공개에 관한 법률」로 정하는 바에 따라 제2항에 따른 측정 결과와 제3항에 따른 조사 결과를 공개하여야 한다. [시행일 : 2011.7.24]

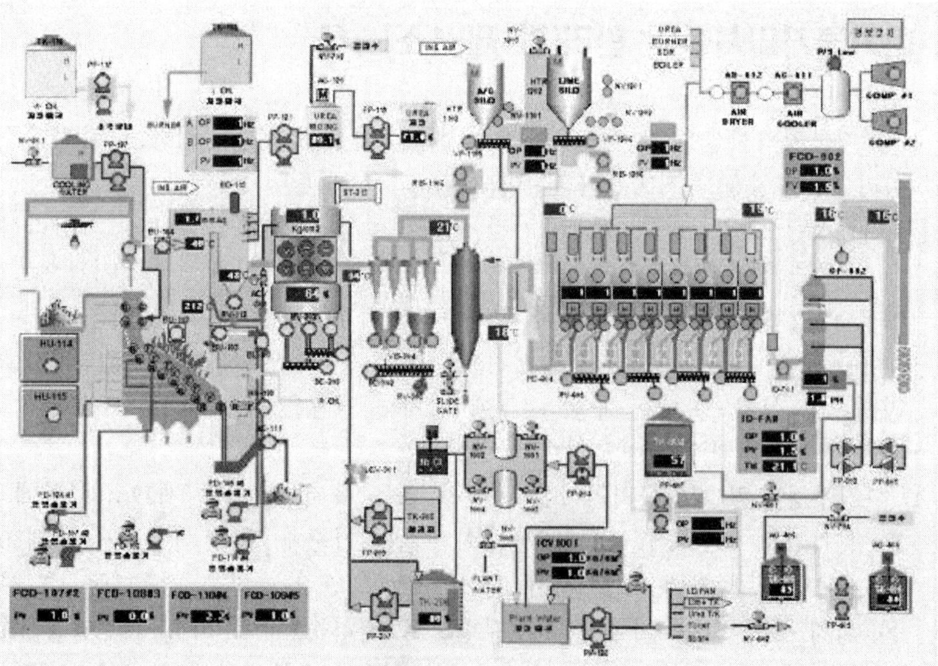

[그림 5-4] 소각로 시스템 개요도(사례)

부 록

1. 인증기관 환경경영시스템 심사 모듈 사례
2. 환경경영시스템 인증심사원 자격인증기준
3. 환경관련 용어

(부록 1)

인증기관 환경경영시스템 심사 모듈 사례

윤 리 서 약 서

본인은 아래의 인증심사를 수행하기 위하여 다음 사항을 준수할 것을 서약하며, 본 서약의 위반시 관련규정에 의한 조치는 물론이고 이에 상응한 손해배상도 감수하겠습니다.

1. 범 위

조직명			계약(인증)번호	
심사일자	예비심사	200X 년 월 일 ~ 200X 년 월 일		
	1단계심사	200X 년 월 일 ~ 200X 년 월 일		
	2단계심사	200X 년 월 일 ~ 200X 년 월 일		

2. 윤리서약

1) 본인은 상기 인증과 관련된 활동에 있어서 신뢰성 있고 공정한 태도로 임하겠습니다.

2) 본인은 상기 인증활동 중 고객, 그 대리인 또는 이해관계자로부터 어떠한 향응, 금품, 선물 또는 기타 이익을 요구하거나 제공받지 않겠습니다.

3) 본인은 상기 인증과 관련된 활동을 통해 취득한 모든 고객 정보에 대해 기밀을 유지하며, 가나다인증기관이나 고객의 서면동의 없이는 제3자에게 누설하지 않습니다.

4) 본인은 당해 고객 또는 이해관계자에 대하여 인증의 기밀성, 객관성 및 공정성을 저해할 수 있는 어떠한 이해관계도 가지고 있지 않습니다.

5) 본인은 최근 2년 내에 당해 고객에서 근무하거나 시스템에 대한 어떠한 형태의 자문도 제공한 경험이 없으며 향후에도 이해상충을 유발할 계획이 없습니다.

성명	서약일	성명	서약일	성명	서약일

심사일지

<table>
<tr><td rowspan="2">① 인증기관</td><td colspan="5">가나다 인증원</td></tr>
<tr><td colspan="5">서울특별시 XX구 XX동 1234 ☎ 02) 0000 - 0000~0</td></tr>
<tr><td rowspan="2">②
작성자</td><td>성 명</td><td>김 X X</td><td>주민등록번호</td><td colspan="2"></td></tr>
<tr><td>역 할</td><td colspan="4">□ 심사반장 □ 심사반원 □ 심사원보 □ 검증자</td></tr>
<tr><td rowspan="6">③
피심사
업체</td><td>조직명</td><td colspan="4">가나다주식회사</td></tr>
<tr><td>대표자</td><td>이 X X</td><td>업종</td><td colspan="2">제조업</td></tr>
<tr><td>주 소</td><td colspan="4">충남 XX시 XX 동 1234번지</td></tr>
<tr><td>실무담당자</td><td colspan="4">부서 : 품질경영팀 성명 : 박 X X 전화 : 041-0000-0000</td></tr>
<tr><td>심사규격</td><td>KS I ISO 14001 : 2009/ISO 14001 : 2004</td><td>KSA코드</td><td colspan="2"></td></tr>
<tr><td>인증범위</td><td colspan="4"></td></tr>
<tr><td rowspan="4">④
심사내용</td><td>심사일자</td><td>일자별 심사일정 및 시간</td><td>총심사시간</td><td>2단계
심사시간</td><td>1단계
심사시간</td></tr>
<tr><td>201X.XX.XX</td><td>심사일정계획서 참조</td><td>H</td><td>H</td><td>H</td></tr>
<tr><td>심사형태</td><td colspan="4">□ 최초인증심사 (□ 1단계심사 □ 2단계심사 □확인심사)
□ 사후관리심사 □ 갱신심사 □ 기타 ( )심사</td></tr>
<tr><td>적용규격조항
(현장심사)</td><td colspan="4"></td></tr>
<tr><td rowspan="2">⑤
심사반
구성</td><td>성 명</td><td>소 속</td><td>인증기관코드</td><td colspan="2">역 할</td></tr>
<tr><td>김 XX
이 XX</td><td>가나다인증원
가나다인증원</td><td>000
000</td><td colspan="2">심사반장
심사반원</td></tr>
</table>

<table>
<tr><td rowspan="6">⑥
관
찰
평
가</td><td>심사구분</td><td>평가항목</td><td>평가결과(서술식으로 기술)</td><td>적/부</td></tr>
<tr><td>1단계
심사</td><td>심사규격의 이해도
(평가일자 :)</td><td></td><td></td></tr>
<tr><td rowspan="4">2단계
심사</td><td>심사기준이 되는
규격에 대한 지식</td><td></td><td></td></tr>
<tr><td>KS A 19011에 따른 심사
전과정 수행능력</td><td></td><td></td></tr>
<tr><td>KS A 19011의 7에
따른 자질과 능력</td><td></td><td></td></tr>
<tr><td>심사전 과정에 대한
관리와 심사반 통솔능력
(선임심사원 신청시)</td><td></td><td></td></tr>
<tr><td rowspan="2">종합평가</td><td colspan="4"></td></tr>
<tr><td>검증심사원</td><td>성명 :</td><td>서명 :</td><td>일자</td></tr>
<tr><td rowspan="2">⑦ 확인</td><td>피심사업체경영책임자</td><td>성명 :</td><td>서명 :</td><td>일자 :</td></tr>
<tr><td>인증기관 대표자
(또는 경영대리인)</td><td>성명 :</td><td>서명 :</td><td>일자 :</td></tr>
</table>

1단계 심사 계획서

가나다라 貴中

수신(참조) : 대표이사(품질경영팀 손 X X 팀장)

다음과 같이 1단계 심사 계획서를 송부해드립니다. 심사계획에 대한 변경 요청은 심사 3일 전까지 가능합니다.

1. 심사대상 조직

조직명			대표자		계약(인증)번호	
인증사업장						
구분	사업장명	주 소		인원수		
주 사업장						
지원 사업장						
			합계			

2. 심사개요

심사규격 및 종류	KS Q ISO 14001 : 2004/ISO 14001 : 2004 환경경영시스템 - 최초심사				
인증기관코드		한국표준산업분류		등록인정기관	KAB
심사대상	- 심사대싱 관련 경영시스템 문서 및 기록, 내부심사 및 경영검토 자료, 이해관계자 불만접수 및 조치기록, 심사주요 지표 및 성과추이 - 환경 추가사항 : 관련 측면 및 영향 평가서, 추진계획, 관련 법규사항 등				
심사기간	201X.XX.XX ~ XX.XX (일간, MD)				
심사반					
역 할	심사반장	심사반원			
성 명					

* 협조사항 :
1. 해당 부서는 업무와 연관된 내용을 필수적으로 이해하고 그 내용의 정확성 여부를 답변할 수 있도록 해 주시기 바랍니다.
2. 특별히 기밀 준수가 요구되는 사항이 있는 경우에는 사전에 알려주시기 바랍니다.
3. 심사원용으로 심사대상자료를 준비해 주십시오.
4. 심사반에게 회의실, 전화기, 복사기 등의 편의시설을 제공해주시기 바랍니다.

첨부 : 1. 심사일정계획서

성명 : 홍 길 동 연락처 : 010-1234-XXXX 작성일 : 200X. XX. XX

1단계 심사 일정계획서

일자	시 간	심사원	심사내용/프로세스
	~		시작 회의
	~		현장 순회
	~		조직 세부사항 - 사업장, 품질 시스템, 고객 등
	~		조직 세부사항 확인 현장 활동, 원격지, 생산제품 및 인증범위, 종업원 수, 제품설계 책임, 교대조, 제안 심사일수, 이해관계자현황, 품질시스템 인증현황, ISO 14001 인증요청 고객 등
	~		환경시스템 문서화 내용검토 - 환경매뉴얼(품질경영매뉴얼과의 통합본) - 조직의 프로세스(순서 및 상호작용) - 환경방침 및 환경목표 - 문서화된 절차 - 이해관계자지정 요구사항
	~		준비성 검토자료 확인 - 환경매뉴얼 표지 및 개정이력 - ISO 14001 항목별 심사 MATRIX - 이해관계자지정 요구사항 목록 - 내부심사 및 경영검토 기획 및 결과 - 내부심사원 목록 - 이해관계자 불만현황, 법규준수평가, 비상시 대비 및 대응기록 - 이전 12개월 동안의 운영 성과지표
	~		종결회의

◆ 비 고

1. 중식 : 12 : 00~13 : 00
2. 심사시간은 조정될 수 있습니다.
3. 상기 심사시간에 따라 각 부문별 세부 인터뷰 일정을 계획해 주시기 바랍니다. 심사가 불가능한 부분에 대해 사전에 알려주시면 별도의 일정을 협의하여 심사를 진행하겠습니다.

부적합 보고서(1단계)

발행 번호	조항 번호	내 용	유 형 (중/경)	프로세스	관련부서	발행자

개선권고사항(1단계)

발행 번호	내 용	프로세스	관련부서	발행자

계약(인증)번호 : 0000

가나다(주)

KS I ISO 14001 : 2009/ISO 14001 : 2004

1단계 심사보고서

심사는 임의적인 샘플에 근거하여 수행되었기 때문에, 부적합 사항이 식별되지 않은 부분에서 발견될 수 있습니다.

이 심사보고서 및 첨부내용은 가나다인증기관의 인증등록 및 유지와 관련된 활동에 활용되며, 법 또는 해당 인정기관의 요구를 제외하고는, 조직의 서면동의 없이 제3자에게 공개하지 않습니다.

조직 외부로 보고서의 사본을 배포하고자 할 때는 모든 페이지를 누락하지 않은 상태로 배포해야 합니다.

가나다인증원	201X. XX. XX	이 XX
인증기관	작성일	심사반장

1 일반 사항

1. 심사대상 조직

조직명			대표자	
인증사업장				
구 분	사업장명	주 소	인원수	
주 사업장				
지원 사업장				
		합계		

2. 심사개요

심사규격 및 종류	KS I ISO 14001 : 2009/ISO 14001 : 2004 환경경영시스템 - 최초심사				
인증기관 코드		한국표준산업분류		등록인정 기관	KAB
심사기간	201X.XX.XX ~ XX.XX (일간, MD)				
심사목적	- 인증범위에 대한 적절성 확인 - 조직의 2단계 심사 준비상태에 대한 검토를 통해 2단계 심사 진행여부 결정				
심사장소	■ 현장 □ 가나다 인증원 사무실				
심사반					
역할	심사반장	심사반원			
성명					
심사대상 매뉴얼					

2 심사 결과

2단계 심사를 진행하기 위한 귀 조직의 준비 상태는 □ 적합 □ 부적합 합니다.

부적합	건	개선권고사항	건

1단계 심사시 발행된 부적합사항에 대한 시정조치는 2단계 심사 전까지 완료되어야 합니다.
2단계 심사 전까지 시정조치가 어려울 경우, 인증원과 협의하여 2단계 심사일정을 조정하시기 바랍니다.

우려사항

첨부 : □ 1. 부적합보고서 ■ 2. 개선권고사항 ■ 3. 1단계심사점검표(규격별)

1단계 심사 점검표

문 항	결 과			의 견
	Y	N	N/A	
제안된 인증범위가 확인된 인증범위와 동일합니까?				
2단계 심사일수가 적절히 산정되었습니까?				
경영시스템이 조직의 관련 측면을 식별하고 후속적으로 그 중요성을 결정하기 위한 적절한 프로세스를 포함하고 있습니까?				
경영시스템이 조직의 방침을 달성할 수 있도록 설계되어 있습니까?				
경영시스템에 외주처리 된 프로세스가 파악되어 포함되어 있습니까?				
조직이 관련 활동을 위한 법규 및 인허가 서류를 구비하고 있습니까?				
고객만족 및 고객불만 현황을 파악하여 관리합니까?				
주요 지표 및 성과 추이를 포함한 기록이 있으며, 현재 성과는 만족할 만합니까?				
내부심사 및 경영검토가 실행되었고 경영시스템의 지속적인 적절성, 충족성 및 효과성을 보장하고 있습니까?				
2단계 심사에 필요한 사항을 협의하였습니까? - 심사일정, 현장순회, 중점 체크사항 협의				

심사 계획서

가나다라(주) 貴中

수신(참조) : 대표이사(품질경영팀 홍 X X 부장)

다음과 같이 심사 계획서를 송부해드립니다. 심사계획에 대한 변경 요청은 심사 3일 전까지 가능합니다.

1. 심사대상 조직

조직명		대표자		계약(인증) 번호	

인증사업장				
구분	사업장명	주소	인원수	
주 사업장				
지원 사업장				
		합계		

2. 심사개요

심사규격 및 종류					
인증범위					
인증기관 코드		한국표준산업분류		등록인정기관	KAB
심사기간	~ (일간, MD)				
심사반					
역할	심사반장	심사반원			
성명					

* 협조사항 :
1. 해당 부서는 업무와 연관된 내용을 필수적으로 이해하고 그 내용의 정확성 여부를 답변할 수 있도록 해 주시기 바랍니다.
2. 특별히 기밀 준수가 요구되는 사항이 있는 경우에는 사전에 알려주시기 바랍니다.
3. 심사원용으로 심사대상자료를 준비해주십시오.
4. 심사반에게 회의실, 전화기, 복사기 등의 편의시설을 제공해주시기 바랍니다.

ISO 14001 심사일정계획서

규격 조항	시스템 요구사항	심 사 부 서 명											비고
		관리부	생산부	QA부	기술부	영업부	공무부						
4.1	일반요구사항												
4.2	환경방침												
4.3.1	환경측면												
4.3.2	법규 및 그 밖의 요건												
4.3.3	목표, 세부 목표 및 추진계획												
4.4.1	자원, 역할, 책임 및 권한												
4.4.2	적격성, 교육훈련 및 인식												
4.4.3	의사소통												
4.4.4	문서화												
4.4.5	문서 관리												
4.4.6	운영 관리												
4.4.7	비상사태 대비 및 대응												
4.5.1	모니터링 및 측정												
4.5.2	준수 평가												
4.5.3	부적합, 시정조치 및 예방조치												
4.5.4	기록관리												
4.5.5	내부심사												
4.6	경영 검토												
□ 변경사항(인증범위, 소유권, 종업원 수 등)													
□ 인증마크의 사용													
□ 이전심사 시정조치의 유효성													

경영자면담자료 작성요령

다음 사항이 포함된 자료(A4용지 2-3매)를 요약하여 작성하셔서 경영자 면담시 활용할 수 있도록 준비해주시기 바랍니다.

1. 조직 현황 (최근 3년)

- 주 생산제품(해당 시 관련 서비스 포함, 서비스 업종의 경우 주요 서비스 활동), 인증대상 사업장 종업원 수, 매출액, 이익 등

2. 주요 실적(최근 3년)

1) 공통사항
- 주요 경영지표(성과지표)에 대한 목표(계획) 대 실적 자료
- 이해관계자의 주요 불만사항 및 처리 실적
- 내부심사 및 경영검토 결과
- 지속적 개선을 위한 주요 업무개선 실적 등

2) ISO 14001 부문 주요 현황
- 환경오염물질 배출정도, 환경투자 실적 및 운영비용, 환경사고 및 법규위반, 이해관계자 불만사항 등

3. 인증 추진 동기 및 기대효과

4. 환경 방침 및 목표와 그 설정동기

5. 교육 현황

6. 시스템 운영 성과 및 변경사항(사후관리 또는 갱신심사시)

7. 국제적으로 논의되는 다른 인증제도에 대한 대응계획
(예 : ISO 9001, DfE, LCA, EL, EPE, CE마킹, JIS, GMP, OHSMS, ISO 22000 등)

8. 중장기 계획

9. 인증기관(행정직원 및 심사원)에 대한 건의사항

심사요약보고서

1. 심사 요약

조직명	
심사규격 및 종류	
심사기간	~ (일간, MD)

2. 심사 결론

중부적합	건	경부적합	건	개선권고사항	건
시정조치 기한					
확인 방법	□ 완전 확인심사 □ 부분 확인심사 (□문서/□현장)				
심사결과에 대한 의견 불일치					

심사반과 조직은 상기 내용이 협의를 통해 합의되었음을 확인합니다.

작성일	심사반장(성명, 인)	경영 대리인(성명, 인)

첨부 : □ 1. 부적합보고서
■ 2. 개선권고사항
□ 3. 인증범위확인서

- 이 상 -

계약(인증)번호 : ______

가나다라(주)

KS I ISO 14001 : 2009/ISO 14001 : 2004

2단계 심사보고서

심사는 임의적인 샘플에 근거하여 수행되었기 때문에, 부적합 사항이 식별되지 않은 부분에서 발견될 수 있습니다.

이 심사보고서 및 첨부내용은 가나다인증원의 인증등록 및 유지와 관련된 활동에 활용되며, 법 또는 해당 인정기관의 요구를 제외하고는, 조직의 서면동의 없이 제3자에게 공개하지 않습니다.

조직 외부로 보고서의 사본을 배포하고자 할 때는 모든 페이지를 누락하지 않은 상태로 배포해야 합니다.

가나다인증원	200X. XX. XX	박 X X
인증기관	작성일	심사반장

1 일반 사항

1. 심사대상 조직

<table>
<tr><td>조직명</td><td colspan="4"></td><td>대표자</td><td></td></tr>
<tr><td rowspan="3">담당자</td><td colspan="2">성 명</td><td></td><td>전 화</td><td colspan="2"></td></tr>
<tr><td colspan="2">직 위</td><td></td><td>FAX</td><td colspan="2"></td></tr>
<tr><td colspan="2">부 서</td><td></td><td>E-mail</td><td colspan="2"></td></tr>
<tr><td colspan="7">인증사업장</td></tr>
<tr><td>구분</td><td>사업장명</td><td colspan="3">주 소</td><td>인원수</td><td></td></tr>
<tr><td rowspan="2">주
사업장</td><td></td><td colspan="3"></td><td></td><td></td></tr>
<tr><td></td><td colspan="3"></td><td></td><td></td></tr>
<tr><td rowspan="2">지원
사업장</td><td></td><td colspan="3"></td><td></td><td></td></tr>
<tr><td></td><td colspan="3"></td><td></td><td></td></tr>
<tr><td colspan="4"></td><td>합계</td><td></td><td></td></tr>
</table>

2. 인증범위

<table>
<tr><td>심사규격</td><td colspan="3"></td></tr>
<tr><td>인증범위
(품목 및 활동)</td><td colspan="3"></td></tr>
<tr><td>인증기관코드</td><td></td><td>한국표준산업분류</td><td></td></tr>
</table>

3. 심사개요

<table>
<tr><td>심사종류</td><td colspan="3"></td></tr>
<tr><td>심사목적</td><td colspan="3">- 경영시스템이 심사대상 규격의 모든 요구사항을 준수하고 있음을 확인
- 조직이 계획된 경영시스템을 효과적으로 이행하고 있음을 확인</td></tr>
<tr><td>심사기간</td><td colspan="3">~ (일간, MD)</td></tr>
<tr><td colspan="4">심사반</td></tr>
<tr><td>역 할</td><td>심사반장</td><td>심사반원</td><td></td></tr>
<tr><td>성 명</td><td></td><td></td><td></td></tr>
<tr><td>심사대상 매뉴얼</td><td colspan="3"></td></tr>
<tr><td>심사회의 참석자</td><td colspan="3"></td></tr>
</table>

2 심사 결과

1. 심사 요약

중부적합	건	경부적합	건	개선권고사항	건

KS I ISO 14001 : 2004															
조항	심사 여부	조항	심사 여부	조항	심사 여부	조항	심사 여부	조항	심사 여부	조항	심사 여부	조항	심사 여부	조항	심사 여부
4.1		4.4.6													
4.2		4.4.7													
4.3.1		4.5.1													
4.3.2		4.5.2													
4.3.3		4.5.3													
4.4.1		4.5.4													
4.4.2		4.5.5													
4.4.3		4.6													
4.4.4															
4.4.5															

※비고 (심사규격 조항이 삼사단계에서 확인되지 않을 경우, 그 사유를 기록)

부적합 및 개선권고사항에 대한 세부사항은 첨부된 부적합보고서(AB-05)와 개선권고사항(AB-06)을 참고하시기 바랍니다.

2. 심사 결론

□ 인증추천 : 귀 조직의 경영시스템이 적절하고 유효하게 실행되고 있으므로 □ 인증서 발행 □ 인증자격유지를 추천하겠습니다.

□ 인증추천보류 1 : 발견된 부적합 사항에 대한 시정 계획 및 시정조치 계획을 작성하신 후 200 년 월 일까지 인증원으로 송부해주시기 바랍니다. 계획 내용이 적합하면 □ 인증서 발행 □ 인증자격유지를 추천하겠습니다. 시정 및 시정조치 결과에 대한 유효성은 차기 심사시 확인합니다.

□ 인증추천보류 2 : 귀 조직의 경영시스템이 심사한 규격을 충분히 만족시키지 못하고 있습니다. 발견된 부적합 사항에 대한 충분한 시정 및 시정조치를 취하신 후 200 년 월 일까지 인증원으로 송부해주시면 부분 확인심사(□문서/□현장)를 실시하겠습니다. 조치 내용이 적합하면 □ 인증서 발행 □ 인증자격유지를 추천하겠습니다.

□ 인증추천보류 3 : 귀 조직의 경영시스템이 심사 규격을 만족시키고 있지 못해 완전 확인심사를 실시하겠습니다. 완전 확인심사는 본 심사와 동일하게 진행됩니다.

□ 인증추천불가 : 귀 조직의 경영시스템이 심사 규격의 요구사항과 조직의 방침 및 목적을 만족하고 있지 못해 인증 추천이 불가하며 최초심사를 재실시하겠습니다.

3 심사 의견

1. 방침 및 주요 목표의 달성

2. 경영검토 및 내부심사 운영

3. 시스템 운영을 위한 자원 활용

4. 내·외부 의사소통 및 피드백

5. 법규 준수(해당하는 경우 작성)

6. 이전 심사로부터의 변경사항

변경사항	조치내용
※ 조직은 경영시스템 유효성에 영향을 미칠 수 있는 변경사항을 30일 이내에 인증원에 통보하여야 하며 이에 따른 특별사후관리심사가 실시될 수 있습니다.	

7. 이전심사 부적합 사항 시정조치의 유효성 확인

이전 심사(1단계 심사 포함)시 발견된 (경/중)부적합 ( )건에 대한 시정조치의 유효성 확인결과는 다음과 같습니다.

부적합 번호	유형	확인 결과

8. 기타 확인사항

	적합	부적합	N/A
적용 제외조항에 대한 타당성			
경영시스템의 적합성 및 효과성			
인증마크 및 인증서 사용의 적합성			
성과지표 통보(해당시)			
이해관계자지정요구사항(해당시) :			

4 차기 심사 일정

인증규격	심사유형	심사주기	MD	차기심사 예정월	통합여부

5 첨부 및 심사참고자료

1. 첨부

☐ 1. 부적합보고서

☐ 2. 개선권고사항

☐ 3. 인증범위확인서

2. 심사참고자료(※ 조직에 배포하지 않아도 되는 자료임)

☐ 1. 프로세스심사점검표

☐ 2. 사후관리심사프로그램

- 이 상 -

인증범위 확인서

조직명	한글		
	영문		
구분	사업장명		주 소
주 사업장	한글		
	영문		
지원 사업장	한글		
	영문		

※ 복수 사업장인 경우, 다음 사항을 작성하시기 바랍니다. 사업장이 다수인 경우, 다음 표를 복사하여 사용하시기 바랍니다.

No	사업장명		주 소
1	한		
	영		
	□ 인증전체 □인증 일부분 :		
2	한		
	영		
	□ 인증전체 □인증 일부분 :		

※ 지원사업장이 다수인 경우, 다음 사항을 작성하시기 바랍니다.

No	사업장명		주 소	지원기능
1	한			
	영			

인증규격		
인증 범위	한글	
	영문	

변경사항

최초인증일		인증서 매수	한글 : 매,	영문 매

사후관리심사 프로그램

심사규격 KS I ISO 14001 : 2009/ISO 14001 : 2004 환경경영시스템	인증유효기간	계약(인증)번호

프로세스/시스템 요구사항	사후관리심사일정						
							비고

필수요건	요구사항	비고
필수요건	내부심사	공통
	경영검토	
	이전심사 시정조치의 유효성	
	이해관계자 불만의 처리	
	목표달성과 관련된 경영시스템의 효과성	
	지속적 개선 활동	
	지속적 운영 관리	
	시스템 주요 변경사항에 대한 검토	
	인증마크 및 인증서 사용	
	고객지정 요구사항, 교대근무조, 품질개선 및 고객만족 현황	해당시
	성과지표 통보, 품질개선 및 고객만족 현황	해당시

시정 및 시정조치 작성요령

1. 발행된 부적합 사항에 대한 시정조치는 합의된 기한 내(최대 90일)에 공식 문서로서 제출해야 합니다(합의된 기한 내에 제출하지 않는 경우 인증등록이 불가능하거나, 인증효력이 정지될 수 있습니다).

2. 부적합 사항에는 다음 내용이 기재되어야 합니다.

2.1 발행번호

심사원이 발행한 부적합보고서에 기재된 부적합 발행번호를 기재합니다.

예 : ‘EM-00X’ 등

2.2 관련부서

부적합 사항에 대한 조치 책임부서를 기재합니다. 관련부서는 일반적으로 심사 시에 부적합 사항이 발견된 부서이나, 프로세스 심사인 경우 부적합 사항과 연관된 프로세스의 책임부서일 수도 있습니다.

2.3 유형

중 부적합 사항일 경우 ‘중’, 경 부적합 사항일 경우 ‘경’으로 기재합니다.

2.4 부적합 내용

심사원이 발행한 부적합보고서의 부적합 내용을 기재합니다.

3. 각 시정조치의 내용은 다음 사항을 포함하여야 합니다.

3.1 시정 및 시정조치 내용

1) 동일한 부적합 사항이 발생하지 않도록 부적합 사항을 누가, 언제, 어떻게 조치했는지에 대한 내용을 가능한 한 시스템적 접근방식을 활용하여 향후 추적이 가능하도록 구체적으로 작성합니다.
2) 이해관계자 또는 후속공정에 영향을 미치는 사항에 대한 잠정적인 봉쇄조치를 포함합니다.
3) 시정에 해당되는 내용은 완료함을 원칙으로 합니다.
4) 시정조치와 관련된 첨부서류는 필요시에만 첨부합니다. 첨부서류는 ‘시정’과 직접적으로 관련된 부분(쪽)만으로 최소화하십시오.
   예 : 절차서를 개정한 경우, 개정된 페이지만 첨부(해당 절차서 전체를 첨부하지 말 것)

3.2 근본 원인(Root Cause)

1) 부적합 사항 자체에 대한 근본적인 원인을 조사하여 작성합니다. 피상적인 원인은 가능한 배제하고, ‘5 WHY 원칙’인 왜를 5회 반복하여 보다 근본적인 원인이 파악되도록 하여야 합니다.

2) 부적합 발생의 원인에 대한 내용이 아닌, 부적합 현상을 기재하지 않도록 합니다.

3.3 재발방지 대책

1) 다음과 같은 경우 부적합이 재발되지 않도록 재발방지대책을 수립합니다.
 - 발행된 부적합 사항이 다른 제품/서비스에 대해 동일한 영향을 미칠 수 있는 경우 **4M**(작업자, 장비, 자재, 작업방법)을 기준으로 다른 제품/서비스에 대해 동일 또는 유사한 부적합이 있는지를 파악하여, 수평전개한 내용 및 일정을 작성합니다.
 - 발생된 불량에 대해 잠정 원인(Potential cause : 항상 발생가능성이 높은 원인)이 식별된 경우
2) 시스템적인 접근방식도 재발 방지의 좋은 대책입니다(예. 관련 문서를 통한 표준화).
3) 재발방지 대책에 관한 결과는 차기 심사 확인사항이므로 시정조치보고서에 첨부하지 않습니다.
4) 담당 부서장은 본 조치가 운영되도록 관리합니다.

3.4 효과 파악

1) 시정 및 시정조치 내용에 대한 효과 파악을 실시하고 가급적 효과의 정도를 계량화하여 서술합니다.
2) 시정 및 시정조치가 유효한 것으로 파악될 때까지 효과 파악을 계속적으로 실시하시기 바랍니다.

3.5 경영대리인 서명

시정 및 시정조치 내용에 대한 확인 및 시정조치 주관부서의 최종 검토 후 시정조치 종료시 경영대리인이 최종적으로 서명합니다.

시정조치 보고서

1. 부적합 사항	발행번호		관련부서		유형	

2. 시정 및 시정조치

시정조치 :

근본 원인 :

재발방지 및 유사 부적합 조치/일정 :

효과 파악 :

첨부 :

작성일자	담당자	경영 대리인

3. 시정조치 확인(※ 심사반장이 작성하는 내용입니다) **☐종결 ☐재시정조치**

확인형태	☐ 문서 ☐ 현장	시정조치 결과	☐ 적합 ☐ 부적합
의 견			

작성일자	심사반장

인증결정검토서

1. 인증기관 담당자 입력사항

<table>
<tr><td>안건</td><td colspan="4">에 대한 인증 승인</td><td colspan="2">담당자(인증기관) :</td></tr>
<tr><td>조직명</td><td>종업원수</td><td>MD</td><td colspan="2">심사규격</td><td>심사유형</td><td>계약(인증)번호</td></tr>
<tr><td></td><td></td><td></td><td colspan="2"></td><td></td><td></td></tr>
<tr><td colspan="6">인증범위</td><td>KSA코드</td></tr>
<tr><td colspan="6"></td><td></td></tr>
</table>

2. 인증결정자 이해관계 확인

본인은 상기 안건과 관련하여 다음 사항을 준수할 것을 서약하며, 본 서약의 위반 시 관련 규정에 의한 조치는 물론이고 이에 상응한 손해배상도 감수하겠습니다.

1) 본인은 상기 활동에 있어서 신뢰성 있고 공정한 태도로 임하겠습니다.
2) 본인은 당해 고객 또는 이해관계자에 대하여 인증의 기밀성, 객관성 및 공정성을 저해할 수 있는 어떠한 이해관계도 가지고 있지 않습니다.
3) 본인은 상기 인증과 관련된 활동을 통해 취득한 모든 고객 정보에 대해 기밀을 유지하며, 인증기관이나 고객의 서면동의 없이는 제3자에게 누설하지 않습니다.

성 명 : 작성일 : .

3. 인증결정검토

	Y	N	N/A	의견
1. 인증범위의 적절성				
인증범위의 구성이 적절한가?				
모든 사업장 또는 원격지 지원기능이 파악되었는가?				
승인된 제외사항을 확인하였는가?(제품 설계책임 유무)				
인증기관코드 및 한국표준산업분류가 적절히 적용되었는가?				
2. 심사반 구성의 적절성				
심사원 자격이 적절한 상태인가?				
세부심사코드를 부여받은 심사원이 최소한 1명 이상 심사반에 포함되었는가?				
최소한 1명의 심사원이 최초/갱신심사 후 지속되는 사후관리심사에 참여하는가?(적용시)				
심사가 5일을 초과하는 경우, 심사반이 2명 이상으로 구성되어 있는가?(적용시)				

	Y	N	N/A	의견
3. 심사일수의 적절성				
심사일수가 기준에 따라 적절히 산정되었는가?				
최초 제안 이후 종업원 수가 변경되었다면, 심사일수는 이를 적절히 반영하여 산정되었는가?				
심사일수는 모든 교대조 및 원격지를 포함하여 산정되었는가?(적용시)				
규격 전환심사의 경우, 인증범위는 이전 인증범위와 동일한가?(적용시)				
4. 심사수행절차의 적절성				
1단계 심사자료를 조직으로부터 제대로 제출받았는가?(적용시)				
ISO/TS 16949 항목별 심사 매트릭스가 적절히 작성되었는가?(적용시)				
2단계 심사가 1단계 심사 이후 90일 내에 수행되었는가?				
심사계획이 제안된 인증범위를 모두 포함하고 있는가?				
모든 심사가 심사계획에 따라 수행되었는지				
모든 적용 가능한 요구사항이 심사되었는가?				
심사는 프로세스 접근법에 따라 수행되었는가?(적용시)				
내부심사 및 경영검토가 계획되고 효과적으로 수행된 증거가 있는지? 모든 지적사항은 종결(resolved) 되었는가?				
2단계 심사는 경영시스템의 실행과 실행의 효과성을 충분히 객관적인 증거를 통해 평가하였는가?				
이전 심사 시정조치의 유효성에 대한 검증이 적절한가?				
5. 심사수행절차의 적절성				
사후관리심사 또는 갱신심사의 경우, 심사는 견적된 일수에 따라 심사되었는가?				
변경심사, 다음 사항을 포함하였는가? 1) 이전 인증기관의 심사보고서 2) 이전 인증기관의 인증서				
모든 교대조 및 지원기능이 심사되었는가?(적용시)				
지원 사업장이 주 사업장보다 먼저 심사되었는가?(적용시)				
사후관리심사, 다음 사항이 수행되었는가?(적용시) 1) 설계기능이 연속적인 12개월 이내 최소 1회 심사 2) 원격지원기능은 인증유효기간(3년) 동안 최소 1회 심사				
6. 보고서 작성의 적절성				
심사보고서와 관련 자료가 적절하게 작성 및 제출되었는가?(양식 최신본 사용, 자료 누락 여부 등)				
심사결론이 적절한가?				
사후관리프로그램은 해당 인증유효기간 동안의 모든 심사를 포함하여 계획되었는가?				
심사보고서가 2단계 심사 종료 후 15일 이내에 조직에게 제공되었는가?				
인증범위확인서가 적절하게 작성되었는가?				

	Y	N	N/A	의견
7. 인증서 인증범위 (해당시)				
인증범위를 포함하여 인증서가 적절히 발행되었는가?				
인증마크 및 인증서 사용이 적절한가?				
8. 부적합 발행 및 시정조치의 적절성				
발행된 경/중부적합과 개선권고사항의 구분이 적절한가?				
부적합은 다음 사항을 포함하여 기술되었는가? 1) 부적합의 기술 2) 요구사항 3) 객관적 증거				
부적합의 종결에 대한 충분한 객관적 증거가 있는가?				
부적합은 근본원인을 분석하여 시정조치되었는가?				
시정조치는 합의된 기간(최대 90일) 내에 실시되었는가?				
기타 및 특기사항 :				

검토결과	□ 적합 □ 부적합

심사반 회신					
심사반장 : 2009. .					
재검토결과	□ 적합 □ 부적합	확인자		확인일	
인증원 확인	□ 적합 □ 부적합	확인자		확인일	
인증번호			인증유효기간		

관찰일지

번호	관련조항	**관 찰 내 용** (누가, 무엇을, 어디서 봤는지에 관한 세부사항 프로세스 : 입력물/출력물/관련부서/성과 세부목표 & 실제성과)

(부록 2)

환경경영시스템 인증심사원 자격인증기준

[한국심사자격인증원 공고 제2009 - 05호, 2009-4-10]

서 문

1. 환경경영시스템 인증심사원 자격인증제도는 KS Q ISO 14001 규격을 근거로 심사를 수행하는 인증심사원이 갖추어야 할 자질과 지식 경험 등을 관련 국제규격에서 요구하는 자격기준에 따라 독립적인 제3자가 평가하여 자격을 인증하는 제도이다. 이 자격인증 제도를 통하여 한국심사자격인증원(Korea Auditor Registration, 이하 "본원" 또는 "KAR"이라 한다)이 환경경영시스템 인증제도 활성화 및 발전을 도모하고 이해관계자의 요구에 부합하는 인증심사원을 평가하여 자격인증 하는데 그 목적이 있다.

2. 이 기준은 환경경영시스템 인증심사원의 자격인증기준을 규정한 것이다. KAR로부터 환경경영시스템 인증심사원으로 자격인증을 받고 자격을 유지하기 위해서는 반드시 이 기준과 KAR에서 정한 자격인증 규칙을 준수하여야 한다.

3. 이 기준에서 자격인증기준에 해당하는 부분은 각 조항별로 '**진한 고딕체**'로 기술하였으며, 조항별 '해석지침'이 필요한 경우에는 'KAR 해석지침'이란 제목 하에 '명조체'로 기술하였다.

4. 이 기준은 한국인정원(KAB)에서 수행해오던 종전의 등록기준인「환경경영체체인증심사원등록기준(KAB-EMRC-01, Issue No.7)」(한국인정원 공고 2005-07호, 2005- 02-01)의 체제를 그대로 반영하고, 부분적으로 내용을 수정/보완하여 작성한 것이다.

5. 종전의 기준에서 내용상 수정되거나 보완된 부분은 '밑줄'을 그어 구분하였다. 자격인증기관 명칭 변경 등의 단순한 변경은 표시하지 않았다.

목 차

1. 적용범위
2. 인용 규격 및 적용 문서
3. 용어 정의
4. 인증심사원 자격요건 및 자격인증 신청
5. 심사일지
6. 인증심사원 자격인증절차 및 심사수행범위 부여방법
7. 인증심사원 자격유지, 정지 및 취소
8. 불만 및 이의
9. 자격인증 내용의 변경 및 인증심사원 자격인증서 재교부
10. 인증심사원 직무수행기준
11. 자격인증서 및 ID카드
[부속서 1] 심사수행범위표
[부속서 2] 심사수행범위 부여가능 전공학과
[부속서 3] 부 칙

1. 적용범위

이 기준은 환경친화적산업구조로의전환촉진에관한법률시행령 제17조3의 2항 및 한국심사자격인증원(Korea Auditor Registration, 이하 "본원" 또는 "KAR"이라 한다.)의 정관에 따라, 조직에 대한 환경경영시스템 심사를 수행하는데 필요한 인증심사원의 자격요건, 자격인증 절차 및 자격유지 요건에 대해 규정하며, KAR의 장이 해석지침을 따로 정할 경우에는 그 해석지침도 이 기준의 일부로 본다.

2. 인용규격 및 적용문서

2.1 인용규격

(1) KS Q ISO 14001 환경경영시스템 - 규격 및 사용지침
(2) KS Q ISO 19011 품질, 환경 경영시스템 심사에 대한 지침
(3) KS Q ISO 14050 환경경영 - 용어
(4) IPC(국제자격인증협회) 심사원 자격인증 기준

2.2 적용문서

이 기준과 함께 다음의 KAR 규정 및 규칙이 함께 적용된다.
(1) KAR의 『자격인증 규정(KAR-C-001)』
(2) KAR의 『자격인증 규칙(KAR-C-300)』
(3) KAR의 『불만 및 이의처리 규칙(KAR-B-500)』

3. 용어정의

3.1 심사원보 : 4.1.1에 의한 심사원보 자격요건을 만족시키고 심사팀의 보조자로서 환경경영시스템 심사의 실무를 수행할 능력이 있다고 입증된 자

3.2 심사원 : 4.1.2에 의한 심사원 자격요건을 만족시키고 KS Q ISO 19011에 따라 단독 또는 심사팀원으로서 환경경영시스템 심사의 전체 또는 일부를 수행할 능력이 있다고 입증된 자

3.3 선임심사원 : 4.1.3에 의한 선임심사원 자격요건을 만족시키고 KS Q ISO 19011에 따라 심사반을 총괄할 수 있는 능력과 환경경영시스템 전체에 대한 모든 심사측면을 조정할 수 있는 능력이 있다고 입증된 자

3.4 검증심사원 : 선임심사원으로서 4.1.4의 검증심사원 자격요건을 만족시키고 인증심

사원의 심사에 대한 적합성을 관찰하고 검증할 수 있는 능력이 있다고 입증된 자.

3.5 **평 가** : 인증심사원의 자격인증/유지 및 심사수행범위 추가를 위해 신청자가 제출한 서류에 대한 검증 및 평가

3.6 **신청자** : 환경경영시스템 인증심사원으로 자격인증/유지 및 심사수행범위를 추가하고자 하는 자

3.7 **추천인** : 신청자의 업무활동과 관련하여 신청자의 개인적 특성과 경력(능력)을 증명할 수 있는 자

3.8 **심사수행범위** : 특정심사원에게 특정 인증수행범위에 대한 심사수행이 가능하다고 인정한 경우에 부속서 1에 따라 부여받는 범위

3.9 **인증심사원** : 심사원보, 심사원, 선임심사원 및 검증심사원의 통칭

3.10 **인증제도** : 경영시스템 인증제도 및/또는 심사원 자격인증제도

4. 인증심사원의 자격요건 및 자격인증 신청

4.1 인증심사원의 자격요건

4.1.1 심사원보

(1) 인증심사원 연수과정 수료 및 시험합격

KAR의 장이 인정한 연수기관에서 실시하는 인증심사원 양성과정을 수료하고 관찰평가에 합격한 자로서 KAR에서 시행한 시험에 합격하여야 한다. 다만, 시험합격 후 3년이 경과하지 않아야 한다.

(2) 학력요건

4년제 대학졸업 이상 또는 이에 상응하는 학력이 있어야 한다. 다만 이 학력요건을 만족시키지 못하는 경우, 고등학교 졸업의 경우 4년 이상, 2년제 대학 졸업의 경우 기업체, 연구소, 단체 등에서 2년 이상 실무경력이 있는 경우 학력요건을 구비한 것으로 본다.

(3) 환경관련분야 실무경력 요건

1) 다음 사항의 일부 또는 전체를 이해하고 개발하는데 도움을 줄 만한 업무를 기업체, 연구소, 단체 등에서 4년 이상 수행한 경력이 있을 것. 다만 (2)의 학력요건을 만족시키지 못하는 경우에는 학력요건에 상응하는 실무경력과 이 항에서 요구하는 4년 이상의 환경관련분야 실무경력이 있어야 한다.

① 환경기술 및 경영(환경기술개발, 환경영향 평가 등)

② 환경관련 설비/시설의 관리 및 운영
③ 국내 환경법규 및 국제 환경협약
④ 환경경영시스템의 개발, 구축 및 운영
⑤ 환경경영시스템 관련 표준규격(환경경영시스템, 환경감사, 전과정평가, 환경성과 평가, 환경라벨링 등)
⑥ 경영시스템 인증심사 절차, 과정 및 기법

2) 1)의 규정에 의한 환경관련분야의 실무경력은 자격인증을 신청하기 10년 이내의 경력이어야 한다.

3) 환경관련분야에 대하여 국가기술자격법에 의한 기술사 자격을 보유한 자 또는 박사 학위를 취득한 자는 1년, 환경관련분야 기사 자격을 보유한 자 또는 석사학위를 취득한 자는 2년, 환경관련분야 산업기사 자격을 보유한 자 또는 학사학위를 취득한 자는 3년으로 실무경력을 단축하여 적용할 수 있다.

<4.1.1조에 대한 KAR 해석지침 (G4.1.1.1 - 4.1.1.10)>

G4.1.1.1 환경관련분야 실무경력요건에 대한 해석지침은 다음과 같다.

구 분	주요실무 경력내용	관련세부내용(예시)
① 환경기술 및 경영	- 환경기술개발, 환경영향평가 등 - 환경관리와 관련된 기본방침 또는 활동계획수립업무	- 환경기술개발 관련 연구/보고서 작성 - 환경영향평가보고서 작성 - 환경방지시설(소각로, 폐수처리장 등)의 설계제작 - 환경경제학, 환경경영학, 환경법학 등에 관한 연구수행
② 환경관련 설비・시설의 관리 및 운영	- 환경설비 설계, 제작, 도입 운영에 관련된 업무 - 환경에 영향을 줄만한 가능성이 있는 시설 및 공정에 대한 감시, 측정, 분석과 관련된 업무	- 폐수처리장/소각로 등 운영관리

구 분	주요실무 경력내용	관련세부내용(예시)
③ 국내환경법규 및 국제환경협약의 연구	- 환경관련법 또는 조례조사, 연구에 관련된 업무 - 환경관련 협정체결에 관련된 업무 - 환경경영에 관한 국내·외 기준제정 및 작성업무	- 국내환경관련법규 입안 - 국제환경협약(몬트리올의정서 등) 체결 한국대표로 활동 - 환경부 관련위원회 위원으로 선임 및 활동 - 국제환경협약관련 국내 대응방안 및 영향에 대한 조사 연구 수행
④ 환경경영시스템의 구축 및 운영	- 환경경영시스템 구축 및 활동 추진과 관련된 업무 - 환경경영도입 및 실시지원과 관련된 업무 - 환경경영에 관한 기준제정, 경영시스템 구축 및 작성업무	- ISO 14000 추진팀 등에서 환경경영시스템 구축 - 정부·단체 등에서 환경경영시스템도입 및 확산 업무 수행
⑤ 환경경영시스템 관련 표준규격	- 환경경영시스템(EMS), 환경감사(EA), 전과정평가(LCA), 환경성과평가(EPE), 환경라벨링(EL) 등 표준규격 제/개정에 관한 업무 및 관련 업무	- TC 207 SC별 국내 대책전문위원으로 활동(지속적으로 회의 참가)
⑥ 경영시스템 인증심사 절차, 과정 및 기법	- 품질/환경경영시스템 심사, 인증절차 및 기법과 관련된 업무	- 품질경영시스템 선임심사원(국내 및 외국인증기관 소속)으로 활동(G4.1.1.5 참조) - 국내인증기관 소속으로 시범인증 심사 참여 - ISM 심사경력(G4.1.1.8 참조) - ISM(선박에 관한 안전환경시스템) 개발, 유지관리 업무

G4.1.1.2 '환경관련 실무경력'의 구체적인 예는 다음과 같다

(1) 수질/대기/폐기물/소음·진동분야 '환경관리인'으로 선임되어 이를 주 업무로 수행한 실무경력

(2) 소속 부서의 직제규정에 '환경관련 직무'가 명확히 기술되어 있고, 본인의 업무 수행사실이 확인되는 실무경력

(3) 소속 부서의 직제규정에 '환경관련 직무'가 일부 기술되어 있는 경우, 전공학과(환경공학과), 자격증(환경기사/환경기술사) 소지 등 사유로 인해 해당 부서에 근무발령을 받았음을 인정할만한 합리성과 타당성이 있는 실무경력

(4) 시범인증기관에 소속되어 1995년, 1996년 시범인증사업에 참가한 경력
(5) 기타 KAR의 장이 환경관련 실무경력으로 인정하는 경력

G4.1.1.3 연간 72일을 초과하는 환경경영시스템 구축 등에 관한 자문서비스를 수행한 경력은 1년의 환경경영시스템 구축 또는 운영에 관한 경력으로 인정할 수 있다. 이 경우, 신청자는 G.6.2.4에 명시된 증빙자료를 제출하여야 한다.

G4.1.1.4 4.1.1(3)의 환경관련분야 실무경력으로 인정받기 위해서는 수행한 주업무가 4.1.1(3) 1)에 해당되어야 한다. 다만, 부서의 장 및 공장장, 대표이사 등의 자격으로 당해 사업장의 환경관련 업무를 총괄한 경력 또는 소속부서의 직제규정에 일부 포함된 환경관련 업무를 수행한 경우에는 입증자료를 심의하여, 환경관련 업무가 주업무가 아니더라도 환경관련분야 실무경력으로 인정할 수 있다.

G4.1.1.5 실무경력요건 중 품질경영시스템 인증심사절차, 과정 및 기법에 해당하는 실무경력은 국내외 품질경영시스템 선임심사원 자격소지자에 한하며, 자격소지자에 대해서는 환경관련 분야 실무경력을 2년으로 단축하여 적용할 수 있으며, 4.1.1(3) 3)에 의한 실무경력 단축요건과 중복하여 적용받을 수 없다.

G4.1.1.6 석・박사학위에 대한 업무처리 기준은 다음과 같다.
(1) 석・박사학위의 취득이 환경관련 실무경력과 동일한 기간에 이루어진 경우 학위에 의한 기간단축과 경력인정은 신청자의 희망에 따라 한 가지만 인정한다.
(2) 석・박사학위 소지자중 실무경력 단축적용을 받고자 하는 자는 학위기 또는 학위논문 등을 심사원 자격인증위원회에 제출하여 당해 논문의 환경관련성을 인정받아야 한다.

G4.1.1.7 환경관련분야에 대하여 '국가기술자격법' 또는 기타 자격을 보유한 자는 다음과 같다.
(1) 환경관련분야 기술사 : 상하수도기술사, 수자원개발기술사, 폐기물기술사, 수질관리기술사, 소음・진동기술사, 대기관리기술사
(2) 환경관련분야 기사 : 수질, 대기, 폐기물, 소음・진동, 열관리기사

G4.1.1.8 해양수산부로부터 지정 받은 국내 ISM 인증기관에서 수행한 ISM(선박에 관한 안전환경 시스템) 인증심사 경력을 환경관련분야 실무경력으로 인정받기 위해서는 심사원보 자격인증에 필요한 환경실무 경력의 최소 1.5배에 해당하는 기간 동안 ISM 심사원으로 근무하여야 하며, 최소 10회 50일 이상의 심사경력이 있어야 한다.

G4.1.1.9 KAR의 장이 정하는 지침에 따라 환경경영분야 실무경력 교육과정을 수료

한 경우에는 4.1.1(3)1)의 환경관련분야 실무경력 요건을 구비한 것으로 본다.

G4.1.1.10 시험합격 후 3년이 경과한 경우, 3년간 심사원보 자격인증 신청기한이 연장될 수 있다. 이 경우, 15시간 이상 7.2(2)의 기술개발활동과 동등한 활동을 하였음이 입증되어야 한다.

4.1.2 심사원

(1) 심사원 신청자는 4.1.1에 따라 심사원보 자격인증을 받은 후, 환경경영시스템 규격(ISO 14001/KS Q ISO 14001) 또는 이와 동등한 규격에 대하여 4.2를 만족하는 심사에 4회 이상 심사팀의 보조자로서 참여한 경력이 있어야 한다. 이 경우 4회 이상의 심사는 다음 각 호를 만족시켜야 한다.

1) 심사 일수가 최소 20일 이상이어야 한다.
2) 최초심사(1단계심사, 2단계심사) 또는 갱신심사(현장심사, 해당되는 경우 1단계심사 포함)가 2회 이상 포함되어야 한다. 단, 갱신심사는 1단계심사시 문서심사를 포함하거나 현장심사시 경영시스템 변경사항 확인을 포함하여야 한다.
3) 2)의 2회 이상의 심사활동 일수는 최초심사의 경우 2단계심사, 갱신심사의 경우 현장심사는 최소한 각각 2일 이상의 심사이어야 한다.

(2) (1)의 심사경력 가운데 적어도 2회의 최초 또는 갱신심사(2일 이상의 현장심사로 이루어져야 함)는 2명 이상의 상이한 선임심사원 또는 검증심사원의 입회하에 이루어져야 하며 이 경우 검증심사원은 심사의 전과정(심사준비에서부터 심사결과 보고까지)에 참석하여 직·간접적으로 지도하여야 한다.

(3) KAR의 장이 (1)과 (2)의 심사경력 요건과 동등하다고 인정한 심사경력

■ ***<4.1.2조에 대한 KAR 해석지침 (G4.1.2.1 - 4.1.2.3)>***

<u>G4.1.2.1</u> 심사원보가 1단계심사에만 참여하고 2단계심사에 참여하지 않은 경우에는 그 1단계 심사경력을 심사경력으로 인정하지 아니한다.

<u>G4.1.2.2</u> 4.1.2(1)2)의 최초심사(1단계심사, 2단계심사) 또는 갱신심사 경력은 1단계심사시 문서심사를 포함하거나 현장심사시 경영시스템 변경사항 확인을 수행한 경우에 한하여 인정되며, 문서심사 또는 경영시스템 변경사항 확인을 수행하지 않은 경우의 4.1.2(1) 1)은 심사경력으로만 인정한다.

<u>G4.1.2.3</u> KAR의 장이 4.1.2(1)과 (2)의 심사경력과 동등하다고 인정하는 경력은 다음과 같다.

단, 필요한 경우는 KAR의 장이 심사경력 인정을 제한할 수 있다.

(1) 이 기준 4.1.1에 따라 심사원보 자격인증을 받은 경우, 해외스킴의 4회 이상 20일 심사에 참여한 경력
(2) 환경경영시스템 인증기관 또는 연수기관에 대한 4회 이상 20일 심사(입회심사가 포함되어야 함)
(3) KAR의 장이 실시하는 교육과정을 수료하고 평가에 합격한 경우

4.1.3 선임심사원

(1) 선임심사원 신청자는 4.1.2에 따라 심사원 자격인증을 받은 후, 환경경영시스템 규격(ISO 14001/KS Q ISO 14001) 또는 이와 동등한 규격에 대하여 4.2를 만족하는 심사에 최소한 4회 이상 2명 이상의 심사원 또는 선임심사원이 포함된 심사팀의 리더로서 심사를 총괄 수행한 경력이 있어야 한다. 이 경우 4회 이상의 심사는 다음 각 호를 만족시켜야 한다.
  1) 심사 일수가 최소 15일 이상이어야 한다.
  2) 최초심사(1단계심사, 2단계심사) 또는 갱신심사(현장심사, 해당되는 경우 1단계심사 포함)가 2회 이상 포함되어야 한다. 단, 갱신심사는 1단계심사시 문서심사를 포함하거나 현장심사시 경영시스템 변경사항 확인을 포함하여야 한다.
  3) 2)의 2회 이상의 심사활동 일수는 최초심사의 경우 2단계심사, 갱신심사의 경우 현장심사는 최소한 각각 2일 이상의 심사이어야 한다.

(2) (1)의 심사경력 가운데 적어도 2회의 최초 또는 갱신심사(2일 이상의 현장심사로 이루어져야 함)는 2명 이상의 상이한 선임심사원 또는 검증심사원의 입회하에 이루어져야 하며, 이 경우 검증심사원은 심사의 전과정(심사준비에서부터 심사결과 보고까지)에 참석하여 직·간접적으로 지도하여야 한다.

(3) KAR의 장이 (1)과(2)의 심사경력 요건과 동등하다고 인정한 심사경력자

■ ***<4.1.3조에 대한 KAR 해석지침 (G4.1.3.1-4.1.3.2)>***

<u>G4.1.3.1</u> 4.1.3(2)의 최초심사(1단계심사, 2단계심사) 또는 갱신심사 경력은 1단계심사시 문서심사를 포함하거나 현장심사시 경영시스템 변경사항 확인을 수행한 경우에 한하여 인정되며, 문서심사 또는 경영시스템 변경사항 확인을 수행하지 않은 경우의 4.1.2 (1) 1)은 심사경력으로만 인정한다.

<u>G4.1.3.2</u> KAR의 장이 4.1.3(1)과(2)의 심사경력 요건과 동등하다고 인정하는 경력은 다음과 같다. 단, 필요한 경우는 KAR의 장이 심사경력 인정을 제한할 수 있다.

(1) 이 기준 4.1.2에 따라 심사원 자격인증을 받은 경우, 해외스킴의 4회 이상 15일의 2명 이상의 심사원 또는 선임심사원이 포함된 심사팀의 리더로서 심사를 총괄 수행

한 경력

(2) 환경경영시스템 인증기관 또는 연수기관에 대한 심사팀장으로서 4회 이상 15일 심사(입회심사가 포함되어야 함)

(3) KAR의 장이 실시하는 교육과정을 수료하고 평가에 합격한 경우

4.1.4 검증심사원

(1) 검증심사원 신청자는 심사원 또는 선임심사원 자격인증 신청자의 해당 심사수행범위에 대해 심사경력과 심사활동의 적합성을 전담하여 관찰하고 지도할 수 있는 능력이 있는 자로서 인증기관장 또는 KAR의 장이 선정한 자를 말한다. 다만, 인증기관장이 선정할 경우에는 해당자에 대한 능력을 KAR의 장에게 입증하여야 한다.

(2) 검증심사원 신청자는 4.1.3에 따라 선임심사원 자격을 인증 받은 후, 환경경영시스템 규격(ISO 14001/KS Q ISO 14001)에 의한 4.2를 만족하는 심사에 1년 이 상 심사 활동을 수행하고 최소 10회 이상 2명 이상의 심사원 또는 선임심사원이 포함된 심사팀의 리더로서 심사를 총괄 수행한 경력 또는 이와 유사한 경력을 가져야 한다.

(3) 검증심사원 신청자는 심사원 또는 선임심사원 자격인증 신청자가 심사를 수행 또는 심사팀을 총괄할 수 있는 능력에 대하여 판단할 수 있어야 하며, 심사원 또는 선임심사원 자격인증 신청자에 대하여 다음과 같은 능력과 자질을 갖추고 있음을 평가하여야 한다.

1) 심사의 기준이 되는 규격에 대한 지식의 이해
2) KS Q ISO 19011 6항(심사활동)에 의한 심사의 전과정을 수행할 수 있는 능력
3) KS Q ISO 19011 7항(심사원의 적격성)에 의한 자질과 기술
4) 선임심사원 자격인증 신청의 경우에는 신청자의 심사 전과정에 대한 관리와 심사팀을 총괄 할 수 있는 능력

■ *<4.1.4조에 대한 KAR 해석지침 (G4.1.4.1-4.1.4.2)>*

G4.1.4.1 선임심사원으로서 다음에 해당될 경우 이와 유사한 경력으로 인정될 수 있다.

1. KAR의 장이 인정한 연수기관이 실시하는 검증심사원 양성과정 이수자
2. 최소 12개월 이상 심사 프로그램 및 심사원 관리 책임업무를 수행한 경우
3. 최소 12개월 이상 인적자원의 능력을 총괄하여 평가한 경력이 있는 경우

G4.1.4.2 검증심사원이 심사팀의 일원으로 심사를 한 경우 신청자에 대한 적격성을 평가 할 수 있도록 보장하여 한다. 이러한 경우 심사원, 피심사자의 면담 또는 기타 기

술적인 방법으로 신청자의 적격성을 모니터링 할 수도 있다.

4.2 심사경력의 조건

(1) 다음과 같은 독립적인 심사만이 심사경력에 관한 요구사항을 만족시킨다.
  1) 제3자 심사(인증심사 - 최초심사, 사후관리심사, 갱신심사)
  2) 제2자 심사(공급자 심사 - 최초심사, 사후관리심사, 갱신심사)
  3) 자문/지도 심사
  4) 인증기관 또는 연수기관에 대한 심사(입회심사가 포함되어야 함)
  5) 기타 KAR의 장이 이와 동등한 심사활동으로 인정한 심사

(2) 모든 심사는 KS Q ISO 19011에 의하여 수행되어야 하며, 적용되는 규격에 대하여 적합성 여부를 결정하기 위한 것이어야 한다.

(3) 이 기준에서 규정한 심사활동일수는 1일당 6시간 이상이어야 한다.

(4) 요구되는 심사경력은 최소한 3개 이상의 상이한 조직에 대한 심사이어야 한다.

(5) 요구되는 심사경력은 자격인증신청서 접수일자 기준으로 3년 이내의 것이어야 한다.

(6) <u>2단계심사 및/또는 현장심사 활동</u>에는 시작/종료회의, 환경경영시스템의 이행실태를 확인하기 위한 심사활동만이 해당되며, 심사계획 수립, 문서심사 및 심사보고서 작성 활동이 피 심사자의 사무소에서 수행된다 하더라도 이러한 활동은 <u>2단계심사 및/또는</u> <u>현장심사 활동 시간</u>에 해당되지 아니한다.

■ ***<4.2조에 대한 KAR 해석지침 (G4.2.1-G4.2.7)>***

G4.2.1 검증심사원이 단지 신청자의 검증목적으로 심사에 입회 할 경우 그 경력을 심사원 또는 선임심사원 자격 유지경력으로 인정될 수 없다.

G4.2.2 1일 4시간 이상 6시간 미만의 심사를 수행한 경우에는 심사활동 일수를 0.5일로 산정한다.

G4.2.3 '외국인증제도'라 함은 우리나라 이외의 IAF 회원기관이 인정하는 경영시스템 인증제도 또는 IPC 회원기관이 운영하는 인증심사원 자격인증 제도를 말한다.

G4.2.4 신청자가 통합심사에 참여, 2가지 이상의 경영시스템 규격을 심사한 경우의

심사일수 산정은 총 심사일수(시간)에서 수행한 심사규격의 수로 나누어 인정하며 0.5일 단위로 산정한다.

G4.2.5 제2자 심사(공급자 심사)의 경우, 심사에 적용한 기준이 ISO 14001 규격과 동등하여야 심사경력으로 인정될 수 있다. 신청자는 심사에 적용한 기준에 대한 동등성 평가를 신청하여야 한다. KAR의 장은 신청한 기준을 평가하고 인정 가능한 기준 여부를 결정하여야 한다.

G4.2.6 ISO 14001/KS Q ISO 14001 신규격에 의한 심사경력은 KAR의 장이 인정하는 자격전환 후에 수행한 경우에만 인정된다.

G4.2.7 자문/지도 심사의 경우, 피심사 조직이 환경경영시스템을 수립하고 운영 중인 상태에서 실시한 것이어야 한다. 자문/지도 심사 후 피심사조직이 ISO 14001 규격에 의한 인증을 획득하여야 하며, 인증심사에서 중대한 부적합이 없었어야 한다. 신청자는 이를 입증할 수 있는 자료(피심사조직의 인증서, 인증기관의 심사보고서 등)를 제출하여야 한다. (단, 본인이 자문한 기업의 자문/지도 심사경력은 인정하지 아니한다)

4.3 인증심사원 자격인증 신청

인증심사원 자격인증 신청자는 인증심사원 자격인증 신청서와 다음의 서류를 KAR의 장에게 제출하여야 한다.

4.3.1 심사원보

(1) 4.1.1(2)에 의한 학력요건 증명서류(졸업증 또는 학위증사본, 학력요건을 충족시킬 수 없는 경우 학력요건에 상응한 실무경력요건 증명서류) 1부

(2) 4.1.1(3)에 의한 환경관련분야 실무경력 증명서류 각1부

4.3.2 심사원 또는 선임심사원

(1) 4.1.2 및 4.1.3에 의한 심사원 또는 선임심사원 심사경력을 증명할 수 있는 심사일지, 심사계획서, 심사보고서 사본 각 1부

(2) 6.2에 의한 심사수행범위 부여에 필요한 서류(해당되는 경우)

4.3.3 검증심사원

(1) 4.1.4(2)에 의한 심사경력을 입증할 수 있는 심사일지, 심사계획서, 심사보고서 사본 각 1부

(2) 기타 KAR의 장이 정하는 서류

4.3.4 심사수행범위 추가 신청

6.2에 의한 심사수행범위 부여에 필요한 서류(학력, 자격, 실무경력, 심사경력 입증서류)

■ *<4.3조에 대한 KAR 해석지침 (G4.3.1 - 4.3.3)>*

G4.3.1 환경관련 '실무경력 요건'의 구체적 내용은 다음을 기준으로 하며, 이를 입증하기 위해서는 다음의 자료를 제출하여야 한다.

(1) 인사기록카드(근속기간별 근무부서명), 경력증명서
(2) 직제규정 등 직무기술(Job Description)이 기재된 자료
(3) 기안, 품의, 보고서 등 형식에 관계없이 구체적 업무수행을 입증할 수 있는 서류
(4) 공공기관(중앙 또는 지방자치단체)으로부터 법정관리인으로 선임되었음을 입증할 수 있는 서류(예 : 환경관리인 등)
(5) (2), (3)실무경력을 입증하기 위한 자료는 매 연도별 1개 이상 제시되어야 함을 원칙으로 한다.

G4.3.2 자격요건 중 심사경력을 입증하기 위해서는 심사경력 입증서류와 함께 심사경력 총괄표 및 심사수행범위 신청 내역서를 제출하여야 한다.

G4.3.3 추천인은 2인이며, 심사원 또는 법인(단체)의 대표, 임원, 부서장 등을 대상으로 한다.

5. 심사일지

신청자는 다음 사항이 포함된 심사일지를 제출하여야 한다.

(1) 심사의 형태(최초, 사후관리 또는 갱신심사)
(2) 심사 일정(심사일자, 일자별 세부심사일정, 총 심사시간 및 현장심사 시간)
(3) 적용한 환경경영시스템 규격(예 : ISO 14001/KS Q ISO 14001) 및 인증범위(세부인증범위 포함)
(4) 피심사조직의 현황(법인체명, 대표자, 소재지, 업종, 연락처 등)
(5) 심사팀원 명단(심사원별 심사범위 포함)
(6) 심사에서 신청자가 수행한 역할
(7) 선임심사원 또는 검증심사원에 의한 관찰평가결과 기록 및 확인・서명
(8) 피심사 조직의 경영책임자 서명
(9) 인증기관 대표자 또는 경영자대리인의 서명

■ *<5조에 대한 KAR 해석지침 (G5.1)>*

G5.1 심사일지상의 전과정 심사 수행능력은 KS Q ISO 19011의 6항(심사활동), 심사

원으로서의 자질과 능력은 KS Q ISO 19011의 7항(심사원의 적격성)에 의거 평가되어야 한다.

6. 인증심사원 자격인증 절차 및 심사수행범위 부여방법

6.1 자격인증 평가방법

(1) KAR의 장은 신청자의 자격과 경험에 대해 합리적인 판단을 내리는데 적합한 자격과 경험이 있는 자로 구성된 평가반을 구성하여 이들로 하여금 제출된 신청서 및 첨부서류를 확인하고, 「자격인증 규칙」에서 정한 절차에 의해 신청자가 인증심사원 자격요건을 만족시키고 있는지를 평가하여 자격인증을 하여야 한다.

(2) 평가내용

KAR의 장은 다음 사항에 대하여 평가를 수행할 때 신청자에게 보완자료를 요구할 수 있다.

1) KS Q ISO 19011의 7(심사원의 적격성)에 의한 자질과 기술
2) 학력, 실무경력을 증빙하는 서류와 합격증, 자격증 등에 대한 검증
3) 4.2와 각 자격인증에 요구되는 심사경력을 증빙하는 서류에 대한 검증
① 신청자가 요구되는 기간 동안 수행한 총 심사횟수, 심사일수 및 현장심사 일수
② 심사형태(최초심사, 사후관리 심사, 갱신심사)
③ 심사일지, 심사계획서, 심사결과보고서 등

(3) KAR의 장은 평가반의 평가 결과 신청자가 제출한 자료가 허위로 작성되었음이 확인된 경우, 당해 신청자에 대해 3년간 인증심사원 자격인증 신청을 거부할 수 있다.

(4) 인증심사원의 자격인증여부는 평가반의 평가결과에 의거 KAR 원장이 결정한다. 다만, 평가반에서 자격인증기준에의 적합성을 평가할 수 없다고 판단한 경우, 자격인증위원회에 상정하고, 자격인증위원회에서 이를 심의하여 결정한다.

(5) 자격인증위원회에서 필요하다고 인정하는 경우, 신청자에 대하여 면접을 실시할 수 있다.

6.2 심사수행범위 부여기준 및 절차

(1) 심사원 또는 선임심사원 자격인증 신청자 또는 심사수행범위를 추가하고자 하는 자가 다음 각 호의 기준에 적합할 경우, 부속서 1,2에 의거하여 심사수행범위를 부여받을 수 있다.

1) 4년제 대학에서 신청한 심사수행범위와 관련된 전공과정을 이수하고 졸업한 경우
2) 2년제 이상의 전문대학에서 심사수행범위와 관련된 전공과정을 이수하고 같은 분야에서 2년 이상 근무한 경력이 있을 경우
3) 4년제 대학에서 환경관련학과를 전공하고 신청한 심사수행범위와 관련된 업종의 업무분야에서 2년 이상 근무한 경력이 있을 경우
4) 신청한 심사수행범위와 관련된 업종의 업무분야에서 4년 이상 근무한 경력이 있을 경우(다만, 2년 이상 근무한 경력이 있는 자에 대해서는 KAR의 장이 별도로 정한 심사경력이 있는 경우).
5) 국가기술자격법에 의하여 신청한 심사수행범위와 관련된 종목의 기술사 자격을 취득한 경우(환경관리, 공정관리 및 품질관리기술사는 해당업종의 업무분야에서 1년 이상 근무한 경우).
6) 국가기술자격법에 의하여 신청한 심사수행범위와 관련된 종목의 기사(환경관리, 공정관리 및 품질관리 기사 포함)의 자격을 취득한 자로서 해당분야에서 2년 이상 근무한 경력이 있을 경우
7) 국가기술자격법에 의하여 신청한 심사수행범위와 관련된 종목의 산업기사(환경관리, 공정관리 및 품질관리 산업기사 포함)의 자격을 취득한 자로서 해당분야에서 3년 이상 근무한 경력이 있을 경우
8) 기타 KAR의 장이 1) 내지 7)에서 규정한 심사수행범위의 부여 요건에 상응하는 자격이 있다고 인정할 경우

(2) 심사원 또는 선임심사원 자격인증을 받은 자가 신청한 심사수행범위에 해당하는 조직에 대하여 4.2(단, 4.2(5)는 적용하지 아니한다)에 따른 심사에 10회(심사활동일수가 최소 50일 이상이어야 함) 이상 심사팀원으로서 심사에 참여한 경력이 있을 경우와 해당업종의 공급자에 대하여 품질경영시스템 구축 등에 관한 자문서비스를 5회(자문일수가 최소 100일 이상이어야 함) 이상 제공한 경력이 있을 경우 심사수행범위를 2개 분야까지 추가로 부여받을 수 있다. 이 경우 심사원보가 심사팀의 보조자로서 심사활동에 참여한 심사경력은 인정하지 아니한다.

(3) (2)의 심사경력 가운데 적어도 2회의 최초 또는 갱신심사(2일 이상의 현장심사로 이루어져야 함)는 2명 이상의 상이한 선임심사원 또는 검증심사원의 입회 하에 이루어져야 하며 이 경우 검증심사원은 심사의 전과정(심사준비에서부터 심사결과 보

고까지)에 참석하여 직·간접적으로 지도하여야 한다.

<6.2조에 대한 KAR 해석지침 (G6.2.1-6.2.10)>

1.1. G6.2.1 심사수행범위 부여에 대한 해석지침은 다음과 같다.

(1) 심사원에게 부여할 심사수행범위는 두 자리에 한정하고 그 수는 8개를 넘지 않는 것을 원칙으로 한다.

(2) 전공학과에 의해 부여되는 심사수행범위의 수는 최대 4개로 하며, 인정 가능학과는 [부속서2]의 기준에 따른다. 다만 유사학과의 경우에는 이수과목 정도에 따라 특정 심사수행범위와 관련성이 높다고 자격인증위원회에서 인정될 경우, 해당 심사수행범위를 부여할 수 있다.

(3) 자격인증신청자가 품질경영시스템 심사원으로서 동일한 업종에 10회 50일 이상의 ISO 9001/KS Q ISO 9001의 규격에 의한 심사경력이 있을 경우 심사경력에 의한 심사범위를 2개까지 부여할 수 있다.

(4) 석사의 학력을 보유한 경우 대학원 전공학과에 의한 심사수행범위 부여는 상기(2)에 의한 최대 4개의 범위이내에서 부여할 수 있다.

(5) 외국 인증기관에서의 인증심사 경력으로 심사범위를 부여받기 위해서는 KAR에서 정한 심사수행범위 부여기준에 따라 해당 업종의 심사수행범위를 부여받을 수 있는 자격을 갖춘 자와 함께 10회 50일 이상 심사를 수행한 경우에 한해 심사범위를 2개까지 부여할 수 있다.

(6) 전공학과에 있어서 "기타 관련 유사학과"로 인정받기 위해서는 수료한 교과목에 대한 자료(성적증명서 등)를 제출하여야 한다.

(7) 검사·연구 전문기관에서 근무한 경력에 대해서는 재직기간 중 주된 연구·검사대상 품목에 대해 심사수행범위를 부여할 수 있다.

(8) 민법 및 특별법에 의해 설립된 법인에서 그 법에 따라 정부로부터 위탁된 업무를 수행한 경우에 부여할 수 있다.

<u>G6.2.2</u> 학력으로 부여받은 심사범위를 반납하고 동일 학력으로 타 심사수행범위를 부여받고자 할 경우에는 반납코자 하는 심사범위를 취득한지 1년 이상 경과하여야 하며, 기업체 근무경력으로 심사수행범위를 부여받고자 할 경우에도 동 조항을 따른다.

<u>G6.2.3</u> 6.2(1)4)에서 KAR의 장이 별도로 정한 심사경력은 다음 각 호와 같다.

(1) 2년 이상의 실무경력이 있는 자는 심사일수가 최소 20일 이상이어야 하며 이 가운데 <u>최초심사 또는 갱신심사가 1회 이상이어야 한다.</u>

(2) 3년 이상의 실무경력이 있는 자는 최소 10일 이상이어야 하며 <u>최초심사 또는 갱신심사가 1회 이상이어야 한다.</u>

(3) 위의 (1)과 (2)의 심사경력 중 적어도 1회의 최초심사 또는 갱신심사는 <u>심사팀장</u>의

관찰평가가 이루어진 심사경력이어야 한다.

1.2. G6.2.4 자문서비스(지도)를 제공한 경력으로 심사범위를 부여받고자 하는 자는 다음의 증빙서류를 제출하여야 한다.

1) 자문(지도)경력 총괄표
2) 자문(지도)경력 확인서
3) 자문(지도)계약서
4) 자문(지도)일지 및 월별 자문(지도) 총괄표
5) 공급자의 공장등록증(사업자등록증) 사본
6) 자문(지도)비 입금내역서 (통장 또는 세금계산서 등)

G6.2.5 다음 자격을 취득한 경우에는 해당 심사수행범위를 부여할 수 있다.

1) 주조사 - 음식료 및 담배(03)
2) 정교사(준교사 제외) - 교육(37)
3) 공인중개사 - 부동산, 임대(32)

G6.2.6 신청한 심사수행범위에 해당하는 업종의 KS심사를 100일 이상 수행한 경력이 있을 경우에는 해당 심사수행범위를 부여할 수 있다.

G6.2.7 타 심사수행범위에서 수행한 심사는 6.2(2)의 심사경력으로 신청할 수 있다.

G6.2.8 심사원 및 선임(검증)심사원이 심사팀의 보조자로서 심사 반에 참여한 심사경력은 6.2(2)의 심사경력으로 인정한다.

G6.2.9 G6.2.1(5), G6.2.3(1),(2)의 심사일수에는 문서심사 및 현장확인심사 일수가 포함된다.

G6.2.10 실무경력으로 심사범위를 부여할 경우에는 소속 회사의 최종생산제품 및 서비스 중 본인이 직접 수행한 것에 대해 한국 표준산업분류코드에 따라 부여하는 것을 원칙으로 한다.

7. 인증심사원 자격 유지, 정지 및 취소

7.1 인증심사원의 자격 유효

7.1.1 심사원보, 심사원 및 선임(검증)심사원의 자격유효기간은 자격인증 받은 날을 기준하여 3년으로 하며, 자격유지를 위해서는 7.3에 따라 자격을 갱신하여야 한다.

7.1.2 심사원보, 심사원 및 선임(검증)심사원은 자격유지를 위한 연자격 유지비를 납부하여야 하며, 유지비를 납부하지 않은 경우에는 인증심사원 자격인증 및 자격유지 등의 신청을 할 수 없다.

7.2 자격갱신 요건

(1) 심사경력

1) 심사원 및 선임(검증)심사원 자격갱신 신청자는 자격갱신 신청 전에 2회 이상 환경경영시스템 심사에 대한 최초심사 또는 갱신심사에 참여하여야 한다. 이 경우 모든 심사는 4.2(단, 4.2(4)는 제외)에 따라야 하며, 선임(검증)심사원은 심사실적 중 적어도 50%는 2명 이상의 심사원으로 구성된 심사팀을 총괄하는 심사팀 리더로서의 심사경력이어야 한다.

2) 다음 각호의 경력은 1)의 규정에 의한 심사경력으로 간주한다.

① 유효기간 이내에 인증기관 또는 연수기관에 대한 최초심사 또는 갱신심사를 2회 이상 수행한 경력

② 유효기간 이내에 연수기관의 인증심사원 연수과정에 대한 전임강사의 역할을 2회 이상 수행한 경력

③ 기타 KAR의 장이 위의 각 호와 동등이상의 경력으로 인정하는 경력

(2) 기술개발활동 경력

심사원 및 선임(검증)심사원 자격갱신 신청자는 자격유효기간 내에 다음 각호와 같은 기술개발활동을 최소한 45시간 이상 수행하여야 한다. 다만, 심사원보 자격갱신 신청자는 최소한 15시간 이상 수행하여야 한다.

1) 정부, 한국인정원, KAR, 인증기관, 연수기관 또는 환경관련 기관/단체에서 주관하는 환경경영 관련 교육 또는 세미나/워크샾 참가

2) KAR에서 주관하는 보수교육 또는 심사원 컨퍼런스/연찬회 참가

3) ISO 14000 관련 국제회의 또는 세미나 참가

4) IAF, PAC 또는 IPC 회의 참가

5) ISO/TC 207 국내전문위원회 위원 활동

6) 기타 KAR의 장이 기술개발활동에 상응하다고 인정하는 경력

■ ***<7.2조에 대한 KAR 해석지침 (G7.2.1-7.2.3)>***

G7.2.1 해외스킴에 의한 인증심사(최초 또는 갱신심사)경력도 7.2(1)2)③에 의한 심사경력으로 인정한다. 단, 필요한 경우는 KAR의 장이 심사경력 인정을 제한할 수 있다.

G7.2.2 타 심사수행범위에서 수행한 심사는 7.2(1)1)의 심사경력으로 신청할 수 있다.

G7.2.3 기술개발활동에 대한 세부기준은 다음과 같다.

(1) 기술개발활동을 인정받기 위해서는 참여여부 및 활동 내용을 확인할 수 있는 서류를 제출해야만 한다.

(2) 기술개발활동은 1회/건당 최대 24시간, 1일 8시간까지만 인정한다.

(3) 다음의 경력에 대해서는 기술개발활동으로 인정한다.
 1) 환경관련분야 석사 이상의 학위 및/또는 자격증 취득
 2) 인증제도와 관련된 교육과정의 강사 활동
 3) 인증제도와 관련된 서적(일반판매용 및 심사원양성과정 교재)의 저술
 4) 정부, 한국인정원 또는 KAR에서 주관하는 인증제도 관련 회의 참석
 5) KAR에서 주관하는 평가시험에 대한 문제 출제
 6) 정부에서 발주하는 인증제도 관련 연구과제 수행 및 참여
 7) 대학에서 주관하는 환경관련 세미나 및 교육 참석 등

7.3 자격갱신 신청

(1) 신청자는 그 유효기간 만료일 20일전까지 인증심사원 자격갱신 신청서와 7.2의 자격갱신 요건을 증명할 수 있는 다음 각 호의 서류를 첨부하여 KAR의 장에게 제출하여야 한다.
 1) 심사경력을 증명할 수 있는 심사일지와 심사계획서, 심사보고서 사본 각 1부
 2) 기술개발활동을 증명할 수 있는 서류 사본 1부
(2) 신청자가 제출한 자료가 허위로 작성되었음이 확인된 경우, KAR의 장은 당해 신청자에 대해 3년간 인증심사원 자격인증을 거부할 수 있다.
(3) 신청자가 7.2의 인증심사원의 자격갱신 요건을 만족하지 못한 경우, KAR의 장은 자격갱신을 거부할 수 있다.
(4) 7.3에 따라 자격갱신을 하지 아니한 자가 자격을 갱신코자 할 때에는 KAR의 장이 별도로 정한 기준에 따라 자격갱신 요건을 만족시켜야 한다.

■ ***<7.3조에 대한 KAR 해석지침 (G7.3.1)>***

G7.3.1 7.3(4)의 KAR의 장이 정한 자격갱신요건은 다음과 같다.
(1) 자격갱신을 위한 심사경력은 반드시 참관인으로써 선임심사원 또는 검증심사원의 지도하에 실시되어야 하며, 자격갱신을 위한 모든 활동(심사경력, 기술개발활동)은 신청일로부터 3년 이내의 것이어야 한다.

7.4 자격 정지 또는 취소

7.4.1 자격 취소
(1) KAR의 장은 인증심사원의 직무수행과 관련하여 다음 각 호의 1에 해당하는 경우에는 자격인증위원회의 의결을 거쳐 그 자격을 취소하여야 한다.

1) 문서의 위조 및 변조, 허위기록 작성 등 사위 기타 부정한 방법으로 인증심사원(심사원보, 심사원, 선임심사원 및 검증심사원)의 자격을 부여받았거나 갱신 받은 경우와 심사수행범위를 부여받은 경우
2) 인증심사원 자격인증서/ID카드를 부정하게 사용한 경우
3) 심사업무정지 처분을 받고도 이를 이행하지 아니하거나, 심사업무 정지기간 동안 계속하여 심사업무를 수행한 경우
4) 심사업무정지 처분을 받은 당해연도에 재차 심사업무정지 처분을 받은 경우
5) 인증심사원 직무수행기준 7항을 위반한 경우
6) 심사활동의 신뢰성을 저해하는 행위를 하거나, 그러한 행위를 하도록 조장, 교사 또는 지시하는 행위를 한 경우

(2) 자격갱신을 하지 않아 자격이 정지된 자가 자격만료일로부터 3년 이내에 자격을 갱신하지 않은 경우 KAR의 장은 그 자격을 취소할 수 있다.

(3) 7.4.1(1)에 의거 자격이 취소된 자는 취소일로부터 3년 이후 인증심사원으로 자격인증을 받을 수 있으며, 이 경우 4.1.1의 자격인증 요건을 만족하여야 한다.

(4) 자격이 취소된 자는 자격인증서와 ID카드를 KAR에 반납하여야 한다.

7.4.2 자격 정지

(1) KAR의 장은 인증심사원이 직무수행기준을 위반하여 직무를 수행한 경우에는 자격인증위원회의 의결을 거쳐 6월 이내의 심사업무정지를 명할 수 있다.
(2) 자격유효기간 내에 자격갱신을 하지 않은 경우

8. 불만 및 이의

8.1 모든 이해관계자는 인증심사원의 심사활동과 KAR의 자격인증업무와 관련하여 불만이 있을 때에는 KAR의 장에게 서면으로 불만을 제기할 수 있다.

8.2 자격인증 신청자가 자격 인증, 갱신, 정지, 취소 및 심사범위부여와 관련된 사항에 대해 이의가 있는 때에는 KAR의 장에게 서면으로 이의를 제기할 수 있다.

8.3 불만 및 이의를 제기 받았을 경우, KAR의 장은 『불만 및 이의처리 규칙』에 따라 이를 처리하여야 한다.

9. 자격인증 내용의 변경 및 인증심사원 자격인증서 재교부

9.1 인증심사원은 자격인증 내용(주소, 연락처, 근무처 등)에 변경이 있을 경우 15일 이내에 KAR의 장에게 신고하여야 한다.

9.2 자격인증서 또는 ID카드를 훼손 또는 분실하여 재발급을 원할 경우 「재발급 신청서」를 작성하여 KAR의 장에게 신청하여야 한다.

10. 인증심사원 직무수행기준

10.1 전문적이고 정확하며 공정한 방식으로 활동을 수행한다.

10.2 능력향상 및 심사활동에 대한 신뢰성 구축을 위해 노력한다.

10.3 환경경영시스템 심사기술을 개발하는 노력을 기울여야 한다.

10.4 윤리적이고 사회적으로 이해될 수 있는 행동을 하여야 하며, 인증심사원 자격인증 및 유지와 관련하여 KAR이 정한 규칙을 준수하여야 한다.

10.5 이해 상충하거나 이권다툼에 관여하지 않으며 판단에 영향을 미칠 수 있는 관계에 있는 고객이나 고용주에게 정보를 누설하지 않는다.

10.6 피심사자 및 심사를 수행 기관의 서면요청이 없는 한, 심사와 관련된 정보를 논하거나 누설하지 않는다. 또한 자격 정지 혹은 취소가 된 후에도 이에 대한 의무와 책임을 준수한다.

10.7 피심사자, 그 종업원 또는 이해관계자로부터 심사전·후 또는 심사기간 중 향응, 금품, 선물 또는 기타 이익을 요구하거나 제공받지 않는다.

10.8 심사 또는 인증심사원 자격인증시 진실에 지장을 초래할 수 있는 거짓 또는 잘못된 정보를 고의적으로 전달하지 않는다.

10.9 KAR 자격인증업무의 명예를 손상시키는 행동을 해서는 아니되며, 위의 직무수행기준을 위반하였다는 주장이 제기되었을 경우 이의 해결을 위해 협력하여야 한다.

■ *<10조 대한 KAR 해석지침 (G10.1)>*

G10.1 심사활동의 신뢰성을 저해하는 행위에는 다음과 같은 행위 및 그러한 행위를 하도록 조장, 교사 또는 지시하는 행위가 포함된다.

(1) 동일한 심사원이 1일에 2회 이상(또는 2개 공급자)의 현장심사를 수행하는 행위

(2) 특정 공급자에 대한 심사를 담당한 심사원이 해당 공급자에 대한 현장심사기간 중 특정기간 동안 타 공급자의 현장심사를 수행하거나, 또는 그 후 다시 복귀하여 해

당 공급자의 현장심사를 수행하는 행위

(3) 문서심사 또는 현장심사를 규정에 따라 실시하지 아니하고 규정에 따라 실시한 것으로 허위로 기록 또는 보고하거나 경력으로 활용하는 행위

(4) 상기 (1)에서 (3)까지의 행위를 한 자가 해당 일에 대하여 심사경력을 중복하여 기록, 보고 또는 활용하는 행위 또는 개인 또는 인증기관이 그러한 행위를 하도록 조장, 교사 또는 지시하는 행위

(5) 기타 심사활동에 있어서 신뢰성 및 공평성을 저해하는 행위를 한 경우

11. 자격인증서 및 ID카드

KAR의 장은 심사원보, 심사원, 선임심사원 또는 검증심사원으로 자격인증한 자에게 다음사항이 명기된 자격인증서와 ID카드를 발급한다.

(1) 성명 및 주민등록번호
(2) 자격인증번호
(3) 자격등급
(4) 자격인증일자 및 만료일자
(5) 적용규격

[부속서 1]

심사수행범위표

인증수행범위		업종 예시	한국표준산업분류
01	농·수산업	농업	0111, 0112, 0113, 0114, 0115, 0121, 0122, 0123, 0129, 0130, 0141, 0142, 0150, 7430
		임업	0201, 0202, 0203, 0204
		어업	0311, 0312, 0321, 0322
02	광업 및 채석업	석탄, 우라늄, 토륨, 금속 및 비금속광물 광업	0510, 0610, 0621, 0629, 0711, 0712, 0721, 0722, 0729
		원유, 천연가스 채굴 및 관련 서비스업	0520, 0801
03	음식료 및 담배	음식료품 제조업	1011, 1012, 1021, 1022, 1030, 1040, 1050, 1061, 1062, 1071, 1072, 1073, 1074, 1079, 1080, 1111, 1112, 1120
		담배 제조업	1200
04	섬유 및 섬유제품	섬유제품 제조업 (섬유염색 및 가공제외)	1310, 1321, 1322, 1331, 1332, 1391, 1392, 1399
		섬유 염색 및 가공업	1340
		봉제의복 및 모피제품 제조업	1411, 1412, 1413, 1419, 1420, 1430, 1441, 1449
05	가죽 및 가죽제품	가죽 제조업	1511
		가방, 핸드백 및 기타 가죽제품 제조업	1512, 1519
		신발제조업	1521, 1522
06	목재 및 목재제품	목재 및 목재제품 제조업(가구제외)	1610, 1621, 1622, 1623, 1629, 1630
07	펄프, 종이, 종이제품	펄프, 종이 및 종이제품 제조업	1711, 1712, 1721, 1722, 1790
08	출판업	출판업	5811, 5812, 5819, 5920
09	인쇄업	인쇄업 및 기록매체 복제업	1811, 1812, 1820
10	코크스제조 및 석유정제품	코크스. 석유정제품 및 관련제조업	1910, 1921, 1922
11	핵연료	핵연료 가공업	20129/24219(핵연료가공 관련)
12	화학약품, 화학제품, 섬유류	화학물질 및 화학제품 제조업	2011, 2012, 2013, 2020, 2030, 2041, 2042, 2043, 2049, 2050 (단, 20129 중 핵연료가공 관련 제외)
13	의약품	의약품 제조업	2110, 2121, 2122, 2123, 2130

인증수행범위		업종 예시	한국표준산업분류
14	고무 및 플라스틱제품	고무 및 플라스틱 제품제조업	2211, 2219, 2221, 2222, 2223, 2224, 2225, 2229
15	비금속 광물제품	유리 및 유리제품, 일반도자기 및 요업제품 및 기타 비금속광물제품 제조업	2311, 2312, 2319, 2321, 2322, 2323, 2391, 2399
16	콘크리트, 시멘트, 석회, 석고 등	시멘트, 석회, 플라스터 및 그 제품 제조업	2331, 2332
17	기초 금속 및 조립금속 제품	제1차 금속산업	2411, 2412 2413, 2419, 2421, 2422, 2429, 2431, 2432 (단, 24129 중 핵연료가공 관련 제외)
		조립금속제품 제조업 (기계 및 가구제외)	2511, 2512, 2513, 2591, 2592, 2593, 2594, 2599
18	기계 및 장비	일반 목적용 기계 제조업	2911, 2912, 2913, 2914, 2915, 2916, 2917, 2919, 95119
		특수 목적용 기계 제조업, 무기 및 총포탄 제조업,	2520, 2921, 2922, 2923, 2924, 2925, 2926, 2927, 2928, 2929, 95111
		가정용 기기 제조업	2851, 2852
19	전기 및 광학기기	컴퓨터 및 주변장치, 사무용기계 및 장비, 전기장비 제조업(가정용 기기 제외)	2631, 2632, 2811, 2812, 2820, 2830, 2841, 2842, 2890, 2918
		전자부품, 영상, 음향 및 통신장비 마그네틱 및 광학매체 제조업	2611, 2612, 2621, 2622, 2629, 2641, 2642, 2651, 2652, 2660
		의료용 기기 제조업	2711, 2719
		정밀, 광학기기 및 시계 제조업	2721, 2731, 2732, 2740
20	선박	선박 및 보트 건조업	3111, 3112
21	항공	항공기, 우주선 및 부품 제조업	3131, 3132
22	기타 수송장비	자동차 및 트레일러 제조업	3011, 3012, 3020
		철도장비 제조업	3120
		그외 기타 운송장비	3191, 3192, 3199
		자동차 부품 제조업	3031, 3032, 3039
23	기타 제조업	가구 제조업	3201, 3202, 3209
		악기 제조업	3320
		운동 및 경기용구 제조업	3330
		기타(완구, 장식품 등) 제조업	3311, 3312, 3340, 3391, 3392, 3393, 3399
24	재생	재생용 가공원료 생산업	3830

인증수행범위		업종 예시	한국표준산업분류
25	전기공급	전기업	3511, 3512
26	가스공급	가스제조 및 배관 공급업	3520
27	수도공급	증기 및 온수공급업	3530
		수도사업	3601, 3602
28	건설	건물 건설업	4111, 4112
		토목 건설업, 토목 시설물 및 건설관련 전문 공사업	4121, 4122, 4211, 4212,
		건축물 축조, 전기 및 통신,마무리공사업	4213, 4231, 4232, 4241, 4242, 4249
		건물설치 공사업	4220
		건설장비 운영업	4250
29	도소매업, 자동차, 오토바이 수리, 개인 및 가정용품 수리	도소매업	4511, 4512, 4521, 4522, 4530, 4610, 4620, 4631, 4632, 4633, 4641, 4642, 4643, 4644, 4645, 4646, 4649, 4651, 4652, 4653, 4659, 4661, 4662, 4669, 4671, 4672, 4673, 4674, 4679, 4680, 4711, 4712, 4719, 4721, 4722, 4731, 4732, 4741, 4742, 4743, 4751, 4752, 4759, 4761, 4762, 4763, 4764, 4771, 4772, 4781, 4782, 4783, 4784, 4785, 4786, 4791, 4792, 4799,
		수리업	9511, 9512(95121 제외), 9521, 9522, 9531, 9539
30	숙박 및 음식점	숙박업	5511, 5590
		음식점업	5611, 5612, 5613, 5619, 5621, 5622
31	운송, 창고, 통신	육상, 수상, 항공 운송 및 파이프라인 운송업	4910, 4921, 4922, 4923, 4931, 4939, 4940, 4950, 5011, 5012, 5013, 5020, 5110, 5120
		여행알선, 창고 및 운송관련 서비스업	5210, 5291, 5292, 5293, 5294, 5299, 7521, 7529
		통신업	6110, 6121, 6122, 6123, 6129
32	금융, 보험, 부동산, 임대	금융 및 보험업	6411, 6412, 6413, 6420, 6491, 6499, 6511, 6512, 6513, 6520, 6530, 6611, 6612, 6619, 6620, 6940
		부동산업	6811, 6812, 6821, 6822
		기계 장비 및 소비용품 임대업	6911, 6919, 6921, 6922, 6929, 6931, 6932, 6939

<table>
<tr><th colspan="2">인증수행범위</th><th>업종 예시</th><th>한국표준산업분류</th></tr>
<tr><td rowspan="2">33</td><td rowspan="2">정보기술</td><td>컴퓨터시스템 설계 및 자문업, 컴퓨터 및 사무용 기기 수리업</td><td>6202, 6209, 95121</td></tr>
<tr><td>소프트웨어 자문, 개발 및 공급업, 자료처리 및 컴퓨터시설 관리업, 데이터베이스 및 온라인 정보제공업</td><td>5821, 5822, 6201, 6311, 6312, 6399</td></tr>
<tr><td rowspan="3">34</td><td rowspan="3">엔지니어링 서비스</td><td>자연과학 연구개발업</td><td>7011, 7012</td></tr>
<tr><td>인문 및 사회과학 연구 개발업</td><td>7020</td></tr>
<tr><td>건축기술 및 엔지니어링 서비스업</td><td>7211, 7212</td></tr>
<tr><td rowspan="4">35</td><td rowspan="4">기타 서비스</td><td>법무 및 회계, 시장조사 및 경영상담업 관련 서비스업</td><td>7110, 7120, 7140, 7151, 7152, 7153</td></tr>
<tr><td>과학 및 기술서비스업</td><td>0809, 3900, 7291, 7292,</td></tr>
<tr><td>광고업</td><td>7131, 7139</td></tr>
<tr><td>달리 분류되지 않은 사업관련 서비스업</td><td>7320, 7330, 7390, 7410, 7421, 7422, 7511, 7512, 7531, 7532, 7533, 7591, 7599</td></tr>
<tr><td>36</td><td>공공행정</td><td>공공행정</td><td>8411, 8412, 8421, 8422, 8431, 8432, 8440, 8450</td></tr>
<tr><td>37</td><td>교육</td><td>교육 서비스업</td><td>8511, 8512, 8521, 8522, 8530, 8541, 8542, 8543, 8550, 8561, 8562, 8563, 8564, 8565, 8569, 8570</td></tr>
<tr><td rowspan="3">38</td><td rowspan="3">보건 및 사회복지</td><td>의료업</td><td>8610, 8620, 8630, 8690,</td></tr>
<tr><td>수의업</td><td>7310</td></tr>
<tr><td>사회복지사업</td><td>8711, 8712, 8713, 8721, 8729</td></tr>
<tr><td rowspan="3">39</td><td rowspan="3">기타 사회 서비스</td><td>오락, 문화 및 운동 관련 서비스업</td><td>5911, 5912, 5913, 5914, 5920, 6010, 6021, 6022, 6391, 9011, 9012, 9013, 9019, 9021, 9022, 9023, 9029, 9111, 9112, 9113, 9119, 9121, 9122, 9123, 9124, 9129</td></tr>
<tr><td>기타 공공 및 개인 서비스업</td><td>3701, 3702, 3811, 3812, 3813, 3821, 3822, 3823, 3824, 9411, 9412, 9420, 9491, 9492, 9493, 9499, 9611, 9612, 9691, 9692, 9699</td></tr>
<tr><td>가사서비스업 및 국제 및 외국기관</td><td>9700, 9810, 9820, 9900</td></tr>
</table>

[부속서 2]

심사수행범위 부여가능 전공학과

인증수행범위		인정가능학과
01	농/수산업	관광조경학, 관상원예학, 국제농업개발, 낙농자원학, 낙농학, 녹지조경학, 농가정학, 농공학, 농생물학, 농업교육, 농업생물학, 농화학, 농학, 동물자원과학, 동물자원학, 사료생산공학, 사료영양학, 사료학, 삼림경영학, 삼림자원보호학, 삼림자원학, 수산경영학, 수산교육, 수산자원개발학, 수족병리학, 식량공학, 식량자원학, 식물육종학, 양식학, 어병학, 어업공학, 열대농학, 원예과학, 원예육종학, 원예학, 임산공학, 임학, 자원공학, 자원식물개발학, 자원식물학, 잠사학, 조경학, 증식학, 축산경영학, 축산학, 한약자원학, 해양공학, 해양과학, 해양생물학, 해양생산관리학, 해양학, 화훼학, 환경녹지학, 환경원예학, 환경조경학 및 기타 관련 유사학과
02	광업 및 채석업	국제자원개발학, 응용지질학, 자원공학, 지질(공)학, 지질과학, 해양개발학 및 기타 관련 유사학과
03	음식료품 및 담배	공업화학, 농업생물학, 농화학, 물질화학공학, 미생물공학, 생물(공)학과, 생물화학공학, 생화학, 수산가공학, 식생활학, 식품가공학, 식품공학, 식품과학, 식품영양학, 응용화학, 정밀공업화학, 정밀화학, 축산가공학, 화학, 화학공학, 환경공학, 환경학 및 기타 관련 유사학과
04	섬유 및 섬유제품	견섬유학, 섬유고분자학, 섬유공학, 염색공학, 의류직물학, 의류학, 의상학, 의생활학, 잠사학, 천연섬유학 및 기타 관련 유사학과
05	가죽 및 가죽제품	견섬유학, 고분자공학, 고분자학, 공업화학, 생화학, 섬유고분자학, 섬유공학, 염색공학, 응용화학, 의류직물학, 의류학, 의상생활학, 의상학, 잠사학, 정밀공업화학, 정밀화학, 천연섬유학, 화학, 화학공학 및 기타 관련 유사학과
06	목재 및 목재제품	임산가공학 및 기타 관련 유사학과
07	펄프, 종이 및 종이제품	고분자공학, 고분자학, 공업화학, 생물화학공학, 생화학, 응용화학, 정밀공업화학, 제지공학, 화학공학, 환경공학, 환경학 및 기타 관련 유사 관련학과
08	출판업	공업디자인학, 광고홍보학과, 사진예술학, 사진학, 산업디자인학, 신문방송학, 시각디자인학, 신문학, 전산학, 출판미디어학, 컴퓨터그래픽디자인학 및 기타 관련 유사학과
09	인쇄업	공업디자인학, 산업디자인학, 시각디자인학, 컴퓨터그래픽디자인학과 및 기타 관련 유사학과
10	코크스, 석유 정제품	공업화학, 공업화학교육, 물리교육학, 물리학, 물질화학공학, 생물(공)학과, 생물화학공학, 생화학, 에너지공학, 응용물리학, 응용화학, 정밀공업화학, 정밀화학, 지구물리학, 화학, 화학공학, 화학교육 및 기타 관련 유사학과
11	핵연료	원자력공학, 원자핵공학 및 기타 관련 유사학과

인증수행범위		인정가능학과
12	화학약품, 화학제품, 섬유류	고분자공학, 고분자학, 공업화학, 공업화학교육, 농화학, 물질화학공학, 생화학, 응용화학, 정밀공업화학, 정밀화학, 화학, 화학공학, 화학교육, 환경공학, 환경학 및 기타 관련 유사학과
13	의약품	공업화학, 농업생물학, 농화학, 물질화학공학, 미생물공학, 생물(공)학과, 생물화학공학, 생화학, 약학, 위생제약, 응용화학, 정밀공업화학, 정밀화학, 제약학, 한약재료학, 화학, 화학공학 및 기타 관련 유사학과
14	고무 및 플라스틱 제품	고분자공학, 고분자학, 공업화학, 공업화학교육, 물질화학공학, 생화학, 응용화학, 정밀공업화학, 정밀화학, 화학, 화학공학, 화학교육 및 기타 관련 유사학과
15	비금속 광물제품	고분자공학, 고분자학, 공업화학, 공업화학교육, 무기재료학, 물질화학공학, 산업공예학, 요업학, 응용화학, 재료학, 정밀공업화학, 정밀화학, 화학, 화학공학, 화학교육 및 기타 관련 유사학과
16	콘크리트, 시멘트, 석회, 석고 등	고분자공학, 고분자학, 공업화학, 공업화학교육, 무기재료학, 물질화학공학, 요업학, 응용화학, 재료학, 재료공학, 정밀공업화학, 정밀화학, 화학, 화학공학, 화학교육, 산업공예학 및 기타 관련 유사학과
17	기초금속 및 조립금속제품	금속공학, 금속공학교육, 금속재료학, 무기재료학과, 재료공학, 재료금속공학, 해양재료공학 및 기타 관련 유사학과
18	기계 및 장비	기계공학, 기계공학교육, 기계설계공학, 기계설계학, 기관공학, 기관학, 기관학, 냉동공조공학, 냉동공학, 농업기계공학, 동력기계공학, 산업기계공학, 생산기계공학, 생산자동화공학, 자동화 공학, 전기공학, 전기공학교육, 전기전자제어공학, 전기제어공학, 전자공학, 전자전기공학, 정밀기계공학, 제어기계공학, 제어계측공학, 응용전자공학, 항공기계공학 및 기타 관련 유사학과
19	전기 및 광학 기기	기관학, 물리광학, 반도체공학, 반도체과학, 반도체학, 의용전자공학, 인공지능학, 전기공학, 전기공학교육, 전기전자제어공학, 전기제어공학, 전산공학, 전산기공학, 전자계산공학, 전자계산기공학, 전자공학, 전자공학교육, 전자전기공학, 전자전산기공학, 전자제어공학, 전자통신학, 제어계측공학, 컴퓨터공학 및 기타 관련 유사학과
20	선박	기계공학, 기계설계공학, 기계설계학, 기관공학, 기관학, 선박공학, 선박해양공학, 조선공학, 조선해양공학, 항공기계공학 및 기타 관련 유사학과
21	항공	기계공학, 기계설계공학, 기계설계학, 기관공학, 기관학, 우주항공공학, 항공경영학, 항공광리학, 항공기계공학 항공기체공학, 항공우주공학, 항공재료공학, 항공전자공학 및 기타 관련 유사학과
22	기타 수송장비	기계공학, 기계설계공학, 기계설계학, 기관공학, 기관학, 자동차공학, 항공기계공학 및 기타 관련 유사학과

인증수행범위		인정가능학과
23	기타 제조업	공예학, 관현악, 국악, 국악학, 금속공예, 기악, 목공예, 산업공예, 산업공예학, 임산가공학 및 기타 관련 유사학과
24	재생	공업화학, 금속공학, 금속공학교육, 금속재료공학, 무기재료학, 재료공학, 재료금속공학, 환경공학 및 기타 관련 유사학과
25	전기 공급업	전기공학, 전기공학교육, 전기전자공학, 전기전자제어공학, 제어계측공학 및 기타 관련 유사학과
26	가스 공급업	공업화학, 공업화학교육, 생화학, 응용화학, 화학, 화학공학, 화학교육 및 기타 관련 유사학과
27	수도 공급업	고분자학, 공업화학, 공업화학교육, 미생물학과, 생물학과, 생화학, 응용화학, 화학, 화학공학, 화학교육, 환경공학 및 기타 관련 유사학과
28	건설	건설시스템공학, 건축공학, 건축설비학, 건축학, 도시계획학, 도시계획공학, 도시공학, 실내건축학, 자원공학, 지적학, 지질(공)학, 토목공학, 토목환경공학, 해양토목학, 건축공학교육, 토목공학교육 및 기타 관련 유사학과
29	도・소매업 자동차 오토바이 수리 및 가정용품수리	경영학, 경제학, 무역학, 소비자보호학, 소비자학, 자동차공학, 자동차정비학 및 기타 관련 유사학과
30	숙박 및 음식점	농화학, 수산가공학, 식생활학, 식품가공학, 식품공학, 식품과학, 식품영양학, 영양학, 축산가공학, 호텔경영학 및 기타 관련 유사학과
31	운수, 창고 및 통신	관광개발학, 관광경영학, 관광학, 교통공학, 산업(정보)공학 선박운항학, 전자통신공학, 전파공학, 통신(공)학, 항공운항학, 항공통신정보학, 항만운송공학, 항해학, 해상수송과학, 해운경영학 및 기타 관련 유사학과
32	금융, 보험 부동산, 임대	경영학, 경제학, 금융보험학, 무역학, 보험경영학, 보험금융학, 보험학, 회계학, 법학, 법학계열학, 부동산학, 사법학, 행정학 기타 관련 유사학과
33	정보기술	(계산)통계학, 산업(정보)공학, 산업정보학, 소프트웨어공학, 응용통계학, 응용전자공학, 전산공학, 전산과학, 전산통계학, 전자계산공학, 전자공학, 전자계산학, 전자정보학, 전자통신학, 정보공학, 정보과학, 정보관리학, 정보산업학, 정보처리학, 정보통신(공)학, 컴퓨터교육학 및 기타 관련 유사학과

인증수행범위		인정가능학과
34	엔지니어링 서비스	건축학, 건축공학, 경영학, 경제학, (계산)통계학, 고고미술사학, 고고인류학, 고고학, 국제경제학, 국제관계학, 기계공학, 농경제학, 농업경제학, 대기과학, 동양철학, 무역학, 문화인류학, 물리학, 미생물(공)학, 민속학, 분자생물학, 사회학, 산업경제학, 산업(정보)공학, 산업심리학, 생명과학, 생물과학, 생물학, 소비자경제학, 수학, 심리학, 역사학, 우주과학, 유전공학, 응용물리학, 응용미생물학, 응용수학, 응용통계학, 인류학, 전기공학, 전자공학, 지구과학, 지구물리학, 지구해양과학, 지역개발학, 지역경제학, 지역사회개발학, 천문기상학, 천문대기과학, 천문우주과학, 천문우주학, 천문학, 철학, 한국철학, 화학, 토목공학, 환경공학, 환경보호학, 환경학, 및 기타 관련 유사학과
35	기타서비스	경영학, 공법학, 공업디자인학, 공예디자인, 광고디자인, 광고홍보학, 무역학, 법학, 사법학, 사진예술학, 사진학, 산업(정보)공학, 산업디자인학, 산업심리학, 섬유디자인학, 세무정보학, 세무학, 시각디자인학, 실내디자인학, 요업디자인학, 응용지질학, 의상디자인학, 재무학, 지질과학, 지질학, 해사법학, 행정학, 회계학 및 기타 관련 유사학
36	공공행정	경찰행정학, 관광행정학, 도시행정학, 보건행정학, 외교학, 자치행정학, 정책학, 정치학, 정치외교학, 토지행정학, 행정학 기타 관련 유사학과
37	교육	교육관련학과 기타 관련 유사학과
38	보건 및 사회복지	간호학, 건강관리학, 공중보건학, 교정학, 노인복지학, 물리치료학, 보건학, 사회복지학, 사회사업학, 산업보건학, 산업복지학, 수의학, 심리치료학, 아동복지학, 언어치료학, 의예, 의용공학, 의학, 의학공학, 임상병리학, 재활치료학, 재활학, 직업재활학, 청소년지도학, 치료특수교육, 치의예, 치의학, 한의예, 한의학, 환경보건학 및 기타 관련 유사학과
39	기타 사회 서비스	가정학과, 경기지도학, 기독교교육학, 도서관교육, 도서관학, 동양종교학, 목회학, 문헌정보학, 문화재학, 보건체육학, 불교학, 사회체육학, 생활체육학, 선교학, 선학, 연극영화, 연극영화학, 연극학, 영화학, 원불교학, 유학, 정치학, 종교교육, 종교철학, 종교학, 체육경영학, 체육교육, 체육학, 특수체육학, 환경공학 및 기타 관련 유사학과

(부록 3)

환경관련 용어

개발공해(開發公害) 경제개발과 공업화가 가속화함에 따라 일반대중에게 피해를 주는 공해, 인구집중, 공공투자 결핍 등으로 발생하기 쉬운 대기, 하천, 토질의 오염과 소음, 진동 등이다. 이러한 현상은 특히 개발도상국에서 많지만, 선진국에서도 인간성 소외와 공해방지의 기술적 정책이 수립되지 않아 심각한 사회문제로 대두되고 있다.

공동화현상(空洞化現象) 도시지역 내에서 지가급등 및 각종 공해로 인해 주택들이 도시외곽으로 진출하게 되면 결국 공공기관이나 상업기관만이 남게 되는데 이러한 현상을 말한다. 이러한 현상이 심해지면 도시 외곽의 주택지에서 도심지까지의 출퇴근이 매우 혼잡하고 교통난이 가중되며 비능률이 심화되어 다시 도심으로 되돌아오는 현상이 생기게 되는데 이를 직주접근 혹은 회귀현상이라 한다.

공해(公害) Environment Disruption; Public Nuisance 불특정다수의 대중에게 정신적, 경제적, 육체적인 피해를 주는 것. 환경보존법에서는 행정의 대상이 되는 공해로 ①대기오염 ②수질오염 ③소음 ④진동 ⑤악취 ⑥토양오염 등을 들고 있다. 이밖에 일반적인 개념으로 식품공해, 약품공해, 교통공해, 정보공해, 농약공해, 전파공해, 에너지공해 등 문명과 산업의 발전에 따라 발생하는 여러 장애에도 적용하고 있다.

공해방지산업(公害防止産業) 공해를 방지하기 위한 기기, 시스템 관계산업의 총칭. 공해방지기기의 주된 것은 집진기, 산업배수처리장치, 하수의 오염처리장치, 고층굴뚝, 소각로, 배연탈황장치, 중유탈황장치 등이다.

광화학(光化學) 스모그 Photochemical Smog 공해의 일종으로 공중에 역전층(逆轉層)이 생겨 바람이 적은 날 발생하기 쉽다. 눈이 자극을 받아 눈물이 나오기도 하고 재채기가 나오며 경우에 따라서는 경련 등을 일으키기도 한다. 발생의 원인은 아직 분명치 않지만 자동차 배기가스 속에 포함되어 있는 NO_2와 HC가 자외선을 받아 화학반응을 일으켜서 광화학 옥시던트로 불리는 2차 오염물질로 변화하는 것이 원인으로 알려지고 있다. → NOx, 옥시던트

국제(國際) 그린 크로스 International Green Cross ; IGS 하나뿐인 지구를 살리기 위한 민간 차원의 범세계적인 환경보호운동기구. 1970년대 초반 세계적 환경파괴를 우려한

학자 등이 기구 설립의 필요를 우려한 학자 등이 기구 설립의 필요성을 제창해 오랜 준비 기간을 거쳐 1993년 4월 일본 교토에서 창설됐다. 국제 그린 크로스의 기본이념은 환경보전과 인간생활의 질적 향상간의 조화를 위해 가치관 및 행동양식의 변혁을 추구하는 것이다. 이를 위해 가치관 및 행동양식의 변혁을 추구하는 것이다. 이를 위해 순수한 비정부 자원봉사자를 중심으로 인류공통의 차원에서 환경문제에 접근하며 전문가를 통해 환경파괴, 생물자원고갈 및 환경재해 등의 근본원인을 조사 연구해 환경보호에 필요한 국제적인 장치를 마련한다.

그린 라운드 Green Round ; GR 환경문제 다자간협상. 제2의 우루과이 라운드라고도 하며 환경문제를 국제간 협상의 주된 문제로 다룬다는 뜻에서 붙여진 이름이다. 환경보호문제를 다자간 협상에 올려 국제적으로 합의된 환경기준을 만든 다음, 이에 미달하는 무역상품에 대해서는 상계관세부과 등 각종 제재조치를 가하자는 것이 내용이다.

환경규제를 무역장벽으로 연결시키는 유형의 발상은 1990년 10월 개정된 미국의 대기정화법이 대표적인 사례이다. 그리고 1991년 미국 의회에서 국가별 환경기준의 차이가 경쟁력 격차의 요인이 되기 때문에 그 격차만큼 상계관세를 부과해야 한다는 주장이 나온 이후 국제사회에서 거론되기 시작했다. 결국 그린 라운드 체제 성립 이후에는 수입국가의 환경기준에 맞는 생산기술이나 설비를 대폭 개량하지 않으면 수출경쟁력에 타격을 줄 것이 필연적이다.

그린 라운드는 1995년 WTO가 정식 출범하고 이 기구의 산하에 '환경무역위원회'가 설치됨에 따라 국제무역질서에 큰 영향을 줄 것으로 예상되어 더욱 주목받고 있다. 그린 라운드는 국가간 협상을 통한 새로운 무역규범의 제정을 의미하지만 이를 관장할 WTO가 강제집행력을 갖고 있으므로 GATT와는 큰 차이가 있다. 그린 라운드는 WTO산하 환경무역위원회가 정식 활동에 들어가는 1996년 말부터 5년 이내에 이행될 것으로 보인다. → 바젤협약, 몬트리올 의정서, 기후변화협약, 생물다양성협약, 런던협약

그린 르네상스 Green renaissance 16세기 유럽에서 일어난 르네상스(문예부흥운동)를 환경에 응용한 용어. 즉 인류가 잃어버린 녹색 정서를 되찾아 녹색문맹으로부터 깨어나자는 것이다. 또 생태계로부터 일탈해 인간중심적 삶을 살아온 인간들을 생태적 삶으로 복귀시키려는 의미를 함축하고 있다.

그린 마케팅 Green marketing 기존의 상품판매 전략이 단순한 고객의 욕구나 수요충족에만 초점을 맞추는 것과는 달리 자연환경 보전, 생태계 균형 등을 중시하는 시장접근 전략이다. 공해요인을 제거한 상품을 제조 판매해야 한다는 소비자 보호운동에 입각, 인간의 삶의 질을 높이려는 기업활동을 포괄적으로 지칭한다. 환경문제에 대한 기업의 대응은 크게 두 가지로 나눌 수 있다. 기존의 사업영역을 고수하면서 환경문제에 대처하는 '방어적 대응'과 기업이 환경문제에 대해 선도적 입장을 취하면서 환경

문제를 해결하려는 '창조적 대응'이 그것이다. 기업이 환경문제를 창조적으로 대응할 경우 환경문제는 새로운 사업영역을 창출하는 기회가 되기도 한다. 그린 마케팅은 환경문제를 능동적으로 대응해 기업의 사회적 기여를 높이고 매출신장의 기회를 마련한다는 점에서 환경문제에 대한 창조적 대응인 셈이다.

그린 비즈니스 Green business 녹화산업(綠化産業). 즉 공해나 개발 등으로 잃어가고 있는 녹지를 되살리려는 산업. 사업내용은 산의 나무를 수요지 근처에 있는 육묘(育苗)기지에 옮기고 성목(成木)을 만들어 판매하는 일이다. 환경녹화의 설계 컨설턴트까지 도맡아서 취급하는 기업도 있다.

그린 에너지 Green Energy 석유, 석탄, 원자력 등 환경공해의 원흉이 되고 있는 '하드에너지'와는 달리 태양열, 지열, 풍력, 조력, 차력 등 환경을 더럽히지 않는 청정한 자연의 소프트 에너지.

그린 에너지 계획(計劃) 자연 에너지를 효율적으로 이용해 되도록 석유를 사용하지 않는 농업을 추진하는 계획. 비료, 농약, 온실재배 등에서 석유사용을 줄이자는 것이다. 현재 연구되고 있는 것으로는 ①광합성(光合成) 능력이 높은 옥수수를 연구, 다른 품종에서의 광합성능력을 높이는 방안 개발 ②콩과(豆科)의 근립(根粒) 박테리아가 공중질소를 고정시켜 식물에 공급하는 작용을 다른 작물에서도 가능케 하는 일 ③태양열, 지열(地熱), 풍수력 등의 이용기술개발 ④작물의 생태와 환경과의 상호작용을 해명하여 생리적 요구에 가장 적합한 조건을 유지하는 기술시스템의 개발 등이다.

그린 타이 Green Tie '녹(綠)의 유대'란 뜻으로 지구온난화방지기구. 지구온난화 억제와 결정적 관계가 있는 에너지 절약기술 등 일련의 첨단기술을 일괄 관리하기 위한 기관. 우리나라를 비롯 선진 정상회담 6개국 등 14개국과 국제에너지기구(IEA), 경제협력개발기구(OECD) 등이 참가, 1993년 7월 신설되었다.

그린 피스 Green Peace 1971년 태평양에서의 미국의 핵실험을 중지시키기 위해 결성된 국제적인 민간환경보호단체. 네덜란드의 암스테르담에 본부를 두고 있으며, 전세계에 500만 명이 넘은 회원과 27개국 국가에 주재사무소를 두고 연간 1억 3천만 달러의 예산을 집행하는 가장 영향력 있는 환경단체로 성장했다. 특히 1987년에는 비정부기관으로는 유일하게 남극에 베이스캠프를 설치했다. 활동의 특징은 환경보호를 위한 직접적인 행정의 조직과 실천이다. 한편 1994년 4월에는 '아시아 비핵지대화 순방' 계획의 하나로 한국을 방문하기도 했다.

그린 GDP Green GDP 경제활동이 천연자원의 소비나 환경파괴를 수반할 우 그 가치만큼 빼고 산출한 GDP. 석유, 석탄, 가스 등 재생 불가능한 자원을 소비한 경우 그 손실을 계산에 집어넣고 삼림, 수자원, 신선한 공기 등의 경제적 가치를 분석해 그 피해액을 '그린 GDP'의 산출에 반영시킨다. 1994년 4월 22일 지구의 날을 맞아 미국이 처음으로 그린 GDP를 발표했다.

기온역전(氣溫逆轉) 정상적인 경우 지표상의 온도는 지표면이 높고 위로 올라갈수록 낮아지고 기류의 이동은 온도가 높은 곳에서 낮은 곳으로 이루어진다. 그러므로 지표면에서 발생한 대기오염물질은 기류 이동으로 대기권으로 확산되는데 지역적 특성이나 밤과 낮의 특성 등이 어우러져서 어느 지역에서는 가끔 기온이 지표면 상층부보다 낮은 경우이다. 이처럼 기온역전 현상이 발생하면 대기오염의 피해가 가중된다.

기후변화협약(氣候變化協約) Climatic Change Convention 지구온난화 방지를 위해 모든 온실가스의 인위적 방출을 규제하기 위한 협약으로 정식명칭은 '기후변화에 관한 기본협약'이다. 지구온난화를 일으키는 온실가스에는 탄산가스, 메탄, 이산화질소, 염화불화탄소 등 여러 가지 물질이 있는데, 이 중 인위적 요인에 의해 배출량이 가장 많은 물질이 탄산가스이기 때문에 주로 탄산가스 배출량의 규제에 초점이 맞춰져 있다. 기후변화협약은 생물다양성협약과 마찬가지로 1992년 6월 리우회담에서 채택되었고, 1994년 3월 21일 발효되었다. 선문과 26개 조항으로 구성되어 있는 이 협약은 주요 내용으로 가입국의 의무사항, 재정지원, 기술이전, 조직 등이 있다. 의무사항은 개발도상국과 선진국 모두에게 공통적으로 적용되는 일반의무사항과 선진국에만 적용되는 특별의무사항으로 구분된다. 일반의무사항에 따라 이 협약에 가입한 모든 국가는 온실가스 배출 및 흡수에 관한 국가보고서를 작성해 선진국은 협약발표 후 6개월 이내에, 그리고 개발도상국은 3년 이내에 제출해야 한다.

녹색상품(綠色商品) Green Goods 비교적 쓰레기 발생량이 적거나 없는 제품이나 상대적으로 '환경친화적'인 상품 또는 '환경 적합성이 큰' 제품을 가리킨다. 정부 또는 환경운동단체가 붙여주는 환경마크 제도의 사용승인을 받은 제품을 환경마크 제품이라 부르는데, 이를 대표적인 녹색상품이라 할 수 있다. 이밖에 용기의 재사용을 촉진하기 위한 '리필(refill) 제품'이나 폐기물의 해독이 문제되는 수은이나 크롬을 사용하지 않은 전지, 오존층 파괴물질로 알려진 프레온 가스를 사용하지 않은 각종 스프레이류 제품, 생산공정에서 오염물질의 배출이 적은 제품 등도 녹색상품의 범주에 포함된다. →리필 제품

녹색신고제(綠色申告制) Green Return System 외국산 농산물 수입이 늘어가면서 정체를 알 수 없는 농약에 의한 피해가 잇따르자 정부가 마련한 제도이다. 원산지표시제도와 비슷한 내용이나 검역기능이 추가돼 있다. 이 제도는 농산물 수입업자에게 수입한 농산물의 재배와 보관 및 운송 단계별로 사용된 농약의 종류와 성분, 함량, 사용시기 등에 대하여, 검역당국은 신고내용을 토대로 사용된 농약과 사용량의 적정성, 농약잔류 정도 등을 국내외 관련 기준에 따라 분석하게 되며, 인체에 해로운 것으로 판명될 경우 수입농산물을 회수나 폐기처분하게 된다. 1994년 1월부터 시행하고 있으나

미국과 일본에서 수입하는 농산물에 대해서는 미미한 신고실적이 있을 뿐이다. → 원산지표시제

녹색산업(綠色産業) → 그린 비즈니스

농도규제(濃度規制) Regulation of Emission Concentration 대기오염이나 수질오염을 규제할 때 배출구(排出口)에 유해물질의 농도에 상한을 설정, 규제하는 방식. 이 방식으로는 오염된 배출물에 다량의 물을 섞어서 농도만을 낮추어 배출하는 것은 규제할 수 없으므로 결국 일정 지역에서의 오염물질 총량을 저하시킬 수 없다. 따라서 최근에는 총량규제방식이 도입되고 있다. → 총량규제

다이옥신 Dioxine 인간이 만든 물질 중 가장 위험하다고 알려진 독극물. 다이옥신은 주로 석탄, 석유, 담배 등을 태우거나 농약 등 화학물질을 만드는 공장에서 발생하는데, 청산가리보다 1만 배나 강한 독성을 가지고 있다. 이것이 인체에 흡수되면 반영구적으로 축적되어 기형아 출산과 암 발생의 원인이 되는 것으로 알려져 있다.

대기오염기준(大氣汚染基準) 정상적인 대기의 조성과 현저하게 다른 성분으로 구성된 대기로 인해 인간생활의 안전과 건강을 해치는 것을 막기 위해 설정한 환경기준에 맞는 배출물 수준. 대통령령으로 정해진 대기의 환경기준은 다음과 같다. 연간 아황산가스(SO_2) 0.05ppm 이하, 일산화탄소(CO) 8ppm 이하, 질소산화물(NO_2) 0.05ppm 이하, 부유분진 150g/m^3 이하, 옥시던트(O_3) 0.02ppm 이하, 탄화수소 3ppm 이하이다. 배출기준은 보건복지부령으로 암모니아가 배출구 허용농도 250ppm 이하, 일산화탄소 400ppm 이하, 염화수소 25ppm 이하, 염소 10ppm 이하 등이다. 그러나 1993년 12월부터 아황산가스 기준을 연간 0.03ppm으로 강화하는 동시에 1시간 기준을 신설 0.25ppm으로 규정했다.

대기오염지수(大氣汚染指數) → API

대기오염총량제(大氣汚染總量制) 정부가 기업체별로 배출할 수 있는 대기오염물질의 총량을 할당하는 제도. 기업체가 지역환경기준을 초과하는 오염물질을 배출할 경우 정부는 연료 변경 및 조업정지 처분을 내리게 된다. 서울 등 주요 대도시의 아황산가스 오염도는 1993년 세계보건기구(WHO) 권고 수준에 도달했으나 일부 도시의 경우 여전히 아황산가스가 기준치를 넘고 있어 이 제도를 실시하기로 했다. 환경부는 1999년부터 인천·대구·울산 등 공업도시에 대기오염 지역총량규제를 처음으로 도입한다. → 총량규제

데시벨 Decibel ; dB 소음의 단위로 사용되고 있는 단위. 전화발명자 벨(A. Bell)의 이름을 따서 만든 단위인 벨(B)의 10분의 1 수치. 실제적으로는 B보다 dB를 많이 사용

한다. 데시벨은 음의 관계에서 음의 강도의 레벨, 유압 레벨, 파워 레벨 등의 척도로 사용되고 있으며, 1dB 이하의 음의 강도변화는 인간의 청력으로는 감별하기 어렵다.

라이프사이클 분석기법(分析技法) Life Cycle Analysis 제품의 라이프사이클별로 환경영향을 평가하는 선진 환경관리 기법. 다시 말해 원료에서부터 제품의 설계, 제조와 폐기물 처리까지 모든 과정(라이프사이클)을 여러 단계로 나눠, 각 단계별로 에너지 및 원재료의 투입과 그에 따른 결과물을 수치화해 개량적으로 환경영향을 평가하는 방법이다. 방대한 양의 정보를 처리해야 하기 때문에 컴퓨터를 이용하는 경우가 많다. 국내에서 일부 대기업만이 도입하는 정도로 초보적인 단계에 머물러 있다. 그러나 라이프사이클 분석기법은 환경오염 감소, 에너지 절감, 폐기물 감축 등의 효과를 거둘 수 있고, 또한 ISO 14000(국제환경경영인증규격) 인증에 대비, 앞으로 이에 대한 수요가 크게 늘 것으로 예상된다.

런던협약(協約) 폐기물의 해양 투기로 인한 해양오염을 방지하기 위해 마련된 국제협약. 1972년 채택되어 1975년부터 발효되었으며, 우리나라는 1992년 12월에 가입해 1994년 1월부터 효력이 발효됐다. 런던협약은 유럽 북해가 각국의 폐기물 투기로 오염이 심각해짐에 따라 1972년 2월 유럽 국가들이 모여 체결한 오슬로협약을 모체로 한 것으로, 런던협약에 가입한 국가는 매년 자국이 해양에 버리고 있는 폐기물 현황을 협약사무국에 보고할 의무가 있으나 몬트리올의정서처럼 무역규제 조항은 없다. 하지만 런던협약에도 불구하고 해양오염이 날로 심각해져 1993년 11월에 열린 런던협약 당사국 회의에서는 종전 고준위 방사성 폐기물에 적용된 해양투기 금지를 저준위 방사선 물질을 포함한 모든 방사성 폐기물의 해양투기 금지로 강화했고, 1996년 1월부터는 산업폐기물의 해양투기도 금지하기로 결의했다.

리사이클링 Recycling [1] 일반적으로는 자금을 풍부하게 갖고 있는 나라로부터 자금사정이 곤란한 나라에 자금을 융통하는 것을 말하나 최근엔 거액의 경상잉여를 갖고 있는 산유국으로부터 선진국이나 비산유 개발도상국의 자금순환을 일컫는 경우가 많다. [2] 자원의 재이용. → 리사이클링 시스템

리사이클링 시스템 Recycling System 자원의 순환사용에 의해 ① 공해방지 ② 자원유효이용의 두 가지 목적을 수행하려는 것. 1973년 오일쇼크 이래 각국이 모두 실용화를 지향하려는 움직임이 활발해지고 있다. 크게 나누면 폐수를 처리해서 음료수나 공업용수로 사용하는 시스템과, 폐기물에서 유용물질을 회수하거나 에너지로 바꾸는 방법이 있고 기술적으로는 성공하고 있는 것도 많다. 처리비용을 인하시키고 채산 기준을 유지하는 일이 금후의 문제로 되어 있다.

리우 환경협약(環境協約) 1992년 6월 브라질에서 열린 유엔환경개발회의에서 정식 서명된 기후변화협약. 지구온난화를 방지하는 취지에서 이뤄진 이 협약은 지구온난화를

가속화시키는 주범인 이산화탄소의 배출규제를 주요 과제로 다루고 있다. 이는 곧 대기중의 이산화탄소를 발생시키는 석유, 석탄 등 화석원료의 사용량을 제한하게 되며, 산업발전에 직접적인 영향을 끼칠 수 있다. → 지구온난화

몬트리올 의정서(議定書) Montreal Protocol 지구오존층을 보호하기 위해 CFCs(염화불화탄소)·할론 등 오존층 파괴물질의 사용을 규제한 국제환경협약. 1974년 미국 과학자들이 에어컨 냉매로 쓰이는 CFCs 사용규제에 관한 논의가 시작됐다. 이후 약 10년간 환경전문가와 정부간 회의를 거친 끝에 1985년 3월 '오존층 보호에 관한 비엔나 협약'이 이뤄졌으며, 이어 1987년 9월 몬트리올 의정서가 정식 채택돼 1989년 1월부터 발효됐다. 그러나 이와 관련된 협약은 선진 각국의 가입국 회의를 통해 예상보다 빠르게 진전돼 1992년 11월 덴마크의 코펜하겐에서 열린 제4차 가입국 회의에서는 당초 2000년 1월에 전폐하기로 했던 계획을 1996년 1월로 앞당기고 규제대상 물질도 20종에서 95종으로 확대했다. 우리나라는 1992년 2월 가입비준서를 유엔사무국에 기탁했으며 5월 가입국이 되었다.

무공해농약(無公害農藥) Pollution-free Pesticide 흙 중의 독성잔류나 인체에 대한 악영향이 없는 신형농약. 예를 들어 토양 속의 세균을 죽임과 동시에 잔류성분이 탄산가스, 에틸렌 등의 무독성분이나 또는 식물성장을 촉진하는 가스로 변화해 발산되는 성질을 갖고 있는 농약 등이 그것이다.

방사성 폐기물(放射性廢棄物) Radioactive Waste 원자력발전소 등에서 원자력을 이용하고 난 다음에 발생하는 방사능을 지닌 폐기물. 방사성 폐기물은 그 방사능의 세기에 따라 고준위 폐기물(사용 후 핵원료)과 중·저준위 폐기물로 나뉘는데, 중·저준위 방사성 폐기물은 주로 원전의 운전원이나 보수요원이 사용했던 방호복, 모자, 장갑, 걸레, 교체부품 등으로 이들은 방사선 차폐를 위해 드럼통에 넣어 시멘트로 고화시킨 후 안전한 저장고에 저장된다. 중·저준위 폐기물은 사용 후 핵연료에 비해 방사능 준위가 낮은 것은 분명하지만 과량 피폭될 경우 암 등이 후대에 걸쳐 나타나는 등 인체에 치명적 영향을 줄 수 있어 철저한 격리관리가 원자력법 등에 명시되어 있다.

배수기준(排水基準) Effluent Standard 우리나라에서는 공공수역의 수질을 보전하기 위해 환경보전법에 의거, 동 시행규칙으로 전국적으로 일률적인 방류수 수질기준을 정해놓고 이 기준을 넘어서는 배수의 배출을 금지하고 있다. 이에 따르면 하수(下水)의 경우 생물적 산소요구량(BOD)이 30mg/L 이하, 부유물질량이 70mg/L 이하이여야 하며, 폐수는 BOD 30mg/L 이하, 화학적 산소요구량(COD)은 30mg/L 이하, 부유물질량은 70mg/L 이하, 수소이온 농도는 5~9pH, 카드뮴은 0.1mg/L 이하이며, 알킬수은이 검출되면 안 된다.

배수 3차처리(排水三次處理) Advanced Waste Water Tertiary Treatment 공공수역의 수

질보호를 위해 방류수의 수질을 보다 높이는 것. 이제까지의 하수처리와 산업폐수처리에서는 스크린에 의해 커다란 부유물질을 제거한 후 침전, 생물처리 등을 행하여 BOD(생물화학적 산소요구량)를 20ppm 이하로, 부유물질을 70ppm 이하로 처리하여 방류하였다. 일반적으로 이러한 처리방법을 2차처리라 말하는데, 그 이상으로 방류수의 수질오염도를 낮추려는 조작을 3차처리 혹은 고도처리라 부른다. 우리나라에서도 임해공단 등의 주변해역에서 수질오염에 따른 부영양화로 수초류가 번식하여 적조현상이 자주 나타나고 있어 이로 인한 어패류 생육 장애 등의 피해를 방지하기 위해서 3차처리를 실시해야 할 필요성이 높아지고 있다.

배연탈질(排煙脫窒) Flue Gas Denitrogeniation 배출가스로부터 질소산화물을 제거하는 것. 질소산화물의 발생을 억제하는 방법으로는 배연탈질 외에도 연소법을 개선하거나 저(低) NOx 버너를 개량하는 방법 등이 있지만 제거효율이 가장 높은 것은 배연탈질이다. 배연탈질에는 습식법과 건식법의 두 가지가 있는데 현재로서는 암모니아로 NOx를 물과 질소로 분해하는 건식법의 기술개발이 일보 진전되어 있어 이미 실용화할 수 있는 단계에 있다. 건식법에서는 황산화물과 친화되지 않는 촉매의 개발이, 그리고 습식법에는 부생품(副生品)과 배수의 처리문제가 각각 해결되어야 할 과제로 남아 있다.

배출기준(排出基準) 환경기준을 지키기 위해 공해원이 되는 오염물질을 배출할 수 있는 최고치를 정해 놓은 것. 구체적인 규제대상은 공장과 사업장이다. 우리나라의 경우 환경보전법에 의거, 시행규칙으로 그 기준치가 규제되어 있다. 우선 가스 및 먼지는 암모니아 250mg/L 이하, 일산화탄소 400mg/L 이하 등이며, 폐수는 시설 및 수역별로 규제되어 있는데 화학공업시설의 음료수로 사용되는 수역의 경우 수소이온 농도가 5~9pH, COD(화학적 산소요구량) 150ppm 이하, BOD(생물화학적 산소요구량)가 150ppm 이하, 카드뮴 함유량 0.1mg/L 이하 등이다. 이외에도 소음 및 검정에 대해서도 배출기준이 설정되어 있다. → 환경기준

복합오염(複合汚染) Combined Pollution NOx, SOx, 납, 탄화수소 등 몇 개의 오염물질이 서로 영향을 미쳐 일으키는 오염현상. 이들 오염물질이 개별적으로 인체 및 자연에 미치는 영향은 잘 알려져 있지만 복합오염의 실태에 대하서는 명확히 알려진 바가 없다. 복합오염 현상 중 대표적인 것으로는 공기에 역전층이 생겨 무풍현상이 발생하거나 눈을 자극하여 눈물을 흘리게 하는 광화학 스모그 현상이 있다.

부영양화(富營養化) 질소, 인 등 영양물질이 폐쇄성 수역에 다량 유입되면 녹조류가 과다하게 번식하는데, 이 녹조류로 효소 또는 해역이 부패, 썩어가는 현상을 부영양화라고 한다. 특히 해역에서는 플랑크톤이 많이 발생해 적색을 띠므로 적조현상이라고도 한다.

부유물질(浮遊物質) → SS

불쾌지수(不快指數) 기온이나 습도, 풍속, 일사 등이 인체에 주는 쾌감의 정도를 수량화한 지수, 주로 기온과 습도만으로 계산하는 방법이 보급되어 있는데, 불쾌지수= (건구온도+습구온도) × 0.72 + 40.6으로 산출된다. 지수 70대에서는 상쾌감을 느끼고, 80 이상이면 불쾌, 86 이상이면 참기 어려운 불쾌감을 느낀다.

빙축열냉방(氷蓄熱冷房) 전기소비가 폭주하는 낮에 에어컨을 돌리지 않고 심야시간에 얼음을 얼렸다가 한낮에 이를 녹여 건물을 냉방하는 첨단방식. 냉방을 하는 낮 시간에 오히려 전기소모가 거의 없다는 게 에어컨과 전혀 다른 특징이다. 유일한 단점이라면 초기 설치비가 에어컨 식보다 30% 정도 더 든다는 것. 그러나 저렴한 전기요금으로 연간운영비는 절반밖에 되지 않아 4년이면 투자비를 모두 회수할 수 있다.

산성(酸性)비 산성비란 일반적으로 Ph5.6 이하의 산도(酸度)를 갖는 강우를 말한다. 산성비는 자동차배출가스 등 공해로 인해 대기 중에 발생된 황산 및 질산 이온이 물방울에 녹아 내리는 것으로 대기오염도와 밀접한 관계를 갖고 있다. 산성비는 건물, 교량 및 구조물 등을 부식시키고 식물의 수분 흡수를 억제하며 토양의 유기물 분해를 방해하는 등 토양과 수질을 오염시켜 생태계에 손상을 입힌다. 또한 대기오염물질이 장거리 이동되어 인접 국가에 산성비 피해를 야기해 국제적인 문제도 발생시킨다. 우리나라에는 주로 난방연료를 많이 사용하는 겨울철에 산성비가 내린다.

산업폐기물(産業廢棄物) Industrial Waste 산업폐기물에 수반해 발생하는 폐유, 폐산, 재 등 폐기물. 종류에는 종이, 나무, 섬유, 고무 등 쓰레기와 분진, 오니, 동물의 분뇨 등이 있다. 그러나 이 말은, 산업은 폐기물을 유발시킨다는 의미에서 거부감이 있으므로 쓰지 않으려는 경향이 있다. 사업자는 배출되는 산업폐기물을 최소한으로 억제하는 한편 자원화나 재생 불가능한 폐기물은 환경청장의 허가를 받은 폐기물업자에 위임해 보관, 운반, 처리해야 한다. 이때 운반 등은 환경보전법 시행규칙 52조에 따른다. 그러나 재활용이 가능한 산업폐기물은 배출업자가 직접 원료나 재료로 가공업자에게 판매할 수 있다. 산업폐기물은 특정 산업폐기물(특정 유해산업폐기물, 폐유, 폐합성 수지), 일반 산업폐기물(유기물류, 무기물류) 등으로 양분된다. 산업폐기물업자는 기술능력, 운반장비, 보관시설, 시험기기와 처리시설 등을 갖춰야 한다. 우리나라의 산업폐기물은 주로 매립(약 80%), 재생활용품(약 15%) 등으로 처리되며, 나머지는 소각처리, 기타의 방법으로 처리하고 있다.

상수원 보호구역(上水源保護區域) 수도법에 근거하여 상수원 보호를 목적으로 상수원 수질에 직접적인 영향을 주는 주변을 지정한 구역. 상수원 보호구역에서는 쓰레기 또는 동물의 시체류를 버리는 행위, 가축의 방사·어렵 또는 조류를 포획하는 행위, 유영·목욕이나 세탁, 기타 수질을 오손하는 행위가 금지된다.

생물다양성협약(生物多樣性協約) Biodiversity Convention 지구상의 생물종을 보호하기 위해 마련된 협약. 여기에서 생물종이란 지구상의 모든 생물종과 이 생물종들이 서식하는 생태계, 생물이 지닌 유전자까지도 포함된다. 1987년 유엔환경계획이 생물종 보호를 위한 전문가 회의를 개최하면서부터 국제사회에서 처음 논의되기 시작해 1992년 6월 유엔환경개발회의(UNCED)에서 158개국 대표가 서명함으로써 채택되었고 1993년 12월 29일부터 발효되었다. 생물다양성협약은 전문과 42개 조항, 2개 부속서로 구성되어 있는데, 각 국가별 지침을 별도로 마련해 실천해 나가도록 생물자원의 주체적 이용을 제한하고 있다. 즉 생물다양성 구성요소의 지속 가능한 이용을 위한 대책수립을 규정하고 아울러 개발도상국에 대한 지원으로 연구와 교육 프로그램을 개발·유지할 것을 촉구하고 있다.

생물화학적 산소요구량(生物化學的酸素要求量) Biochemical Oxygen Demand ; BOD 수중에 포함돼 있는 유기물이 미생물에 의해 분해될 때 필요로 하는 산소량을 ㎎/L 또는 PPM 단위로 나타낸 것. 수중의 용존산소에 의해 유기물의 양을 직접 나타내며, 하천이나 하수·공장폐수 등의 오염농도를 나타내는 지표가 된다. 분해과정은 주로 유기물의 산화가 끝날 때까지 소비되는 산소량을 나타내는 탄소계 산소요구량과 질소화합물의 산화가 끝날 때까지 소비되는 산소량을 나타내는 질소계 산소요구량으로 구분된다. 일반적으로는 섭씨 20도에서 5일간 소비되는 산소량이 사용된다. → COD, PPM

생태계 연결지대(生態系連結地帶) 자연파괴로 멸종 위기에 놓인 야생 동·식물을 보호하기 위해 설정하는 구역으로, 예를 들어 산악지역을 가로지르는 도로 등으로 인해 끊어진 동물 이동통로나 고도별 특이식물 서식지를 개발 전의 상태와 비슷한 환경으로 만들어주는 것이다. 생태계 연결지대에는 개발이 이루어진 도로 위에 터널이나 육교 등을 설치, 복토하는 작업이 이루어진다. 그렇게 되면 야생동물의 서식지가 넓어져 활동이 자유로워지며, 또 식물분포도 고도별로 자연스럽게 이어져 자연생태계를 개발 이전의 상태로 복원할 수 있다. 환경부는 우선 지리산 성삼재와 오대산 진고개 주요 능선에 생태계 연결지대를 만들기로 했다.

생태학적 난민(生態學的 難民) Ecological Refugee 생태계가 파괴됨으로써 생기는 난민. 자연이 파괴되어 생태계가 무너지면 그 토지에 의존하고 있는 사람들의 생활도 곤경에 빠진다. 급속히 진행되고 있는 삼림의 파괴는 홍수나 토양침식, 사막화, 나아가서는 기후의 변화까지 초래해 주민들로부터 집과 경지를 빼앗아 간다. UNEP(유엔환경계획) 등에서 쓰기 시작한 이 말은 전쟁난민과 구분짓기 위한 것이지만, 베트남전쟁에서 명백해진 바와 같이 전쟁이 최대의 자연파괴라는 사실은 말할 것도 없다.

생활소음 규제기준(生活騷音規制基準) 생활소음이란 일상 생활 중에 자주 접하게 되는 주변의 소음이라고 생각할 수 있다. 생활소음 규제기준의 적용기준은 ① 도시계획법 제15조 규정에 의한 주거 전용지역, 주거지역, 준주거지역과 ② 보건복지부령으로 정하는 지역이다. 생활소음 규제대상은 ① 확성기에 의한 소음 ② 공장 및 사업장의 작업소음 ③ 기타 심야의 계속적 또는 반복적 소음으로 하고 있다.

수소(水素) 에너지 Hydrogen Energy 수소를 연소시켜 얻는 에너지. 이 에너지는 ① 원료에 자원적인 제약이 없고 ② 태워도 생성물질은 물뿐이므로 깨끗하며 자연의 순환을 교란시키지 않고 ③ 파이프 수송이 가능하므로 경제적이고 효율적 수송이 가능하며 ④ 에너지 저장의 수단이 된다는 특색이 있다. 열원(熱源)으로 이용하는 이외에 자동차연료, 항공기연료 등으로 이용분야가 넓다. 그러나 실용화에는 비용이 저렴한 수소제조기술과 폭발방지 보안기술, 수송·저장기술 등의 확립이 과제이다.

쓰레기 용융(溶融)시스템 Solid Waste Melting system 용광로 내부의 온도는 보통 소각로의 두 배에 가까운 1500℃ 전후로 투입한 쓰레기 가운데 가연(可燃)물질과 플라스틱 등은 가스화하고 금속, 유리 등의 불순물은 녹여버린다. 처리한 뒤에 남는 찌꺼기는 용암이 굳은 것같이 되어서 소각하고 남는 재의 경우에 비해 4분의 1 정도로 줄어든다. 처리과정에서 금속과 연료가스를 분리해내는 것이 가능하므로 종래의 소각로에 비해 쓰레기의 감량화와 재자원화가 용이해 관심이 모아지고 있다.

쓰레기 종량제(從量制) 쓰레기 배출량에 따라 수수료가 차등 부과되는 제도. 1995년 1월 1일부터 시행됐다. 생활쓰레기는 규격봉투에 담아 버려야 하며 그렇지 않으면 100만 원 이하의 과태료를 물게 된다. 그러나 재활용 쓰레기는 지역별로 날짜를 정해 관할관청에서 무료로 수거한다. 쓰레기 종량제 실시에 따라 1995년 한 해 동안 3,000억 원의 경제적 효과와 여의도 면적의 4분의 1에 해당하는 20만 평의 매립지 절감효과를 본 것으로 집계됐으며, 또 각 지방자치단체가 지난해 쓰레기 수집·운반 등에 사용한 예산 1조 원 가운데 종량제 봉투 판매대금으로 3,000억 원을 충당할 수 있어 자치단체 쓰레기 재정자립도가 종전 14%에서 30%로 향상됐다.

에너지 산업 Energy Industry 에너지 자원을 공급하는 석탄·석유·전력 산업을 총칭. 이것은 기간산업으로 모든 산업에 영향을 미쳐 경제활동 전반에 걸쳐 중요하다. 석탄·석유·수력 등과 같이 천연자원에 직접 의존하는 것을 1차 에너지, 화력발전·가스로 전환 사용하는 것을 2차 에너지라 한다.

에너지세(稅) Energy Tax 지구온난화의 주범인 이산화탄소를 발생시키는 석유와 석탄 등 화석 에너지와 이를 사용하는 발전소의 전기에 대해 부과하려는 세금. 에너지세가 부과되면 이들 요금이 인상되고, 이에 따라 소비가 줄어들어 이산화탄소 방출량이 감소할 것으로 예상된다. 1992년 5월 유럽공동체에서 채택하였다.

에너지 원단위(原單位) Energy Basic Unit 단위 부가가치 생산에 필요한 에너지 투입량을 나타내는 것으로 에너지 이용의 효율성을 나타내는 지표로 이용된다. 부가가치

1단위 생산에 필요한 에너지 소요량이 많을수록 에너지 효율성은 그만큼 낮은 것을 의미한다. 원단위는 원래 제품 1개 또는 일정량을 만드는 데 필요한 원료 또는 소요 시간 등을 나타내는 원가계산의 기초개념이다. 따라서 원단위가 내려가면 내려갈수록 생산이 합리적으로 행해지는 것이다.

에너지 탄성치(彈性値) Energy Elasticity 실질 경제성장률이 1% 신장했을 때 에너지 소비량이 어느 정도 증가되는가를 나타내는 비율. 에너지 소비의 증가율을 실질 경제 성장률로 나누어 산출한다.

에너지 효율등급표시제(效率等級表示制) 폭발적으로 늘어나고 있는 에너지 소비를 줄이기 위해 냉장고, 에어컨, 조명기기, 자동차 등 주요 에너지 다소비 4개 품목에 대해 정부가 보증하는 효율등급표시를 의무적으로 부착해 팔도록 하는 제도. 효율등급은 가장 효율이 좋은 1등급부터 가장 나쁜 5등급까지 5단계로 표시되며, 각 제품마다 해당 등급을 빨간색으로 표시토록 돼 있어 소비자들이 물건을 살 때 쉽게 선택기준으로 삼을 수 있다.

에코 마크 Eco mark 가격이나 사용의 편리성이 뒤떨어지나 사용 후 폐기과정에서 환경오염을 덜 일으키고 에너지 자원 등의 절약에 기여하는 상품을 선정, 공인기관에서 인정해주는 마크.

에코에티카 Ecoethica 생태학(ecology)과 윤리학(ethics)의 합성어. 즉 생태학적 바탕 위에 만들어야 할 새로운 윤리학을 말한다. 윤리학이란 사람들이 서로 관계를 맺고 살아가는 삶의 방식으로 윤리학의 변화는 생활의 변화와 긴밀한 관계를 맺고 있다. 에코에티카는 과학기술의 발달로 삶의 공간이 혁명적으로 변화함에 따라 근본적인 세계관의 변화를 요구하는 대안적 가치체계이다.

에콜로지 ecology → 생태학

에콜로지 비즈니스 Ecology Business 환경보존 수요에 대응한 기업활동을 말한다. 환경문제의 관심고조와 공해규제의 강화 등을 배경으로, '환경'이 상품이나 서비스를 제공하는 데 중요한 요소로서 부상하고 있다. 경제활동의 여러 국면에서 싹트고 있는데 ① 공해대책형 ② 환경보존형 ③ 환경창조, 유지관리형 ④ 정보·금융형 등 네 가지로 구분할 수 있다. 뚜껑을 따도 분리되지 않는 음료깡통이나 전기자동차 등 새로운 상품이나 서비스가 등장하고 있으며, 21세기를 향한 성장산업으로 각광을 받고 있다.

엘니뇨 현상(現象) El Ni No 중미 에콰도르로부터 남미 페루에 이르는 바다에서 바닷물의 흐름인 해류가 어떤 원인에서인지 수온이 평년보다 높아지는 현상. 세계 각지에 홍수, 가뭄, 폭설 등을 몰고 오는 기상이변을 일으킨다. 엘니뇨란 스페인어로 신의 아들이란 뜻이다. 이 현상은 매년 크리스마스가 지나면 곧 일어난다. 이와 함께 수년에 한 번씩 동태평양 적도지역 일대의 광범위한 바다에서 수온이 예년보다 높아져 그 상태가 1년 이상 계속되는 경우도 있다. 이 대규모 엘니뇨 현상을 '엘니뇨 이벤트'라 부르며, 아열대의 강력한 고기압을 형성하고 이것이 대기순환에 큰 영향을 미쳐 이상기상 상태를 보이고 있다. 엘니뇨와 반대로 태평양 중부와 동부의 적도지역 해류 수온이 평년보다 낮아지는 것을 라니뇨 현상이라고 한다. 라니뇨란 스페인어로 여자라는 뜻이다. 엘니뇨 현상이 사라지면 라니뇨 현상이 나타나는데 두 현상이 동시에 나타나는 일은 없다.

열(熱)섬 현상(現象) 인구가 밀집되어 있고 건물이 빽빽하게 들어선 도심지는 일반적으로 다른 지역보다 온도가 높게 나타나는데, 이처럼 주변의 온도보다 높은 특별한 기온현상을 나타내는 지역을 열섬이라 한다. 열섬이 생기는 주요 원인은 지표를 덮고 있는 오염층, 도심의 가옥, 건물 등에서 나오는 인공열의 영향 등이 꼽힌다. 특히 도시매연이 열섬의 가장 중요한 원인물질이 되고 있기 때문에 '오염의 섬'이라고도 한다. 도시기온의 특색인 열대야도 대부분 열섬에서 나타난다. 실제로 열섬 현상은 여름보다 기온의 교차가 심한 봄, 가을이나 겨울에 뚜렷하며 낮보다 밤에 심하게 나타난다.

'열'자표시(熱字表示) 보일러, 난로 등 모든 열사용 기구에 부착하는 표시. 공업진흥청이 관리하다가 현재는 에너지관리공단이 관리하고 있다. 에너지관리공단으로부터 품질기준에 합격되면 표시허가를 받는다. 이 표시가 없이는 제조・판매가 법적으로 금지되기 때문에 '열'자 표시가 없는 난방용품은 불법불량품으로 간주해도 된다. 그러나 이것도 생산허가의 일환으로 주는 표시이므로 일정 수준을 갖춘 제품이지 최고의 품질을 나타내는 것은 아니다. '열'표시와 함께 이보다 더 높은 규격기준인 KS표시허가를 받은 업체도 많다.

오염배출권제도(汚染排出權制度) Tradable Permit System 정부가 발행한 오염배출권을 업체에 배분하고 그 한도내에서만 배출을 허용함으로써 한 지역의 오염물질 배출총량을 일정 수준으로 제한하는 제도. 배출량을 초과하는 업체는 정부나 다른 기업으로부터 배출권을 사야 하므로 오염관리 우수업체에 대한 간접적인 자금지원책도 된다. 미국에서 1990년대 초반에 도입, 시카고와 LA지역에 시범적으로 실시되고 있다. 정부가 통화관리와 같은 공개시장 조작으로 상황에 따라 기업활동과 오염배출을 조절하는 이상적인 자유시장의 개념을 담고 있다.

오염자 부담원칙(汚染者負擔原則) Polluter Pays Principle; PPP 1972년 OECD 이사회가 가맹국에 권고한 원칙으로, 환경자원의 합리적인 이용과 배분을 조장하는 동시에 국제무역이나 투자의 부작용을 방지하기 위해 오염방지에 필요한 비용을 오염자가 부담해야 한다는 사고방식이다. 이는 오염의 책임을 추궁하자는 것이 아니라 국제무역의 관점에서 자원의 적정배분을 달성하려는 것이다. 요즘에는 한 걸음 더 나아가 오염방지 비용뿐만 아니라 환경의 복원, 피해자의 구제, 오염회피 비용까지도 오염 원인자가 부담해야 한다는 견해가 대두되고 있다.

오존경보제(警報制) 오존농도의 정도에 따라 생활 행동의 제한을 권고하는 제도. 우리나라에서는 1995년 7월 서울시 전역에서 시행, 서울과 인천 부산 광주 대구 대전 울산 등을 비롯 수원 안양 성남 부천 안산 의정부 광명 등 모두 14개 시에서 실시되고 있다.

서울을 북서・북동・남서・남동 등 4개 권역으로 나누어 각 권역마다 4～6개의 측정소를 설치, 측정소 1개 이상에서 기준치를 넘어서면 다음과 같이 발령된다. ① 오존농도가 0.12ppm을 기록하면 오존주의보가 발령, 실외 운동경기를 피하고, 노약자・환자・유아 등은 바깥활동을 자제하며, 승용차 대신 대중교통을 이용하도록 권장된다. ② 오존농도가 0.3ppm을 넘어가면 오존경보를 발령, 각급 학교의 실외활동, 운동경기, 자동차통행 자제 등이 권고된다. 그리고 ③ 오존 농도가 0.5ppm 이상이면 중대경보가 발령된다.

오존은 자동차배기 가스나 연소시설에서 나오는 이산화질소가 태양광선과 섞여 생성되는 2차 오염물질이므로, 지상 20㎞ 상공의 성층권에서는 자외선을 막아주는 보호막 역할을 하지만 지표면에 가까운 대기 중에서는 오존이 분해되면서 나오는 산소원자의 강력한 산화력 때문에 동식물에 치명적인 영향을 주게 된다. 오존농도가 0.1～0.3ppm에 1시간 이상 노출되면 기침이 나고 눈이 따가워지는 호흡기 자각증상이 나타나고, 0.3～0.5ppm에서 2시간 이상 노출되면 운동 중 폐기능이 저하되며, 0.5ppm 이상에서 6시간 이상 노출되면 마른기침과 가슴이 답답해지는 현상이 일어난다.

한편 1997년 7월부터는 매일의 기상상태, 온도, 이산화질소 등 대기오염 현황을 컴퓨터에 입력해 전날이나 당일 오전에 일기예보를 통해 오존농도를 시간대별로 미리 예측, 알려주는 '오존예보제'가 실시되었다.

오존 파괴지수(破壞指數) 한 화합물질의 오존파괴 정도를 숫자로 표시한 것. 염화불화탄소 등이 오존층파괴 원인물질로 알려지고 있으며, 이 숫자가 클수록 오존파괴 정도가 크다는 의미이다. 일반적으로 삼염화불화탄소($CFCl_3$)의 오존파 능력을 1로 보았을 때 상대적인 파괴능력을 나타내고 있다. 할론 계통은 오존파괴 지수가 3～10에 달하고 있으며, CFCs 대체물질로 개발되고 있는 수소염화불화탄소(HCFCs) 계통은 0.05로 매우 작다.

오존 홀 Ozone Hole 남극이나 북극의 상공에서 오존층이 희박하게 된 영역. 1980년 남극에서 발견되었고 1989년에는 북극에서도 관측되었다. 최근 들어 급속히 사용되기 시작한 프레온가스가 분해되어 생기는 화학반응성이 높은 염소가 이를 파괴한다. 이 현상은 특히 극지역에 생기는 성층권 구름 안에 있는 얼음의 미립자상에서 급속히 진행되기 때문에 '오존 구멍'이 생긴다. 이의 발견이 오존층 파괴의 학설을 뒷받침하여

세계적으로 프레온가스 감축을 요구한 몬트리올 의정서의 작성에 이르렀다. → 몬트리올의정서

옥시던트 Oxident 광화학 스모그의 원인이 되는 것으로 강산화성 물질이다. 오존, 알데히드, PAN(파옥시 아세틸 니트레이트) 등의 물질의 통칭이다. 오존은 일반 대기 속에도 존재하지만 대기 중의 농도가 1.15ppm을 초과하면 목 등의 점막을 상하게 하고, 5~10ppm 농도의 대기를 연속적으로 호흡하면 사망하는 '독가스'이다. 여기에 탄화수소와 일산화탄소, 이산화탄소 등이 결합되어 알데히드와 PAN 등의 복잡한 화합물이 발생되는데 이러한 물질도 다른 물질을 산화시키는 힘이 강해 사람의 눈과 목을 아프게 한다. → 공해, 광화학 스모그

옥탄가(價) 휘발유의 고급 정도를 재는 수치. 노킹을 억제하는 정도를 수치로 표시한 것이다. 옥탄가의 수치가 높을수록 노킹현상이 적은 고급휘발유로 평가된다. 우리나라 보통휘발유의 경우 유연 88, 무연 91 이상으로, 고급휘발유는 유무연 모두 95 이상으로 규정하고 있다.

온실효과(溫室效果) Green House Effect 화석연료 사용증가로 인해 배출된 이산화탄소 등의 가스가 지구층을 마치 비닐하우스처럼 둘러쌈으로써 지구가 더워지는 현상을 말한다. 태양으로부터의 직사(直射) 에너지는 통과되나 지표로부터의 복사열(輻射熱)은 흡수해 우주로 열이 발산하는 것을 방해하는 탄산가스의 성질에 의해 발생한다. 온실효과방지를 위한 국제간 공동노력의 일환으로 기후변화협약이 1992년 6월에 채택되었다. → 기후변화협약

용존산소량(溶存酸素量) Disolved Oxygen ; DO 물속에 용해되어 있는 상소의 양. 깨끗한 개울물에는 보통 7~10ppm 정도가 포함되어 있다. 수중에 유기물이 늘어나면 산소가 소비되어 그 양이 줄기 때문에 수질오염을 측정하는 지표가 된다. 용존산소는 하천 등의 자정작용이나 수중생물에 없어서는 안 된다.

위생매립(衛生埋立) Sanitary Landfill 쓰레기를 0.5~1.5m 깊이 정도로 묻고 그 위에 0.3~0.5m 정도 흙으로 덮어 불도저로 압축을 가해 다지고 되풀이하는 쓰레기 매립법. 냄새나 화기의 위험성이 적게 들고 해충의 출현도 적지만, 쓰레기의 안정에 1~2년이 요하며, 적법하게 처리될 수 있도록 주의 깊은 감시가 필요하다. 구미 선진국에서 널리 행하고 있는 매립법이다.

유엔해양법협약(海洋法協約) 유엔해양법협약은 1982년 4월 해양에서의 기득권을 고수하려는 선진국과 인류공동의 유산임을 주장하는 개도국 간의 논의 결과로 탄생했다. 이 협약이 발효된 것은 1994년 11월 16일. 1996년 1월 말 현재 우리나라를 포함한 세계 85개국이 비준을 마쳐 포괄적인 해양헌장으로 기능하고 있으며, 영해, 접속수역,

대륙붕, 공해, 심해저 등 해양의 모든 영역과 해양환경, 해양과학조사, 해양기술이전, 분쟁해결 등이 이 협약의 적용을 받는다.

이 협약은 국가관할 수역에 관한 전통적인 국제해양법을 보완, 발전시켰는데, 12해리 영해제도와 200해리 배타적 경제수역제도 등이 이 협약으로 보장된 해양국가의 권리이다. 이밖에 중해상의 심해저 개발과 관련된 '국가해저기구' 설립, 심해저 자원개발 및 규제, 해양환경보호 및 해양과학조사분야 등의 기본법규 확립, 해양분쟁 해결을 위한 '국제해양재판소' 설립 등이 이 협약의 주요내용이다. → 배타적 경제수역, 국제해양재판소

인간개발지수(人間開發指數) Human Development Index ; HDI 소득, 교육, 빈곤, 실업, 환경, 건강, 종교 등 인간의 생활과 관련된 여러 가지 기본 요소들을 기초로 사회생활에서 느끼는 행복감을 측정하는 것으로, 일종의 행복지수라고 말할 수 있다. 1인당 국민총생산으로는 국가간 개발 정도나 생활상을 비교하는 데 한계가 있어 여러 가지 요소들을 감안해 산출하는 새로운 지수이다. 1995년 8월 유엔개발계획(UNDP)의 발표에 따르면, 우리나라의 인간개발지수는 일본·홍콩에 이어 아시아에서 3위, 세계 전체로는 31위를 기록했다. 캐나다·미국·일본이 각각 1~3위를 차지했다.

자원민족주의(資源民族主義) Resource Nationalism 자연적 자원을 많이 보유하고 있는 개발도상국들이 자원을 국유화 내지 국제정치에 무기화하려는 현상. 즉 자원보유 개발도상국이 협조 단결하여 부존자원을 국유화해 자원소비 선진국에 대항하려는 것으로 자원 내셔널리즘으로 불린다. 대표적인 예는 OPEC의 석유가격 인상 문제이다.

저유황유(低硫黃油) Low Sulfur Oil 유황성분이 1% 이하인 원유. 일반적으로 미국이나 아프리카산 원유는 유황 함유량이 적고, 사우디아라비아나 중동지방의 원유는 유황 함유량이 많은 편이다. 유황 함유량이 많은 기름이 연소되면 아황산가스 등이 많이 배출되어 대기오염의 원인이 된다. 우리나라 대도시와 공업단지에서는 저유황유를 사용하도록 하고 있다.

적정기술(適正技術) Appropriate Technology 기술혁신에 의한 실업의 발생이나 공해, 자원고갈 등 지금까지 기술개발에 따른 마이너스 측면에 대한 반성에서 생겨난 사고방식. 해당 지역에서 산출된 원재료를 써서 그 지역에서 소비되는 제품을 만들어 노동집약적이며 지역환경(자연조건, 사회제도)에 적합한 기술을 지향하는 것이 적정기술의 특징이다. 경제학자 슈마허의 저서 『작은 것이 아름답다(Small is Beautiful)』가 단서가 되어 주목되었다.

적조현상(赤潮現象) → 부영양화

전생애 환경평가기법(全生涯環境評價技法) Life Cycle Assessment ; LCA 제품 제조공

정 및 서비스를 포함한 모든 산업활동이 환경에 미치는 영향을 평가하는 방법. 3단계로 나뉘며 ① 원료물질의 수출에서부터 각 제조 및 가공공정, 수송 및 유통과정, 사용·재활용·최종 폐기에 이르기까지 한 제품의 전생애에 소요되는 에너지 및 원료물질의 사용과 오염배출에 대한 데이터를 작성, ② 소요된 에너지 및 원료물질의 양과 오염배출에 대한 데이터를 토대로 환경영향을 평가한다. ③ 환경개선의 기회를 포착해 적극적인 개선작업을 추진한다.

중수도(中水道) 산업배수나 생활배수, 하수 등을 처리해서 순환 이용하는 시설. 그 이름의 유래는 상수도와 하수도의 중간에 위치하는 것에서 나왔다. 또 세척용수나 살수용수(撒水用水) 등 신체에 직접 닿지 않는 잡용도에 한해지고 있기 때문에 잡용수도라고도 부른다. 인구과밀지대에서 상수도의 공급력이 한계에 이르거나, 도시에 따라서는 하수도가 받아들이는 능력이 부족하기 때문에 물의 순환이용에 의해 상수의 소비와 하수의 배출을 함께 억제하는 것이 목표이다. → 리사이클링 시스템

중유(重油) Heavy Oil 원유를 정제해서 휘발유, 등유, 경유 등을 뽑아낸 후에 남는 상압잔유(常壓殘油). 여기에 경유유분(輕油溜分)을 혼합하고 점도(粘度), 인화점, 황분(黃分) 등의 성상(性狀)을 조절하여 경질중유(벙커A유), 중유(벙커B유), 벙커C유를 얻게 된다. 중유 가운데 벙커C유의 수요가 압도적이다. 우리나라 석유제품 소비의 절반 이상을 차지하는 중요한 제품으로 중저속 디젤엔진, 발전용 가스터빈, 각종 가열로 및 보일러, 제철, 동제련, 요업 등의 원료로 널리 쓰인다. 황산화물에 의한 대기오염이 크게 문제되고 있으며, 서울과 부산에서는 벙커C유의 황분을 2% 이하로 규제하고 있다.

지구환경기금 → GEF

지속가능한 개발 Sustainable Development 환경과 경제개발을 조화시켜 환경을 파괴하지 않고 경제개발을 한다는 개념. 1987년 이 말을 처음 사용한 세계환경개발위원회는 “미래 세대의 욕구를 충족시킬 능력을 손상시키지 않으면서 우리 세대의 욕구를 충족시키는 개발”을 지속가능한 개발이라고 정의하고 있다. 즉 인간의 기본욕구 충족을 위해 경제개발을 할 때 생태계의 수용능력인 환경용량을 초과해서는 안 되며, 생활수준만이 아니 삶의 질에도 관심을 기울이며, 환경과 경제를 통합적 차원에서 다루어야 한다는 것이다. 이 개념은 1992년 세계 178개국 정부 대표들이 모인 리우 유엔환경개발회의에서 세계환경정책의 기본규범으로 정식 채택됐다.

청정기술 실천방안 듀퐁사가 청정기술 개발활동을 활성화하기 위해 각 공장 책임자들에게 매년 폐기물 감소 목표와 실천계획을 서면으로 제출토록 하는 공식 프로그램. 듀퐁사는 청정기술 실천방안으로 5R을 실천하고 있다. ① reduce waste(폐기물 최소화)=대량의 폐기물을 발생시키는 공정은 개선하고 유해성 원재료의 양을 줄이도록 원료배합비율을 바꾸어 유독폐기물의 발생량을 줄인다, ② reuse(재사용)=공업용수와 같은

자원은 다시 순환시켜 그로부터 재사용이 가능한 고형물을 회수하면서 자원의 사용량을 줄인다, ③ recycle(재생) 부적격 제품을 재생산하여 고품질의 완제품을 만들어낸다, ④ recover(회수)=이미 사용된 화학제와 원재료로부터 재사용할 수 있는 것은 모두 회수한다. 예컨대 증류과정을 통해 솔벤트를 회수한다든지 폐열을 회수해 보일러용 연료로 재사용하는 것이다, ⑤ research(연구)=폐기물의 극소화와 기타 환경적 우려에 대응하는 공정기술을 개발하기 위한 연구를 계속한다.

청정(淸淨) 에너지 Clean Energy 화석연료같이 폐기물에 의한 환경오염이 생기지 않거나 공해의 정도가 적은 자연에너지를 가리킨다. 전력·LNG(액화천연가스)·태양열·수력·조력·수소 등이 속한다. 청정에너지는 엄밀한 의미에서 학술적 용어가 아니라 석유나 석탄같이 연소에 의해 각종 공해물질을 배출하는 연료와 대칭해 사용하는 사회학적 용어다.

초순수 제조장치(超純水製造裝置) Ultapure Water Plants 일반적으로 깨끗하다고 하는 음료수에도 염분이나 미생물이 포함되어 있지만 그러한 함유물을 거의 제거하여 버리는 시스템이다. 이론상 생각할 수 있는 수준에 가까운 깨끗한 물, 즉 초순수수를 만든다. 역침투막, 한외여과막, 이온교환수지, 살균 등의 기능품과 장치류를 연결해 원수를 정화한다. 깨끗한 물을 필요로 하는 반도체나 의약산업, 특히 병원 등에서 수요가 늘고 있다.

총량규제(總量規制) [1] 공장 등의 배출원이 밀집된 곳에서 농도규제 등과 같은 배출허용기준만으로 환경기준의 달성이 어려울 때 그 지역에서 배출되는 전체량을 규제하는 것을 말한다. [2] 공장총량 규제. 매년 건축이 가능한 공장의 총면적을 정해 이 총량을 넘지 않도록 건축허가를 내주면서 과밀을 관리하는 제도. 정부는 수도권에 공장이 급속히 늘어날 경우 인구집중과 함께 교통·환경 문제가 발생할 것을 우려, 매년 건축이 가능한 공장 총면적을 정해 과밀을 막아왔다. 그러나 1997년 10월 수도권정비계획법 시행령 개정안의 발표로 공장총량규제는 사실상 무너졌다. [3] 수도권 인구 집중을 막기 위해 공장 면적이나 대학의 입학정원을 제한하는 것을 말한다. 1994년 1월 개정된 수도권정비계획법(제18조)에 근거한다. 수도권 인구집중을 막기 위한 수도권지역 시도에 대해 1년 단위로 공장건설이나 대학정원 할당량을 배정, 이 범위 내에서만 공장 등의 증설을 허용하는 것이 골자이다. 대상은 공장과 대학 기타 인구집중 유발시설이며, 아파트형공장·공사용가건물 등은 여기서 제외된다. 공장의 경우 시도별로 신증설이 허용되는 공장의 총면적이 매년 할당되며, 연면적 200㎡ 이내인 공장은 여기서 제외된다. 대학교는 전문대의 경우 전국 입학정원의 20% 이내에서만 증원이 가능하며, 일반대학 이공계의 경우 수도권에서는 증원수가 2,000명을 넘을 수 없게 되어 있다. 건설교통부 장관은 매년 1·4분기 중에 수도권정비위원회(위원장 국무총리)를 열어 여기서 결정된 각 시도별 총량에 고시해야 한다. 시장 도지사는 이 범위에서 다시 지역별로 총량을 설정 고시한다.

침출수(浸出水) Leachat 쓰레기 매립장에서 쓰레기가 썩어 흘러내리는 더러운 물을 말한다. 침출수는 유기물 부하가 매우 높아 적정처리하지 않으면 인근지역의 농작물 등에 피해를 초래할 수 있다. 침출수의 발생은 강우량과 매립장 면적, 특수계수 등 매립지 특성에 따라 차이가 있으나 보통 강우량의 20%~30% 정도 발생되는 것으로 알려지고 있다. 침출수의 BOD는 매립지의 사용기간, 쓰레기 특성에 따라 차이가 있으며, 5천~3만ppm에 달하는 것이 보통이다. 침출수는 현재 대부분 국가들이 생물학적 방법으로 처리하고 있다.

클린 산업(産業) Clean Industry 공기, 물 등을 정화하는 장치 및 관련장치를 제조하는 산업. 전자공업, 정밀공업, 바이오테크놀로지가 진보, 각종 부품이 초소형화되는 데 따라 공기, 용수 가운데의 먼지나 세균의 존재가 품질에 커다란 영향을 미치게 돼 클린 산업의 중요성이 높아지고 있다. 특히 LSI 산업에서는 초순수(超純水) 초(超)클린룸이 필요하다. 이와 관련하여 64킬로바이트 램 제조공장의 공기청정도(清淨度)는 30㎤ 중에 0.3미크론 이상의 미립자가 100개 미만이며, 이것은 성층권 상층의 청정도에 필적한다. 이 같은 청정도를 유지하기 위해서는 높은 기술수준이 요구된다.

클린 테크 Clean Tech 지금까지의 환경기술은 일단 오염이 발생하고 난 뒤 이를 적절히 처리하는 데 중점을 두었는데, 이에 반해 클린 테크란 에너지와 자원의 소비를 줄이면서 오염물질의 발생을 근본적으로 줄이거나 없애는 새로운 환경기술을 말한다. 기존 생산공정을 수정해 오염물질을 가장 적게 발생하도록 하는 공정의 개발, 폐기물에서 에너지나 물, 원료를 다시 회수해 이용하거나 폐기물의 가공을 통해 또 다른 생산품을 만들어내는 등 매우 다양하다.

탄소세(炭素稅) 지구의 온난화 방지를 위해 이산화탄소(CO_2)를 배출하는 석유 등 각종 에너지 사용량에 따라 부과하는 세금을 말한다. 1991년 12월 EC(유럽공동체) 에너지환경 각료회의에서 탄소세 도입 방침이 처음 합의됐다. 또 리우환경회의에서도 이 문제가 공식 논의되어 입장이 각각 다른 세계 각국의 비상한 관심의 대상이 되고 있다. EC가 제안한 탄소세 과세액은 1993년부터 원유 1배럴에 3달러를 부과하고, 오는 2000년까지는 부과액을 매년 1달러씩 인상하는 것으로 되어 있다. 따라서 2000년이 되면 1배럴에 110달러의 탄소세를 징수한다는 내용이다.

탈황(脫黃) Desulfurization 황산화물에 의한 대기오염을 막기 위해 연료와 배출 가스로부터 황산화물을 제거시키는 것. 중유(重油)에서 황분을 제거하는 중유탈황과 배출가스에서 황산화물을 제거하는 배출가스탈황 등 2가지가 있다.

토양오염(土壤汚染) Soil Contamination 토지가 ①광업폐기물인 중금속, 산성투하물 ②농약과 비료 ③불안전한 오물처리 등으로 인해 오염되는 현상. 전형적인 예로는 광산 등의 주변지역에서 볼 수 있는 카드뮴 오염지대를 들 수 있다. 이에 대한 대책에는 오염된 토양을 수거해 없애거나 객토하는 방법 등이 있다.

파리 서밋 환경선언(環境宣言) 1989년 파리에서 개최된 선진국정상회담(파리 서밋)에서 경제선언에 포함시킨 형태로 채택되었다. 선언에는 최근 주목받고 있는 지구의 온난화 현상, 오존층 파괴에 대해 조속하고도 효과적인 대책을 강구할 필요가 있다는 사실을 강조, 환경오염 감시를 위한 범세계적인 관측 모니터 강화, 이산화탄소(CO_2) 배출억제 등을 대응책으로 제창했다.

프레온 가스 freon gas → CFC

하이 옥탄 휘발유(揮發油) High Octane Gasoline 옥탄가 95 이상의 휘발유. 이에 대해 옥탄가 85 이하의 휘발유를 보통휘발유라 한다. 옥탄가가 높을수록 엔진운동이 매끄럽기 때문에 하이옥탄 휘발유는 고속주행에 적합하다.

환경개선부담금(環境改善負擔金) 원인자 부담원칙에 따라 염료·용수소비를 통해 환경오염 물질을 다량으로 내뿜는 건물이나 시설물의 소유자 또는 점유자, 휘발유나 LNG 등에 비해 대기오염을 상대적으로 많이 내는 경유자동차 등에 자신들이 오염시킨 만큼의 복구비용을 부담시키는 제도로 이렇게 마련된 돈은 각종 공익적인 환경개선사업에 사용된다. 연면적 1천㎡ 이상 대형건물은 물론이고 규모는 1천㎡ 이하라도 오염유발 효과가 큰 목욕탕이나 음식점, 숙박시설, 안마시술소, 공연장, 병원 등을 부과대상으로 해 도시와 자연환경보전지역 및 관광휴양지역 등을 부과지역으로 하고 있다. 부담금의 산정은 연료나 용수사용량과 사용하는 연료의 종류나 지역에 따라 부과계수를 달리해 차등을 두고 있다.

환경관리계획(環境管理計劃) Environmental Manage Plan 지역별로 자연환경조건, 산업개발정도, 인구동향 등에 관한 데이터를 정비한 후에 그 지역의 환경용량(容量)을 확정, 환경보존의 입장에서 개발행위를 점검하려는 계획. 종래의 공해방지계획보다 넓은 개념으로 사용되고 있다. 환경에 미치는 영향평가가 개별 개발계획을 환경보존의 입장에서 평가하는 것임에 반해 영향평가의 전제가 되는 환경조건을 미리 정비하여 개발행위 전반을 일정한 방향으로 유도하는 것이 환경관리계획의 특징이다. → 환경영향평가

환경권(環境權) 모든 국민은 깨끗한 환경에서 생활할 권리를 가지며, 국가와 국민은 환경보존을 위해 노력해야 한다는 환경에 대한 국민의 기본권. 헌법35조에 이를 명문화하고 있다.

환경기준(環境基準) Standard of Natural Environment 환경보존법에 의거 동 시행령 및 시행규칙에 규정된 환경오염의 허용한도. 대기, 수질오염 등이 그 대상이다. 대기의

환경기준은 연간을 통하여 24시간 평균 아황산가스 농도가 0.05ppm 이하인 일수(日數)가 70% 이상이어야 하며, 24시간 평균치가 0.15ppm이어야 한다. 수질에 대해서는 생활환경의 측면에서 하천 및 호소(湖沼)를 갑・을・병・정 수역으로 나누어 기준을 설정하는데 갑 수역은 1급상수원수(上水源水), 을 수역은 2급상수원수・수영용수・수산용수, 병 수역은 3급상수원수・공업용수, 정 수역은 농업용수를 적용대상으로 한다. 갑 수역의 경우 수소이온 농도 6.0~8.0ph, COD(화학적 산소요구량) 1ppm 이하, BOD(생물화학적 산소요구량) 1ppm 이하, DO(용존산소) 7.5ppm 이하, 대장균 수 100MPN/100m 이하이어야 한다. 한편 해역은 수소이온농도 7.0~8.3ph, COD 3ppm 이하이어야 한다. 또한 수질은 사람의 건강보호 측면에서 전수역에 걸쳐 카드뮴 0.01㎎ 이하이어야 하며 납은 0.1㎎ 이하이어야 한다. 그리고 알킬수은, 유기인, 시안 등이 검출되어서는 안 된다.

환경(環境) 마크제도(制度) 환경오염을 적게 유발시키는 상품에 대해 부착해주는 마크. E마크, Eco마크라고도 한다. 지난 1991년 공청회를 통해 논의가 이루어진 환경마크는 1994년 '환경기술 개발 및 지원에 관한 법률'에 환경마크제도의 법적 근거가 마련, 1997년 2월 현재 35개 제품군 215개 제품에 대해 환경마크가 주어졌다. 환경마크는 사단법인인 환경마크협회가 일정 기준에 따라 부여하고 있는데, 환경마크 부여기준은 제조 유통 단계에서 동일 용도의 타제품에 비해 환경개선 효과가 커야 한다. 국제적으로 환경마크제를 시행하고 있는 나라는 독일을 비롯해 모두 25개 국가에 달하고 있다. 독일은 '푸른 천사'라는 환경마크제도를 1977년부터 성공적으로 운영, 현재 81개 품목군에 4,300개 제품이 이 마크를 취득했다. 일본은 1989년 '에코마크'를 도입, 65개 제품군 2,322개 제품에 에코마크를 부여했다. 이밖에 캐나다의 '환경선택', 미국의 '그린 실', 싱가포르의 '그린 라벨', 프랑스의 'NF-환경' 등의 환경마크가 있다.

환경보호(環境保護) Environmental Quality 미국에서 대통령이 국가 환경정책법에 의거, 매년 의회에 제출하는 공해보고서. 이 보고서의 정식 명칭은 '환경의 질(environment quality)'이지만 대개의 경우 환경보고라 불려진다. 미국에서는 경제보고, 국방보고와 함께 대통령의 주요 보고사항이 되어 있다.

환경보호의 남북문제 열대림 등 환경보호의 대상이 되는 지역이 개발도상국(남측)에 집중하고 있음에 비해, 대책을 세우기 위한 기술, 자금 등의 자원은 선진제국(북측)에 집중되어 있다. 또한 선진주도국에서 추진하고 있는 프레온가스나 탄산가스의 방출의 국제적인 규제 움직임에 대해 개발도상국에는 "이러한 규제로 앞으로의 개발이 억제된다"는 불만도 있다. 이들 문제에 대해서는 원조나 기술이전, 누적채무의 역할분담 등의 방법이 고려되고 있는데, 뚜렷한 방법은 없다.

환경(環境) 스왑 Environment Swap → DNS 제도

환경영향평가제도 Environmental Impact Assessment 각종 개발사업이 환경에 미치는 영향을 사전에 평가하는 제도. 즉 환경에 영향을 미칠 우려가 있는 개발사업을 수립할 경우 개발사업이 환경에 미치는 영향을 사전에 예측·평가해 환경에 미치는 영향을 최소화하려는 것이다. 이 제도는 1969년 미국에서 국가환경정책법을 제정하면서 처음으로 시작되었다. 우리나라는 1977년 환경보전법을 제정하면서 환경영향평가의 실시 근거를 마련했으나, 1981년 「환경영향평가서 작성 등에 관한 규정」을 제정해 1982년부터 본격적으로 시행했으며, 1993년에는 환경영향평가법을 따로 제정해 본격적으로 실시하고 있다. 현재 도시개발, 공단조성, 에너지개발, 도로건설 등 16개 분야 59개 사업에 대해 시행하고 있다.

환경오염방지기금(環境汚染防止基金) 환경규제가 날로 강화됨에 따라 환경오염방지시설 설치에 따른 기업의 자금 수요도 매년 25%씩 급증하고 있으나, 영세한 중소기업체의 경우 자금압박으로 제때에 투자를 하지 못하는 경우가 많다. 공공차원에서 이 같은 문제점을 해결하기 위해 설치된 것이 바로 환경오염방지기금이다. 환경오염방지기금은 오염물질 배출단속 결과 환경기준치를 초과한 경우에 부과되는 배출부과금을 주요 재원으로 하고 정부가 일부자금을 출연하여 조성, 중소기업체에 한해 연리 7%, 3년 거치 7년 분할 상환의 유리한 조건으로 지원해 주고 있다. 융자한도는 한개 사업장당 2억 원 이내로 하되 2개 이상의 업체가 공동으로 방지시설을 설치할 경우에는 5억 원까지 지원된다.

환경장벽(環境障壁) 환경보전을 목적으로 환경오염 요인을 교역의 장애로 작용토록 한다는 개념으로 GATT 등 국제기구에서 제기하고 있는 새로운 교역규범, 이른바 '그린라운드'의 기본취지이다. 현재 UNCTAD에서 검토하고 있는 장벽으로는 경제적 수단, 기술적 규제와 기준, 수입량 조절 등이 있다. 경제적 수단에는 ① 제품부과금 및 세금(CFC 수입관세 등) ② 배출부과금 및 세금(자동차세 등) ③ 에너지세(연료세 탄소세 등) ④ 과태료(환경규제정책 수행을 위한 재원확보) ⑤ 차등과세 ⑥ 폐기물예치금(유리병 건전지 등)가 검토중이다. 기술적 규제와 기준에는 ① 제품기준(원료 품질 성능 등) ② 국내생산 및 수입금지품목(에어로졸·DDT 등) ③ 폐기물 회수의무 등이 있고, 수입량 조절로는 ① 수입허가제(화학제품 등) ② 수입쿼터제(CFC에 대한 쿼터) ③ 원산지에 따른 수입금지(멸종동식물의 수입금지) 등이다.

환경친화적 기업경영제도 기업이 스스로 기업활동 전과정에 대한 환경경영계획을 세우도록 하는 제도로 1955년 4월부터 시행했다. 기업이 매년 상반기 중 자재구입부터 오염물질 배출단계까지 경영의 모든 과정에 걸쳐 1년 동안의 환경목표를 설정, '환경기업' 지정을 신청하면 환경부는 이를 토대로 매년 말 목표이행 여부를 심사, 환경친화적 기업으로 인정해준다. 환경친화적 기업으로 선정되면 각종 세제 및 융자 혜택을 받게 된다.

활성 오니법(活性汚泥法) Activated Sludge Process 하수처리의 한 방법. 하수에 공기를 불어넣어 산화균(酸化菌)을 증식시키면 하수 중의 부유물(浮遊物)이 침전, 응집하는데, 이것을 활성 오니라고 한다. 이 응집한 오니가 하수 중의 오탁성분을 흡착해 하수를 정화하는 것으로, 산소의 공급으로 미생물을 가속증식시키는 것이 특색이다.

활성탄 Activated Carbon 목재 등 탄소물질을 태워서 제조한 것으로 흡착성이 강한 분상 또는 입상다공성 물질. 내부에는 1g당 500～1500㎡ 정도의 표면적을 갖고 있다. 분말인 것은 각종 용액과 식품류의 탈색, 탈취, 정제용으로 사용되고 있으며, 입상인 것은 가스 정제용으로 탈진, 탈황, 정수용으로 페놀, 수은, 세제의 제거, 그 외 용제회수 등 다방면으로 폭넓게 사용되고 있다. 최근에는 오폐수를 처리하는 데 응용되고 있다.

황사현상(黃砂現象) 고비사막 등 건조지역에서 발생한 흙, 모래가 주성분인 미세입자상 물질이 강풍에 의해 날아올랐다가 내려오는 현상을 말한다. 발원지에서 700여㎞를 이동, 약 3일 걸려 우리나라까지 도달하게 된다. 주로 3～5월에 많이 발생하며, 하늘이 뿌옇게 된다.

황산화물(黃酸化物) → SOx

2차공해 공장 등 고정 발생원이나 자동차 등 이동 발생원에서 직접 배출된 유해물질에 의해 발생하는 일반적인 공해에 대해, 공해 방지나 환경정화를 목적으로 사용한 처리 장치나 약품, 첨가물 등에서 파생적으로 발생하는 2차적인 공해, 자동차 배기 중의 유해물질을 제거하기 위해 사용한 촉매에서 유해한 중금속이 배출되거나 고속도로의 소음방지를 위해 설치한 차폐물에 배출가스가 쌓여 주변을 오염하는 등의 경우가 이에 해당한다. 이밖에 청소공장의 소각로에서 발생하는 유독가스, 처분방법에 따라서는 하수도 처리시설에서 발생하는 오니(汚泥) 등도 넓은 의미에서 2차공해라고 할 수 있다.

3P → 오염자부담원칙

API Air Pollution Index 대기오염지수. 대기오염 정도를 시민들이 쉽게 알 수 있도록 각종 오염물질의 대기 중 농도를 종합·산정해 1～5의 지수로 표시한 것이다. 오염도 1은 대기가 깨끗한 자연상태, 2는 약간 오염된 상태, 3은 인체와 동식물에 피해를 주기 시작하는 상태, 4는 심하게 오염된 상태, 5는 사람이 피해야 할 정도로 극심하게 오염된 상태를 나타낸다.

Bod Biochemical Oxygen Demand → 생물화학적 산소요구량

GR Green Round → 그린 라운드

HCFC Hydro Chloro Fluro Carbon 프레온가스(CFC)가 지구오존층을 파괴하는 물질이라고 해서 대체물질로 개발된 것이 HCFC이다. 1987년 몬트리올의정서가 채택되면서 최근 각광받고 있는 HCFC도 CFC의 10% 정도이기는 하지만 역시 염소성분을 가지고 있어 오존층 파괴효과가 생겨나고 있다. 이에 따라 유엔환경계획(UNEP)은 코펜하겐회의에서 각국의 자율규제에 맡겼던 HCFC도 1995년 말까지 1989년 소비수준으로 사용량을 동결시키도록 의정서를 개정, 관련사업에 적지 않은 영향을 미칠 전망이다.

HFC 134a Hydro Fluro Carbon 134a 성층권 오존층을 파괴하는 것으로 알려진 프레온가스(CFC)의 대체물질로 국내 기술진에 의해 개발되었다. 한국과학기술원(KIST)이 1993년에 개발, 자동차 에어컨 냉장고 냉매 등에 널리 이용돼 온 CFC 12와 물리적 성질이 거의 비슷하고, 오존층 파괴 가능성이 전혀 없는 대체물질이다.

ISO International Organization for Standardization 국제표준화기구. 1946년에 창설되어 국제간에 이용되는 규격으로 각국의 규격이 국제적으로 발전한 것이다. IEC(국제전기표준회의)가 담당하는 전기분야 이외의 모든 분야에 관하여 ISO가 국제규격을 제정해 나가고 있다. 스위스의 제네바에 본부를 두고 있으며, 우리나라도 정회원국으로 가입하고 있다. 또한 국내인증기관의 인증이 국제적으로 상호인정을 받도록 하기 위해 영국표준협회(BSI), 미국보험업자시험소(UL), 캐나다표준협회(CSA) 등과 국제품질인증에 관한 상호인정협정체결을 추진하고 있다.

ISO 14000 국제환경표준화 인증규격. 국제적으로 환경관련규격을 통일해 제품 및 이를 생산하는 기업에 환경인증을 주는 것으로, 그린 라운드의 환경표준규격으로 적용될 가능성이 매우 높아 주목받고 있다. 원래는 ISO 18000으로 통용되었으나 1994년에 열린 호주 회의에서 ISO 14000으로 명칭이 변경되었다. 환경분야에 대한 국제적 표준화 작업은 1991년 9월 '환경전략자문그룹(SAGE)'이 조직, 1993년 6월 TC 207이 발족하면서 시작되었으며, 우리나라는 1993년 공업진흥청이 중심이 돼 TC 207에 정식 가입했다. ISO 9000이 제품의 품질을 따진다면 ISO 14000은 제품의 품질뿐 아니라 기업경영시스템 전반에 걸쳐 환경보호에 대한 점수를 매기는 것으로, 따라서 제품에 대한 환경인증과 조직에 대한 인증으로 나뉜다. 제품에 대한 표준화규격으로는 환경성능평가, 환경라벨링, 라이프사이클 평가 등이 있으며, 조직에 대한 규격으로는 환경경영시스템과 환경감사가 있다. 환경인증제도는 무역규제를 목적으로 한 것이 아니지만, ISO 14000이 시행에 들어갈 경우 환경인증을 획득하지 못한 제품은 무역에서의 수입규제와 같은 불이익을 받을 가능성이 있어 실질적인 무역규제 효과가 있다. → 그린 라운드

NIMBY 현상 'not in my back yard'의 머리글자로 자기중심적 공공정신 결핍증상을

말한다. 늘어나는 범죄자, 마약 중독자, 장애인 아파트나 재활원, 산업폐기물, 쓰레기 등의 수용·처리시설의 필요성에는 근본적으로는 찬성하지만, 자기 주거지역에 이러한 시설물이 들어서는 데는 강력히 반대하는 현대인의 자기중심적 공공성 결핍증상을 일컫는 단어이다. 현재 우리나라의 경우 쓰레기 매립지 건설이나 핵폐기물 처리 장소를 주민의 반대로 찾지 못하는 것이 그 사례이다.

NOx 질소산화물. 질소와 산소의 화합물로 N_2O(아산화질소), NO(일산화질소), NO_2(이산화질소), N_2O_3(삼산화질소), N_1O 5(오산화질소)가 있으며 가스체로 존재한다. 우리나라 환경보전법에는 NO_2에 대한 환경배출기준과 질소산화물, 탄화수소, 산소가 합쳐질 때 발생하는 O_3에 대한 환경기준이 있다. 질소산화물의 환경기준은 연간 0.05ppm 이하, 1시간 평균치는 0.15ppm이고 배출구 허용기준은 250ppm. 단 석탄전용은 500ppm 이하이다. O_3(옥시던트) 환경기준은 연간 0.02ppm, 1시간 평균치는 0.1ppm 이하, 자동차 배출가스의 농도기준은 환경보존법 시행규칙 41조에 의해 질소산화물 배출가스는 보통자동차, 소형자동차 2.5톤 이하는 ㎞당 3g 이하 등이다.

PCB Polychlorinated Binphenyl 다가(多價) 염소화합물로 페놀이 2개 결합된 화합물에 수소 대신 염소가 치환된 화합물. 염소가 들어가는 화합물이 대부분 2차 독성이 강한 경우가 많은데, PCB의 경우도 그 처리가 용이하지 않으며, 잘못 처리하면 2차 오염물질로서 발암물질인 다이옥신이 발생되는 등 문제를 야기한다. 변압기, 배터리 등에 존재하며, 고온에서 소각 처리하는 것이 바람직하다.

PPM Parts Per Million 100만분의 1을 나타내는 단위. 1g의 시료(試料) 중에 100만분의 1g, 물 1t중의 1g, 공기 1㎥ 중의 1cc가 1ppm이다.

PPP [1] pOlluter Pays Principle → 오염자부담원칙. [2] Purchasing Power Parity → 구매력평가

UNEP United Nations Environment Program 유엔환경계획. 1972년 스웨덴 스톡홀름에서 개최된 유엔인간환경회의의 결의에 따라 지구환경 보호를 목적으로 설치된 유엔기관. 각국에 환경문제의 국제협력을 촉구하는 정책권고, 유엔차원의 환경계획실시 등의 활동을 계속하고 있다. UNEP의 '생물학적 다양성조약' 최종교섭에서는 선진국의 바이오테크놀로지(생물공학), 지적소유권과 후진국의 유전자자원 주권을 상호 인정해주기로 합의한 바 있다.

찾아보기

(ㄱ)
가네미유 사건 49
가치평가 275
객관적 증거 132
갱신심사 365
검정 225
검증 132
결함 128
경부적합 232
경영 대리인 187
경영검토 248
경영성과지표 292
고이아니아 사건 55
공동이행제도(JI) 27
관찰사항 232
교정 225
교토의정서 17, 22
굴뚝 자동측정기기 390
굴업도 64
그린피스 31
기후변화협약 22

(ㄴ)
내부심사 127, 240

(ㄷ)
단순화 305
당사국회의 총회 23
도노라 사건 46
동강댐 64

(ㄹ)
라니냐 11
러브 커넬 사건 50
런던 스모그 47
런던협약 32
레만호 사건 48
레이철 카슨 76
로스앤젤레스 스모그 45

(ㅁ)
모니터링 및 측정 222
목록분석 272
목표 및 세부목표 182
몬트리올의정서 27
문서심사(1단계심사) 364
문서화 120
물질수지표 159
뮤즈계곡 44
미나마따병 55

(ㅂ)
바젤 사건 53
바젤협약 31
배출권거래제도(ET) 25
보팔 사건 51
부적합 128, 229
분류화 274

블루베이비병 55
비버위원회 47
비상시 대비 및 대응 215
비엔나협약 27

(ㅅ)

사전관리 85
사후관리 85
새만금 63
생물다양성협약 29
스리마일 사건 55
시정조치 119
시화호 64
심사원 114
씨프린스호 59

(ㅇ)

엘니뇨 11
예방조치 130
예비심사 363
오염 예방 130
오존층 27
온실가스 10
온실효과 10
요구사항 128
욧가이치 천식사건 55
운영관리 211
운영성과지표 294
의료폐기물 400
의사소통 197
의제 21 9
이따이이따이병 55
이해관계자 126
인정기관 116
인증기관 116
일관성 278
입력물 161

(ㅈ)

적격성 192
적산전력계 390
적절성 249
적정성 207
전과정평가 269
전과정평가(LCA) 104
전문화 305
제1자 심사 113
제2자 심사 113
제3자 심사 114
준수평가 226
중부적합 231
지속가능성 9
지속적 계산 117
직무기술서 196
직무명세서 196

(ㅊ)

천성산 도롱뇽 64
청정개발체제(CDM) 24
청정생산 86
체르노빌 원자로 폭발 사건 52
초기환경검토 156
출력물 161
충족성 249
침묵의 봄 76

(ㅋ)

카르타헤나의정서 29

(ㅌ)

태풍 루사 14
태풍 매미 14
투명성 277
투발루 13

특성화 274

(ㅍ)
패러다임 10
페놀오염 56
표준화 305

(ㅎ)
한국심사자격인증원 116
한국인정원 116
허베이 스프리트 61
현장심사(2단계심사) 364
확인심사 364
환경 121
환경 기록 236
환경 세부목표 124
환경경영 76
환경라벨링 264
환경라벨링(EL) 104
환경목표 124
환경방침 124
환경성과 124
환경성과평가 290
환경성과평가(EPE) 104
환경여건지표 296
환경영향 122
환경측면 122, 145
환경친화기업지정제도 90
환경협약 20
효과성 249
효율성 249

(A)
APEC(아시아태평양경제협력체) 70

(E)
ELV 40
EuP 41

(G)
Greenpeace(그린피스) 74
GRI 299

(I)
ISO(국제표준화기구) 72

(N)
NEAC 71

(O)
OECD(경제협력기구) 73

(P)
PPW 43

(R)
REACH 36
RoHS 37

(T)
TDI 57
TEMM 71

(U)
UNDP(유엔환경개발계획) 66
UNEP(유엔환경계획) 65

(W)
WBG 74
WEEE 38
WHO(세계보건기구) 68
WMO(세계기상기구) 69

저자약력

■ **이규태(李圭泰)**

- 인하대학교 화학공학과 졸업
- 前)(주)한화 근무(생산/QC/R&D부장, 관리실장, 환경사업팀장, 신규사업팀장 등 역임)
- KMA(한국능률협회) 전문위원, MS컨설팅그룹(주) 대표
- 오산대 겸임교수(자동차기계계열)
- SMART컨설팅 대표(사업자등록번호 119-02-45659)
- KSA(한국표준협회), KMAR(한국능률협회경영인증원), KIC(한국국제규격인증원) 등 전속심사원
- 보유자격
  - KS A ISO 9000 품질경영시스템 심사원(GA980470호, KAB)
  - KS A ISO 14000 환경경영시스템 심사원(EGA990205호, KAB)
  - K-OHSAS 18000 안전경영시스템 심사원 필기시험합격(KAB, 제4호)
  - 경영지도사(중소기업청 6217호, 생산관리부문)
  - IQRS(국제품질등급시스템) 심사원(DNV)
  - 인적자원관리사(한국생산성본부, 01422034)
  - 국가생산성향상체계(NPMS) 심사원
  - 온실가스감축 검증심사원(에너지관리공단, 제229호)

■ **주대성(朱大聲)**

- 한양대학교 화학공학과 졸업
- 전남대학교 대학원(공학석사)
- 前)(주)한화 근무(QC부, 생산부), KMAR(한국능률협회인증원)
- 現)KSA 책임심사원
- 보유자격
  - 품질관리기사 1급, 화공기사 1급
  - KS A ISO 9000 품질경영시스템 심사원(LA970268호, KAB)
  - KS A ISO 14000 환경경영시스템 심사원(EGA010476호, KAB)
  - ISO TS 심사원(2US-03-1213, QS 9000) 심사원(CR05-0388)

■ **홍재호(洪在鎬)**

- 인하대학교 기계공학과 졸업
- 인하대학교 대학원(공학석사)
- 인하대학교 대학원(공학박사)
- 前)(주)효성중공업 근무
- 現)오산대 자동차기계계열 교수
- 보유자격
  - KS A ISO 9000 품질경영시스템 심사원(보)

환경경영시스템 이론과 실무

2013년 10월 10일 1판 2쇄 발행

저 자 이규태・주대성・홍재호
발행인 남 승 우

발행처 도서출판 상尙 학學 당堂

서울시 동작구 사당로9가길 6(사당동)
TEL : 02) 595-1692~4
FAX : 02) 595-1394
E-mail : namdoo6@unitel.co.kr
신고 : 2-155호 (1968. 11. 29)

정가 27,000원

ISBN 978-89-93383-93-5 93320